U0001864

加薩戰火

以色列的侵略，與巴勒斯坦無解的悲劇

GAZA

AN INQUEST INTO ITS MARTYRDOM

諾曼・芬克斯坦——著
吳鴻誼——譯

by
Norman Finkelstein

各方讚譽

「沒有人比諾曼．芬克斯坦更能凸顯以色列對巴勒斯坦人的殘暴對待。他仔細地記錄了鑄鉛行動與保護邊緣行動期間，以色列在加薩那塊小小飛地進行的屠殺，並且推翻以色列及其支持者為了掩蓋驚人事件所發明的諸多迷思。」

——約翰．米爾斯海默（John J. Mearsheimer），芝加哥大學羅蘭．溫德爾．哈里森傑出服務教授

「這部特殊且引人注目的著作，將對以巴衝突與中東政治的文獻做出重大貢獻，並將在國際法與人權法領域佔有重要地位。《加薩戰火——以色列的侵略，與巴勒斯坦無解的悲劇》一書是學者、法官、政策制定者、外交官的必備資料，一部里程碑之作。」

——莎拉．羅伊（Sara Roy），哈佛大學中東研究中心

「當我想要了解有關猶太人、猶太復國主義者、以色列人和巴勒斯坦人最深刻的現實時，這是我所傾聽的聲音。諾曼・芬克斯坦肯定是聖經提到四十個誠實之人的其中之一，一次又一次，藉由指出（有時令靈魂枯萎但無可迴避的）真相來拯救「所多瑪」（我們的地球）。今日沒有人像他一樣，但我打從心底認為他過去一直是人權與正義鬥士的典型，未來也將如此。也許這是黑暗時代的小小慰藉，但我衷心感謝他。」

——愛麗絲・華克（Alice Walker），

《紫色姐妹花》一書作者，普立茲獎與國家圖書獎得主

「身為將巨石推上假消息山頂的現代的薛西佛斯，卻絲毫沒有動搖諾曼・芬克斯坦的決心。雖然他並非律師，卻對法律議題、日內瓦公約、國際法院諮詢意見、聯合國決議、委員會報告相當嫻熟，並將之組成強而有力的敘述、邏輯連貫的正義呼聲與對國際社會道德退縮的抗議。芬克斯坦駁斥了關於加薩和巴勒斯坦的許多大謊言與神祕難解的小謊言。本書是每個關心人權的人及政治家都該擁有的學術著作。」

——艾佛列德・扎亞斯（Alfred de Zayas），

日內瓦外交學院法學教授，聯合國民主促進與國際平等秩序獨立專家

「諾曼．芬克斯坦，可能是研究中東衝突最認真的學者，寫下以色列入侵加薩的絕佳著作。他對攻擊行動在事實與法律層面的全面檢視，為這段野蠻的歷史留下最權威的紀錄。」

——約翰．杜加德（John Dugard），
萊頓大學國際公法榮譽教授、聯合國人權理事會巴勒斯坦佔領區特別報告者

「沒人能在未考慮本書證據的情況下……就對加薩發表意見。對此而言，加薩人民至少欠諾曼．芬克斯坦一份情。」

——查爾斯．葛拉斯（Charles Glass），《攔截網》（The Intercept）

「無論讀者本身是何種立場，對芬克斯坦是同意還是不同意，都能在書中得到許多啟發。」

——《出版者周刊》

「諾曼．芬克斯坦具備舊約先知對道德的莊嚴肅穆，塔木德學者對細節的嚴謹細心，以及意第緒語小說家的幽默感。這些都展現在《加薩戰火——以色列的侵略，與巴勒斯坦無解

的悲劇》一書中……芬克斯坦這本紀錄嚴謹的四〇八頁編年史，累積的衝擊相當驚人，讀者將對全世界的默不作聲的反應感到震驚。」

——《魏斯世界網》（Mondoweiss）

「十分出色的傑作。」

——《子彈新聞網》（The Bullet）

「任何選擇閱讀《加薩戰火——以色列的侵略，與巴勒斯坦無解的悲劇》的讀者都見證了恐怖的真相，並將之保存在集體記憶之中。」

——巴勒斯坦編年組織（The Palestine Chronicle）

「這是一份長達四四〇頁的關於國際法以及以色列持續攻擊加薩人民的研究，並為現代世界史上最恐怖和持久的集體懲罰行動留下最好的歷史紀錄。」

——傑瑞米　斯卡希爾（Jeremy Scahill），《攔截網》（The Intercept）

序言

本書並非單純在談加薩這個地方，而是談加薩被如何對待。現在流行的說法是「受害者也具有『能動性（agency，指對內部或外界的刺激或影響有反應）』」。但我們必須務實地考慮到：能動性也會受到客觀環境的限制。弗里德里克・道格拉斯（Frederick Douglass）藉由反擊惡意虐待的奴隸主以討回自己的男子氣概；尼爾森・曼德拉（Nelson Mandela）即使面對各種針對他個人的羞辱和侮辱，仍然可以保住自己的尊嚴。不過即使這些人的表現值得嘉許，這些個案仍是例外。總之，受奴役的人依舊無法掌控那些會影響他們日常生活的重大決策，也無權力過問。

加薩不僅是前英國首相大衛・卡麥隆（David Cameron）口中的「露天監獄」[01]，以色列還是它的典獄長。因為在國家官方宣傳與回應所炮製的大眾想像裡，以色列只對「恐怖主義」進行回應或報復，但以色列對加薩實施的各種非法、非人道封鎖與定期謀殺的「行動」，都不是因為哈馬斯的火箭砲而造成的，這些政治決定背後是以色列的政治盤算，與哈馬斯的軍事行動沒有因果關係。事實上，以色列對待加薩是對哈馬斯的不作為而採取的行動。儘管伊斯蘭運動拒絕配合扮演「恐怖份子」，可是以色列需要「藉口」以便發起軍事行動，這背後是政治考量而非軍事考量（自我防衛）。如果加薩「能夠沉進海裡」（諾貝爾和平獎得主伊扎克·拉賓〔Yitzhak Rabin〕語）[02]，或單方面將命運交給反覆無常的以色列，或許以色列就不會如此地凌虐它。但加薩別無選擇，只能盡量利用所有（實際上很少）的能動性，正如同那些受奴役的人一樣。有些人認為，從蟻丘發射的強化版煙火有能力動搖世界前幾大軍事強國的國家政策，這種想法未免可笑；如果再加上強國強大的假新聞產銷機器，那就無疑是十分可笑了。

本書將聚焦在加薩受難的政治層面，因為加薩的經濟層面之前已經經過徹底的分析。[03]儘管許多經濟分析是概念多於實質，但觀察家面對大量的、分析加薩經濟的文獻仍不得不感到驚訝。世界銀行在二〇一五年到二〇一六年的報告指出，加薩「超過九〇%的國內生產毛額來自巴勒斯坦政府、聯合國、其他外部匯款和援助計畫」。[04]毫無疑問，這些經濟報告的作者動機良善——雖然最後大多數人仍會屈服在以色列的淫威之下。[05]如果加薩有幸存活，那是因為外國干預正巧遇到以色列放鬆螺絲，以便向國際大肆宣揚。矛盾的是，隨著新經濟報告不斷出爐，加薩也越發趨近完全的「去發展」（de-development）。有時也難免會令人懷疑：比起將時間、精力和經費投入在這些嚴謹、充滿枯燥細節的報告上，為孤苦無依的兒童在露天監獄裡蓋一座露天游泳池，是否對加薩更有幫助？但儘管如此，這些報告仍然是加薩所遭遇的恐怖中不可抹滅的記錄和證明。它們是受難者永恆的紀念碑，也是對加害者無盡的控訴。

構成本書主要內容的加薩人權報導，也和經濟報告有類似的命運。至今大量的加薩人權報告可以塞滿一座中型圖書館。這些報告普遍對「正確性」採取嚴格的標準：一方面是記錄令人震驚的痛苦和悲劇；另一方面則是以色列對加薩殘忍的罪行與麻木不仁。這些報告鮮少在狹小、專注於研究的專家圈子之外引起注意，而最後主張人權的社群也屈服於以色列的宰割。然而，對於關心且珍視真相的人而言，這些報告仍然是必需的資源。即使多半未經充分利用，可是對於極力希望訴求於公眾輿論，以實現最卑微的正義的人而言，它們卻是彈藥庫中最有力的武器。

加薩所承受的災難是徹底的「人禍」。這些持久且嚴重的災禍，並非發生在戰爭迷霧中或模糊的遠方，而是在毫無掩飾的光天化日之下。而犯下這些罪行、且意圖忽視這些災難的人則是更為邪惡的存在。讀者可自行判斷，這些描述是天真無知還是經過文獻記錄的證實？判斷是出自作者的立場還是事實？判斷加薩的經歷是否挑戰了其他的「敘事」方式？判斷加薩的實際情況是否從一籮筐隱瞞真相的謊言中證明了自己的清白？

在寫作時闡明加薩的複雜情況可能在政治上看起來比較明智，但卻是道德上的一種逃避。因為關於加薩，以色列炮製了一個大謊言，背後則是一千個看似難解及神祕的小謊言。而透過揭露每一個小謊言來反駁大謊言就是本書的宗旨。這並不是什麼讓人喜悅的工作；相反的，這是一件得要吹毛求疵的苦差。本書撰寫的動機是作者發自內心對謊言的厭惡，特別是當謊言是用來為權力服務，而人命卻猶在未定之天時，只有靠條理分明的邏輯分析和證據，才能面對和處理藏在細節裡的邪惡。在此先祈求讀者的諒解，因為仔細閱讀本書將需要無限的耐心。

諾曼．芬克斯坦

二〇一六年十二月於紐約市

／注釋／

1 "*David Cameron Describes Blockaded Gaza as a 'Prison,'*" *BBC* (27 July 2010).

2 Amira Hass, *Drinking the Sea at Gaza: Days and nights in a land under siege* (New York: 1999), p. 9.

3 Sara Roy, *The Gaza Strip: The political economy of de-development*, expanded third edition (Washington, DC: 2016).

4 United Nations General Assembly, "Situation of Human Rights in the Palestinian Territories Occupied since 1967" (19 October 2016), para. 46.

5 請參閱結論。

致謝

我想感謝以下協助本書與合作者：Usama Antar, Rudolph Baldeo, Kayvan Beklik, Alex Davis-Lawrence, John Dugard, Marilyn Garson, Jason Gordon, Maren Hackmann-Mahajan, Jens Ole Bach Hansen, Siham Faidoli Hansen, Abdalla Hassan, Ria Julien, Sana Kassem, Yarden Katz, Philip Luther, Deborah Maccoby, Sanjeev Mahajan, Alex Nunns, Mouin Rabbani, Sara Roy, Rana Shubair, Jamie Stern-Weiner, Desmond Travers, and Jeff Wyneken. 我也想感謝不願具名的聯合國發言人。本書部分文字曾於本人的其他著作中刊出。

本書寫作過程中未獲任何機構或基金會贊助，這對於本書內容的獨立性大有益處。因為，一旦接受贊助，吹笛人的曲調就會被操縱；沒有人接受贊助，吹笛人就可以自由的吹奏自己的旋律。

導讀　為什麼我們閱讀「加薩」？

輔仁大學歷史系助理教授 陳立樵

本書《加薩戰火：以色列的侵略，與巴勒斯坦無解的悲劇》作者諾曼・芬克斯坦（Norman Finkelstein）談論加薩（Gaza）遭到以色列（Israel）的殘害，但問題是不僅加害者以色列不斷否認，主流國際社會還一再偏袒以色列。不受重視、沒有後援，這是今日加薩的困境。

歷史回顧

芬克斯坦在書本一開頭便說了，在一九四七年聯合國（United Nations）對巴勒斯坦（Palestine）的分治方案中，有五十六％比例的土地劃給了猶太人（Jews），而四十四％給阿拉伯人（Arabs）。這樣不平等的規劃，造就了這七十年來的衝突與戰爭。可是，阿拉伯與猶太人問題並不是一九四七年才開始。從一九一七年十一月英國外交部長貝爾福（Arthur Balfour）的那份《貝爾福宣言》（Balfour Declaration），支持猶太復國主義者（Zionist）移入巴勒斯坦建立家園，便開啟了兩個族群之間的紛爭。迄今，已經一百多年的時間。

儘管《舊約聖經》指明了巴勒斯坦是猶太人的「應許之地」（Promised Land），二〇一九年四月以色列駐聯合國大使還聲明，「《舊約聖經》就是他們的土地權狀。」但這只是猶太中心的觀點，畢竟這區域向來都有許多族群居住，《舊約聖經》也都提到了這樣的情況。阿拉伯人也是鄰近地區的族群，並非七世紀伊斯蘭（Islam）勢力興起時才出現。雖然不少猶太人在西元七〇年被迫離開巴勒斯坦，卻不代表從此這區域就沒有猶太人的存在。在西亞與中亞地區進入伊斯蘭時期之後，阿猶之間就算有所糾紛也不是今日的樣貌。

十九世紀末，歐洲猶太復國主義者受到民族主義（nationalism）思潮的影響，也要建立猶太民族國家。英國在鄂圖曼帝國（Ottoman Empire）南部疆土擁有高度影響力，特別是一八八二年佔領了埃及（Egypt），也取得連通地中海（Mediterranean Sea）與紅海（Red Sea）的蘇伊士運河（Suez Canal）航行優勢。巴勒斯坦就在這區域的東北方，猶太復國主義者在尋求英國協助建國的時候，便是願意作為埃及在東北方的屏障，等於是英國在埃及佔領的另一層安全保障。《貝爾福宣言》之後，英國開始計畫讓歐洲猶太人移民到巴勒斯坦，但阿拉伯人感受到本身主體性喪失的危機，反猶、反英的情緒升高，而猶太人也覺得英國的幫助並沒有成效，導致英國騎虎難下。

第二次世界大戰期間，猶太復國主義者轉向尋求美國協助，使得從來沒有處理過西亞事務的美國，從羅斯福總統（Franklin Roosevelt）時期，開始接觸到了阿猶問題。美國也逐漸在英國於戰後越來越沒有左右西亞局勢的狀況下，成為西亞霸權。又當埃及與敘利亞（Syria）極度反西方帝國主義、使夾在埃敘之間的以色列遭受重大威脅的情況下，更讓美國越來越加強支持以色列的力道，甚至是無條件付出。這一切並非猶太復國主義者如何堅定信仰、團結一致，反而是英美的協助扮演關鍵角色，使阿拉伯人原本居住的土地被霸佔，阿拉伯人生存的權益被剝奪。若非如此，猶太復國主義很難構成影響力，以色列也很難建國。導致阿以之間衝突的因素，並不在於族群、宗教、文化方面的差異，而是西方強權對阿拉伯世界的宰制與壓迫。

但隨著美以的強勢令阿拉伯人也難以抵抗之後，如埃及在七〇年代後期也開始跟以色列和談，九〇年代阿拉法特（Yasser Arafat）領導的法塔（FATAH），即巴勒斯坦解放組織（Palestinian Liberation Organisation, PLO）的主要勢力，也不得不接受美國的條件，跟以色列達成和平協議。在阿拉法特越來越「溫和」之際，巴勒斯坦出現的新組織哈馬斯（HAMAS），則是維持以暴力手段對抗以色列。這並非哈馬斯與阿拉伯人特別激進，而是在美以完全掌握外交、政治、輿論話語權的優勢之下，阿拉伯人只能鋌而走險，否則沒有機會表達自己的聲音。阿拉法特也並非越來越「溫和」，他的目標必然也是要脫離美以壓力，只是迫於局勢而必須玩美國人的遊戲規則。

二〇〇六年之後哈馬斯曾短暫領導巴勒斯坦自治政府（Palestinian National Authority，成立於一九九六年），但隨後又為法塔赫主導政權，哈馬斯轉而在加薩繼續對抗以色列。這也就是在書中所寫的二〇〇八年到二〇〇九年以色列對加薩「鑄鉛行動」（Operation Cast Lead）的開始，以色列動用強大軍事武力，對巴勒斯坦人全面格殺勿論。

文件霸凌

在「鑄鉛行動」之後，以色列不斷地在粉飾太平，也把問題都推給了加薩。這開啟了文件之間的對決戰爭，以二〇〇九年聯合國人權理事會（UN Human Rights Council）真相調查團的《戈德史東報告》（*Goldstone Report*）的內容來看，以色列以相當不重視人權的方式對待巴勒斯坦人，而加薩幾乎完全被夷為平地。以色列當然也有所反擊，一再強調《戈德史東報告》的不實起訴，也聲稱他們的行動與哈馬斯的威脅是同等程度。但問題時，真相調查團負責人戈德史東（Richard Goldstone）就是猶太人、也是個猶太復國主義者，連他都指控自己國家，當然對以色列來說便是相當棘手的麻煩。但很詭異的是，戈德史東在沒多久之後就聲明要與《戈德史東報告》切割。

二〇一〇年運送給加薩物資的馬爾瑪拉號（Mavi Marmara）遭到以色列突擊隊攻擊，但以色列聲明該船襲擊以色列突擊隊，所以該事件是突擊隊的反擊與抵抗。在這之後，前以色列法官圖可（Jacob Turkel）發表了《圖可報告》（*Turkel Report*），指責「一群乘客密謀武裝殺害以色列突擊隊員」，另外也指出以色列並沒有惡意對待加薩，例如加薩人民並沒有飢餓的問題，而若有生存威脅也都是因為以色列要封鎖哈馬斯所導致的損害。芬克斯坦認為以色列一切說詞都是在為自己脫罪，但西方媒體似乎「樂於接受以色列操弄」。可是，即使聯合國組織了調查小組，但卻公開支持以色列，這樣有偏袒立場的報告內容，就與《圖可報告》並無兩樣。由此可見，誰掌握了話語權，誰就掌握了「事實真相」。那加薩呢？沒有話語權，也沒有國際支持，其聲音很難讓人聽見。

二〇一二年十一月，以色列的「雲柱行動」（Operation Pillar of Defense），又是一次對加薩的軍事行動。而以色列仍然強調，這都是為了抵抗加薩的攻擊，也多次都指責哈馬斯將平民當作人肉盾牌，所以真正讓平民受到傷害的是哈馬斯，絕非以色列軍方。即使是國際特赦組織，也粉飾以色列的罪行。

芬克斯坦指責國際特赦組織聲稱有資料顯示哈馬斯擁有龐大數量的致命武器，都是無中生有的說法，或者只依賴以色列官方的一面之辭。國際特赦組織的表現，等同於背叛巴勒斯坦人。此外，二〇一五年的聯合國人權理事會雖然也指出一些以色列行動應負的責任，但卻沒有同情加薩的遭遇，也沒有指出以色列針對平民與基礎建設的攻擊，還忽略了加薩清真寺遭以色列攻擊的事實，反而一再強調以色列人在衝突過程之中產生的心理問題。

從歷史脈絡來看，都可以看到長期以來加薩與巴勒斯坦人所受到的壓迫，芬克斯坦所言並非特別偏袒加薩。聯合國就算看似對以色列有所約束，但其實仍然沒有阻擋的作用。更何況在聯合國裡最有影響力的就是美國，其幾近無條件支持以色列的行為，更是讓以色列肆無忌憚。對巴勒斯坦人來說，生活日常只有以色列的軍事摧殘。如果加薩對以色列的抵抗算是恐怖行動，那以色列與美國動用輿論、外交、經濟、軍事方面的壓迫，難道不是更恐怖、更駭人？

現實反思

自一九八〇年代起，研究以色列史的「新史家學派」（New Historians），例如艾蘭佩普（Ilan Pappe）、希蘭姆（Avi Shlaim）等人，就一再批判以色列政府強調建國的艱辛過程、自己是阿以衝突被害者等等政治宣傳。從他們依據以色列解密的檔案中發現，實際情況是以色列對巴勒斯坦人的主動攻擊、驅趕，以色列才是邪惡的一方。美國學者米爾斯海默（John J. Mearsheimer）與沃爾特（Stephen M. Walt）合著的《以色列遊說集團與美國對外政策》（*The Israel Lobby and U.S. Foreign Policy*），也用了「新史家學派」的觀點，論證美國與以色列如膠似漆的關係。問題是，這樣的觀念，在主流國際社會之中仍難獲得廣大的共鳴。

從一九一七年《貝爾福宣言》算起，阿猶問題迄今已經一百多年了，涉及許多國家，也涵蓋了許多層面的問題。然而，多數人在理解這方面的問題時，都受到美國與以色列觀念的影響。本書則是以近十年來加薩的遭遇為個案，鉅細靡遺的說明以色列的「撒謊文化」（引用芬克斯坦之語）。儘管本書的重點不在於描述歷史（其實阿以衝突的歷史也是臺灣讀者相當需要理解的部分），但至少在今日臺灣相當認同以色列的氣氛之下，本書出版臺灣有助於讀者對於阿以問題有較為公允的理解。可惜的是，今日諸多學者著書研究對阿以問題的反思，仍是無法改變現實層面，支持與聲援加薩始終是萬人按讚一人到場的情況。

第1部 「鑄鉛行動」

第2部 《戈德史東報告》

第3部 藍色馬爾瑪拉號

第4部 「保護邊緣行動」

關於巴勒斯坦，聯合國大會和安理會均提及「不允許以戰爭獲取領土」的習慣規則……在同樣的基礎上，安理會多次譴責以色列改變耶路撒冷的地位的行為……關於人民自決權利的原則……「巴勒斯坦民族」的存在不再是問題……其權利包括自決權……法院斷定，以色列在佔領巴勒斯坦領土（包括東耶路撒冷）的屯墾區，違反國際法。

——國際法院

第 1 部

「鑄鉛行動」

第一章

自我防衛？

「大起義」這場民間抗爭運動，其象徵和武器是石頭，偶爾還有汽油彈和刀子，而非槍枝和炸彈。

一九四七年十一月二十九日，聯合國大會通過決議，將英國託管的巴勒斯坦分割成兩部分：其中猶太人組成的國家佔有五十六%的土地，阿拉伯人組成的國家則佔有剩下的四十四%。[01]決議通過後，仍在戰爭中、新生的以色列擴大邊界，佔領巴勒斯坦將近八十%的土地；而以色列尚未征服的地區，只剩下遭到約旦王國併吞的約旦河西岸，和埃及以行政力控制的加薩地帶。

加薩地處由西奈半島延伸的狹長地區，北面和東面與以色列接壤，南面與埃及接壤，西面與地中海相臨。一九四八年戰爭期間，約二十五萬巴勒斯坦人離開家園逃往加薩，幾乎淹沒了大約八萬人的當地居民。現今加薩七十%以上的居民是一九四八年戰爭中被驅逐者及其後代，一半以上的大多數難民未滿十八歲；也因此，加薩的「零至十四歲人口比例高居全球第二」。加薩有一八〇萬居民，全部擠在長二十五英里、寬五英里的一小塊土地上，它是世界上人口最密集的地區之一，擁擠程度更甚日本東京。從一九六七年以色列軍事佔領開始，到二〇〇五年艾里爾・夏隆（Ariel Sharon）總理從加薩撤軍、重新部署邊界的軍隊為止，以色列強加給加薩一套特殊的剝削「去發展」體制。用哈佛政治經濟學者莎拉・羅伊（Sara Roy）的話來說：它剝奪了「當地人最重要的經濟資源——土地、水和勞動力——以及開發這些資源的內部能力和潛力」。[02]

回顧當時加薩通往絕望困境的發展道路，各種暴行俯拾即是。出了巴勒斯坦，這些暴行若非久遭遺忘就是不為人知。在一九四九年停止軍事敵對行動之後，埃及嚴密掌控加薩的巴勒斯坦游擊隊（Fedayeen）。但在一九五五年初，以色列領導人策劃引誘埃及參戰，以推翻埃及總統賈邁勒·阿卜杜勒·納瑟（Gamal Abdel Nasser）。他們對加薩發動了一次血腥的跨境襲擊，造成四十名埃及士兵死亡。隨著武裝邊界衝突升級，襲擊加薩證明是個近乎完美的挑釁。一九五六年十月，以色列（**與英國和法國勾結**）入侵埃及西奈，並佔領了它垂涎已久的加薩。知名的以色列歷史學家班尼·莫里斯（Benny Morris）描述接下來發生的事：

> 以色列國防軍（IDF）、國安局（GSS）和警察，在加薩地區實施辨別與圍剿行動，估計四千名埃及和巴勒斯坦平民與許多游擊隊員受困當地。數十名游擊隊員似乎未經審判便遭到處決，另一部分的人則在以色列國防軍佔領加薩後的兩次大屠殺中喪命。十一月三日，征服汗尤尼斯（Khan Yunis）的當天，以色列國防軍在鎮上擊斃數百名巴勒斯坦難民和當地居民。據一份聯合國報告指出：當時以色列國防軍穿過該鎮及難民營「尋找擁有武器者」，「大約一三五名當地居民」和「一四〇名難民」因此被殺。
>
> 十一月二日，以色列國防軍佔領拉法（Rafah）。在十一月十二日的一次大規模清查行動中，以色列軍隊試圖辨別出埃及和巴勒斯坦士兵，以及藏匿在當地人之中的游擊隊員，於是殺死了四十八名至一百名難民和幾名當地居民，另有六十一人受傷……。

十一月二日至二十日間，另有六十六名疑似游擊隊員的巴勒斯坦人，在加薩地帶的清查行動與其他一些事件中遭到處決……。

據聯合國估計，在佔領加薩地區的前三週，遭到以色列軍隊殺害的阿拉伯平民在四四七至五五〇人之間。[03]

一九五七年三月，在美國總統德懷特・艾森豪（Dwight Eisenhower）施加沉重的外交壓力並威脅將採取經濟制裁後，以色列被迫從加薩撤退。佔領加薩結束時，已有超過一千名加薩人被殺。最近一位歷史學家指出：「以色列佔領加薩地區四個月的傷亡人數驚人地巨大」；「如果將受傷、遭到監禁和受到酷刑的人數與死亡人數相加，那麼每一百名居民中就有一人曾受到入侵者的暴力傷害」。[04]

檢視加薩當前苦難的源頭，以色列的征服正是其病因。在一九六七年的戰爭中，以色列重新佔領加薩地區（**以及西岸**），並一直是加薩的佔領國。正如同班尼・莫里斯所敘述：「絕大多數西岸和加薩的阿拉伯人，從一開始就討厭被佔領」；「以色列打算長期佔領……加薩人民無法以公民不服從和公民抵抗推翻或終結這種統治，而以色列要輾壓這些抵抗太容易了，唯一真正的選項是『武裝鬥爭』」；「如同所有的佔領一樣，以色列的佔領是建立在以下基礎上：殘忍的武力、鎮壓和恐懼、合作和背叛、毆打和酷刑室，以及每天的恐嚇、羞辱和操縱」；「對於被佔領者來說，『佔領』始終是一種殘酷和令人沮喪的經歷」。05

面對以色列的佔領，巴勒斯坦人從一開始就反擊。加薩人以武裝和非武裝堅決抵抗，但以色列的鎮壓同樣堅持不懈。一九六九年，艾里爾．夏隆成為以色列國防軍南方司令部的負責人，不久就開始摧毀加薩的反抗勢力。一位美國知名的加薩專家回憶——夏隆在難民營實施二十四小時宵禁時，部隊還挨家挨戶進行搜查，將所有男人集中在中央廣場進行訊問。在搜索過程中，許多男人被迫在地中海水深及腰處站立數小時；此外，一萬二千名涉嫌參與游擊隊的家族成員，被驅逐到西奈半島的集中營……接著，幾週之內，以色列媒體開始批評士兵和邊境警察毆打平民、槍殺群眾、毀壞房屋內的財物，並在宵禁期間施行極端限制。

> 一九七一年七月，夏隆採取「稀釋」難民營的策略。到八月底，軍方已經驅逐超過一萬三千名居民。軍隊將難民營和柑橘樹林剷平，開闢寬闊的道路，使機械化部隊更容易行動，並讓步兵更容易控制……。此時的軍隊已經排除鎮壓反抗勢力的最大障礙。06

一九八七年十二月，加薩和以色列邊界發生交通事故，導致四名巴勒斯坦人死亡，引發了整個以色列佔領區的大規模反叛，或稱作「大起義」。「這並非武裝叛亂」，莫里斯回憶道：「但這是一場大規模、持久性的民間抗爭運動，包括罷工、罷市，以及針對佔領軍的暴力示威

（**雖然沒有武裝**）。運動的象徵和武器是石頭，偶爾還有汽油彈和刀子，而非槍枝和炸彈」。不過，以色列並未給予什麼善意的回應。莫里斯繼續說道：「以色列軍隊幾乎什麼事都做了：射殺、射傷、毆打、大規模逮捕、酷刑、審判、行政拘留和經濟制裁」；「許多巴勒斯坦人，包括很多兒童，在不構成以色列人生命威脅的情況下卻遭到槍殺」；「只有極少數（**以色列國防軍**）的罪犯由軍法機關登記在案——幾乎總是草率地從輕發落」。[07]

「哈馬斯必須落選」

九〇年代初期，以色列成功地壓制第一次大起義，隨後和巴勒斯坦解放組織（PLO）在挪威奧斯陸祕密達成協議，並於一九九九年九月在美國白宮草坪上生效。以色列打算透過「奧斯陸協定（Oslo Accord）」精簡佔領人力，即其部隊不必直接接觸巴勒斯坦人，而是由巴勒斯坦的中間人分別承擔管理責任。以色列前外交部長什洛莫·本—阿米（Shlomo Ben-Ami）觀察到，「『奧斯陸協定』的其中一項意義在於：巴勒斯坦解放組織與……以色列共同合作，扼殺大起義和……打壓追求巴勒斯坦獨立的真正民主鬥爭」。[08]特別的是，以色列設法將佔領巴勒斯坦的骯髒任務重新分配給巴勒斯坦的中間人。以色列前任閣員納坦·夏蘭斯基（Natan Sharansky）承認，「奧斯陸協定的想法是，找到一個強大的獨裁者……以便控制巴勒斯坦人」。[09]以色列總理伊扎克．拉賓（Yitzhak Rabin）告訴對此感到懷疑的同黨，「巴勒斯坦人將比我們更能保障加薩境內的安全，因為他們不會向最高法院提出上訴，並能夠讓以色列民權團體無法批評那裡的情況……他們將以自己的方式統治。最重要的是，以色列士兵未來不必再做**他們**將來要做的事」。[10]

二〇〇〇年七月，巴勒斯坦解放組織領袖亞西爾．阿拉法特（Yasser Arafat）和以色列總理埃胡德．巴拉克（Ehud Barak），在大衛營與美國總統比爾．柯林頓（Bill Clinton）一起談判解決以薩衝突的最終方案。最後談判會議淪為相互指責、沒有結果。但哪一方是談判破裂的元凶？大衛營的以色列首席談判代表之一——本—阿米後來評論說：「如果我是巴勒斯坦人，我也會拒絕『大衛營協定』」；而以色列戰略分析家紀夫．馬茲（Zeev Maoz）總結說：以色列在大衛營要求加薩的「實質讓步」，巴勒斯坦人「無法接受，也不能接受」。[11]後續談判也未能取得突破。二〇〇〇年十二月，柯林頓總統提出解決以薩衝突的「方針」，雙方都傾向有保留的接受。[12]二〇〇一年一月，雙方在埃及塔巴（Taba）恢復和談。雖然會後雙方都肯定「已經取得重大進展」，並且「從未如此接近達成協議」，但最後巴拉克總理單方面的「停止」談判，結果卻使「以色列—巴勒斯坦的和平進程無限期觸礁」。[13]

二〇〇〇年九月，在外交陷入僵局和以色列挑釁的情況下，被以色列佔領地的巴勒斯坦人再次公開反抗。如一九八七年那一次，第二次大起義的開端絕大多數都是非暴力的。然而，用本——阿米的話來說：「以色列對民眾起義的反擊，雙方實在不成比例。年輕、手無寸鐵的巴勒斯坦男子面對的是持有致命武器的以色列士兵，這使得第二次大起義最後失控，變成全面戰爭」。[14]別忘了，直到以色列在加薩血腥殺戮的五個月後，第二次大起義才出現第一起致命的「哈馬斯自殺炸彈」。在這次大起義的最初幾天，以色列部隊發射了一百萬發子彈，而巴勒斯坦人與以色列人在前幾週被殺的比例為二十比一。[15]在這「不成比例的反擊」引發的暴力升級過程中，以色列特別針對加薩進行報復。在一本暗黑版的《傳道書》（*Ecclesiastes*）中❶，每個季節的轉折都預示著以色列對加薩的又一次攻擊，造成了死亡、破壞脆弱的基礎設施：「彩虹行動」（Operation Rainbow，二〇〇四）、「懺悔日行動」（Operation Days of Penitence，二〇〇四）、「夏雨行動」（Operation Summer Rains，二〇〇六）、「秋雲行動」（Operation Autumn Clouds，二〇〇六）、「熱冬行動」（Operation Hot Winter，二〇〇八）。[16]然而，在以色列總統和諾貝爾和平獎得主希蒙·裴瑞斯（Shimon Peres）的扭曲記憶中，這一時期是「另一個錯誤——我們克制了八年，卻允許加薩人向我們射擊數千枚火箭砲……『克制』是一種錯誤」。[17]

儘管以色列繼續發動攻擊，但加薩的動亂並未因此平息。「奧斯陸協定」的棘手難題導致以色列與加薩的關係日益惡化。「要是它能沉進海裡……」拉賓絕望地說。[18]二〇〇四年四月，夏隆總理宣布以色列軍隊將「撤離」加薩。到二〇〇五年九月，以色列軍隊和猶太定居者都被撤出加薩。夏隆的重要幕僚多夫．韋斯葛拉斯（Dov Weisglass）闡述了撤離背後的理由：它將減輕國際（特別是美國）對以色列的壓力，而反過來「凍結」……政治進程。當這個過程遭凍結，巴勒斯坦國就無法成立。[19]以色列隨後聲稱它不再是加薩的佔領國。但是，人權組織和國際機構拒絕接受此一主張，因為事實上，以色列仍以各種方式支配著加薩。人權觀察組織（Human Rights Watch）總結：「無論以色列軍隊是在加薩境內或者重新布署在周邊地區，加薩仍為以色列所控制。」[20]以色列的國際法權威，尤蘭．丁斯坦（Yoram Dinstein）也贊同：以色列對加薩的佔領尚未結束的「普遍看法」。[21]

人們普遍將奧斯陸協定的談判進程視為一次失敗，因為它並未帶來持久的和平。但這種判斷實際上誤解了這個協定想要達到的目的。如果以色列的目的，誠如本—阿米所說，是培養一批巴勒斯坦的合作者，那麼奧斯陸協定對以色列人來說根本是驚人的成功，受益者也不僅限於他們。仔細檢視「奧斯陸二號協定」（一九九五年九月簽署）和一九九三年簽定協定中雙方的權利義務等細節，就會發現巴勒斯坦談判者心中最關切的問題落在最後四頁，即專門規範「巴勒斯坦貴賓通道」（該部分細分為「第一類貴賓」、「第二類貴賓」、「第三類貴賓」和「次級貴賓」）；只有最後不到一頁的篇幅提及「釋放巴勒斯坦囚犯和被拘留者」，但他們的

❶ 舊約《聖經》的其中一章。

人數卻多達數千人。[22]

「奧斯陸協定」中有一條十分不尋常，內容宣稱是為了讓敵對雙方建立互信，並規定五年的過渡期。事實上，不論何時何地，以色列只要有心尋求和平，雙方的和解過程都會進度神速，埃及就是一個好例子。

埃及是幾十年來以色列在阿拉伯世界的主要對手。一九七三年，埃及突襲以色列，數千名以色列士兵在此期間喪生。儘管如此，僅僅半年時間，就由美國總統吉米．卡特（Jimmy Carter）召開一九七八年大衛營峰會，訂定以色列—埃及的「和平框架」和一九七九年的「和平條約」，正式終止兩個國家的敵對行動。直到以色列撤離（一九八二年）整個埃及西奈半島，也只花了三年。[23]而且，以色列—埃及談判，並沒有規定五年的建立互信期。

奧斯陸協定幾乎沒有掩飾延長過渡期的目的，是建立合作以減輕以色列佔領巴勒斯坦的負擔，而非建立互信以促進以色列—巴勒斯坦的和平。這種操作的假設是，巴勒斯坦受益階層一旦逐漸習慣權力和特權的甜頭後就不願離開；儘管不情願，他們也會競標那些能夠中飽私囊、「提供他們重要利益」的權力。[24]這過渡期還使以色列能夠衡量這些巴勒斯坦中間人的可靠性，因為危機定期爆發，就可趁此檢驗他們對以色列的忠誠度。奧斯陸「和平進程」結束後，以色列收穫頗豐，在巴勒斯坦佔領區上服役的以色列軍人人數創下第一次大起義以來的新低。[25]巴勒斯坦領導階層唯一不為所動的是主席。儘管以機會主義作風聞名於世，阿拉法特身上殘留過去的民族主義，也使他不會滿足於像南非班圖斯坦（Bantustan）的地位。他二〇〇四年從任上逝世後，一切早已布置妥當，讓「巴勒斯坦自治政府」（Palestinian Authority）與以色列達成臨時協議。不過卻為時已晚。

二〇〇六年，由於多年的政府腐敗和談判失利，巴勒斯坦人投票支持伊斯蘭運動起家的哈馬斯（Hamas）派執政，這次的選舉過程被廣泛宣傳為「完全誠實且公平」（吉米・卡特語）。[26]但參議員希拉蕊・柯林頓（Hillary Clinton）私下表示，她很後悔美國沒有操縱這次選舉的結果：「早知道我們該做一些事情來決定哪一邊會贏。」[27]哈馬斯自一九八八年成立以來，始終堅定拒絕國際間協調解決以巴衝突的條件。雖然哈馬斯參與選舉，正標誌著伊斯蘭運動「正在進化，且持續進化」的可能性。[28]但以色列立即緊縮圍困加薩，「加薩的經濟活動陷入停滯，進入生存模式」[29]，美國和歐盟也紛紛仿效，因此造成了「毀滅性」的金融制裁。[30]只因為哈馬斯與加薩人民跟隨主流建議——參與民主選舉——外人就收緊套在他們身上的繩索。這行動背後未曾言明的潛臺詞是：「**哈馬斯必須落選**。」而不了解這點的加薩人民卻為此付出巨大的代價。聯合國巴勒斯坦佔領區人權特別報告人員，注意到此一懲罰性措施的其他異常情況：

> 實際上，承擔經濟制裁的是巴勒斯坦人民——這是頭一遭佔領區人民得到如此對待，實在讓人難以理解。以色列違反了安理會和聯合國大會關於非法領土變更和侵犯人權的主要決議，也未能執行二〇〇四年國際法院的諮詢意見，但卻並未因此受到制裁。反而是巴勒斯坦人民……可能受到現代史上最嚴厲的國際制裁。[31]

對「佔領區自由民選政府」發動無情經濟戰，背後的動力是確保哈馬斯執政失敗，使其統治的聲譽受到懷疑。[32]華盛頓和布魯塞爾同時呼籲伊斯蘭運動放棄暴力，並承認以色列以及之前簽署的「以巴協議」。[33]這些國際介入都設定了單方面的先決條件：沒有人強制以色列放棄暴力，沒有人強制以色列必須承認巴勒斯坦同樣有權在一九六七年的邊界建國，而哈馬斯卻被迫要承認之前的協議，例如，奧斯陸協定，該協定使以色列佔領巴勒斯坦合法化，並大幅增加佔領區的非法聚落。但以色列可以自由取消之前的協議，例如，美國布希政府二〇〇三年「中東和平路線圖」。[34]實際上，**西方列強正在為伊斯蘭運動的對話「設立無法達成的先決條件」**。[35]

據二〇一四年的一項研究指出，「哈馬斯在二〇〇六年一月的巴勒斯坦選舉中取得的成功」，可能預示著和平的政權演變，「但前提是，這場政府實驗並未受到美國積極干預和歐盟的消極回應所破壞」。[36]二〇〇七年，美國聯合以色列和部分舊巴勒斯坦衛兵企圖發動政變，但為哈馬斯所敗，這使得哈馬斯對加薩的控制權得到鞏固。[37]一位以色列資深情報人員事後嘲諷道：「當哈馬斯阻止『政變』時，每個人都大聲嚷嚷，聲稱哈馬斯發動了軍事政變——**但是誰在政變？**」[38]雖然以色列最大報的編輯譴責哈馬斯「殘酷、令人作嘔和充滿仇恨」，但他也贊同對這起事件的非正統觀點：「哈馬斯並未『完全掌控』加薩，他採取必要的行動來執行權力，將拒絕服從其權威的民兵勢力解除武裝並加以摧毀」。[39]面對哈馬斯拒絕這個「民主促進」計畫（**即政變企圖**），美國和以色列隨即迅速回應，進一步對加薩施壓。[40]二〇〇八年六月，經由埃及斡旋，哈馬斯和以色列達成停火協議；但該年十一月，以色列隨即違反停火協議，並對加薩邊境發動致命性襲擊，這也讓人想起一九五五年的跨界襲擊事件。不論當時和現在，**以色列的目標都是挑起報復，從而為之後的大規模襲擊加薩提供藉口**。

事實證明，邊境突襲是以色列血腥入侵加薩的序幕。二〇〇八年十二月二十七日，以色列發起了「鑄鉛行動」（Operation Cast Lead）。[41]首先是空中突襲，然後是空中和地面聯合攻擊。以色列空軍駕駛世界上最先進的戰機，在加薩上空飛行近三千架次，投下一千噸炸藥。陸軍調動的幾個旅則裝備先進的情報收集系統，以及自動和螢幕輔助遙控槍。另一方面，哈馬斯[42]向以色列發射了數百枚火箭砲和迫擊砲彈。二〇〇九年一月十八日，以色列宣布單方面停火，「顯然是美國巴拉克．歐巴馬（Barack Obama）的要求，因為兩天後將舉行他的總統就職典禮」[43]，但對於加薩的圍困依然持續，布希政府和美國國會全力支援以色列的攻擊。美國參議院一致通過，譴責哈馬斯要為後續的死亡與破壞負起責任，而眾議院也以三九〇比五通過相同決議。[44]**絕大多數人、國際公眾輿論**（包括許多猶太人的輿論），**在以色列襲擊一個手無寸鐵的平民時反而退縮不前。**[45]二〇〇九年，聯合國人權理事會真相調查團（由受人尊敬的南非法學家理查·戈德史東〔Richard Goldstone〕擔任主席）發布了一份大部頭的報告，記錄以色列犯下大規模戰爭罪，並有危害人類的嫌疑；該報告指責哈馬斯也犯下相同的罪行，但規模和以色列相較卻相形見絀。很明顯的，用以色列媒體人基迪恩·列維（Gideon Levy）的話來說：**「這次我們太超過了。」**[46]

「製造」人道援助對象的方法

以色列政府將鑄鉛行動合理化為對哈馬斯火箭砲攻擊的正當防衛，[47]但這種理由連最膚淺的懷疑都無法應付。因為如果以色列想要避免引發哈馬斯的火箭砲襲擊，他就不應該違反二〇〇八年的停火協議，[48]他可以選擇更新或是改變，但要信守停火協議。正如一名前以色列情報官員告訴危機組織的那樣，「戰爭結束後，桌子上的停火選擇已經到位」。[49]如果鑄鉛行動的目標是摧毀「恐怖主義基礎設施」，那麼在入侵加薩之後，以色列的正當防衛託辭似乎更不可信。在絕大多數情況下，以色列的目標都不是哈馬斯的據點，而是明顯針對「非恐怖份子」

及「非哈馬斯」的地點。[50]

人權脈絡的觀點進一步削弱以色列正當防衛的主張。根據以色列佔領區人權資訊中心（卜采萊姆，B'Tselem）二〇〇八年年度報告指出：二〇〇八年一月一日至十二月二十六日期間，以色列維安部隊殺害了四五五名巴勒斯坦人，其中至少一七五名平民；而巴勒斯坦人殺害了三十一名以色列人，其中有二十一名平民。因此，在以色列所謂的自衛戰爭前夕，巴勒斯坦人與被殺害的以色列人的比例幾乎達到十五比一；而巴勒斯坦平民與被殺害的以色列平民的比例至少為八比一。僅在加薩，二〇〇八年，以色列至少殺害了一五八名非戰鬥人員，而哈馬斯的火箭砲襲擊造成七名以色列平民死亡，雙方比例超過二十二比一。以色列譴責哈馬斯拘留二〇〇六年俘獲的一名以色列戰鬥人員，但以色列卻拘留約八千名巴勒斯坦「政治犯」，包括六十名婦女和三九〇名兒童，其中五四八人未經指控或審判就被行政拘留（**其中四十二人超過兩年**）。[51]以色列不斷收緊加薩身上的繩索，對巴勒斯坦人權的不成比例的侵犯進一步惡化、封鎖，等於「集體懲罰」，此舉嚴重違反國際人道法。[52]二〇〇八年九月，世界銀行將加薩描述為「從潛在的貿易路線轉變為圍牆裡的人道援助對象」。[53]

十二月中旬，聯合國人道事務協調廳（OCHA）報告，以色列「長達十八個月的封鎖造成嚴重人類尊嚴危機，居民生計普遍受到侵蝕，各項民生基礎設施嚴重惡化。」[54]如果加薩人每天缺電長達十六小時；如果加薩人每週只供水一次，一次幾小時，而八十%的水不適合飲用；如果每兩名加薩人中有一個失業並且「糧食不安全」；如果加薩有二十%的「基本藥物」處於

「缺乏」超過二十%患有癌症、心臟病和其他嚴重疾病的患者無法獲得國外醫療許可——如果加薩人只能抓緊如此微薄的一線生機，問題最初的源頭仍是以色列的圍困。人道協調廳的結論是：加薩人民「越來越覺得，無論生理、理智和情感上都被困住」。撇開以色列違反停火協議不論，根據二〇〇八年底的人權資產負債表來判斷，難道巴勒斯坦人就不該比以色列更有理由採取武力自衛嗎？

1 還有不到１%的土地則是劃作包括耶路撒冷在內的國際區（Corpus separatum）。

2 Sara Roy, *The Gaza Strip: The political economy of de-development*, expanded third edition (Washington, DC: 2016), pp.xxxii, 3–5; for the distinctiveness of Israel's economic policy in Gaza, see ibid., pp. 117–34.United Nations Country Team in the Occupied Palestinian Territory, "Gaza in 2020: A liveable place?" (2012) ("second — highest share").

3 Benny Morris, *Israel's Border Wars, 1949–1956* (Oxford: 1993), pp. 407–9. 莫里斯記載。直到一九五五年以色列襲擊加薩之前，埃及「在對以色列關係中最為關切的是避免以色列國防軍的襲擊」；「埃及希望維持與以色列邊界的安寧」。然而，「在一九五四年的某個時間點後」，以色列國防軍參謀長摩西．戴陽（Moshe Dayan），「意圖發動戰爭，並且採定期的攻擊。他希望報復性的打擊能夠惹惱與激怒阿拉伯國家進行報復，讓以色列有藉口將槍擊事件一路升級為戰爭」。「〔大衛〕．本—古里安（[David] Ben-Gurion and Dayan）和戴陽，共同制定了將納瑟拖下戰爭的策略」。他們間接挑釁的策略前提是，「因為以色列不能被稱為『侵略者』，必須透過逐步升級的過程來實現戰爭，即是透過定期的大規模以色列的報復性攻擊來實現，以回應埃及違反停戰協定的行為」。當「埃及拒絕落入戴陽設定的連續陷阱」，以色列就與英國和法國勾結，徹底攻擊埃及 (ibid., pp. 85, 178–79, 229–30, 271–72, 279–80, 427, 428).

4 Jean — Pierre Filiu, *Gaza: A history* (New York: 2014), p. 105.

5 Benny Morris, Righteous Victims: A history of the Zionist — Arab conflict, 1881–2001 (New York: 2001), pp. 340–43, 568.See also Zeev Schiff and Ehud Ya'ari, Intifada: The Palestinian uprising—Israel's third front (New York: 1990).

6 Ann Mosely Lesch, "Gaza: History and politics," in Ann Mosely Lesch and Mark Tessler, *Israel, Egypt, and the Palestinians: From Camp David to Intifada* (Bloomington: 1989), pp. 230–32.

7 Morris, *Righteous Victims*, pp.561, 580, 587, 591, 599.

8 Shlomo Ben-Ami, *Scars of War, Wounds of Peace: The Israeli-Arab tragedy* (New York: 2006), pp. 191, 211.

9 Andy Levy-Ajzenkopf, "Sharansky on Tour Promoting Identity, Freedom," *Canadian Jewish News* (1 July 2008). 夏蘭斯基在一九九六年至二〇〇五年曾多次擔任部長級職位。

10 Graham Usher, "The Politics of Internal Security: The PA's new intelligence services," *Journal of Palestine Studies* (Winter 1996), p. 28; *The B'Tselem Human Rights Report* (Spring 1994).

11 Shlomo Ben-Ami, interview on *Democracy Now!* (14 February 2006); Zeev Maoz, *Defending the Holy Land: A critical analysis of Israel's security and foreign policy* (Ann Arbor: 2006), p. 476 (see also p. 493).

12 Yossi Beilin, *The Path to Geneva: The quest for a permanent agreement, 1996–2004* (New York: 2004), pp. 52–53, 219–26; Clayton E. Swisher, *The Truth about Camp David* (New York: 2004), p. 402. 關於二〇〇〇年至二〇〇一年的談判各階段的細節分析，請參閱 Norman G. Finkelstein, *Knowing Too Much: Why the American Jewish romance with Israel is coming to an end* (New York: 2012), pp. 229–48.

13 Morris, *Righteous Victims*, p. 671.

14 Ben-Ami, *Scars of War*, p. 267; see also Idith Zertal and Akiva Eldar, *Lords of the Land: The war over Israel's settlements in the occupied territories, 1967–2007* (New York: 2007), pp. 412–15.

15 Norman G. Finkelstein, *Beyond Chutzpah: On the misuse of anti-Semitism and the abuse of history*, expanded paperback edition (Berkeley: 2008), ch.

4. 第二次大起義期間的第一起自殺攻擊，發生在二〇〇一年三月。

16 在「夏雨」和「秋雲」期間，有四百多名巴勒斯坦人（包括八十五名兒童）被殺，五名以色列士兵被殺。在「熱冬」的五天內，被俘的三十三名巴勒斯坦的兒童全部被殺，一名以色列平民被殺。 Al Mezan Center for Human Rights, *Bearing the Brunt Again: Child rights violations during Operation Cast Lead* (September 2009), pp. 8, 18–19.

17 Benny Morris, "Israeli President Shimon Peres Reflects on His Mentor, His Peace Partner, and Whether the State of Israel Will Survive," *Tablet* (26 July 2010).

18 Amira Hass, *Drinking the Sea at Gaza: Days and nights in a land under siege* (New York: 1996), p. 9.

19 Sara Roy, *Failing Peace: Gaza and the Palestinian-Israeli conflict* (London: 2007), pp. 327–28. See also Roy, *Gaza Strip*, pp. xxiii–xxv; and Galia Golan, *Israel and Palestine: Peace plans from Oslo to disengagement*(Princeton: 2007).

20 Human Rights Watch, "'Disengagement' Will Not End Gaza Occupation" (29 October 2004). 人權觀察在二〇〇六年的年度報告中重申此一立場：

二〇〇五年八月和九月，以色列單方面從加薩地區撤出大約八千名定居者、軍事人員和設施，並從約旦河西岸北部靠近傑寧的區域，撤走了四個小聚落。雖然之後以色列宣布加薩是「外國領土」、加薩與以色列之間為「國際邊界」，但根據國際人道法，以色列人仍為加薩佔領國，對加薩居民的福祉負有責任。以色列仍有效控制加薩，並對加薩地區的出入境、空域、海域、公共設施和人口登記均進行管制。此外，以色列在其「撤離計劃」中宣稱：有權隨時武裝進入加薩。自撤離以來，以色列實施空中轟炸和目標狙擊，並向加薩東北角發射火砲攻擊。

詳細的法律分析，參見 Gisha (Legal Center for Freedom of Movement), *Disengaged Occupiers: The legal status of Gaza* (Tel Aviv: January 2007).

21 Yoram Dinstein, *The International Law of Belligerent Occupation* (Cambridge: 2009), p. 277.

22 *Israeli-Palestinian Interim Agreement on the West Bank and the Gaza Strip* (Washington, DC: 1995), pp. 92–96, 314. 關於奧斯陸二號協定的分析，請參閱 Norman G. Finkelstein, *Image and Reality of the Israel-Palestine Conflict*, expanded second paperback edition (New York: 2003), pp. 172–83.

23 一個小三角形土地的邊界爭端，後來經由國際仲裁，採取了有利埃及的方案。

24 International Crisis Group, *Tipping Point? Palestinians and the search for a new strategy* (April 2010), p. 2.

25 "Israel Army's West Bank Presence 'Lowest in 20 Years,' " *Agence France-Presse* (28 November 2010).

26 "Opening Remarks by Former US President Jimmy Carter to the 2006 Human Rights Defenders Policy Forum" (23 May 2006). See also Pamela Scholey, "Palestine: Hamas's unfinished transformation," in Jeroen de Zeeuw, ed., *From Soldiers to Politicians: Transforming rebel movements after civil war* (Boulder, CO: 2008), 將選舉描述為「民主改革的模範」(p. 138).

27 Ken Kurson, "2006 Audio Emerges of Hillary Clinton Proposing Rigging Palestine Election," *Observer* (28 October 2016).

28 Álvaro de Soto, *End of Mission Report* (2007), para. 44. 索托於二〇〇五年至二〇〇七年間擔任「聯合國中東和平進程特別專員，兼巴勒斯坦解放組織和巴勒斯坦自治政府祕書長駐中東問題四方會議個人特使」。關於從以色列重新部署加薩到哈馬斯選舉勝利及後續階段，他的報告是最權威且最能揭露事實真相的文件。關於哈馬斯從二〇〇六大選前到之後為以色列所接受的發展歷程，請參閱 International

Crisis Group, *Enter Hamas: The challenges of political integration* (January 2006), pp. 2, 19–22.

29 De Soto, *End of Mission Report*, paras. 25, 52.

30 Ibid., para. 51.

31 John Dugard, *Report of the Special Rapporteur on the Situation of Human Rights in the Palestinian Territories Occupied since 1967* (A/HRC/2/5) (5 September 2006). 聯合國特別報告員指出：「有趣的是，西方國家拒絕對南非施加實質的經濟制裁，迫使其放棄種族隔離，理由是『這樣做會傷害南非的黑人』。但卻沒有人對巴勒斯坦人民或他們的人權表示同情。」

32 De Soto, *End of Mission Report*, paras. 50, 53.

33 雖然許多針對哈馬斯的敵對行動來自中東問題的四方（Middle East Quartet）——美國、歐盟、俄羅斯、聯合國祕書長——實際上，這一集團是美國的玩物，通常與歐盟相同 (ibid., paras. 63, 69, 78–79).

34 Jimmy Carter, *Palestine Peace Not Apartheid* (New York: 2006), pp. 159–60; Golan, *Israel and Palestine*, p. 90; de Soto, *End of Mission Report*, paras. 30, 81n6, 131.

35 De Soto, *End of Mission Report*, para. 50.

36 Filiu, *Gaza*, p. 306; see also de Soto, *End of Mission Report*, paras. 50, 52.

37 David Rose, "The Gaza Bombshell," *Vanity Fair* (April 2008); International Institute for Strategic Studies, "Hamas Coup in Gaza" (2007); Björn Brenner, *Gaza under Hamas: From Islamic democracy to Islamist governance* (London: 2017), pp. 35–40. 哈馬斯的軍事部門先發制人，隨後得到哈馬斯政治領袖的支持。有關美國在企圖政變前煽動加薩內戰的陰謀，以及巴勒斯坦自治政府高級官員的同謀，請參閱 de Soto, *End of Mission Report*, paras. 55–57, 123, 127.

38 Paul McGeough, *Kill Khalid: The failed Mossad assassination of Khalid Mishal and the rise of Hamas* (New York: 2009), p. 377.

39 Ed O'Loughlin, "Hopeless in Gaza," *Sydney Morning Herald* (23 June 2007).

40 布希大力宣傳的外交政策的核心是「民主促進」。

41 「鑄鉛」一詞，來自猶太教光明節歌曲中的一行歌詞。

42 在提及巴勒斯坦方的作戰行動和能力時，本書以「哈馬斯」代稱所有在加薩活動的巴勒斯坦武裝團體。

43 Filiu, *Gaza*, p. 316.

44 Stephen Zunes, "Virtually the Entire Dem-Controlled Congress Supports Israel's War Crimes in Gaza," *Alternet* (13 January 2009).

45 Norman G. Finkelstein, *"This Time We Went Too Far": Truth and consequences of the Gaza invasion*, expanded paperback edition (New York: 2011), pp. 107–29.

46 Gideon Levy, "Goldstone's Gaza Probe Did Israel a Favor," *Haaretz* (2 October 2009).

47 Mouin Rabbani, "Birth Pangs of a New Palestine," *Middle East Report Online* (7 January 2009).

48 請參閱第三章。

49 International Crisis Group, *Gaza's Unfinished Business* (April 2009), p. 21; see Ibid., pp. 27–28, 關於入侵後的停火協議條款，See also "Israeli Leaders 'To Topple Hamas,' " *BBC News* (22 December 2008); Zvi Bar'el, "Delusions of Victory in Gaza," *Haaretz* (28 December 2008).

50 *Report of the Independent Fact-Finding Committee on Gaza: No safe place. Presented to the League of Arab States* (2009), para. 411 ⑶. 此獨立事實調查委員會，由知名的南非法學家約翰·杜加德（John Dugard）擔任主席。在相關的報告中，委員會指出：

如果以色列國防軍想徹底摧毀（加薩南部邊界的）隧道，這相對容易達成。這些隧道很容易識別，考慮到以軍的空中偵查能力，他們應該已經知道隧道的確切位置。但是，委員會很清楚，他們在衝突期間並未全部被摧毀。從委員會的觀點來看，以色列聲稱採取自我防衛，是為了防止經由隧道武器走私的說法讓人不得不產生疑問。（ibid., para. 394）.

51 B'Tselem (Israeli Information Center for Human Rights in the Occupied Territories), *Human Rights in the Occupied Territories: 2008 annual report* (Jerusalem: 2009).

52 Human Rights Watch, "Donors Should Press Israel to End Blockade" (1 March 2009).

53 Roy, *Gaza Strip*, p. xxxi.

54 United Nations Office for the Coordination of Humanitarian Affairs (OCHA), *Gaza Humanitarian Situation Report—The Impact of the Blockade on the Gaza Strip: A human dignity crisis* (15 December 2008).

第二章

恐懼，將會帶來和平

以色列媒體對公開空襲引發的「震驚和恐懼」喜形於色，因為「引起恐懼感」就是其空襲加薩的本意。

事實證明，「鑄鉛行動」對以色列是一場公關災難。無論西方媒體、權威人士和外交官多麼偏袒以色列，他們都無法忽視加薩的大規模死亡和破壞。如果自衛不是理由，那麼以色列明知將引起國外譴責，也要對平民發動戰爭的背後原因是什麼？起初許多觀察家推測，以色列此舉是為了在將要舉行的二〇〇九年大選中**爭取選票**。在入侵加薩期間以色列所做的民調顯示：八〇％至九〇％的以色列猶太人支持入侵加薩。以色列公民權利協會（Association for Civil Rights in Israel）隨後指出，「在以色列公眾幾乎一致支持出兵的背景下，對任何異議的容忍度極低。」[01]以色列資深記者基迪恩·列維（Gideon Levy）指出，「兩年半前（在黎巴嫩）……以色列也經歷了一次非常相似的戰爭，當時並沒有選舉。」[02]事實上，以色列領導人強烈反對損害重大國家利益的行為，例如僅是為了選舉就發動戰爭。但在最近幾十年，以色列的政治舞台變得更加骯髒，即使如此，人們也很難說出進行重大軍事行動是為了黨派的政治目的。[03]而入侵加薩背後的主要動機不僅與選舉週期相關，而且也關係到以色列恢復「威懾能力」的雙重必要性，並阻擋巴勒斯坦新「和平攻勢」（peace offensive）帶來的威脅。

《紐約時報》中東特派員伊森·布朗納（Ethan Bronner）引用以色列消息來源報導。以色列對鑄鉛行動的「更多關注」在於「重建以色列的威懾力量」，因為「它的敵人不像以前或應該要的那麼害怕」[04]，保持威懾能力在以色列的戰略原則中佔有重要地位。實際上，這種考慮是以色列一九六七年六月首次進攻埃及的主要動力，並導致以色列佔領加薩和約旦河西岸。為了證明鑄鉛行動的正當性，以色列歷史學家班尼．莫里斯回憶，「許多以色列人都覺得這些牆壁……正在接近……就像他們在一九六七年六月初所感受到的那樣。」[05]雖然以色列人在六月戰爭前充滿不祥的預感，但以色列當時並沒有面臨生存威脅（**莫里斯也知道**）[06]，以色列領導人並不懷疑他們會在戰爭中贏得勝利。

一九六七年五月，以色列威脅並計劃攻擊敘利亞，[07]埃及總統賈邁勒．阿卜杜勒．納瑟在西奈部署了埃及部隊，並宣布蒂朗海峽（Straits of Tiran）將對以色列實施禁運（**埃及已在幾個月前與敘利亞簽訂了軍事協定**）。以色列外交部長阿巴．伊班（Abba Eban）熱切地宣布，由於封鎖政策，以色列只能「用單肺呼吸」。但是，除了運送石油（**以色列還有充足的庫存**），以色列幾乎不使用這些海峽。此外，納瑟還未實施封鎖：在宣布後幾天內，船隻仍可自由穿越海峽。那麼，埃及構成的軍事威脅呢？對此，美國許多情報機構得出結論：埃及並不打算攻擊以色列。但不論埃及單獨或與其他阿拉伯國家聯手（**雖然不太可能**），以色列將會——套用一句美國詹森總統的話——「狠狠地修理他們」。[08]與此同時，摩薩德（Mossad）❷的領導人於一九六七年六月一日告訴美國高級官員，「美國和以色列人之間對軍事情報圖片或解釋沒有任何分歧。」[09]因此，以色列必定意識到納瑟並不打算進攻，如果他這麼做，埃及軍隊將

❷ 以色列情報特務局，俗稱「摩薩德」，與國家安全局、軍事情報局同為以色列三大情報機關。

大受打擊。以色列真正面臨的困境是阿拉伯世界日益增長的氛圍——不再**害怕**猶太國家——此一情緒由納瑟的激進民族主義所催化，並隨著他挑釁的姿態在一九六七年五月達到高峰。分區指揮官艾里爾．夏隆警告對發起第一次攻擊感到遲疑的內閣成員，以色列正在失去其「威懾能力……我們的主要武器——埃及對我們的**恐懼**」。[10]實際上，威懾能力意味著並非避免迫在眉睫的生存威脅，而是告訴對手：未來任何想挑戰以色列權力的行為，都有強勢武力在等著。以色列戰略分析家紀夫．馬茲總結說：以色列軍隊的指揮官「並不太擔心埃及的突然襲擊；相反的，關鍵問題是要如何恢復以色列威懾力的可信度」。[11]

真主黨的勝利

以色列軍隊在二〇〇〇年遭到真主黨驅逐出黎巴嫩，並對以色列的威懾能力提出新的挑戰。以色列承受敗北的恥辱，而真主黨的勝利卻傳遍整個阿拉伯世界，這使得另一場戰爭的發生幾乎不可避免。以色列立即開始計劃下一輪戰爭。[12]以色列在二〇〇六年找到一個藉口。當時真主黨殺死了幾名以色列士兵，還俘虜了兩個，然後要求釋放被關押在以色列監獄的黎巴嫩囚犯。雖然真主黨這麼做全面引發以色列空軍的憤怒，並為地面入侵做好準備，但以色列還是在二〇〇六年夏天的戰爭中遭遇了**第二次挫敗**。一位知名的美國軍事分析家指出：「以色列的空軍，承載幾天內摧毀整隊空軍的以軍臂膀，不僅證明其無法阻止真主黨的火箭砲襲擊，甚至無法對埃及造成足夠的傷害，防止真主黨迅速恢復」，同時「以色列地面部隊嚴重受挫，因為裝備精良且能幹的敵人而陷入困境」。[13]幾個數字突顯了以色列受挫的嚴重程度：面對兩千名正規真主黨戰士和另一個混合四千名非真主黨及正規真主黨戰士的部隊，以色列部署了三萬名士兵，發射了十六萬二千件武器，真主黨則發射了五千件武器（**其中四千枚火箭和砲彈射向以色列，一千枚反坦克導彈在黎巴嫩境內**）。[14]更重要的是，以軍面對的是「絕大多數戰士並非真主黨的正規戰士，甚至不是真主黨的成員」，而許多真主黨最好和最熟練的戰士並未出動，而是埋伏在利塔尼河沿岸，只要以色列國防軍一深入攻擊，就可搶得先機。[15]以色列頗有影響力的智庫後來報導，「第二次（**二〇〇六年**）黎巴嫩戰爭行動與結果的受挫」，導致以色列「進行徹底的內部檢討……有六十三個不同的調查委員會負責執行命令」。[16]

二〇〇六年戰爭之後，以色列渴望重新進攻真主黨，但尚未確信能夠在戰場上獲得勝利。二〇〇八年中，以色列試圖聯合美國對伊朗進行攻擊，並摧毀真主黨（**伊朗的次要夥伴**），從而擊潰自身區域霸權的主要對手。以色列及許多非官方使者，如班尼·莫里斯都警告：如果美國不這樣做，「那麼就必須使用非常規武器，到時候許多無辜的伊朗人就會死亡」。[17]結果讓以色列既失望又難堪，因為美國否決了聯合攻擊計劃，伊朗則依然故我，導致以色列威懾力的可信度又下降了一個層次。但現在——是以色列換個目標攻擊的時候了。弱小的加薩，防守空虛又姿態強硬，正是以色列完美的攻擊標的。雖然加薩缺乏武力，但哈馬斯曾抵抗以色列的軍事暴政。哈馬斯可誇口自己在二〇〇五年迫使以色列從加薩「撤軍」，及以色列在二〇〇八年的默許下停火。如果加薩是以色列恢復其威懾能力的場所，那麼二〇〇六年戰爭的一個戰區則暗示了其可能的做法。在攻擊過程中，以色列將貝魯特的南部郊區稱為「達希亞」（Dahiya），這裡是真主黨貧窮的什葉派成員的家園。戰爭結束後，以色列軍官在制定應急計劃時指示——「達希亞原則」：

> 我們將對每一個向以色列開火的村莊施以不合比例的力量，造成巨大的損害和破壞。這不是建議，這是已獲得授權的計劃。（以軍北區指揮官賈帝・伊森寇特〔Gadi Eisenkot〕）
>
> 接下來的戰爭……將完全殲滅黎巴嫩軍隊、摧毀國家基礎設施、造成大量人口的傷亡。只有對黎巴嫩共和國製造嚴重傷害、摧毀其基礎建設和住宅、造成成千上百條人命的傷亡，才能夠真正影響真主黨的行為。（以色列國安會主席基奧拉・艾蘭〔Giora Eiland〕）
>
> 隨著敵對行動的爆發，以色列需要立即採取果斷行動，並採取不合比例的武力。這種回應旨在造成加薩損害和進行懲罰，確保對方必須經過漫長而昂貴的重建過程。（預備上校嘉布里耶・席波尼〔Gabriel Siboni〕）[18]

根據國際法，**使用不合比例的武力，並以民用基礎設施為目標即構成「戰爭罪」**。儘管達希亞原則的制定將以色列所有敵對勢力都納入考慮，但加薩卻被列為主要目標。一位頗有聲望的以色列專家，於二〇〇八年十月感嘆道：「太糟糕了！我們沒有在（二〇〇五年）『撤離』加薩，和第一次火箭砲火網後立即採取行動。」、「假使我們立即採用達希亞戰略，我們將會省下很多麻煩。」在此一個月前，以色列內政部長梅爾．謝翠特（Meir Sheetrit）曾勸告巴勒斯坦人，如果他們發動另一次火箭砲襲擊，「以色列國防軍應該……在加薩選擇一個區域，把它夷為平地。」[19] 隨著攻擊的進行，從以色列的官方聲明中可以慢慢拼湊出有關鑄鉛行動的線索：「我們要做的是採取系統性地行動，懲罰所有發射火箭砲和迫擊砲的組織，以及協助他們開火和藏匿的平民。」（艾米蘭．列文〔Amiram Levin〕少將）、「在這次行動之後，將不會有一座哈馬斯建築物留在加薩」（以色列國防軍參謀長丹．哈瑞爾〔Dan Harel〕）、「任何與哈馬斯有關的東西都是合法的攻擊目標」（以色列國防軍首席發言人艾薇塔．列博維茲〔Avital Leibowitz〕）。然而，面對如此肆無忌憚的野蠻行為，以色列副總理埃利．伊沙伊（Eli Yishai）依然面不改色地表示：「（應該）有可能摧毀加薩，讓他們明白不要惹我們……這是拆除所有恐怖份子數以千計房屋的絕佳機會，因此，日後他們在發射火箭砲之前會三思而後行……我希望這項行動能夠結束……徹底摧毀恐怖主義和哈馬斯……他們應該被夷為平地，並拆除成千上萬的房屋、隧道和工業設施。」以色列第十新聞台的軍事記者觀察，以色列「並未試圖隱瞞其不合比例的反應這一事實」。[20]

以色列媒體對公開空襲引發的「震驚和恐懼」（《晚禱報》（*Maariv*））喜形於色，因為「引起恐懼感」就是其空襲加薩的本意。[21]毫無疑問，任務相當成功。在二〇〇六年戰爭的前兩天，以色列殺害了五十五名黎巴嫩人，而在鑄鉛行動第一天的短短四分鐘內，就有多達三百名加薩人喪生。大多數目標位於「人口密集的住宅區」，轟炸開始於「上午十一點三十分左右……街上到處都是平民，包括早上放學離校的學生和下午第二班上學的學生」。[22]一位知名的以色列戰略分析家觀察這場屠殺數日，「以色列國防軍計劃襲擊數百人居住的建築物和地點，並沒有提前警告這些人離開，他們打算殺死其中許多人，他們也成功地做到了。」[23]與此同時，班尼．莫里斯稱讚「以色列對哈馬斯的高效率空襲」；而一名美國軍事分析家則對這次空襲的「熟練且精準」感到驚訝。[24]不過，以色列資深記者Ｂ．邁可則對派遣武裝直升飛機和噴射機「飛越巨型監獄並向人民開火」著墨不多。[25]就在第一天，以色列的空襲至少造成十六名兒童重傷或死亡，以色列無人機發射的精確導彈打死了九名大學生（**其中兩名是年輕女性**），他們當時正「等待聯合國巴士載他們回家」。人權觀察組織（ＨＲＷ）發現，「在攻擊大學生事件發生之前或發生時，並沒有巴勒斯坦戰士在街道或附近地區活動」。[26]以色列前國防部長埃胡德告訴國際危機組織（Crisis Group），「請記住，我們真正的敵人不是哈馬斯，這是二〇〇六年的**記憶**。」[27]其他人則是高興地說：「加薩和黎巴嫩就像第二次參加考試——有了第二次機會才會答對題目」。以色列不僅將加薩「拋回」二十年前（如在黎巴嫩），且「倒退回二十世紀四〇年代」；如果「以色列重新獲得威懾能力」，那是因為「加薩的戰爭彌補了黎巴嫩戰爭的缺點」；「毫無疑問，真主黨領導人哈桑·納斯魯拉最近要煩惱了，因為，阿拉伯世界不再有人可以說以色列是弱者」。一年後，一名以色列軍事記者回顧以色列在加薩的攻擊，「被視為在二〇〇六年第二次黎巴嫩戰爭失敗後扳回一城」。[28]

以色列的「教學法」

《紐約時報》外交事務專家湯馬斯·佛里曼（Thomas Friedman）則在鑄鉛行動期間跟著一起大唱《哈利路亞》。據佛里曼說，以色列實際上贏得了二〇〇六年黎巴嫩戰爭，因為它透過對黎巴嫩造成「重大財產損失和附帶傷亡」「教育」了真主黨。由於擔心黎巴嫩人民的憤怒，真主黨在藐視以色列之前會「再三思考」。他也表示，以色列希望透過哈馬斯武裝份子高死亡率和加薩人民的沉重痛苦來「教育」哈馬斯。為了正當化二〇〇六年戰爭期間以黎巴嫩平民為目標的過去，佛里曼聲稱以色列別無選擇：「真主黨建立了非常『扁平』的軍事網絡，深入當地城鎮和村莊」，「對潛藏在平民中的真主黨，唯一的長期威懾來自於對平民施加足夠的痛苦，以便在未來箝制真主黨」。[29]退一萬步而言，先不管佛里曼的空洞修辭（「扁平」是什麼意思？），也不管他口口聲稱殺害平民是不可避免的話，而且還主張將攻擊平民作為威懾力的戰略——問題仍然存在：真主黨是否「嵌入」、「潛藏」其中，並與平民「混雜」在一起？人權觀察組織的詳盡調查指出，絕大多數情況下並非如此：「證據充分顯示，真主黨大部分的火箭砲的掩體和武器儲存設施位於無人居住的田地和山谷中，在絕大多數情況下，一旦戰爭開始，真主黨戰士就離開人口密集區，絕大多數的火箭砲也發射自村莊外的預備位置」；「除了我們調查過的一些平民死亡案例外，真主黨的戰鬥人員並沒有和平民混在一起，也沒有採取其他行動導致以色列軍隊鎖定某個特定的房屋或車輛」；「以色列軍在黎巴嫩射擊模式也支持此一觀點：真主黨大量火箭砲來自菸草田、香蕉、橄欖樹、柑橘園以及更偏遠、無人居住的山谷」。[30]美國陸軍戰爭學院曾對參與二〇〇六年黎巴嫩戰爭的以色列士兵進行訪談，研究結果也和人權觀察組織的結論相呼應：「利塔尼河（Litani River）以南，陸戰的關鍵戰場大部分都沒有平民。以色列國防軍參與者一致報告：真主黨戰士鮮少或以有意義的形式和非戰士混雜在一起。也沒有任何報導指出，真主黨在戰區用平民作為其盾牌」。[31]佛里曼聲稱，「真主黨不正面對抗以色列軍隊，而是鎖定以色列的平民，以便挑起以色列的報復性打擊，這些打擊將不可避免地殺傷黎巴嫩平民，並在阿拉伯穆斯林街道點燃熊熊怒火」。但是許多研究表明[32]，以色列官員也承認[33]，在游擊戰期間，真主黨對以色列佔領軍作戰，只有在以色列襲擊黎巴嫩平民之後才對以色列平民進行報復性攻擊。在二〇〇六年戰爭中，以色列對黎巴嫩平民造成重大傷亡之後，真主黨再次將目標對準以色列平民集中區。真主黨領導人賽義德・哈桑・納斯魯拉（Sayyed Hassan Nasrallah）宣稱，只要「敵人的侵略不設限或踏入紅線」，他就針對以色列平民進行攻擊。[34]

如果以色列在二〇〇六年戰爭期間鎖定黎巴嫩平民，那並非其別無選擇，也不是因為真主黨所引起；相反的，是因為**恐嚇黎巴嫩平民似乎是一種低成本的「教育」方法，相較和意志堅定的敵人和大量戰鬥人員傷亡持續糾纏，這種戰略也更合適**。然而，這個策略沒有能按照原訂計劃完成。真主黨出人意料地進行了激烈的抵抗，使以色列無法取得勝利。但無論如何，以色列已成功地教育了黎巴嫩人民，因此，在兩年後的鑄鉛行動期間，真主黨選擇不為以色列提供開戰的藉口。[35]

而在另一方面，以色列的**教學法**在加薩取得了巨大的成功。在鑄鉛行動之後，據國際危機組織觀察：「這很難說服那些家園被拆毀，家人和朋友死亡和受傷的加薩人」，就如同哈斯馬斯所吹噓的那樣——這是「一場『勝利』」。[36]就加薩而言，以色列也可以聲稱獲得了軍事勝利，但只是因為——用基迪恩・列維的話說——「一支陣容浩大的軍隊輾壓無助的人民，而衰弱不振的組織只能逃離衝突區域，根本沒有『戰鬥』可言」。[37]

佛里曼在《紐約時報》上支持「鑄鉛行動」的理由，就是為國家恐佈主義進行辯護。[38]實際上，以色列恢復其威懾能力的手法不斷演進，畫出一條穩定倒退回野蠻的曲線。雖然以色列一九六七年主要是在戰場上贏得勝利——儘管是「火雞射擊」[39]——在隨後的武裝敵對行動中，它既努力地取得戰場勝利，也轟炸、傷害平民。以色列把加薩當作恢復其威懾能力的目標，是看準加薩**沒有**防禦能力，目的是在規避傳統戰爭的任何風險。他們訴諸純粹的恐怖行為，但反過來也揭示以色列國防軍的戰力衰弱。而在鑄鉛行動期間和之後，對以色列軍事實力的讚譽，則標識以色列的知識份子以及一部分的公眾人物逐漸脫離現實。[40]因為，針對平民採取高科技、低成本威懾力戰略的附帶好處是：它恢復了以色列國內的士氣。根據聯合國二〇〇九年的一份內部文件，鑄鉛行動的「一項重大成就」是鏟除了以色列人對「以色列國防軍打擊敵人的能力與力量的懷疑……使用『過當武力』……證明以色列才是地主……這些破壞的圖像並非做給他們的敵人看，而是用來餵飽以色列人，餵飽那些渴求復仇和民族驕傲的眼球」。[41]

除了恢復其威懾能力之外，以色列「鑄鉛行動」的主要目標是抵擋巴勒斯坦務實路線構成的最新威脅。為了安撫以色列，巴勒斯坦領導階層正在和全球輿論界密切配合。國際社會一貫支持解決以巴衝突，要求雙方在以色列完全退出其一九六七年六月前邊界的基礎上，並就難民的返回權和補償做出「公正決議」。[42]這一廣泛共識有兩個值得注意的例外：以色列和美國。可檢視一年一度的聯合國大會（UNGA）對「和平解決巴勒斯坦問題」決議案的投票。該決議納入這些原則，以實現「以色列和巴勒斯坦的兩國解決方案」：一、「重申不允許以戰爭方式獲取領土的原則」；二、「重申以色列在（**一九六七年**）以來佔領的巴勒斯坦領土，包括東耶路撤冷上的屯墾區均屬非法」；三、「強調必須：①使以色列從一九六七年以來佔領的巴勒斯坦領土中撤出，包括東耶路撒冷；②實現巴勒斯坦人民不可剝奪的權利，主要是自決權和獨立建國的權利」；四、「強調必須按照其一九四八年十二月十一日第一九四之（參）號決議，公正解決巴勒斯坦難民的問題」。[43]表一為鑄鉛行動之前幾年對該決議案的投票紀錄。

表一　聯合國大會「和平解決巴勒斯坦問題」決議案投票紀錄

年度	投票（贊成—反對—棄權）	反對國家
一九九七	一五五—二—三	以色列、美國
一九九八	一五四—二—三	以色列、美國
一九九九	一四九—三—二	以色列、美國、馬紹爾群島
二〇〇〇	一四九—二—三	以色列、美國
二〇〇一	一三一—六—二〇	以色列、美國、馬紹爾群島、密克羅尼西亞、諾魯、吐瓦魯
二〇〇二	一六〇—四—三	以色列、美國、馬紹爾群島、密克羅尼西亞
二〇〇三	一六〇—六—五	以色列、美國、馬紹爾群島、密克羅尼西亞、帛琉、烏干達
二〇〇四	一六一—七—一〇	以色列、美國、澳洲、格瑞那達、馬紹爾群島、密克羅尼西亞、帛琉

二〇〇五	一五六—六—九	以色列、美國、澳洲、馬紹爾群島、密克羅尼西亞、帛琉
二〇〇六	一五七—七—一〇	以色列、美國、澳洲、馬紹爾群島、密克羅尼西亞、諾魯、帛琉
二〇〇七	一六一—七—五	以色列、美國、澳洲、馬紹爾群島、密克羅尼西亞、諾魯、帛琉
二〇〇八	一六四—七—三	以色列、美國、澳洲、馬紹爾群島、密克羅尼西亞、諾魯、帛琉

在區域層級，二〇〇二年在貝魯特舉行的阿拉伯聯盟高峰會，也一致呼應聯合國共識的和平倡議，而伊斯蘭會議組織（Organization of the Islamic Conference）所有五十七個成員國（**包括伊朗**）主張，「阿拉伯和平倡議將解決巴勒斯坦和中東問題，並決定盡全力解釋和澄清倡議的全部內涵，並為和平倡議尋求國際支持。」[44]阿拉伯國家聯盟倡議，不僅要承認以色列，並且在以色列接受全面和平的共識後與以色列「建立正常關係」。

以色列於二〇〇二年開始建造深入西岸的屏障，並以曲折的方式將大型屯墾區納入其中。聯合國大會要求國際法院（ＩＣＪ）澄清「以色列建造隔離牆所產生的法律後果」。二〇〇四年，國際法院提出了具有指標性意義的諮詢意見。[45]在裁定隔離牆是非法的過程中，國際法院還重申解決以巴衝突的司法框架的關鍵要素。[46]它列出了這些「與評估以色列行為合法性有關的國際法規則和原則」：一、「以威脅或武力取得的領土不具合法性」；二、「以色列在一九六七年以來，在佔領的巴勒斯坦和其他阿拉伯領土上建立屯墾區的政策和做法，不具法律效力」。國際法院隨後討論「以色列修建隔離牆是否違反了這些規則和原則」：

> 關於巴勒斯坦，聯合國大會和安理會均提及「不允許以戰爭獲取領土」的習慣規則……在同樣的基礎上，安理會多次譴責以色列改變耶路撒冷的地位的行為……關於人民自決權利的原則，……「巴勒斯坦民族」的存在不再是問題……其權利包括自決權……法院斷定，以色列在佔領巴勒斯坦領土（包括東耶路撒冷）的屯墾區，**違反國際法**。

對此案確立的基本原則和調查結果，國際法院的十五名法官沒人表示異議。幾乎沒有證據說明法官對以色列抱有偏見，或者如同哈佛大學法學教授艾倫·德肖維茨（Alan Dershowitz）所宣稱的是「袋鼠法庭」（kangaroo court）。❸[47]部分法官雖然贊同多數意見，但在個別的意見書中都對以色列的困境深表同情。如果法官在最終決定表現的如此一致，那麼這種共識不是出於集體偏見，而是出於事實情況：其所涉及的法律原則本質無可爭議，以色列的確違反這些原則。甚至唯一一位投票（一比十四）反對譴責以色列修建隔離牆的法官，來自美國的湯馬斯·柏根塔爾（Thomas Buergenthal），也痛苦地強調「在諮詢意見中『有很多我也同意的

❸ 英文俚語，意指不公正的審判或裁決。

部分』」。關於以色列屯墾區的關鍵問題，他說：「《日內瓦公約》（Geneva Convention）第四十九條第六款……不將軍事或安全緊急情況視為例外。它規定『佔領國不得遣送或轉移國內平民至佔領地』。我同意這項規定適用於以色列在約旦河西岸的屯墾區，它們的存在違反了第四十九條第六款。」

國際間的普遍共識也體現在支持巴勒斯坦人的「返回權」之上。在絕大多數成員國的支持下，聯合國年度決議案，要求大會根據一九四號決議進一步解決難民問題。下一個決議則是「希望返回家園，與鄰居和平相處的難民，應該在最快的可行日期內獲得准許；選擇不返回的人，則應該獲得財產的補償」。此外，人權觀察組織表示，「敦促以色列承認巴勒斯坦人及其後裔的返回權，他們所逃離的領土現在是以色列的國境，而他們仍然與領土保有適當連結」；國際特赦組織表示，「呼籲巴勒斯坦人，那些逃離或被驅逐出以色列、西岸或加薩地帶，以及與該地區保持真正連結的後裔，來行使其返回權」。[48]結果是，人們對聲稱爭論不休的最終地位問題——邊界、屯墾區、東耶路撒冷和難民——已有共識，而以色列對這些問題的立場，已經受到國際社會最具代表性的政治機構、世界上最權威的司法機構和人權組織所拒絕。

在鑄鉛行動之前，巴勒斯坦自治政府不僅默許全球共識，而且還做出重大讓步。[49]那麼，加薩的哈馬斯對此又有何反應？美國政府部門二〇〇九年的研究顯示，哈馬斯「多年來一直小心且有意識地調整其政治計劃」，並「多次發出訊號，表示開始準備與以色列共存」。[50]哈馬斯政治局局長哈立德・米沙爾（Khalid Mishal），在「鑄鉛行動」前幾個月接受採訪時說：「包括哈馬斯在內的大多數巴勒斯坦軍隊，都接受以一九六七年邊界立國。」[51]即使在以色列入侵造成的破壞之後，米沙爾仍重申，「他們的目標是建立以東耶路撒冷為首都的巴勒斯坦國。以色列人回到一九六七年前的邊界，以及擁有難民的返回權。」[52]不過，哈馬斯的讓步也有附加條件。米沙爾在二〇〇六年告訴美國前總統吉米・卡特，「哈馬斯同意接受巴解組織領導人與以色列之間談判達成的任何和平協議，條件是：要由巴勒斯坦人公投或由民選政府批准。」[53]但哈馬斯惡名昭彰的反猶太憲章呢？事實上，從二十世紀九〇年代中期開始，哈馬斯「雖然有，但很少」援引章程，以至於「不再引用」它。[54]在發動「鑄鉛行動」之前，以色列官員就已充分了解，儘管有憲章，哈馬斯仍然可以用外交解決方案。前摩薩德負責人埃法蓮・列維（Ephraim Levy）在二〇〇八年觀察，「哈馬斯領導人已經認識到其意識形態目標在當下或在可預見的未來都無法實現」、「他們已經準備好並願意看到在一九六七年的臨時邊界建立一個巴勒斯坦國……他們知道，在他們的合作下，巴勒斯坦國成立的那一刻……他們將不得不採取一條道路，這可能導致他們遠離原來的意識形態目標」。[55]

巴勒斯坦領導人的公然標舉務實路線，被認為是以色列決定發動進攻的關鍵因素。在拒絕哈馬斯的停火提議幾個月後，以色列最終於二〇〇八年六月同意停火。[56]回顧接下來的發展則頗具啟發性。以色列的一份半官方出版物承認，儘管以色列違背關鍵的交換條件——大幅放鬆對加薩的圍困，哈馬斯仍然「小心翼翼地維持停火協議」。接著又表示，「偶爾才有恐怖組織發射火箭砲和迫擊砲，打破這段平靜」、「與此同時，哈馬斯試圖執行與其他恐怖組織的協議，並防範有人違反它」。[57]伊斯蘭運動此時表示贊同，並使自己成為可靠的談判夥伴。哈馬斯一方面接受兩國的解決方案；另一方面接受停火協議，使以色列在外交上居於守勢。人們不再有理由迴避哈馬斯，歐洲人重新展開與伊斯蘭運動的對話和關係只是時間上的問題。隨著美國與伊朗、哈馬斯談判的預期逐漸升溫，並且慢慢接近解決以巴衝突的國際共識——部分美國核心決策者現在努力鼓吹的方向[58]——這對以色列的立場構成威脅，他們的頑固態度將面對更嚴厲的審視。二〇〇八年，總部設在耶路撒冷，由令人敬畏的丹尼斯・羅斯（Dennis Ross）擔任主席的猶太民族政策規劃研究所（Jewish People Policy Planning Institute），在年度評估警告時表示：「美國新政府上台後可能將全面重新評估政治策略……伊朗問題可能被視為中東穩定的關鍵，並且……可能會制定一項尋求全面『區域協議』的戰略，其中對解決以色列—阿拉伯衝突，也會採取相對積極的態度。」[59]羅斯一直是美國處理以巴衝突政策的主要制定者。稍後真主黨的納斯魯拉推測的另一個版本則是，即將上台的美國政府，計劃召開由「美國人、以色列人、歐洲人和所謂的阿拉伯溫和派」組成的國際和平會議，以推動和解。但一個和解障礙是「巴勒斯坦抵抗勢力和加薩的哈馬斯政府」；「擺脫這個絆腳石……是鑄鉛行動的真正目標」。[60]不論何種情況，**以色列都需要讓哈馬斯恢復攻擊**。如果哈馬斯上勾，並隨之發生武裝敵對行動，其作為合法談判員的資格就泡湯了；同時，強硬派在加薩的政治內鬥中會佔上風，或者直接被掃蕩瓦解，這些就可為以色列製造有利的談判條件。

這不是以色列第一次面對這種三重威脅——阿拉伯國家聯盟和平倡議、巴勒斯坦人默許兩國方案、巴勒斯坦接受停火——這也不是以色列第一次利用挑釁和戰爭把它扼殺在萌芽狀態。兩位以色列學者回憶，「二十世紀七〇年代末，兩國的解決方案贏得了佔領地上巴勒斯坦領導階層、大多數阿拉伯國家和國際社會其他成員的支持。」[61]此外，總部設在黎巴嫩的巴解組織領導人，嚴格遵守一九八一年與以色列談判達成的停火協議[62]；同年，沙烏地阿拉伯公布一項兩國和解的和平計劃，隨後由阿拉伯聯盟批准。[63]考慮到這些對己方較為不利的事件，以色列於一九八一年底加快準備摧毀巴解組織。[64]根據以色列戰略分析家艾夫奈·亞尼夫（Avner Yaniv）對以色列一九八二年入侵黎巴嫩的報告，巴解組織領導人亞西爾·阿拉法特，當時正在考慮與「猶太復國主義國家」、「自一九六七年以來所有以色列內閣」，以及反對巴勒斯坦國的「重要主流鴿派」達成歷史性的妥協。由於擔心外交壓力，以色列設法排除巴解組織作為潛在的談判對手，密謀破壞兩國的解決方案。它針對「巴勒斯坦和黎巴嫩平民」進行了「故意不合比例」的懲罰性軍事襲擊，以削弱「巴解組織溫和派」，強化阿拉法特的「激進對手」，並確保巴解組織「缺乏靈活性」。然而最終，以色列必須在兩條不同的路線中做出選擇：「做出政治表態，與巴解組織達成歷史性妥協」，或「採取軍事行動，先發制人」。據亞尼夫的說明，為了抵擋阿拉法特的「和平攻勢」，以色列於一九八二年六月開始採取軍事行動。在以色列入侵之前，已與巴解組織有效停火了一年多，在以色列兇殘的挑釁行動之後，最後一次造成多達兩百名平民死亡（**其中包括一間巴勒斯坦兒童醫院的六十位居民**），巴解組織終於進行報復，造成一名以色列人死亡。儘管以色列利用巴解組織恢復對以色列北部的火箭砲襲擊來為其入侵辯護（「**加利利和平行動**」〔Operation Peace in the Galilee〕）。亞尼夫指出，「整起行動的動機是摧毀巴解組織的政治力量，使其喪失在西岸建立巴勒斯坦國的能力」。[65]

讓我們快轉到鑄鉛行動的前夕。二〇〇八年十二月初，以色列外交部長齊皮・利夫尼（Tzipi Livni）認為，雖然與哈馬斯維持暫時和平對以色列也有好處，但延長休兵，「將傷害以色列的戰略目標、增強哈馬斯的實力，並給人以色列承認此一運動的印象」。[66]長期的停火將使哈馬斯在言行上採取務實路線，增加公眾對以色列解除圍困和外交談判解決的壓力，這將削弱以色列鞏固佔領加薩的戰略目標。事實上，早在二〇〇七年初，以色列已經決定要攻擊哈馬斯，並且默認二〇〇八年的休兵，是因為「以色列軍隊需要時間準備」。[67]當一切就緒，以色列仍然需要一個**藉口**來切除停火的毒瘤。二〇〇八年十一月四日，當美國人痴迷於歷史性的選舉日（**巴拉克・歐巴馬**〔Barack Obama〕**當選總統**）時，以色列與哈馬斯打破停火協議[68]（**透過遏止哈馬斯襲擊的虛假藉口並殺害巴勒斯坦士兵**）。[69]以色列希望殺人的破壞行為會激怒哈馬斯，並祈禱能得到回應。國際特赦組織在年度報告中指出，「以色列與加薩的巴勒斯坦武裝團體於六月達成停火協議，持續四個半月。但以色列軍隊在空襲中擊斃六名巴勒斯坦士兵及十一月四日的其他攻擊，破壞了停火協議。」[70]

可以預見，以色列的攻擊將引發哈馬斯以火箭砲襲擊的「報復」（**引自以色列的半官方出版物**）。[71]根據以色列內部安全負責人尤瓦．迪斯金（Yuval Diskin）的說法，哈馬斯「仍然願意恢復與以色列的和平共處」，他準備接受「討價還價」，並「停止開火以換取政策鬆綁」。據以色列國防軍前加薩地帶指揮官什謬爾．扎凱（Shmuel Zakai）表示，「以色列的政策一直都是要阻礙加薩地帶的經濟發展。」[72]但以色列在要求哈馬斯單方面和無條件停火的同時，又加強令人窒息的封鎖。甚至在以色列加強封鎖之前，前聯合國人權事務高級專員瑪麗．魯賓遜（Mary Robinson）就譴責其影響：加薩的「整個文明已經被摧毀，我並沒有誇大其詞」。[73]據以色列人權組織宣稱，到二〇〇八年底，以色列已使加薩的基礎設施「瀕臨崩潰」。[74]哈佛大學政治經濟學家莎拉．羅伊表示，「食品、藥品、燃料、供水和衛生系統零件、肥料、塑膠布、手機、紙張、膠水、鞋子，甚至茶杯等，都無法充足供應」、「整個社會正在我們面前崩潰，但除了被忽略的聯合國警告之外幾乎沒有國際上的反應」。[75]

如果哈馬斯在十一月四日的殺戮事件後沒有做出反應，以色列幾乎肯定會增加其挑釁行為——就像它在一九八二年黎巴嫩戰爭之前所做的那樣——直到哈馬斯的克制在政治上無以為繼為止。無論如何，面對未來以色列令人窒息的封鎖，即使哈馬斯停止發射火箭砲，也不得不在

「飢餓與戰鬥」之間做出抉擇。[76]哈馬斯選擇抵抗，雖然多半是象徵性的。以色列前任加薩指揮官說：「你不能打擊他們，讓加薩的巴勒斯坦人處於經濟困境之中，卻希望哈馬斯只是坐在那裡什麼都不做。」[77]哈馬斯其領導人哈立德・米沙爾（Khalid Mishal）在入侵期間的一封公開信中寫著，「我們小小的自製火箭砲，是我們向全世界抗議的呼聲。」[78]但是，以色列繼續辯稱自己有自衛的權利，而它的西方宗主也裝聾作啞地相信；同時展開另一次殘酷的入侵，以挫敗另一次巴勒斯坦和平攻勢。這套劇本基本上換湯不換藥——把恐懼的對象從「巴解組織恐怖主義」換成「哈馬斯恐怖主義」；把藉口從北方砲擊換成在南方發射火箭砲——二〇〇八年的新版相當忠於一九八二年的原著，它同樣阻礙停火協議的正常運作，並防止衝突循外交途徑解決。[79]

1 Ethan Bronner, "In Israel, a Consensus That Gaza War Is a Just One," *New York Times* (13 January 2009). Association for Civil Rights in Israel, *The State of Human Rights in Israel and the Occupied Territories: 2009 report* (Jerusalem: December 2009), p. 6.

2 Gideon Levy, *Democracy Now!* (29 December 2008), democracynow.org/2008/12/29 /israeli_attacks_ kill_over_310_in.

3 雖說一九八一年，梅納罕・比金（Menachem Begin）總理，決定轟炸伊拉克奧斯拉克核反應爐（OSIRAK reactor）也可視為選舉策略，但這次行動輕而易舉，並未危及國家利益。實際上，所謂薩達姆・海珊對以色列的威脅並無根據，因為在轟炸前，他並未開始進行核武計劃。Richard Wilson, "Incomplete or Inaccurate Information Can Lead to Tragically Incorrect Decisions to Preempt: The example of OSIRAK," paper presented at Erice, Sicily (18 May 2007, updated 9 February 2008), users.physics.harvard.edu/~wilson/publications/pp896.html; Richard Wilson, "A Visit to the Bombed Nuclear Reactor at Tuwaitha, Iraq," *Nature* (31 March 1983); Wayne White, Former Deputy Director, Near East and South Asia Office, State Department, in "Fifty-Third in the Capitol Hill Conference Series on US Middle East Policy" (20 June 2008).

4 Ethan Bronner, "Israel Reminds Foes That It Has Teeth," *New York Times* (29 December 2008).

5 Benny Morris, "Why Israel Feels Threatened," *New York Times* (30 December 2008). 基迪恩・列維嘲笑以色列不斷散播的恐懼是「魔鬼的庇護所」，可以「解釋並合理化一切」。"Waiting for the All Clear," Haaretz (30 April 2009).

6 Benny Morris, *Righteous Victims: A history of the Zionist-Arab conflict, 1881–2001* (New York: 2001), p. 686.

7 Ami Gluska, *The Israeli Military and the Origins of the 1967 War: Government, armed forces and defence policy 1963–1967* (New York: 2007), pp. 74–76, 80, 94–100, 103–6, 114–18.

8 Norman G. Finkelstein, *Image and Reality of the Israel-Palestine Conflict*, expanded second paperback edition (New York: 2003), pp. 134–40 (Johnson quote at p. 135, Eban quote at p. 139).

9 "Memorandum for the Record" (1 June 1967), *Foreign Relations of the United States, 1964–1968,* vol.19, *Arab-Israeli Crisis and War, 1967* (Washington, DC: 2004).

10 Tom Segev, *1967: Israel, the war, and the year that transformed the Middle East* (New York: 2007), p. 293, 強調為筆者所加。

11 Zeev Maoz, *Defending the Holy Land: A critical analysis of Israel's security and foreign policy* (Ann Arbor: 2006), p. 89.

12 Benjamin S. Lambeth, *Air Operations in Israel's War against Hezbollah: Learning from Lebanon and getting it right in Gaza* (Arlington, VA: 2011), p. 97; Matthew Kalman, "Israel Set War Plan More than a Year Ago," *San Francisco Chronicle* (21 July 2006).

13 William Arkin, *Divining Victory: Airpower in the 2006 Israel-Hezbollah war* (Maxwell Air Force Base, AL: 2007), pp.xxv–xxvi, 54, 135, 147–48.

14 Ibid., pp. xxi, 25, 64.

15 Andrew Exum, *Hizballah at War: A military assessment* (Washington, DC: 2006), pp. 9, 11–12."在政治方面，這表示以色列的運氣由紅轉黑。以色列頭一次在戰爭中不是無視聯合國的停火決議，而是希望協議能夠拯救自己從泥淖中脫身。

16 Reut Institute, *Building a Political Firewall against Israel's Delegitimization* (Tel Aviv: 2010), para.35.

17 Benny Morris, "A Second Holocaust? The Threat to Israel" (2 May 2008), mideast freedomforum.org/de/node/66. 二〇〇九年底和二〇一〇年初，當以色列再次威脅要襲擊伊朗時，莫里斯又重施二〇〇八年的故技：如果美國不支持以色列發起攻擊，就會導致災難性的後果。Benny Morris, "Obama's Nuclear Spring," *Guardian* (24 November 2009); Benny Morris, "When Armageddon Lives Next Door," *Los Angeles*

Times (16 April 2010).

18 Yaron London, "The Dahiya Strategy," *ynetnews.com* (6 October 2008); Giora Eiland, "The Third Lebanon War: Target Lebanon," *Strategic Assessment*(November 2008); Gabriel Siboni, "Disproportionate Force: Israel's concept of response in light of the Second Lebanon War," *Institute for National Security Studies* (2 October 2008); Amos Harel, "Analysis: IDF plans to use disproportionate force in next war," *Haaretz* (5 October 2007); Joseph Nasr, "Israel Warns Hezbollah War Would Invite Destruction," *Reuters* (2 October 2008); Jean-Loup Samaan, "The Dahya Concept and Israeli Military Posture vis-à-vis Hezbollah since 2006," *Comparative Strategy* (2013).

19 London, "Dahiya Strategy"; Attila Somfalvi, "Sheetrit: We should level Gaza neighborhoods," *ynetnews.com* (2 October 2008).

20 "Israeli General Says Hamas Must Not Be the Only Target in Gaza," IDF Radio, Tel Aviv (26 December 2008; BBC Monitoring Middle East); Tova Dadon, "Deputy Chief of Staff: Worst still ahead," *ynetnews.com* (29 December 2008); "B'Tselem to Attorney General Mazuz: Concern over Israel targeting civilian objects in the Gaza Strip" (31 December 2008); Report of the United Nations Fact-Finding Mission on the Gaza Conflict (25 September 2009), para.1204; hereafter: Goldstone Report. See also Public Committee against Torture in Israel (PCATI), No Second Thoughts: The changes in the Israeli Defense Forces' combat doctrine in light of "Operation Cast Lead" (Jerusalem: 2009), pp. 20–28.

21 Seumas Milne, "Israel's Onslaught on Gaza Is a Crime That Cannot Succeed," *Guardian* (30 December 2008); Shay Fogelman, "Shock and Awe," *Haaretz* (31 December 2010).

22 Amnesty International, *Operation "Cast Lead": 22 Days of death and destruction* (London: 2009), p. 47.

23 Reuven Pedatzur, "The Mistakes of Cast Lead," *Haaretz* (8 January 2009).

24 Morris, "Why Israel Feels Threatened"; Matt M. Matthews, "The Israeli Defense Forces Response to the 2006 War with Hezbollah," *Military Review*(July–August 2009), p. 45.

25 B.Michael, "Déjà vu in Gaza," *ynetnews.com* (29 December 2008).

26 Al Mezan Center for Human Rights, *Bearing the Brunt Again: Child rights violations during Operation Cast Lead* (2009), p. 28; Human Rights Watch, *Precisely Wrong: Gaza civilians killed by Israeli drone-launched missiles* (2009), pp. 14–17.

27 International Crisis Group, *Ending the War in Gaza* (2009), p. 18. 儘管以色列哲學家艾薩・卡謝爾（Asa Kasher）相當支持鑄鉛行動，且對其真正的目的毫無自覺。他也認為，在一個「民主國家……不能將人類當作製造威懾的手段」，因為「人類不是可以使用的手段」，且「為了威懾而殺戮就像恐怖主義一樣」。Asa Kasher, "Operation Cast Lead and Just War Theory," *Azure* (Summer 2009), p. 51; Asa Kasher, "A Moral Evaluation of the Gaza War," *Jerusalem Post* (7 February 2010).

28 Amos Harel and Avi Issacharoff, "Israel and Hamas Are Both Paying a Steep Price in Gaza," *Haaretz* (10 January 2009); Ari Shavit, "Israel's Victories in Gaza Make Up for Its Failures in Lebanon," *Haaretz*(12 January 2009); Guy Bechor, "A Dangerous Victory," *ynetnews.com* (12 January 2009); Amos Harel, "Israel Stuck in the Mud on Internal Gaza Probe," *Haaretz* (30 January 2010).

29 Thomas L. Friedman, "Israel's Goals in Gaza?," *New York Times* (14 January 2009).See also Thomas L. Friedman, "War, Timeout, War, Time... ," *New York Times* (26 June 2010).

30 Human Rights Watch, *Why They Died: Civilian casualties in Lebanon during the 2006 war* (New York: 2007), pp. 5, 14, 40–41, 45–46, 48, 51, 53.

31 Stephen Biddle and Jeffrey A. Friedman, *The 2006 Lebanon Campaign and the Future of Warfare: Implications for army and defense policy* (Carlisle, PA: 2008), pp. 43–45. 在相關的說明中，該研究發現，「絕大多數真主黨的戰士都穿著制服。事實上，他們的裝備和衣服與許多國家軍

隊十分類似——沙漠或綠迷彩服，頭盔，網背心，防彈衣，軍籍牌和等級徽章」。

32 Human Rights Watch, *Civilian Pawns: Laws of war violations and the use of weapons on the Israel-Lebanon border* (New York: 1996); Maoz, *Defending the Holy Land*, pp. 213–14, 224–25, 252; Augustus Richard Norton, *Hezbollah: A short history* (Princeton: 2007), pp. 77, 86.

33 Judith Palmer Harik, *Hezbollah: The changing face of terrorism* (London: 2004), pp. 167–68.

34 Human Rights Watch, *Civilians under Assault: Hezbollah's rocket attacks on Israel in the 2006 war* (New York: 2007), p. 100. 人權觀察組織聲稱，真主黨對以色列平民的火箭砲襲擊並非報復，但沒有提供任何證據支持。

35 Yair Evron, "Deterrence: The campaign against Hamas," *Strategic Assessment* (February 2009), p. 81; International Crisis Group, *Gaza's Unfinished Business*(2009), p. 19n198.

36 International Crisis Group, *Gaza's Unfinished Business*, pp. 7–8.

37 Gideon Levy, "The IDF Has No Mercy for the Children in Gaza Nursery Schools," *Haaretz* (15 January 2009).

38 Glenn Greenwald, "Tom Friedman Offers a Perfect Definition of 'Terrorism,' " *Salon.com* (14 January 2009).

39 "Memorandum for the Record" (17 November 1968), n. 13, *Foreign Relations of the United States, 1964–1968*. 引文出自 W. W. 羅斯托，詹森總統的資深顧問。

40 Amir Kulick, " 'Lebanon Lite': Lessons from the Operation in Gaza and the Next Round against Hizbollah," *Military and Strategic Affairs* (April 2009), pp. 57, 59.

41 International Crisis Group, *Gaza's Unfinished Business*, p. 19.

42 Noam Chomsky, *The Fateful Triangle: The United States, Israel and the Palestinians*(Boston: 1983), ch.3; Norman G. Finkelstein, *Knowing Too Much: Why the American Jewish romance with Israel is coming to an end* (New York: 2012), pp. 203–21.

43 該決議這一部分的措辭每年略有不同。

44 *Final Communiqué of the Twenty-Ninth Session of the Islamic Conference of Foreign Ministers (Session of Solidarity and Dialogue)*, Khartoum, Republic of the Sudan (25–27 June 2002). 在以色列的宣傳者手中，這一事實卻變成「伊斯蘭會議組織的所有五十七個成員國，都對以色列充滿敵意」。Robin Shepherd, *A State beyond the Pale: Europe's problem with Israel* (London: 2009), p. 205. 伊斯蘭會議組織之後更名為「伊斯蘭合作組織」（Organization of Islamic Cooperation）。伊朗與其他國家持續在聯合國大會上投票支持「和平解決」決議。

45 International Court of Justice, Advisory Opinion, *Legal Consequences of the Construction of a Wall in the Occupied Palestinian Territory* (9 July 2004).

46 有關細節的分析，請參閱 Finkelstein, *Knowing Too Much*, pp. 307–53.

47 Andrew C. Esensten, "Dershowitz Advises Israel on Wall Dispute," *Harvard Crimson* (24 February 2004).

48 "Human Rights Watch Urges Attention to Future of Palestinian Refugees" (21 December 2000), hrw.org/en/news/2000/12/21/human-rights-watch-urges-attention-future-palestinian-refugees; "Israel, Palestinian Leaders Should Guarantee Right of Return as Part of Comprehensive Refugee Solution" (21 December 2000), hrw.org/en/news/2000/12/21 /israel-palestinian-leaders-should-guarantee-right-return-part-comprehensive-refugee-; Amnesty International, *The Right to Return: The Case of the Palestinians. Policy Statement* (London: 29 March 2001).

49 Finkelstein, *Knowing Too Much*, pp. 229–48.

50 Paul Scham and Osama Abu-Irshaid, *Hamas: Ideological rigidity and political flexibility,* United States Institute of Peace Special Report (Washington, DC: 2009), pp. 2–4.See also Khaled Hroub, "A 'New Hamas' through Its New Documents," *Journal of Palestine Studies* (Summer 2006); and

Jeroen Gunning, *Hamas in Politics: Democracy, religion, violence* (New York: 2008), pp. 205–6, 236–37. 哈馬斯的政治路線逐漸回到巴解組織的立場，不再主張完整的巴勒斯坦國論。先是代之以從西岸和加薩開始建國的「分階段」解放戰略，接著是默認兩國方案。Shaul Mishal and Avraham Sela, *The Palestinian Hamas: Vision, violence, and coexistence* (New York: 2006), pp. 108–10.

51 Mouin Rabbani, "A Hamas Perspective on the Movement's Evolving Role: An interview with Khalid Mishal, Part II," *Journal of Palestine Studies* (Summer 2008).

52 Gianni Perrelli, "Con Israele non sarà mai pace" (Interview with Khalid Mishal), L'espresso (26 February 2009).

53 Jimmy Carter, *We Can Have Peace in the Holy Land: A plan that will work* (New York: 2009), pp. 137, 177. See also Nidal al-Mughrabi, "Hamas Would Honor Referendum on Peace with Israel," *Reuters* (1 December 2010).

54 Khaled Hroub, *Hamas: Political thought and practice* (Washington, DC: 2000), p. 44 (see also p. 254); Sherifa Zuhur, *Hamas and Israel: Conflicting strategies of group-based politics* (Carlisle, PA: 2008), pp. 29–31（該研究由 Strategic Studies Institute of the US Army War College 出版）. See also Gunning, *Hamas in Politics*, pp. 19–20.

55 "What Hamas Wants," *Mideast Mirror* (22 December 2008).

56 Zuhur, *Hamas and Israel*, pp.ix, 14.

57 Intelligence and Terrorism Information Center at the Israel Intelligence Heritage and Commemoration Center, *The Six Months of the Lull Arrangement* (December 2008), pp. 2, 6, 7; see also point ⑶ of "Defense Minister Barak's Discussions . . . " (29 August 2008), *WikiLeaks*. 據斡旋二〇〇八年停火協議的埃及人表示，協議規定立即停止武裝敵對行動；逐步取消經濟封鎖；十天之後，除了製造彈藥和爆裂物的材料之外，將允許所有貨物通過；三個星期後，進行囚犯交換和拉法邊境通道的談判。International Crisis Group, *Ending the War in Gaza*, p. 3; Carter, *We Can Have Peace*, pp. 137–38. 二〇〇七年政變失敗，導致哈馬斯在加薩鞏固權力（見第一章）後，以色列就嚴厲限制「非基本生存相關重要物資」，只允許「最低限度的人道標準」進入加薩。這套任意制定的標準既不受國際法制裁，實際上也低於加薩最低限度的人道主義需求。二〇〇八年停火協議生效後，以色列只允許「略微增加」的物資供給進入加薩。Gisha (Legal Center for Freedom of Movement), *Red Lines Crossed: Destruction of Gaza's infrastructure* (2009), pp. 11, 13, 41–42, 45–46, 50; see also Oxfam et al., *The Middle East Quartet: A progress report* (25 September 2008), pp. 14–15; UNICEF, *Humanitarian Action Update* (23 October 2008); Amnesty International, "Gaza Ceasefire at Risk" (5 November 2008); Gisha, "Israel Reveals Documents Related to the Gaza Closure Policy" (21 October 2010).

58 Richard N. Haass and Martin Indyk, "Beyond Iraq: A new US strategy for the Middle East"; and Walter Russell Mead, "Change They Can Believe In: To make Israel safe, give Palestinians their due," in *Foreign Affairs* (January–February 2009).

59 The Jewish People Policy Planning Institute, *Annual Assessment 2008* (Jerusalem: 2008), p. 27.

60 真主黨祕書長賽義德．哈桑．納斯魯拉（Sayyed Hassan Nasrallah's），於二〇〇八年十二月三十一日在中央委員會（Central Ashura Council）發表演講。

61 Mishal and Sela, *Palestinian Hamas*, p. 14.

62 Chomsky, *Fateful Triangle*, chs. 3, 5.

63 Yehuda Lukacs, ed., *The Israeli-Palestinian Conflict: A documentary record, 1967–1990* (Cambridge: 1992), pp. 477–79.

64 Yehoshaphat Harkabi, *Israel's Fateful Hour* (New York: 1988), p. 101.

65 Avner Yaniv, *Dilemmas of Security: Politics, strategy and the Israeli experience in Lebanon* (Oxford: 1987), pp. 20–23, 50–54, 67–70, 87–89, 100–

101, 105–6, 113, 143, 294n46; Robert Fisk, *Pity the Nation: The abduction of Lebanon* (New York: 1990), pp. 197, 232. 在「和平進程」史中，美國前駐以色列大使馬丁．英迪克（Martin Indyk），將這些前因後果巧妙濃縮成寥寥數行：「一九八二年，阿拉法特的恐怖活動，最終導致以色列梅納罕．比金和艾里爾．夏隆政府全面入侵黎巴嫩」。Martin Indyk, *Innocent Abroad: An intimate account of American peace diplomacy in the Middle East* (New York: 2009), p. 75.

66 Saed Bannoura, "Livni Calls for a Large Scale Military Offensive in Gaza," *IMEMC* (8 December 2008); "Livni 'Ashamed' of State of Gaza Truce," *Jerusalem Post* (9 December 2008).

67 Uri Blau, "IDF Sources: Conditions not yet optimal for Gaza exit," *Haaretz* (8 January 2009); Barak Ravid, "Disinformation, Secrecy, and Lies: How the Gaza offensive came about," *Haaretz* (28 December 2008).

68 一項涵蓋二〇〇〇年至二〇〇八年的研究指出，「絕對是以色列在衝突暫停後首先發動攻擊」。Nancy Kanwisher, Johannes Haushofer, and Anat Biletzki, "Reigniting Violence: How do ceasefires end?," *Huffington Post* (6 January 2009); see also Johannes Haushofer, Anat Biletzki, and Nancy Kanwisher, "Both Sides Retaliate in the Israeli-Palestinian Conflict," *Proceedings of the National Academy of Sciences of the United States* (4 October 2010), 該研究發現，巴勒斯坦絕非採取隨機或無意義的暴力行動，而是「遵循報復的模式」。與此相關的是，在二〇〇五年底，以色列在加薩重新部署後，打破實質休兵的是以色列而非哈馬斯。在重新部署後的三個月內，共三十名巴勒斯坦人被殺，沒有一名以色列人死亡。儘管哈馬斯在贏得二〇〇六年大選後單方面停火，同時與以色列為了達成「分階段和平」進行外交談判，但以色列仍然堅持其「標靶暗殺」的非法行為。Jerome Slater, "A Perfect Moral Catastrophe: Just War philosophy and the Israeli attack on Gaza," *Tikkun*, March–April 2009; Jean-Pierre Filiu, *Gaza: A history* (New York 2014), pp. 288–91. 為了展現哈馬斯不是出於務實理念和「合理的不滿」，而是出於兇殘的意識形態，兩位資深的以色列辯護者指出，二〇〇五年，以色列在加薩重新部署後的火箭砲攻擊：

在哈馬斯執政期間（二〇〇六年一月至二〇〇八年四月），從加薩發射了二千五百多枚火箭砲，分別落在以色列的城市和村莊。以色列不再佔領加薩，但在哈馬斯的控制下，火箭砲仍然持續發射。部分人士聲稱，火箭砲是對以色列報復的回應，但這很容易反駁。如果沒有火箭砲，那麼以色列有極高的機率沒有理由進行報復。可是，即使在沒有報復的時期，火箭砲仍在持續發射。(Dennis Ross and David Makovsky, Myths, *Illusions and Peace: Finding a new direction for America in the Middle East* [New York: 2009], p. 255 [see also ibid., pp. 138–39, 243, 252])

一旦重新檢視記錄，要反駁他們的證據就輕而易舉：除了以色列繼續佔領加薩、實施非法封鎖外，打破停火協議的「絕對」是以色列，而非哈馬斯。

69 Zvi Bar'el, "Crushing the Tahadiyeh," *Haaretz* (16 November 2008); Uri Avnery, "The Calculations behind Israel's Slaughter of Palestinians in Gaza," *redress.cc* (2 January 2009).

70 *Amnesty International Report 2009: The State of the World's Human Rights* (2009), entry for "Israel and the Occupied Palestinian Territories," pp. 182–83; see also Human Rights Watch, *Rockets from Gaza: Harm to civilians from Palestinian armed groups' rocket attacks* (New York: 2009), p. 2.

71 Intelligence and Terrorism Information Center, *Six Months*, p. 3.

72 "Hamas Wants Better Terms for Truce," *Jerusalem Post* (21 December 2008); Bradley Burston, "Can the First Gaza War Be Stopped before It Starts?," *Haaretz* (22 December 2008). 迪斯金告訴以色列內閣，如果以色列解除對加薩的圍困、停止軍事襲擊，並將休戰擴大至約旦河西

岸，那麼哈馬斯將延長休戰協議。美國卡特中心高級中東顧問羅伯特・帕斯托（Robert Pastor）證實，二〇〇八年十二月，由他居中牽線，向以色列政府表示，如果以色列結束封鎖，哈立德・米沙爾願意以相同條款延長二〇〇八年六月的停火協議。以色列猶豫不決。帕斯托表示，「結局似乎不可避免：以色列可以選擇開放邊境，如果他們這麼做，火箭砲就會停止。」Robert Pastor, "Memorandum to the UN Fact-Finding Mission on the Gaza Conflict: Operation 'Cast Lead' and the right of self-defense" (6 December 2009); Robert Pastor, "Email: Israeli invasion of Gaza, December 2008" (8 December 2013). 文件為該作者自行收藏。

73 "Gaza Residents 'Terribly Trapped,' " *BBC News* (4 November 2008).

74 Gisha, Red Lines, pp. 5, 26, 33.

75 Sara Roy, "If Gaza Falls . . . ," *London Review of Books* (1 January 2009). 有關封鎖各階段的細節描述以及長期的嚴重影響，請參閱 Sara Roy, *The Gaza Strip: The political economy of de-development*, expanded third edition (Washington, DC: 2016), pp. xxx–lxix.

76 International Crisis Group, *Ending the War in Gaza*, pp. 3, 10–11.

77 Burston, "Can the First Gaza War."

78 Khalid Mishal, "This Brutality Will Never Break Our Will to Be Free," *Guardian* (6 January 2009).

79 順便說一句：這並不是以色列第一次在哈馬斯提出妥協方案後試圖挑釁。一九九七年九月，也就是以色列暗殺哈立德・米沙爾失敗的前幾天，「約旦國王胡笙向以色列總理班傑明・納坦雅胡轉達了哈馬斯領導人的訊息。其中，哈馬斯建議與以色列政府展開間接對話，由國王調解，達成停止暴力，並就『所有事項進行討論』」。但這些訊息被忽略或無視，而且，在以色列企圖取得哈馬斯領導人的性命之後「變得無關緊要」。Mishal and Sela, *Palestinian Hamas*, p. 72; see also Paul McGeough, *Kill Khalid: The failed Mossad assassination of Khalid Mishal and the rise of Hamas* (New York: 2009), esp. pp. 141, 146, 226.

第三章

帶風向

以色列國防軍發布的官方公報逐漸脫離真相，也不再受制於權力結構的核心——警察、軍隊和情報單位——並染上『撒謊文化』。

由於加薩的大屠殺影像迅速傳遍國際媒體，以色列及其支持者開始著手恢復猶太國家受損的聲譽。「鑄鉛行動」於二〇〇九年一月十八日結束，不久，安東尼．科德斯曼（Anthony Cordesman）就出版一份題為《加薩戰爭：戰略分析》（*The "Gaza War": A strategic analysis*）的報告。[01]這份報告值得仔細審視，因為科德斯曼是具有影響力的軍事分析師，[02]而且，報告將以色列權宜駁斥的論點予以巧妙地整理、系統化，以因應日益增多的批評其入侵加薩的聲浪。

科德斯曼的報告，絕大多數都是為以色列的錯誤行為開脫罪行，他明確斷定「以色列沒有違反戰爭法」。[03]然而，科德斯曼也加上「關鍵但書」，即他並未對以色列的行為做出「法律或道德」判斷，而且「未經過複雜戰爭法學訓練的分析師」也不應做出這樣的判斷。他一方面堅持以色列無罪；另一方面加上謹慎的但書，兩者要連在一起並不容易。他主張，「戰爭法」和「歷史先例」都沒有禁止「以色列使用大量武力」，他同時也並不冒險對「比例原則」進行「法律或道德」判斷。[04]即使他繼續宣稱不可知論，明確地免除以色列的罪責；他還聲稱，戰爭法「通常很難或不可能適用」。[05]如果他的說法成立，何來「以色列沒有違反戰爭法」之說？他另外聲稱，戰爭法對以色列有偏見，因為它「不會束縛或限制像哈馬斯這種非國家行為者」。[06]實際上，戰爭法也不會立即束縛或限制以色列。也就是說，根據哈佛大學法學教授鄧肯．肯尼迪（Duncan Kennedy）的說法，「戰爭法在非對稱戰爭中，是支持正規武力而不是非正規武力」。[07]

「誰會相信以色列軍隊？」

科德斯曼的分析完全仰賴「在以色列的簡報會……訪問由『交換計劃』（Project Interchange）贊助，以及使用以色列國防發言人發布的例行報告」。[08]難道他不應該提到「交換計劃」不折不扣是親以色列的美國猶太人委員會（American Jewish Committee）的附屬機構嗎？在他的考察過程中，科德斯曼完全相信以色列的官方聲明。知名的以色列評論家反倒對政府的消息來源持懷疑態度。烏茲本齊曼（Uzi Benziman）在《國土報》（*Haaretz*）上寫道：「政府當局，包括國防部門及其分支機構的可信度可說是聲名狼藉」；B・邁可在《新消息報》（*Yediot Ahronot*）寫道：「以色列國防軍發布的官方公報逐漸脫離真相，也不再受制於權力結構的核心——警察、軍隊和情報單位——並染上『撒謊文化』。」[09]鑄鉛行動期間，以色列官方不斷被逮到歪曲各種事實，包括使用白磷彈。[10]隨著入侵加薩的行動持續進行，以色列國防軍發言人告知美國有線電視新聞網（CNN），「我可以肯定地告訴你，我們絕對沒有使用白磷彈」。而以色列國防軍參謀長嘉比・阿什肯納齊（Gabi Ashkenazi）告訴以色列國會（Knesset）外交和國防委員會，「以色列國防軍一切依照國際法行動，沒有使用白磷彈。」[11]即使許多人權組織最終確認以色列非法使用白磷彈之後，以色列的「軍事調查」仍然繼續敷衍塞責。[12]美國五角大廈前資深分析師和人權觀察組織的資深軍事分析師，回顧以色列在二〇〇六年黎巴嫩戰爭和鑄鉛行動期間的謊言，他問：「有誰會相信以色列軍隊？」[13]科德斯曼的部分「戰略分析」，是整段照抄以色列空軍和陸軍發言人的每日新聞稿。他蓄意聲稱它們為戰爭的「大事記」；聲稱這些資料對所發生的事情提供「相當深刻的見解」[14]，並多次回收類似說法。例如，他反覆使用這些陳述或其中的不同版本來填充他的文本：「以色列國防軍將持續對恐怖份子和相關人員展開行動，包括贊助和藏匿恐怖份子的人，以及那些將無辜的婦女和兒童當作人肉盾牌的人」、「以色列國防軍將毫不猶豫地打擊那些直接和間接涉及攻擊以色列和我國公民的人」、「以色列國防軍將繼續按照計劃，對加薩地帶的哈馬斯恐怖基礎設施進行作戰，以減少以色列南部的火箭砲」、「以色列國防軍步兵團、裝甲部隊、工兵部隊、砲兵部隊和情報單位，在夜間繼續作戰，以對抗加薩地帶的哈馬斯恐怖主義基礎設施」。[15]科德斯曼許多報告，換言之，就只是反覆陳述以色列軍方的一般公關資料。在具體的論點上，他轉載一份以色列新聞稿，聲稱以色列擊中「載有格拉德導彈的車輛」。[16]但卜采萊姆（B'Tselem，以色列佔領區人權資訊中心）調查當時情況，以及以色列國防軍最後承認，幾乎可以確認車上載的是氧氣桶。[17]那輛車被精準的無人機導彈擊中，造成八名平民死亡。根據人權觀察組織的說法，「無人機先進的影像設備，應該使無人機操作員能夠確定被監視物體的性質」。[18]似乎以色列無人機操作員預謀鎖定了一輛載有非戰鬥人員的民用車輛。科德斯曼還聲稱，以色列官方數據比非以色列官方數據（例如聯合國）「更可信」。除此之外，他的結論基於此一事實，「許多以色列人認為，聯合國資料強烈偏袒巴勒斯坦人。」[19]以色列官方數據說，哈馬斯戰士佔加薩傷亡人數的三分之二。能信嗎？[20]即使所有可靠的獨立資料都打臉它？[21]科德斯曼還特別大肆宣揚鑄鉛行動期間，以色列為了減低平民傷亡和基礎建設損害所採取的特殊措施。他聲稱，以色列空軍目標計劃的「每一方面」都是「基於詳細的目標分析，準確評估平民的風險，以及學校、醫院、清真寺、教堂和其他聖地等敏感地點的位置」；以色列「盡可能使用最小的武器」加上精確情報和導航系統「緩和軍事目標對民用設施的破壞」；「以色列確實在空中與空對地作戰計劃明確區分軍事和民用目標，旨在縮小平民傷亡和附帶損害」。[22]如果他很有自信地證實這些預防措施，那是因為他的以色列受訪者和以色列的新聞稿一再證實此事。

以色列不僅要應付鑄鉛行動期間的負面媒體報導，還要應付戰後大量的人權報告，譴責其入侵加薩的行動。由於有為數眾多、廣泛的知名組織發布的報告，主要結論都相同，這些報告不能輕易被視為反以色列的宣傳。[23]儘管這些報導廣泛引述巴勒斯坦目擊者的證詞，但這些證詞也無法輕易抹黑成是哈馬斯授意或哈馬斯恐嚇所導致。國際特赦組織觀察，「『鑄鉛行動』期間和之後，訪問加薩的代表團能夠不受阻礙地進行調查，人們經常對哈馬斯的行為提出批評，包括火箭砲攻擊。」[24]

由於人權專家的廣泛譴責，迫使以色列在二〇〇九年發表一份關於「事實和法律」摘要報告——《加薩行動》來為自己辯護。[25]摘要中聲稱，這些重要的人權報告「太頻繁」意味著「急於判斷」，因為它們是在「鑄鉛行動」之後「幾小時、幾天或幾週內」發表的。[26]事實上，大多數報告都是在幾個月後才發布。摘要中引用的關鍵證據，主要來自於被拘留的巴勒斯坦人在「審訊」期間記錄的證詞。取得這些所謂「證詞」的相關背景，令人質疑其證據價值。據《戈德史東報告》（*Goldstone Report*）發現，在鑄鉛行動期間，被圍捕的、被拘留的巴勒斯坦人，「在整個審問期間遭受殘忍、不人道和有辱人格的對待，以便驚嚇、恐嚇和羞辱他們。在拘留的不同階段，這些人被迫脫掉衣服，甚至裸體。所有人都以最痛苦的方式戴上手銬並蒙上眼睛，以增加他們的恐懼感和無助感」；「他們強迫男人、婦女和兒童靠近砲兵和坦克陣地，砲擊和射擊仍不斷進行，不僅使他們面臨危險，並強化他們的恐懼和害怕」；被拘留的巴勒斯坦人「受到毆打和其他相當於酷刑的身體虐待」，被「當作人肉盾牌」，而且，「審訊的方法不僅是酷刑……而且還利用對平民進行身體和道德上的脅迫以獲取想要的資訊」。[27]顯然這些被拘留的巴勒斯坦人「自白」的可信度得大打折扣。

人權報告嚴肅地說明，以色列的摘要聲稱「採取廣泛的措施來履行國際法規定的義務」，以色列國防軍的「行動方式」反應大多數以軍士兵都受過訓練，以遵守國際法規定的義務。[28]特別的是，它聲稱，以色列部隊只對合法目標開火，並以最大的謹慎態度行事。以色列國防軍指示攻擊「純粹打擊軍事目標」，並努力確保「平民和民間標的物不會受到傷害」；「若無法避免對平民或平民財產造成附帶損害，以色列國防軍也努力地確保不會過度」；以色列國防軍「使用破壞性最小的彈藥來實現合法的軍事目標攻擊」，以及「精密的精準武器，以盡量減少對平民的傷害」；以色列國防軍「仔細檢查並交叉檢查目標……確保它們是用於戰鬥或恐怖活動，而非單純的民用設施」。[29]

然而，根據記者和人權組織的發現，以及後來在前線打仗的以色列士兵作證，卻對鑄鉛行動刻劃出完全不同的形象。「我們要打仗了。」一名連長在攻擊前告訴他的士兵。「我要的是攻擊性——如果房子的樓上有可疑人士，我們就砲轟它；如果我們懷疑某棟房子，我們就把它拿下來……不要猶豫。」[30]一名戰鬥員記得，在與旅長及其他人的會面中，「交戰守則」（rules of engagement）實質上被傳達成「如果你看到任何移動的跡象，就開槍。」[31]其他士兵回憶說：「如果副營長認為房子看起來很可疑，我們就炸掉它；如果步兵不喜歡那個房子的外觀——我們就開槍。」（**不具名士兵**）；「如果你面對一個被房子遮蔽的區域——你就把房子拆了。沒有人問像是『誰住在房子裡？』之類的問題。」（**士兵回憶旅長的命令**）；「至於交戰守則，軍隊的工作是預設整個地區都沒有平民……對軍隊而言，那裡只要有任何人都將被殺。」（**不具名士兵**）；「我們被告知：『只要有任何危險跡象就全力開火』。」（**偵察部隊成員**）；「我們射擊任何移動的東西。」（**戈蘭尼旅〔Golani Brigade〕戰鬥員**）；「儘管事實上沒有人向我們開火，但我們仍然繼續射擊和拆除。」（**坦克組員中的砲手**）[32]《國土報》記者發現，「基本上，一個人只需要處於『有問題』的位置，在普遍認為可疑的情況下，他就被『控告有罪』，並被判處死刑。」[33]

雖然以色列的摘要聲稱，「對以軍部隊的保護並未凌駕於其他因素之上」[34]，但新聞調查和以色列戰士的證詞都指向相反方向。《國土報》對以色列入侵加薩策劃階段的還原報導，「以色列人難以接受以色列國防軍的重大傷亡」，因此，軍隊採取了「壓倒性的火力……指揮官在簡報中被告知，我們士兵的生命優先。」（以色列國防軍總參謀部，在攻擊加薩前預測會有「六百名至八百名巴勒斯坦平民」被殺。[35]）以色列國防軍士兵回想，這形成一種氣氛，其中「與我們士兵的生命相比，巴勒斯坦人的生命非常**不重要**。」另一名戰士回憶他的營長下令，「誰也傷不了我的士兵一根汗毛，我也不允許我的士兵因為猶豫不決而冒險。如果你不確定——那就射擊。」一名小隊長回憶起以色列國防軍如何「使用大量火力在途中殺死大量的人，這樣一來，我們就不會受傷而他們也不會向我們開火。」[36]「當我們懷疑有巴勒斯坦戰士躲在一間房子裡，我們就發射導彈，再加兩枚坦克彈擊中它，然後再用推土機把牆撞倒。」一名以色列國防軍高級官員告訴《國土報》。「這樣會造成傷害，但可以防止我們的士兵喪命。」[37]在入侵加薩一年後，一位在旅本部服役的軍官回憶：以色列國防軍的政策，就是確保「士兵的生命真正零風險」。[38]

以色列是否試圖預警即將發生的攻擊來保護加薩的平民？科德斯曼吹捧道：「以色列發了數十萬份宣傳單，並利用所掌握的加薩手機網路情資向平民發出警告。」[39]以色列的摘要指出，「在加薩行動中避免傷害平民的特別步驟」和「盡量減少傷害平民的重大努力」。例如，「發放宣傳單警告居民遠離哈馬斯據點，並離開哈馬斯正在使用（發動攻擊）的建築物」，並「透過電話」「聯繫居住者，以警告即將攻擊特定的建築物」。[40]但人權報告指出，那些宣傳單和電話「沒有說明被鎖定區域的詳細資訊，以及哪些是相對的安全區域」。一方面，由於整個加薩受到攻擊；另一方面，通往以色列和埃及的邊界被封鎖，「平民無處可去」。根據南非法學家約翰．杜加德（John Dugard）主持的事實調查委員會指出，這些所謂的警告，在嚴密封鎖的領土持續進行無差別轟炸和砲擊的情況下，可預見的必然後果是：當地人將陷入恐怖、混亂和驚慌狀態中。[41]以色列內政部長謝翠特（Sheetrit）聲稱，「軍隊撥出二十五萬通電話，讓他們離開家裡。」國際特赦組織的反駁則讓人吃驚，「加薩也就二十五萬戶家庭。如果以色列軍隊確實打了那麼多電話，告訴他們離開家園，這意味著，『幾乎每個家庭都收到通知』。」[42]這麼一來，怎麼可能不會天下大亂？儘管如此，以色列警告的數量也讓人留下了深刻印象。一位美國法律學者提出新解釋：即使巴勒斯坦人沒注意這些警告，這些警告也值得讚許：「法律並未將平民能夠採取行動視為警告有效的要件。」[43]這就像發生火災時要往緊急出口逃生，如果建築物沒有緊急出口，那警告標語還算有效嗎？是一樣的道理。

以色列的摘要，不僅強調鑄鉛行動期間的事先警告，也提到救援工作。以色列宣稱「試圖提供和協助人道援助」，並實施「為確保滿足加薩平民的人道需求而進行的深遠努力」。[44]如果這種關懷引起懷疑，科德斯曼則會加以弭平。他揮舞著以色列的新聞稿，以及「以色列國防部的聲明」表示肯定，甚至引用像國防部長埃胡德・巴拉克這些大人物所說：「我們非常清楚人道問題；我們正在並將繼續盡一切可能提供加薩居民的人道需求。」[45]然而，實際情況看起來卻截然不同。聯合國人道事務協調廳指出，「儘管極度不安全，聯合國機構和人道非政府組織將繼續展開行動。」、「在三週的敵對行動中，五名聯合國巴勒斯坦難民處職員及三名約僱人員在執勤期間遇害，另外有十一名工作人員和四名約僱人員受傷；據報導，有四起槍擊援助車隊事件；至少有五十三座聯合國建築物遭到破壞」。[46]以色列外交部長齊皮・利夫尼（Tzipi Livni）在鑄鉛行動期間則大力宣傳加薩「沒有人道危機」。但聯合國巴勒斯坦難民處的執行主任回擊，「加薩平民正在經歷一場災難……他們受困，他們受到創傷，他們受到驚嚇。」[47]雖然科德斯曼也加上一般性但書，承認以色列在其救援工作中「拖延和犯錯」。即使引用了無數的以色列新聞稿，他也很難有空間反駁許多救援組織和聯合國官員發表批判以色列的言論。[48]《戈德史東報告》總結：以色列「違反允許所有醫療和醫院用品、食品和衣物等在加薩自由流通的義務」；「其所允許的食物、醫療和醫院用品和衣物的數量、類型，完全不足以滿足人民的人道需求」；從二○○七年封鎖到入侵結束，以色列不讓足夠的貨物流通加薩「以滿足人民的需求」。[49]即使在二○○九年一月停火協議生效後，以色列仍堅持阻止人道援助，鷹嘴豆、椰棗、茶、通心粉、糖果、果醬、餅乾、番茄醬、兒童拼圖和分發食物用的塑膠袋無法運送進入加薩。[50]入侵一年後，十六位知名人道和人權組織發布全面研究報告指出，「以色列對加薩的家庭、民生基礎建施、公共服務、農場和企業等造成的廣泛破壞，幾乎沒有得到修復。」

「這不是意外，這是政策問題。以色列政府的封鎖……不僅禁止大多數加薩人離開或向外界出口任何東西，而且只允許進口數量有限的基本人道物品。」該研究發現，以色列持續封鎖的直接結果，「各種建築材料——水泥、砂石、木材、管道、玻璃、鋼筋、鋁、柏油和配件等，都極度短缺或完全缺貨」；「加薩九十%的人口繼續每天停電四到八小時，剩下的人連電都沒有」；成千上萬的人「沒有自來水可用」；並且「長期拖延或禁止教科書和紙張等基礎教育用品進入加薩」，而「已經在軍事攻擊中受到創傷的兒童，無法在如此不安全和不衛生的條件下學習和發展」。[51]

以色列在鑄鉛行動期間，對人道救援工作的干涉，是以色列對聯合國機構和加薩醫療設施更大攻擊的一環。在巴勒斯坦難民處設施遭到以色列白磷彈擊中、引發大火之後，聯合國祕書長潘基文（Ban Ki-moon）公開表示震怒，「我感到震驚……這次對聯合國的攻擊，令人髮指、完全無法接受。」[52]聯合國並委託調查委員會，調查鑄鉛行動期間在許多聯合國據點上發生的攻擊事件。調查發現，除了上述事件外，以色列也參與一件「直接且故意的攻擊」。在庇護大約四百名平民的巴勒斯坦難民處學校，射殺三名年輕男子；在巴勒斯坦難民處學校附近，發射一系列「迫擊砲彈」，造成數十名平民死亡和受傷。這起「嚴重疏忽」的白磷彈攻擊，形同「魯莽」、「無視巴勒斯坦難民處加薩行動中心和神經中樞」；另一起「高度疏忽」的白磷彈攻擊，同樣「魯莽、無視」庇護了大約兩萬名平民的巴勒斯坦難民處學校，造成兩名兒童死亡、十三人受傷。調查也發現，在一次事件中，一枚卡薩姆式火箭損壞了聯合國倉庫。「火箭很可能是由哈馬斯或其他巴勒斯坦派系從加薩地帶發射的」。調查委員會的結論是「無論哪一起事件，聯合國基地內都未發生任何軍事活動」；以色列必定已經預料到，巴勒斯坦人將往巴勒斯坦難民處的房舍內避難來應付正在進行的攻擊；並且以色列即使明知並非實情，仍持續做出虛假指控，聲稱哈馬斯武裝份子已經從聯合國基地開火。[53]以色列總統希蒙·裴瑞斯（Shimon Peres）詆毀聯合國報告為「不公平和片面的」，他說：「我們永遠不會接受。這太離譜了！」以色列國防部宣稱，國防軍內部調查「無可辯駁地」駁斥了委員會的調查結果，並再次證明——如果還需要進一步的辯護——「我們擁有世界上最講**道德**的軍隊」。[54]

隨著以色列攻擊鎖定加薩的醫療設施，並大肆破壞，加薩的人道危機更加惡化。在鑄鉛行動之前，以色列已經剝奪加薩病患境外就醫的權利，並脅持他們必須和以色列情報部門合作才能換取出境許可。[55]以色列的摘要說明，在入侵加薩期間，它協助許多需要治療的加薩病患移送到國外。[56]但人權組織報告卻說：以色列製造出幾乎無法克服的障礙，阻止受傷的加薩人獲得治療。[57]以色列拒絕境外就醫造成的醫療災難，又因為以色列對境內醫療設施的攻擊而雪上加霜。在鑄鉛行動中，以色列的直接或間接攻擊造成的損壞或摧毀：二十九輛救護車；

加薩一二二個醫療設施，其中將近一半，包括十五家醫院，共十六名醫務人員值勤被殺，另有二十五人在執勤時受傷。[58]科德斯曼忠實地附和以色列聲稱「協調運送」救護車的說法；以色列的摘要強調他們設立了「特殊的醫療協調中心」，以「處理從敵對地區撤離的傷患和死者」。[59]但根據卜采萊姆的說法，「即使在安排協調的地方，士兵依舊向救護車開火。」[60]以色列人權醫師組織（Physicians for Human Rights–Israel）報告、記錄了以色列攻擊醫務人員和救護車的情況，以及無數以色列軍隊封鎖道路，阻擋「企圖從戰場上撤出受困、受傷平民的搜救人員」。[61]以色列人權醫生組織和巴勒斯坦醫療救濟社（Palestinian medical Relief Society），委託醫療專家獨立小組的補充報告也發現，以色列「禁止」受傷的加薩人「由救護車疏散」，並且「鎖定」了救護車及醫護人員。它的結論是，「加薩地帶攻擊的潛在意義似乎是製造恐怖，沒有憐憫任何人」。[62]在一次「令人震驚的事件」之後，行事謹慎的國際紅十字會公開譴責以色列，因為，以色列士兵枉顧受傷平民的性命，遣返派來援助的紅十字救援隊。[63]梅贊人權中心（Al Mezan Center For Human Rights）指出，以色列在入侵加薩期間，有系統地阻礙醫療資源被取得，造成至少二五八名加薩人死亡。[64]

壞事都是哈馬斯幹的

但哈馬斯指揮官就沒有惡意使用救護車嗎？科德斯曼聲稱，哈馬斯使用「救護車運送恐怖份子」，但並未提出任何證據。[65]以色列的摘要聲稱，哈馬斯「廣泛使用具有紅十字與紅新月保護標誌的救護車，來運送操作員和武器」，並「使用救護車將恐怖份子從戰場上『撤離』」。然而，唯一支持此項說法的獨立證據並不完全具有說服力。一位天馬行空的義大利記者，另一位是加薩救護車司機，敘述哈馬斯武裝份子如何尋找、徵用他的車輛，最後並未成功。[66]以色列的摘要甚至聲稱，「以色列國防軍將不再攻擊醫療車輛，即使哈馬斯和其他恐怖組織將其用於軍事目的時亦然。」[67]如果以色列國防軍沒有鎖定哈馬斯軍事用的救護車，以色列國防軍卻「鎖定大量救護車」[68]，那麼，被鎖定的救護車顯然並非用於軍事目的。卜采萊姆回顧，「儘管以色列幾乎從未提出證據、證明，以色列官員卻多次提出巴勒斯坦人濫用救護車的論點。」[69]事實上，在二〇〇六年戰爭期間，以色列已將導彈鎖定有明顯標記的黎巴嫩救護車。儘管根據人權觀察組織指出，「沒有任何依據可以斷定真主黨將救護車用於軍事目的。」[70]但是鑄鉛行動又如何？《戈德史東報告》，「沒找到任何證據支持這些指控……救護車被用來運送戰鬥員或用於其他軍事目的。」如果要懷疑這個問題，他們也會被以色列「紅大衛盾會」（Magen David Adom）——以色列國家緊急醫療、災難、救護車和血庫服務——下封口令。它直接了當地證明，「沒有『巴勒斯坦紅新月會』（Palestinian Red Crescent Society）的救護車被用來運送武器或彈藥。」[71]不過，哈馬斯武裝份子是否從醫院開火並在醫院避難？以色列聲稱，「大量的……來自情報部門的資訊和以色列國防軍在當地的報告表明，哈馬斯事實上已廣泛使用醫院和其他醫療設施。」[72]根據國際特赦組織的說法，以色列官員並未提供證據，「一個案例也沒有」。國際特赦組織「在實地調查期間，沒有發現任何證據，顯示這種做法即使存在也不普遍」；以色列人權醫生組織也沒有找到「支持以色列官方宣稱，『醫院被用來藏匿政治或軍事人員』的任何證據」；《戈德史東報告》，「沒有找到任何證據證明加薩當局或巴勒斯坦武裝團體，使用醫院設施來保護軍事活動的任何可成立的指控。」[73]以色列歷史學家班尼·莫里斯（Benny Morris）也跟著服從黨的指示，還宣稱，「哈馬斯領導人躲在加薩希法醫院的地下室，算準了以色列不會炸毀或闖入醫院。」除了無處不在的義大利記者，從一則新聞跳槽到另一則，以色列摘要的唯一資料來源是「審訊期間」一名被拘留的巴勒斯坦人的自白。[74]如果以色列並未鎖定該醫院——據稱是哈馬斯高層的藏身處。那麼，讓人驚訝的是，為什麼以色列又鎖定許多其他巴勒斯坦醫院？聖城（al-Quds）醫院的上方兩層、相鄰的行政大樓和倉庫都遭到徹底摧毀；瓦法（al-Wafa）醫院遭到八枚坦克砲彈、二枚導彈和數千發子彈直接擊中；汗尤尼斯的歐洲醫院的牆壁、水管和電力，都因為砲擊受損；朵拉（al-Dorah）醫院急診室被砲彈擊中兩次；瓦達（al-Awda）醫院，因為急診室附近的兩枚砲彈而受損。[75]可能有人認為，當這些醫院遭到攻擊時，以色列國防軍正在回擊敵人的火力。但以色列還宣稱，它沒有針對「在醫院附近」發動攻擊的「恐怖份子」。[76]

以色列不僅攻擊加薩的平民及其人道支持系統，還系統性地鎖定加薩的民用基礎設施。在鑄鉛行動的過程中，以色列摧毀或損壞了五萬八千間房屋（其中六千三百間房屋被完全摧毀或遭受嚴重破壞）、二八〇所學校和幼兒園（其中十八所學校被完全摧毀，六所大學建築物被夷為平地）、一千五百家工廠（包括加薩二十九個混凝土預拌工廠中的二十二個）、許多巴勒斯坦和外國媒體所在的大樓（兩名記者在工作時遇難；另外四個人也被殺）、電力、供水和污水處理設施（在以色列入侵期間，超過一百萬名加薩人無電可用，五十萬人沒有水可用）、一九〇間溫室設施、八〇%的農作物和近五分之一的耕地。[77]儘管如此，以色列的摘要依舊主張，以色列採取一切預防措施不去破壞民用目標。的確，誰能懷疑以色列國防軍「仔細檢查並交叉檢查目標……為了確保它們被用於戰鬥或恐怖活動」？《戈德史東報告》說：以色列發起「蓄意且精確」的攻擊，摧毀「加薩三家麵粉廠中唯一還在運作的那一家」。該報告總結，這次攻擊的「唯一目的」是「終結加薩地帶的麵粉生產」，並「破壞當地生產麵粉的能力」。[78]誰能懷疑以色列國防軍「明確區分軍事和民用目標」（科德斯曼語），何時「系統性地、蓄意地夷平」一個供應加薩十%雞蛋市場的大型養雞場？《戈德史東報告》的判定，「這構成蓄意的任意破壞行為，沒有任何軍事必要性。」[79]聯合國開發計劃署（The United Nations Development

Program）報告稱，「鑄鉛行動中有四千多頭牛、綿羊和山羊，以及一百多萬隻雞（**肉雞和蛋雞**）被殺。有證據表明，牲畜是以色列槍擊的直接目標。」[80]這些死亡和被破壞的情況似乎難以辯解。以色列在入侵加薩後聲稱，這只是因為「在不損害行動能力和情報來源的情況下，它可以與調查委員會分享的情報數量有限。」[81]如果有人知道那些雞裡面有什麼……[82]鑄鉛行動期間，加薩民用基礎設施受損的直接成本估計共六六〇億至六六九億美元，而生計破壞與中斷的損失共三〇億至三十五億美元。[83]在以色列「大規模火力展示」（**以色列國防軍總參謀部語**）之後，遺留下約六十萬噸瓦礫。[84]以色列並表示希望還有「第二輪」。事實上，毗鄰加薩的以色列地方民代建議軍方，下次他們應該「將加薩夷為平地，將其摧毀」。[85]而將以色列所做的破壞和以色列所受到的破壞兩相對照，其本身就很有故事。哈馬斯對以色列的火箭砲攻擊破壞了「幾座平民住宅和其他建築物……另一個幾乎完全被摧毀」[86]，而以色列總共損失僅一千五百萬美元。[87]

在入侵加薩後的證詞中，以色列國防軍士兵回憶起加薩可怕的被破壞場面，「我們看不到一棟完整的房子……在我們的指定區域沒有留下任何東西。它看起來很糟糕，就像二戰電影中沒有留下任何東西的場景，一座完全被毀的城市」；「我們拆了很多東西，有人曾經在加薩兩

❹ 語出《新約》，譯文參考《聖經》中文和合本。

天不斷地拆毀房子，我們整個營都在說這件事」；「有一天晚上，他們看到一個恐怖份子，然後他就消失了。他們認定他躲進隧道裡，所以他們開了一台D-9推土機，並將整個果園夷為平地」；「那裡受到破壞的程度令人難以置信。你在那些街道附近開車，卻認不出任何東西。沒有一塊石頭留在地上。❹你看到大片的田地、溫室、果園，一切都毀壞了、徹底毀了。太可怕了！太超現實了」；「有個地方被D-9推土機整個踩平。這很驚人！起初你進去，看得到很多房子。過了一週，在夷為平地之後，你卻看到遠處的地平線，還幾乎看得到海」。[88]一位參與入侵行動的老兵設計了一件T恤，上面印著一個金剛模樣的以色列士兵咬著一座清真寺，怒視著遇襲的城市。上面還印著口號：「如果你相信它能夠被修復，那麼就能相信它可以被摧毀！」他告訴《國土報》，「我在加薩時，他們一直強調，行動的目的就是『破壞基礎設施』。」[89]鑄鉛行動期間，唯一一件對非法破壞加薩財產的懲罰是，針對一名士兵採取未知的管訓措施。[90]

以色列的摘要聲稱，「在加薩行動期間，對哈馬斯的整體武力使用……與哈馬斯構成的威脅成正比」。[91]入侵後，以色列士兵的證詞生動地描述這種「按比例」使用武力的方式，「這是我從未知道的火力……一直都有爆炸聲……地面不斷搖晃」；「在地面上，你整天聽到這些雷鳴般的爆炸聲。我的意思是，不僅僅是坦克砲擊，我們已經長期習慣這種聲音。前哨的爆炸震動大到……長官命令我們當中有些人離開駐紮的房子，因為擔心它會倒塌。」[92]一個又一個的士兵作證說：以色列在入侵加薩期間運用「瘋狂」的火力：「我們正在打擊無辜者，我們的砲火是瘋狂的」、「火力大得瘋狂」；「他說我們的砲兵和空軍都運用瘋狂的火力」；「這是軍隊的一般態度：使用瘋狂的火力，因為這是我們唯一的優勢」。[93]以色列的摘要還指稱，「以色列國防軍的命令和方向……強調所有拆除行動的執行，應最大程度減低對非哈馬斯或其他恐怖組織戰鬥用財產的損害」。[94]但是人權組織描繪出的畫面則完全不同。國際特赦組織發現，加薩民用建築和基礎設施的「大部分破壞」，是由於「任意、蓄意，且不必要的財產拆除、直接攻擊民用目標，以及無法區分合法軍事目標和民用目標的無差別攻擊所造成」。[95]不論破壞的時間、地點和速度，事實上都支持國際特赦組織的調查結果，並削弱了以色列官方主張的可信度。根據杜加德報告，九〇%民用建築和基礎設施（包括果汁、冰淇淋、餅乾和百事可樂工廠）的破壞，都發生在鑄鉛行動的最後幾天。在完全平定的地區，甚至大部分的破壞都在以色列國防軍撤軍時進行。[96]人權觀察組織的研究發現，「幾乎每個被摧毀的家庭、工廠和果園，都集中在某些地區，表示顯然有人在這些地點執行有系統的破壞計劃」。利用衛星影像「在衝突期間間隔拍攝」，人權觀察組織記錄了許多案例：「其中在以色列國防軍控制的地區，軍隊大量摧毀房屋、工廠、農場和溫室，卻沒有任何明顯的軍事目的。許多案例發生在該地沒有戰鬥的情況下；而許多案例是以色列在即將撤軍的最後幾天進行破壞的」。例如，在伊茲柏．阿布德．拉布（Izbt Abd Rabbo）社區，「大規模破壞建築物，絕大多數」發生在「以色列國防軍控制該地之後」。[97]國際危機組織指出，加薩東部的大片農場、工廠和房屋「幾乎被夷為平地」。而一位軍事專家指出，以色列「至少花了兩天的功夫」，結合推土機和反坦克地雷「蓄意且系統性地」破壞該區域。[98]可能有人會辯解，如果以色列鎖定這麼多住宅，那是因為「哈馬斯在每間居民撤離的住宅都裝上詭雷」（科德斯曼引述以色列國防軍發言人所述）。[99]但是在入侵加薩之後，這種表面上令人難以置信的論點也遭到致命的一擊。以色列國防軍承認，這種「破壞的程度」在法律上說不過去。[100]儘管如此，一名以色列安全官員還是自豪地說：藉由「剷平我們相信裝設詭雷的建築物」，以色列打破了「城市游擊戰鬥的ＤＮＡ」。而以色列副總理埃利．伊沙伊（Israeli）在停火生效後宣布，「即使哈馬斯火箭砲落在天空或大海中，我們也應該打擊他們的基礎設施，每落下一枚火箭砲就要摧毀一百間房子。」[101]看起來，被摧毀的六千三百間加薩房屋與一間「幾乎完全被毀」的以色列房屋，這個比例似乎尚未滿足他對破壞加薩的渴望。

「哈馬斯躲在沙坑裡」

以色列不僅針對民用建築和基礎設施，還針對加薩的文化遺產進行破壞。在以色列的攻擊期間，共有三十座清真寺被摧毀，另有十五座受損。如果科德斯曼總結，「以色列國防軍對哈馬斯在戰鬥中使用清真寺和其他敏感地點的消息，幾乎肯定是正確的」，那是因為，他根據以軍新聞稿製作的「大事記」如此聲稱。[102]最初，以色列聲稱，在擊中清真寺之後發生了兩次爆炸，因此證實裡面確實藏有武器。但隨後他卻完全放棄這種辯詞，依舊繼續鎖定清真寺。[103]《戈德史東報告》中記錄：有一次，以色列導彈「故意」攻擊一座清真寺，造成至少十五名參加祈禱者喪生。並發現，「沒有任何證據表明這座清真寺藏有武器，也沒有任何巴勒斯坦武裝團體的軍事活動跡象。」[104]遭到嚴厲的批評之前，以色列甚至不打算駁斥戈德史東的報告。[105]這個遲來的發現——誰能猜到？——導彈是「鎖定站在清真寺入口附近的兩名恐怖份子」。[106]

總之，以色列意圖合理化鎖定清真寺的作為沒有說服力。以方聲稱，哈馬斯利用清真寺藏匿武器。但《戈德史東報告》的軍事專家觀察，「在加薩迷宮般的小巷中有大量的隱蔽處」，哈馬斯「在像清真寺那種開放式建築中存放任何東西都很不明智」。況且，「以色列情報單位早已鎖定這些清真寺。」[107]以色列還聲稱，「哈馬斯之所以將武器存放在清真寺，是因為過去的經驗使他們『預期以色列國防軍不會攻擊他們』」；但相反地，以色列在二〇〇一年至二〇〇八年期間，在加薩摧毀或損壞整整五十五座清真寺。[108]更進一步，哈佛大學法學教授艾倫·德肖維茨聲稱，「哈馬斯領導人吹噓」在清真寺藏有武器。[109]按照慣例，他沒有提出任何證據，顯然也沒有證據。以色列的各種解釋也無法說明，其系統性地鎖定喚拜塔（minarets）❺

❺ 清真寺建築中的尖塔，用來召喚信眾禮拜。

的問題。這些喚拜塔對於狙擊手來說太狹窄，沒有明顯的軍事價值。杜加德報告的結論是，「之所以蓄意鎖定清真寺，尤其是喚拜塔，是因為那是伊斯蘭教的象徵。」[110]入侵之後，以色列國防軍的證詞也證實對清真寺的無差別攻擊。[111]以色列也透過聲稱哈馬斯「確實利用」教育機構來合理化自己的行徑。[112]然而，若要求提供有具體實例的相關證據時，以色列承認，其照片是二〇〇七年的資料。[113]為了替攻擊加薩伊斯蘭大學辯護，以色列聲稱，它是哈馬斯「軍武研發」和「軍事恐怖活動」的神經中樞，可是依然找不到證據來證實這一主張。[114]如果以色列針對伊斯蘭大學攻擊，只因為它是恐怖主義中心，那為什麼「幾乎所有大學都受到損害」，這就令人玩味了。[115]《戈德史東報告》「找不到任何資訊」證明教育機構「作為軍事設施或支援軍事工作」。[116]以色列的一份摘要宣稱，在被捕後，一名被以色列拘留的巴勒斯坦人「在審訊中」承認，「哈馬斯的潛伏人員經常從學校發射火箭……因為他們知道，以色列戰機不會對學校開火。」[117]如果以色列一次又一次做出這種行為，為何他會說出這種自白？

鑄鉛行動造成的破壞可能相當肆無忌憚，但是這種方法無疑地能夠說明什麼叫做「瘋狂」。如果以色列擁有精細的加薩地圖和「仍然非常有效」的「情報收集能力」；如果它廣泛使用最先進的精確武器；如果「九十九%的空軍射擊都能正確擊中目標」；如果它只錯誤地攻擊過建築物一次——事實上，如果上述資料都出自以色列之手，那麼，正如同《戈德史東報告》在邏輯上得出的結論：以色列顯然預謀大規模破壞加薩的民用基礎設施。這個計劃始於「上級刻意規劃和政策決定，透過指揮鏈層層下達，到標準作戰程序和給予地面部隊的指示」。[118]換句話說，如果以色列能夠確定其目標，並且如同自己所說，能夠在精確範圍內確實擊中這些指定目標，那就無法主張這些罪行是出自於意外或是指揮不當。加薩所發生的一切是**故意為之**。從執行命令的士兵、下達命令的官員，到批准他們發動攻擊行動的政治人物，每個人都參與其中。國際特赦組織總結，「大規模破壞在很大程度上是『故意為之』，而且是分層執行戰略的一部分，從高級官員到戰場上的士兵都涵蓋其中。」[119]

為了合理化對加薩造成的破壞，以色列努力將入侵加薩描述為真正的軍事競賽。科德斯曼描述了令人不安的細節，還加上表格、圖表和數字，指證歷歷。像是哈馬斯宣稱，透過隧道走私和自製大量火箭砲、迫擊砲和其他武器（**包括「伊朗製造的火箭砲」，可以「打擊以色列南部大部分地區」和「關鍵基礎設施」**）以及哈馬斯宣稱建造「密如蛛網的防禦工事、地下祕密避難所以及埋伏地點」。[120]他報導，據「以色列高階官員」指出，哈馬斯集結了六千至一萬名「核心戰士」。[121]他將「加薩戰爭」與一九六七年、一九七三年和二〇〇六年等的戰爭並列，好像他們屬於同一等級。[122]他闡述以色列複雜的戰爭計劃和準備工作；他聲稱，以色列的勝利部分歸功於其「高度保密」，好像結果會因為以色列沒有出其不意而有所不同。[123]以色列的一份摘要宣稱，哈馬斯「在加薩召集一支龐大武力，有一萬多名武裝人員」、「透過巨大的隧道網，從伊朗和敘利亞取得祕密武器和軍事物資」，並「取得先進武器，開發他們自己的武器，並增加他們的火箭砲射程和殺傷力」。[124]

儘管如此，即使科德斯曼也得承認（雖然只有模糊帶過），以色列打的幾乎算不上是戰爭。他承認哈馬斯是「弱勢的非國家行為者」，而以色列擁有大量最先進的武器裝備；以色列空軍「面臨哈馬斯原始陸上防空力量的有限威脅」；「持續的地面戰鬥也不多」；以色列軍隊避免在「可能遭受重大傷亡」的情況下作戰；並且，「以色列國防軍大多數採取夜間作戰，因為哈馬斯的技術或訓練不足以應付夜間作戰」。[125]然而，大多數時候，科德斯曼仍堅持對鑄鉛行動採用那些可疑的描述。據他所說，以色列展示的戰鬥能力，包括「成功空襲人口密集的城市地區」以及「與非國家行為者進行大範圍陸地戰鬥」。[126]事實上，以軍的空襲實在算不上「戰鬥」，除非「桶中射魚」（shooting fish in a barrel）也算戰鬥。彷彿要讓這個類比更清楚易懂（雖然出於無心），科德斯曼引用一位以色列資深空軍官員的話說：「在三週的戰鬥中，以色列空軍在一個小小的密集區域成功飛行了大約三千架次，沒有發生任何意外或損失。」但是，如果不是「飛機運行在沒有防空的環境中，享受完全的空中優勢」，不然怎麼可能毫無損失？[127]而將鑄鉛行動描述為持久的地面戰也沒有比較不脫離現實。哈馬斯裝備很少，鮮少出現在衝突地區，鮮少與以色列軍隊交戰，除非以軍無法反擊。

並非所有以色列人都在這場非戰爭（non-war）中謳歌國家的勝利。一位知名以色列戰略分析家警告，「以色列國防軍在沒有戰爭時相信它會贏得戰爭是非常危險的。」、「實際上，在二十二天的戰事中沒有一場戰鬥發生。」[128]國際危機組織報導，哈馬斯「大部分避免與以色列軍隊直接正面衝突，因此只有少數戰士被殺」。一名前以色列外交部官員嗤之以鼻，「根本沒有戰爭。哈馬斯躲在沙坑裡，等全部結束時再出來」；一名以色列軍官嘲諷，「甚至連對準我們的輕型槍枝都沒有。人們沒有看到那麼多哈馬斯的人，他們大多隱藏起來了」。[129]入侵後，以色列國防軍士兵證詞一再證實該地區幾乎沒有敵人：「那裡什麼都沒有。鬼城。除了一些牲畜，沒有任何動靜」；「大多數時間都很無聊，沒有太多的事件」；「在房子裡發現部分爆裂物、武器，這些是比較重要的，但沒有真正的抵抗」；「我整個星期都沒有看到一個阿拉伯人。整整一週」；「每個人都對沒有與任何人交戰感到失望」；「除了我們的士兵之外，通常我們都沒有看到活人。沒看到任何一個」；「來吧！向士兵詢問他們在加薩遇到戰鬥員的頻率——什麼也沒有……進入時應該有一個微小的抵抗，但是沒什麼」；「幾乎沒有遇到什麼敵人，整個行動過程只遇到兩次。這些士兵也很失望，因為沒有遇到恐怖份子」。[130]《戈德史東報告》指出，「關於以色列武裝部隊與巴勒斯坦武裝團體實際交火的報導，數量確實相對較少。」[131]哈馬斯甚至連擋下一輛以色列坦克車都沒有。[132]在為以色列國防軍的行為和造成平民死亡的事件護航時，希伯來大學一位哲學家指出，一個以色列士兵面臨的挑戰是：他必須「決定這個站在他面前，穿著牛仔褲和運動鞋的人是否是戰鬥員」，讓他意識到自己在「人口密集」的地形上作戰。[133]儘管如此，根據目前的證據判斷，在加薩真正讓人生畏的挑戰不是區分平民和武裝份子；相反地，是遇到任何武裝份子。不論在人口稠密的地區，或者人口稀少的地區，都沒有戰鬥發生。簡單地說，既沒有激烈的戰鬥，也沒有戰爭迷霧。鑄鉛行動造成的死亡和破壞，顯然超出消除「恐怖份子」和「恐怖主義基礎設施」這兩項以色列宣稱的任務，甚至變相集體懲罰巴勒斯坦平民；系統性地破壞家庭和學校、工廠和農場、醫院和清真寺，其目的似乎是使加薩實際上無法再住人。這不禁讓人想問：以色列真正想要實現的目標是什麼？謀殺和混亂，對於這次行動的成功似乎至關重要且不可或缺。根據科德斯曼的說法——還有支持他**（來換換口味吧）**的證據——以色列的目的是「恢復以色列的威懾力，並向真主黨、伊朗和敘利亞表明，挑戰以色列有多危險」。[134]但如果以色列試圖恢復其威懾能力，那麼軍事挫敗別人並非實現目標的好方法，因為哈馬斯顯然不是軍事力量。科德斯曼說：「許多人不知道，以色列的敵人都認為哈馬斯非常強大，足以對以色列地面部隊形成嚴峻的考驗」。[135]因此，以色列只有透過展示造成徹底破壞加薩的程度，才能恢復該地區對它的恐懼。「讓敵人覺得它瘋狂」**（以色列官員）**並準備在「無法預測的」規模上製造毀滅，並且不顧「世界輿論」**（科德斯曼語）**。[136]換句話說，與以色列官方假裝加薩使用武力「合乎比例」和「區別」相矛盾，以色列國防軍故意將破壞加薩的程度升高到不成比例、無差別，甚至瘋狂的程度。在不那麼正式的場合裡，以色列官員承認鑄鉛行動的真正目標。隨著入侵的結束，外交部長利夫尼宣稱它「已經恢復以色列的威懾力……哈馬斯現在明白，當你向以色列公民開火時，它會透過瘋狂的行為來回應——這是一件好事」。在停火協議生效後的第二天，她吹噓說：「以色列在最近的行動中表現出真正的流氓行為，這是**我**要求的。」[137]後來，利夫尼宣稱，她對加薩入侵期間的決定感到「自豪」，並「重複」他們之中的每一個，因為他們「意圖在恢復以色列的威懾力，並且確實做到」。[138]一名前以色列國防官員告訴國際危機組織，「為了在未來保持威懾力，以色列決定扮演瘋狗的角色。」而以色列前高階安全官員則表示，以色列已經重新獲得威懾力，因為，以色列「已經向哈馬斯、伊朗和加薩展示了，它也可能像他們一樣瘋狂」。[139]一位知名的以色列專家觀察，「《戈德史東報告》聲稱，以色列在遭到攻擊時發瘋了，對我們有點傷害。不過，這是我們的福氣。**如果以色列在遭到攻擊時會瘋狂到摧毀一切，那其他人就該當心了**，要知道，沒事少招惹瘋子。」[140]

入侵加薩之後，以色列和美國的猶太哲學家，都因為以色列的行為陷入微妙的道德窘境。鷹派哲學家某甲認為，以色列「應該照顧本國士兵的生命，多過恐怖份子的鄰居的生命」；而鴿派哲學家某乙和某丙則重申，以色列在對抗恐怖主義的戰爭中，「沒有意圖」（not intending）殺害平民是不夠的，以色列國防軍必須「意圖不殺死平民」（intend not to kill civilians）才行。[141]表面看起來，雙方在這場的深奧爭論中，爭辯如何保持正確道德的平衡——一邊是保護我方士兵的生命，另一邊是保護敵方平民的生命；可是他們都沒看到鑄鉛行動真正的問題癥結：進入加薩後，以色列國防軍砲擊了視線所及的一切人和物。奠基在正確的事實而非哲學研討的空疏筆墨上，《戈德史東報告》發現，重點並不是對以色列是否符合「比例」原則進行精細分析，「以色列武裝部隊的行動，以及軍事和政治領導人在行動之前和期間的言論表明，整體而言，他們採取故意不合比例武力的政策。其前提不是針對敵人，而是針對……平民。」結論並進一步指出，對以色列是否恰當地適用（戰鬥人員與平民之間）的「區別」原則進行精確分析也無關宏旨：「有效的教戰守則、標準作業程序和對地面部隊的指示，看起來該訂的都訂了。這些規則程序本是為了創造一個適當考慮到平民生命和基本人性尊嚴的環境，沒想到卻為忽視基本國際人道法和人權規範所取代。」[142]雖然博學的哲學家們對戰爭法的正確解釋進行辯論，然而雙方都暗自認定，以色列具有想要服從它們的高度動機，但鑄鉛行動的實際前提、其成功的必要條件，就是**完全違反這些法律**。

／注釋／

1 Anthony H. Cordesman, *The "Gaza War": A strategic analysis* (2009).

2 當時，科德斯曼在戰略與國際研究中心主持阿利・伯克（Arleigh A. Burke）戰略講座，並擔任 ABC 新聞的國安分析師。

3 他只允許以色列可能有充分理由擊中「部分」平民標的，「像是巴勒斯坦難民處學校，造成四十二位巴勒斯坦人死亡」。這些暴行，在九十二頁的報告中只有兩句話評價。他表示，「除了少數的案例之外，沒有證據顯示有其他超過戰爭法嚴格規定的虐待發生」，且「尚未揭露的重大案件，只有在拜特拉西亞（Beit Lahiya）可能於建築密集區誤用二十枚白磷彈的案件」。Cordesman, *"Gaza War,"* pp. ii, 1–3, 63–64.

4 Ibid., pp. 1, 10.

5 Ibid., p. 2.

6 Ibid.

7 Duncan Kennedy, "A Context for Gaza," *Harvard Crimson* (2 February 2009).

8 Cordesman, *"Gaza War,"* p. ii.

9 Uzi Benziman, "Until Proved Otherwise," *Haaretz* (18 June 2006); B. Michael, "Of Liars and Hunters," *Yediot Ahronot* (3 September 2005); B. Michael, "Stop the Lying!," *Yediot Ahronot* (5 September 2008). See also Gideon Levy, "Israel: Where the media will blindly buy what the ruling authorities dictate," *Haaretz* (27 August 2016).

10 Kenneth Roth, "The Incendiary IDF," *Human Rights Watch* (22 January 2009).

11 Ben Wedeman, "Group Accuses Israel of Firing White Phosphorus into Gaza," *CNN* (12 January 2009); Robert Marquand and Nicholas Blanford, "Gaza: Israel under fire for alleged white phosphorus use," *Christian Science Monitor* (14 January 2009).

12 B'Tselem (Israeli Information Center for Human Rights in the Occupied Territories), "Military Rejects Horrific Results of Use of White Phosphorus in Operation Cast Lead" (21 May 2009); see also Dinah PoKempner, "Valuing the Goldstone Report," *Global Governance*16 (2010), p. 149.

13 Amira Hass, "In the Rockets' Red Glare," *Haaretz* (15 January 2009).

14 Cordesman, *"Gaza War,"* pp. 20, 27.

15 Ibid., pp. 20–27 passim, 42–57 passim.

16 Ibid., p. 22.

17 B'Tselem (Israeli Information Center for Human R ights in the Occupied Territories), "Suspicion: Bombed truck carried oxygen tanks and not Grad rockets" (31 December 2008); Israel Ministry of Foreign Affairs, "Conclusions of Investigations into Central Claims and Issues in Operation Cast Lead—Part 2" (22 April 2009).

18 Human Rights Watch, *Precisely Wrong: Gaza civilians killed by Israeli drone- launched missiles* (2009), pp. 17–21.

19 Cordesman, *"Gaza War,"* pp. 58, 62.

20 Ibid., p. 58; Amos Harel, "Israel: Two-thirds of Palestinians killed in Gaza fighting were terrorists," *Haaretz* (13 February 2009); Yaakov Katz, "IDF: World duped by Hamas's false civilian death toll figures," *Jerusalem Post* (15 February 2009).

21 以色列在鑄鉛行動期間，對敵軍戰鬥人員死亡人數的誇大也符合其熟悉的模式。儘管宣稱在二〇〇六年戰爭時，六十%的黎巴嫩死者均為真主黨戰士，但所有獨立資料來源的數字卻都在二十%左右。William Arkin, *Divining Victory: Airpower in the 2006 Israel-Hezbollah war* (Maxwell Air Force Base, AL: 2007), p. 74; Human Rights Watch, *Why They Died: Civilian casualties in Lebanon during the 2006 war* (2007), pp. 76, 79; Mitchell Prothero, "Hizbollah Builds Up Covert Army for a New Assault against Israel," *Observer* (27 April 2008); Alastair Crooke and Mark Perry, "How Hezbollah Defeated Israel; Part 2, Winning the Ground War," *Asia Times* (13 October 2006).

22 Cordesman, *"Gaza War,"* pp. 16–17, 63.

23 後續的揭露，集中在鑄鉛行動直接造成違反國際人道和人權法行為，部分人權報告也記載了間接的違法行為。像是哈馬斯在加薩鎮壓法塔成員，或相對的，巴勒斯坦自治政府在西岸鎮壓哈馬斯成員，以及以色列在境內與西岸鎮壓異議份子，還有並未提供南部的貝都因人（Bedouin）防空避難所。

24 Amnesty International, *Operation "Cast Lead": 22 Days of death and destruction* (2009), p. 4. 《戈德史東報告》提到，他們「在加薩訪談的對象，一直不願意談論武裝團體的活動」。但是巴勒斯坦人的證詞可以檢驗其正確性：

> 考慮到證人的言行舉止，記錄似乎可信，也與觀察到的情況相符。調查團相信，他們可以確認所聽取證詞的可靠程度……關於所得到資訊可靠程度的結論，考慮到所有這些問題，並交叉比對相關資料，進一步評估：在這種困難的情況下，是否有足夠可靠且可信的資訊支持調查團的調查結果。（*Report of the United Nations Fact- Finding Mission on the Gaza Conflict* [25 September 2009], paras. 35, 170 - 71, 440; hereafter: Goldstone Report）

國際特赦組織與戈德史東調查團經歷有點不同，原因可能是調查團更受矚目、哈馬斯介入更深，人民的態度也更慎重。

25 The State of Israel, *The Operation in Gaza, 27 December 2008–18 January 2009: Factual and legal aspects* (2009).

26 Ibid., para. 34. 可以肯定的是，以色列對這些人權報告並非完全不屑一顧，他確實引用了一份譴責哈馬斯自殺炸彈的報告 (ibid., p. 52n139).

27 Goldstone Report, paras. 1107–64 passim.

28 State of Israel, *Operation in Gaza,* paras. 22, 25.

29 Ibid., paras. 6, 8, 84, 115, 222–23.

30 Amos Harel, "Testimonies on IDF Misconduct in Gaza Keep Rolling In," *Haaretz* (22 March 2009).

31 Donald Macintyre, "Israeli Commander: 'We rewrote the rules of war for Gaza,'" *Independent* (3 February 2010).

32 Anshel Pfeffer, "Gaza Soldiers Speak Out," *Jewish Chronicle* (5 March 2009); Breaking the Silence, *Soldiers' Testimonies from Operation Cast Lead, Gaza 2009* (Jerusalem: 2009), pp. 24 (Testimony 9), 29 (Testimony 10), 62 (Testimony 26).《戈德史東報告》，不同意以色列國防軍的前提，即巴勒斯坦平民已經逃離以色列攻擊地區 (para. 522)。關於這一點，請參閱 Public Committee against Torture in Israel (PCATI), *No Second Thoughts: The changes in the Israeli Defense Forces' combat doctrine in light of "Operation Cast Lead"* (2009), pp. 18–19.

33 Amos Harel, "What Did the IDF Think Would Happen in Gaza?," *Haaretz* (27 March 2009).

34 State of Israel, *Operation in Gaza,* para. 232.

35 Harel, "What Did the IDF Think."

36 Breaking the Silence, *Soldiers' Testimonies,* p. 20 (Testimony 7); Amos Harel, "IDF in Gaza: Killing civilians, vandalism, and lax rules of engagement," *Haaretz* (18 March 2009); Amos Harel, "Shooting and Crying," *Haaretz* (19 March 2009).

37 Amos Harel, "IDF Officer: 'It will take many years to restore' bombwracked Gaza," *Haaretz* (7 January 2009).

38 Macintyre, "Israeli Commander."

39 Cordesman, *"Gaza War,"* p. 17.

40 State of Israel, *Operation in Gaza,* paras. 8, 17, 24, 138, 141, 154, 262–65.

41 *Report of the Independent Fact-Finding Committee on Gaza: No safe place,* presented to the League of Arab States (30 April 2009), para. 13 of Executive Summary; paras. 283–99, 467–68, 483, 490; hereafter: Dugard Report. 並在相關的報告中指出：

為了透過電話進行有用的警告，以色列國防軍，不僅要知道加薩居民的電話號碼，更重要的，還要知道特定地區或建築居民的電話號碼。委員會無從得知以色列國防軍如何取得並確認這項資訊，因為，加薩大部分居民都使用行動電話或手機，並未與特定地址或地區連結。如果要用手機傳送避難通知，則必須知道使用者的確切位置 (Ibid., para. 293 [see also ibid., para. 467]).

關於「以色列對警告平民以減低傷害的作為，只有口惠而實際上並未實行，這清楚且大規模的報導，請參閱 PCATI, No Second Thoughts, pp. 17–18.（報告同意警告在「某些」情況下是有效的）；及 PoKempner, "Valuing the Goldstone Report," p. 152.

42 Jeremy Bowen, "Gaza Stories: Israeli minister," interview with Meir Sheetrit, *BBC News* (9 February 2009); Amnesty International, *Operation "Cast Lead,"* pp. 3, 50–51. 以色列在簡報中指出，「撥打超過十六萬五千通電話警告平民離開軍事目標」；而以色列國防軍的高階法律顧問則宣稱，撥打「超過二十五萬通電話」。State of Israel, *Operation in Gaza,* paras. 8, 264; Yaakov Katz, "Security and Defense: Waging war on the legal front," *Jerusalem Post* (18 September 2009).

43 Laurie R. Blank, "The Application of IHL in the Goldstone Report: A critical com- mentary," *Yearbook of International Law* 12 (2009), pp. 47–48.

44 State of Israel, *Operation in Gaza,* paras. 86, 266.

45 Cordesman, *"Gaza War,"* pp. 37, 64.

46 United Nations Office for the Coordination of Humanitarian Affairs (OCHA), *Humanitarian Monitor* (January 2009); see also Amnesty International, *Operation "Cast Lead,"* pp. 51–53.

47 Hazem Balousha and Chris McGreal, "Tanks, Rockets, Death and Terror: A civilian catastrophe unfolding," *Guardian* (5 January 2009).

48 Cordesman, *"Gaza War,"* p. 64.

49 Goldstone Report, paras. 72, 317, 1297, 1315; 關於以色列如何扭曲允許進入加薩的人道物資的品項和數量，請參閱 para. 1299.

50 Human Rights Watch, "Choking Gaza Harms Civilians" (18 February 2009); OCHA, "Field Update on Gaza from the Humanitarian Coordinator" (10–16 March 2009); see also Amira Hass, "Israel Bans Books, Music, and Clothes from Entering Gaza," *Haaretz* (17 May 2009).

51 Amnesty International et al., *Failing Gaza: No rebuilding, no recovery, no more excuses* (2009), pp. 3, 6, 10, 12.

52 UN News Center, "Opening Remarks at Press Conference" (20 January 2009).

53 UN General Assembly, *Letter dated 4 May 2009 from the Secretary-General addressed to the President of the Security Council: Summary by the Secretary-General of the report of the United Nations Headquarters Board of Inquiry into certain incidents in the Gaza Strip between 27 December 2008 and 19 January 2009* (2009), A/63/855-S/2009/250, paras. 10–28, 46–67, 77–84, 97, 100, 107. 基於選擇（或被施壓）保護報告不受到公開檢視的因素，潘基文只發布了摘要。歐巴馬政府施壓潘基文，在公開聲明中拒絕調查委員會提出「事件應該進一步調查」的建議。See Jamie

Stern-Weiner, "Ban Ki-moon Stars in Live Puppet Show" (22 June 2015), jamiesternweiner.wordpress.com/2015/06/22/ban-ki-moon-stars-in-live-puppet-show/.

54 Barak Ravid, "Peres Tells Ban: Israel will never accept UN Gaza probe," *Haaretz* (7 May 2009); Barak Ravid, "Barak: IDF did not mean to shoot at UN facilities in Gaza," *Haaretz* (5 May 2009).

55 Physicians for Human Rights–Israel, *Holding Health to Ransom: GSS interrogation and extortion of Palestinian patients at Erez crossing* (2008).

56 State of Israel, *Operation in Gaza,* para. 274.

57 在二〇〇六年到鑄鉛行動結束這段期間內，將近三百位尋求境外醫療的加薩人因為邊界關閉而死亡。科德斯曼在相關的報告中採用以色列的指控：哈馬斯阻止「巴勒斯坦人醫療後送到以色列」，雖然哈馬斯事實上沒有控制醫療轉介。停火協議於一月十八日生效後，以色列在艾雷茲（Erez）邊境開設「人道診療站」，但當時已非醫療急難高峰期，巴勒斯坦官員也忽視它。該設施被公認（包括以色列人權醫師組織）不過是以色列的公關噱頭。一月二十八日，由於沒有病患，以色列宣布關閉診療站。Cordesman, *"Gaza War,"* p. 66; Physicians for Human Rights–Israel, *"Ill Morals": Grave violations of the right to health during the Israeli assault on Gaza* (2009), pp. 18–20, 23, 51.

58 Jan McGirk, "Gaza's Health and Humanitarian Situation Remains Fragile," *Lancet* (4 February 2009); Amnesty International et al., *Failing Gaza,* p. 11.

59 Cordesman, *"Gaza War,"* p. 64; State of Israel, *Operation in Gaza,* para. 274.

60 B'Tselem (Israeli Information Center for Human R ights in the Occupied Territories), *Guidelines for Israel 's Investigation into Operation Cast Lead, 27 December 2008–18 January 2009* (Jerusalem: 2009), p. 14.

61 Physicians for Human Rights–Israel, *"Ill Morals,"* p. 35.

62 Sebastian Van As et al. , *Final Report: Independent fact-finding mission into violations of human rights in the Gaza Strip during the period 27.12.2008–18.01.2009* (Brussels: 2009), p. 77.

63 "Gaza: ICRC demands urgent access to wounded as Israeli army fails to assist wounded Palestinians," press release (8 January 2009).

64 Al Mezan Center for Human Rights, *Bearing the Brunt Again: Child rights viola- tions during Operation Cast Lead* (2009), p. 32.

65 Cordesman, *"Gaza War,"* p. 65.

66 State of Israel, *Operation in Gaza,* paras. 7, 23, 141, 171, 174, 176, 177–79, 371–72, 377–80; see also Intelligence and Terrorism Information Center, *Hamas and the Terrorist Threat from the Gaza Strip: The main findings of the Goldstone Report versus the factual find- ings* (2010), pp.V, 173–77（這份文件也引用了從「法塔相關網站」蒐集的證據）。以色列的簡報還點綴了義大利記者羅倫佐・克萊蒙內西（Lorenzo Cremonesi）的可疑報導。不過，它相當謹慎，並未引用克萊蒙內西煽動性的發現——鑄鉛行動期間，總共「不超過五百至六百」位加薩人死亡。如果這個數字正確，那麼不僅人權團體誇大了巴勒斯坦的死亡人數，以色列自己也灌水了。Lorenzo Cremonesi, "Così i ragazzini di Hamas ci hanno utilizzato come bersagli," *Corriere della Sera* (21 January 2009); "Palestinians Confirm Hamas War Crimes, Refute Gaza Death Toll," *Israel Today* (22 January 2009).

67 State of Israel, *Operation in Gaza,* para. 371, 強調為原文所有。

68 Sebastian Van As et al. , *Final Report,* p. 77.

69 B'Tselem, *Guidelines,* p. 16. See also Norman G. Finkelstein, *Beyond Chutzpah: On the misuse of anti-Semitism and the abuse of history,* expanded paperback edition (Berkeley: 2008), pp. 128–30, and Ed O'Loughlin, "Israel Withdraws Disputed Footage," *Age* (8 October 2004).

70 Human Rights Watch, *Why They Died*, p. 160.

71 Goldstone Report, paras. 36, 468–73（紅大衛盾會證詞在 para. 473）, 485.

72 Intelligence and Terrorism Information Center, *Hamas and the Terrorist Threat*, p. 164; see also State of Israel, *Operation in Gaza*, paras. 7, 23, 141, 171–72, 175.

73 Amnesty International, *Operation "Cast Lead,"* p. 43 (see also *Amnesty International Report 2010: The State of the World's Human Rights* [2010], entry for "Israel and the Occupied Palestinian Territories," p. 183); Physicians for Human Rights–Israel, *"Ill Morals,"* p. 41; Goldstone Report, paras. 36, 466–67, 485.

74 State of Israel, *Operation in Gaza*, paras. 172, 175; see also Intelligence and Terrorism Information Center, *Hamas and the Terrorist Threat*, pp. V, 163–77. Benny Morris, "Derisionist History," *New Republic* (28 November 2009).

75 United Nations Development Program, *Gaza, Early Recovery and Reconstruction Needs Assessment—One Year After* (2010), p. 20.

76 State of Israel, *Gaza Operation Investigations: Second update* (2010), para. 69.

77 Margaret Coker, "Gaza's Isolation Slows Rebuilding Efforts," *Wall Street Journal* (5 February 2009); OCHA, *The Humanitarian Monitor;* Ethan Bronner, "Amid the Destruction, a Return to Life in Gaza," *New York Times* (25 January 2009); United Nations Office for the Coordination of Humanitarian Affairs (OCHA), "Tough Times for University Students in Gaza" (26 March 2009); Reporters without Borders, *Operation "Cast Lead": News control as military objective* (2009); Al Mezan, *Bearing the Brunt*, pp. 10, 62, 81; Amnesty International et al., *Failing Gaza*, p. 9; United Nations Institute for Training and Research, *Satellite Image Analysis in Support to the United Nations Fact-Finding Mission on the Gaza Conflict* (2009), p. ii; Gisha (Legal Center for Freedom of Movement), *Red Lines Crossed: Destruction of Gaza's infrastructure* (2009), pp. 5–6, 19, 27. 由於鑄鉛行動期間受到的破壞，和以色列於入侵後擴大在加薩的「緩衝區」，加薩近一半的農業用地在一年後停產。關於以色列攻擊造成的破壞及長期後果最全面的分析，請參閱 United Nations Development Program, *Gaza, Early Recovery*.

78 Goldstone Report, paras. 50, 913–41. 麵粉工廠生產「當地飲食中最基礎的主食原料」。以色列隨後企圖為攻擊麵粉工廠辯護 (State of Israel, *Gaza Operation Investigations: An update* [January 2010], pp. 41–44)，但是有力證據戳破了以色列對發生事實的版本 (Anshel Pfeffer, "UN Insists Israel Bombed Flour Mill during Cast Lead," *Haaretz* [4 February 2010]; Human Rights Watch, *"I Lost Everything": Israel's unlawful destruction of property during Operation Cast Lead* [New York: January 2010], pp. 5, 83–86). 儘管以色列依舊堅持原本的情節。在入侵加薩一年後，以色列依舊封鎖要重建麵粉工廠的水泥進入 (Amnesty International et al., *Failing Gaza*, p. 6).

79 這起以色列單一攻擊，導致「六萬五千隻雞遭到輾斃或活埋」。Amnesty International, *Operation "Cast Lead,"* p. 62; Goldstone Report, paras. 51, 942–61.

80 United Nations Development Program, *Gaza, Early Recovery*, p. 67.

81 Amir Mizroch, "Analysis: Grappling with Goldstone," *Jerusalem Post* (18 September 2009); see also Israel Ministry of Foreign Affairs, "Israel Gaza FAQ: Goldstone Mission" (n.d.).

82 一如預測，以色列在鑄鉛行動一年半後發布的報告宣稱，摧毀這些雞舍是「基於軍事必要的理由」*Gaza Operation Investigations: Second update*, paras. 122–29.

83 Amnesty International et al., *Failing Gaza*, p. 7; United Nations Conference on Trade and Development, "Report on UNCTAD Assistance to the Palestinian People: Developments in the economy of the occupied Palestinian territory" (August 2009), para. 20.

84 Amnesty International et al., *Failing Gaza,* p. 7; Barbara Opall-Rome, "Israel's New Hard Line on Hizbollah," *DefenseNews* (31 May 2010).
85 International Crisis Group, *Gaza's Unfinished Business* (2009), p. 21.
86 Amnesty International, *Operation "Cast Lead,"* p. 66; see also Human Rights Watch, *Rockets from Gaza: Harm to civilians from Palestinian armed groups' rocket attacks* (2009), pp.2, 20 關於猶太會堂、學校和幼稚園受損的報導；and Goldstone Report, paras. 1659–61.
87 State of Israel, *Operation in Gaza,* p. 17n27.
88 Breaking the Silence, *Soldiers' Testimonies,* pp. 26 (Testimony 10), 59 (Testimony 24), 60 (Testimony 25), 85 (Testimony 38), 101 (Testimony 47).
89 Uri Blau, "Dead Palestinian Babies and Bombed Mosques—IDF Fashion 2009," *Haaretz* (20 March 2009).
90 Human Rights Watch, *"I Lost Everything,"* p. 7.
91 State of Israel, *Operation in Gaza,* para. 71.
92 Breaking the Silence, *Soldiers' Testimonies,* pp. 69 (Testimony 29), 83 (Testimony 37)
93 Breaking the Silence, *Soldiers' Testimonies,* pp. 18 (Testimony 6), 20 (Testimony 7), 46 (Testimony 18), 60 (Testimony 25), 85 (Testimony 38); see also ibid., pp. 47—"massive fire" (Testimony 19), 48—"fired like crazy" (Testimony 20), 67—"I never knew such firepower. They were using every weapon I know" (Testimony 29), 76—"In general, everything that could fire, did" (Testimony 33).
94 State of Israel, *Operation in Gaza,* para. 445.
95 Amnesty International, *Operation "Cast Lead,"* p. 55.
96 Dugard Report, paras. 300, 372–87; see also Goldstone Report, paras. 53, 351, 1004, 1207, 1319.
97 Human Rights Watch, *"I Lost Everything,"* pp. 1, 4, 41, 44.
98 International Crisis Group, *Gaza's Unfinished Business,* p. 2. 國際特赦組織顯然指的是同一地區，「它看起來像是遭到地震肆虐一般」*Operation "Cast Lead,"* p. 61.
99 Cordesman, *"Gaza War,"* p. 49.
100 Amos Harel, "IDF Probe: Cannot defend destruction of Gaza homes," *Haaretz* (15 February 2009). 關於巴勒斯坦人的房屋被夷為平地，國際特赦組織觀察：

在鑄鉛行動中被摧毀的房屋，很多在之前的入侵行動中曾被攻擊或短暫佔領。哈馬斯或其他巴勒斯坦團體，不太可能將他們的指揮中心、火箭砲製造工廠或武器庫，安置在最容易被以色列軍隊佔領的地區……

事實上，士兵使用防坦克地雷——要求他們離開他們的坦克，在建築物之間走動，並進入房屋，以便將爆炸彈藥沿著支撐牆放置在房屋內——這表明他們感到非常自信，沒有巴勒斯坦槍手在房屋內或周圍；這也顯示他們有信心，房屋下面沒有地道，也沒有藏匿其中、伺機而動的槍手；房屋中也沒有陷阱。（*Operation "Cast Lead,"* p. 56）

《戈德史東報告》，將被破壞的房屋依時序細分成不同階段：「第一階段，是密集破壞房屋，以符合前進以色列軍隊的『軍事需要』；第二階段，以色列推土機和炸藥工程師很清閒。但是倒數第三天，意識到他們即將撤離，以色列軍隊開始另一波對民用建築物的系統性破壞」(paras. 990 - 1004, 1323). 梅贊人權中心報導，「敵對行動結束後，至少一千七百三十二棟住所」被摧毀，「因為它們受到以色列的有效控制，這表明，它們不再是軍事目標或類似其他合法的軍事標的，應該被視為民用物」。Al Mezan, *Bearing the Brunt,* pp. 80 - 94. 在一個相關的問題上，人權觀察組織也提到：沒有證據顯示「巴勒斯坦武裝團體安裝的爆炸詭雷或儲存武器的二次爆炸，是導致加薩有重大損壞的原因」。Human Rights Watch, *"I Lost Everything,"* p. 18.

101 International Crisis Group, *Gaza's Unfinished Business*, p. 19; Goldstone Report, para. 1201.

102 Cordesman, *"Gaza War,"* pp. 18, 24, 26.

103 Cordesman, *"Gaza War,"* pp. 24, 26 和 State of Israel, *Operation in Gaza*, p. 61n161, para. 234 引用的以色列記者會資料都宣稱，只在二〇〇八年十二月與二〇〇九年一月，鎖定兩座清真寺發生二次爆炸。在加薩攻擊結束很久之後，以色列另一份反駁聲明，可想像出在二〇〇九年一月十三日攻擊的清真寺發生二次爆炸。Intelligence and Terrorism Information Center, *Hamas and the Terrorist Threat*, p. 157.

104 《戈德史東報告》謹慎地結論，「雖然調查團所調查的情況並未確認清真寺被用於軍事目的或掩護其軍事行動，但不排除其他案例有此可能性。」(paras. 36, 464–65, 486, 497, 822–43, 1953). 在兩篇新聞文章中，卜采萊姆執行主任潔西卡·蒙特爾（Jessica Montell）宣稱，《戈德史東報告》對哈馬斯的批判不足，因為他們「忽略」與初步結論相矛盾的證據。儘管該作家一再要求，但蒙特爾仍無法證實有關哈馬斯濫用清真寺的指控。Jessica Montell, "A Time for Soul-Searching," *Jerusalem Post* (30 September 2009); Jessica Montell, "The Goldstone Report on Gaza," *Huffington Post* (1 October 2009).

105 Intelligence and Terrorism Information Center, *Hamas and the Terrorist Threat*, pp. 143–44.

106 State of Israel, *Gaza Operation Investigations: Second update*, para. 69.

107 Hanan Chehata, "Exclusive MEMO Interview with Colonel Desmond Travers," *Middle East Monitor* (23 January 2010). 此外，由於哈馬斯高階官員經常出入該目標清真寺 (Intelligence and Terrorism Information Center, *Hamas and the Terrorist Threat*, pp. 147–48), 他們很可能受到以色列監視。

108 Intelligence and Terrorism Information Center, *Hamas and the Terrorist Threat*, p. 146; Al Mezan Center for Human Rights database. 另一種假設是，哈馬斯在清真寺藏有武器，是為了引誘以色列攻擊，以便妖魔化以色列。但是此一猜測和哈馬斯將這些武器藏在清真寺中的說法相互矛盾。Intelligence and Terrorism Information Center, *Hamas and the Terrorist Threat*, pp. 147, 152, 158.

109 Alan Dershowitz, *The Case against the Goldstone Report: A study in evidentiary bias* (www.alandershowitz.com/goldstone.pdf), pp. 4, 39–41.

110 Dugard Report, paras. 349–53, 498, 502; see also Amnesty International, *Operation "Cast Lead,"* p. 15.

111 Breaking the Silence, *Soldiers' Testimonies*, p. 70.

112 Intelligence and Terrorism Information Center, *Hamas and the Terrorist Threat*, p. 179.

113 Dugard Report, para. 347.

114 Intelligence and Terrorism Information Center, *Hamas and the Terrorist Threat*, pp. V, 193–94.

115 United Nations Development Program, *Gaza, Early Recovery*, p. 26.

116 Goldstone Report, para. 1273.

117 State of Israel, *Operation in Gaza*, para. 158; see also Intelligence and Terrorism Information Center, *Hamas and the Terrorist Threat*, p. 185.

118 Goldstone Report, paras. 54, 61, 1180, 1182, 1185–91, 1891; Cordesman, *"Gaza War,"* p. 18.

119 Amnesty International, *Operation "Cast Lead,"* p. 55.

120 Cordesman, *"Gaza War,"* pp. 8–9.

121 Ibid., p. 27.

122 Ibid., pp. ii, 1, 15–16, 18, 19, 28, 38, 40, 57.

123 Ibid., pp. 15ff.

124 State of Israel, *Operation in Gaza,* paras. 4, 59, 73–82. See also Intelligence and Terrorism Information Center, *Hamas and the Terrorist Threat,* pp. 6–7, 45–55, 76–78.

125 Cordesman, *"Gaza War,"* pp. 10, 16, 28, 39, 42.

126 Ibid., pp. 27, 57.

127 Ibid., p. 41; Reuven Pedatzur, "The War That Wasn't," *Haaretz* (25 January 2009).

128 Pedatzur, "War That Wasn't."

129 International Crisis Group, *Gaza's Unfinished Business,* pp. 2, 21 (see also ibid., pp. 8n82, 19); Amnesty International, *Operation "Cast Lead,"* p. 56.

130 Breaking the Silence, *Soldiers' Testimonies,* pp. 25 (Testimony 9), 36 (Testimony 13), 47 (Testimony 19), 54 (Testimony 23), 60 (Testimony 25), 68 (Testimony 29), 77 and 80 (Testimony 34), 90 (Testimony 41).

131 Goldstone Report, para. 459.

132 Dugard Report, para. 214. 由於這次行動失敗，以色列宣稱，哈馬斯聚集「上千個先進……反坦克火箭砲」就顯得很牽強。Intelligence and Terrorism Information Center, *Hamas and the Terrorist Threat,* pp. 7, 52, 104.

133 Moshe Halbertal, "The Goldstone Illusion: What the UN report gets wrong about Gaza—and war," *New Republic* (6 November 2009).

134 Cordesman, *"Gaza War,"* p. 11.

135 Ibid., p. 68.

136 Ibid., pp. 11, 32.

137 Kim Sengupta and Donald Macintyre, "Israeli Cabinet Divided over Fresh Gaza Surge," *Independent* (13 January 2009); PCATI, *No Second Thoughts,* p. 28.

138 Adrian Blomfield, "Israeli Opposition Leader Tzipi Livni 'Cancels London Visit over Prosecution Fears,'" *Daily Telegraph* (14 December 2009); Herb Keinon, "Miliband 'Shocked' at Livni's Warrant," *Jerusalem Post* (15 December 2009); Daniel Edelson, "Livni: We must do what's right for us," *ynetnews.com* (15 December 2009).

139 International Crisis Group, *Ending the War in Gaza* (2009), p. 19; International Crisis Group, *Gaza's Unfinished Business,* p. 19.

140 Guy Bechor, "Israel Is Back," *ynetnews.com* (19 February 2010). 在入侵加薩後的證詞，以色列國防軍士兵沉思道：「砲火並不需要如此密集，也不需要用到迫擊砲和白磷彈……軍隊正在找機會進行一次壯觀的演習以展示武力」。Breaking the Silence, *Soldiers' Testimonies,* pp. 68–69 (Testimony 29).

141 Asa Kasher, "Operation Cast Lead and Just War Theory," *Azure* (Summer 2009), pp. 64–67; Avishai Margalit and Michael Walzer, "Israel: Civilians & combatants," *New York Review of Books* (14 May 2009), 強調為原文所有。

142 Goldstone Report, paras. 1886–87.

第四章

人肉盾牌

以色列「事實與法律」的摘要報告聲稱，哈馬斯的潛伏人員「選擇在平民區行動，不顧造成平民傷亡的可能性」，而且，「對陷平民於險境頗為自豪」。

在鑄鉛行動期間，大約一千四百名巴勒斯坦人被殺，其中五分之四是平民，還有三五〇名兒童[01]；另一方面，以色列總共傷亡十名戰鬥人員（其中四人死於友軍射擊）和三名平民。[02]巴勒斯坦人與以色列人的死亡率超過一百比一，平民的死亡率則高達四百比一。[03]當英國廣播公司（BBC）記者質問以色列內政部長謝翠特，「以色列三週內對加薩造成的傷亡人數超過他們對你的一百倍」時，他回擊道：「這就是行動的想法。你怎麼看？」[04]入侵結束後不久的一份民調顯示，三分之二的以色列猶太人認為，鑄鉛行動應該繼續進行，直到哈馬斯投降為止。[05]《國土報》記者基迪恩．列維說：如果以色列人認為入侵加薩沒有實現目標，那麼它的潛臺詞就是——「**我們沒有殺死他們**」。[06]

以色列應該負責嗎？

為了轉移造成生命損失的罪責，以色列聲稱，如果許多加薩平民被殺，那是因為哈馬斯使用「人肉盾牌」戰術。以色列「事實與法律」的摘要報告聲稱，哈馬斯的潛入人員「選擇在平民區行動，不顧造成平民傷亡的可能性」，而且，「對陷平民於險境頗為自豪」。但人權調查並未證實這些指控。國際特赦組織發布了以色列入侵加薩後最全面的人權報告之一，確實也發現哈馬斯部分行為違反戰爭法。哈馬斯「在住宅區附近發射火箭砲且設置軍事裝備和陣地，使居民面臨以色列攻擊的危險。他們還利用閒置的空屋或房舍當作戰鬥場地，使附近居民面臨流彈攻擊的危險」。然而，國際特赦組織加上重要但書：「沒有證據顯示，當火箭砲發射時建築物內也有平民」；「巴勒斯坦戰士經常使用空屋，但並未強制搶奪民宅」；哈馬斯「和平民混雜在一起，雖然這在狹小而擁擠的加薩難以避免」；「和以色列士兵一樣，巴勒斯坦戰士也在平民出現的住宅區和以軍交戰，對平民造成危險。但是交戰的地點往往為以色列部隊決定，因為以軍用坦克和裝甲部隊開進加薩，深入住宅區」。針對最具爆炸性的指控，國際特赦組織明確表示，哈馬斯不應承擔罪責：

和以色列官員一再指控使用「人肉盾牌」相反，國際特赦組織沒有找到任何證據顯示，哈馬斯或其他巴勒斯坦戰士指揮平民來保護軍事目標不受攻擊；也沒有發現任何證據顯示，哈馬斯或其他武裝團體強迫居民留在建築物內，或阻止居民離開被武裝人員徵用的建築……

國際特赦組織訪談了許多巴勒斯坦人，他們抱怨哈馬斯的許多行為，包括鎮壓反對者——殺戮、酷刑和任意拘留，但沒有人提到哈馬斯戰士把他們當成「人肉盾牌」。國際特赦組織也對以色列攻擊導致平民喪生進行調查，認為死亡人數無法歸因於平民中有戰鬥人員的存在，這就如同以色列軍隊普遍宣稱的那樣。依據國際特赦組織對空襲遇害家庭的調查，被襲擊的房屋都沒有武裝團體從事軍事活動；同樣的，在因精確導彈或坦克砲彈遇害家庭的案件中，屋內也沒有戰士。國際特赦組織發現，在攻擊發生時，附近區域沒有武裝衝突或軍事活動的跡象。

國際特赦組織沒找到哈馬斯使用人肉盾牌的證據，卻找到許多以色列使用人肉盾牌的證據。以色列的摘要指稱，以色列國防軍的教戰守則嚴格禁止「利用平民作為人肉盾牌」，並且「以色列國防軍採取各種方式來教導和灌輸官兵對教戰守則的意識」。但事實上，以色列士兵「利用包括兒童在內的平民作為『人肉盾牌』，強迫他們留在以軍用目的當作軍事陣地的房屋內或附近，將他們的生命置於險境。有些人被迫執行危險的任務，例如，檢查財產或疑似裝有詭雷的物體。以軍士兵也從民宅及附近的陣地發動攻擊，讓當地居民待在被流彈射中的風險中」。其他人權報告調查（**特別是《戈德史東報告》中的圖表**）指出，入侵加薩後，以色列士兵的證詞也證明：以軍使用人肉盾牌。[07]

不過，對哲學家阿維夏伊・馬格利特（Avishai Margalit）與邁可・沃爾澤（Michael Walzer）來說，以色列的敵人「故意以平民為掩護，陷平民於險境」似乎不證自明，而且，以色列還「譴責這些行為」。[08]在一本「探討」中東的「迷思與誤解」著作中，美國高級外交官丹尼斯・羅斯（Dennis Ross）反對哈馬斯「大量使用平民作為人肉盾牌」的行為。[09]英國駐阿富汗部隊指揮官理查・肯普（Richard Kemp）也聲稱，哈馬斯「故意將自己置於平民的人肉盾牌之後」；「下令：必要時強迫一部分平民（不分男人、女人和孩子）離開人群，留在他們知道即將遭到以色列國防軍攻擊之處」；「故意」誘使以色列「殺害自己的無辜平民」，並且「當然」利用「婦女和兒童」進行自殺式炸彈攻擊。這些宣稱和實際情況的聯繫十分脆弱，被辯護者廣為引用的結論亦然——「在鑄鉛行動中，以色列國防軍在護衛戰區平民的權利上的努力，遠勝過戰爭史上的其他軍隊。」[10]雖然這些說法很難取信於人，卻激起人們對那些在戰區底下死傷平民的同情。

檢視許多巴勒斯坦人死亡的情況，反倒突顯出以色列那套「人肉盾牌」話術的許多破綻。國際特赦組織發現：

> 死亡人數最多的攻擊事件，所使用的高精準長程砲彈，不是從戰鬥機、直升機和無人機發射，就是從幾公里外的坦克車發射的——通常是針對預先選定的目標，並且通常需要指揮系統的批准。這些受難者並非遭到以巴兩軍交火的流彈波及，也並未藏匿武裝人員或其他合法攻擊標的。許多死者在睡夢中遭到轟炸；遭到空襲和坦克砲擊時，有些人正在家裡從事日常活動——坐在院子裡、把衣服掛到屋頂上。在遭到導彈或坦克砲彈擊中時，孩子們正在臥室、屋頂或住家附近學習或玩耍。[11]

國際特赦組織發現，許多巴勒斯坦平民，「包括婦女和兒童，在對以軍士兵沒有生命威脅的情況下遭到近距離射殺，當時附近並沒有戰鬥發生」。[12]人權觀察組織的一項研究記錄了巴勒斯坦平民被殺的案例：「當時他們正揮舞白旗表示非戰鬥狀態」；「以色列部隊控制了相關地區，而且當時沒有戰鬥，也沒有戰士藏匿在平民中」。一個典型的案例是，「兩位女性和三名孩童站在屋外幾分鐘——至少三個人都手持白布——以色列士兵開火，造成兩個兩歲和七歲的女孩死亡，祖母和第三個女孩受了傷」。[13]《戈德史東報告》總結，「以色列武裝部隊一再向沒有參加敵對行動、不構成威脅的平民開火」，並且「以色列部隊直接故意攻擊平民」，卻缺乏「任何能讓以色列軍隊預期受到攻擊、平民有參與任何敵對行動的理由」。[14]入侵加薩後的以軍證詞，也證明了他們任意殺害巴勒斯坦平民：「你看到人們大多在做日常活動、散步這種的，絕不是恐怖份子。我聽說其他組員對這些人開槍，試圖殺死他們」；「我們對於奪走他人性命並不覺得困擾」；「那裡每個人都被看成是恐怖份子」；「我們可以隨意行事，誰能阻止我們？」；「『如果你看到而且拍下來』，好吧，我明白那裡的行為有點野蠻。」；「你可以做任何你想做的事……除了它很酷之外不需要任何理由」，甚至發射白磷彈也是「因為它很好玩，很酷！」。[15]

那荒謬且一面倒的傷亡率顯示，鑄鉛行動實際上不是戰爭而是**大屠殺**。哈佛大學法學教授鄧肯・肯尼迪指出，這是「典型的『警察行動』，西方殖民國家歷來以此說服當地居民，除非他們停止抵抗，否則他們將遭受無法忍受的死亡和物質匱乏」。[16]事實上，入侵加薩後的以色列國防軍證詞持續壟罩在「大屠殺」的陰影下。一名士兵回憶，鑄鉛行動大多採取遠端遙控。他沉思道：「好像狩獵季節開始了一樣」、「有時這讓我想起PS的電玩遊戲」。另一位士兵回想，「你覺得自己像個玩耍的孩子，拿著放大鏡在燒死螞蟻」[17]；「大多數巴勒斯坦人的傷亡都是由空襲、砲火和遠處的狙擊手所造成」。兩位士兵在入侵加薩一年後回憶道：「戰爭勝利？看起來更像是桶中射魚」。[18]儘管引用了「加薩人粉身碎骨」一詞，但《新共和》（*New Republic*）編輯利昂．維澤提（Leon Wieseltier）批評，這個詞是對「不對稱戰爭的可怕現實中，所蘊含令人痛苦的道德和戰略上的困惑，無動於衷」。[19]難道我們應該憐憫可憐的以色列人，因為他們在焚燒螞蟻和桶中射魚的困惑中掙扎？與此同時，以色列哲學家艾薩．卡謝爾（Asa Kasher）則宣告：「我對參與鑄鉛行動的官兵所展現出的勇氣印象深刻。」[20]八位以色列士兵還因為「英勇行為」而獲得勳章。[21]

鑄鉛行動所使用的手法恰當地描繪出士兵的形象。人權觀察組織針對以色列「非法」使用白磷彈的研究，讓「燒死螞蟻」的比喻更形鮮活。白磷彈造成「非常可怕的燒傷」，有時對骨骼的燃燒可到華氏一千五百度（**即攝氏八一六度**）。[22]人權觀察組織報導，以色列「多次在人口密集區空中引爆白磷彈，殺傷平民、破壞民用建築，包括學校、市場、人道主義援助倉庫和醫院」。「不顧聯合國人員不斷警告平民的危險」，以色列國防軍多次在加薩市巴勒斯坦難民處總部發射白磷彈；即使「聯合國在軍事行動之前向以色列國防軍提供了學校的ＧＰＳ座標」，同樣情形也發生在貝特拉西亞的聯合國學校；此外，聖城醫院也發生同樣情形，雖然它「標記明確，並且鄰近區域似乎沒有戰鬥」。人權觀察組織還指出，加薩地區的「所有白磷彈」都是美國境內製造。[23]人權觀察另一項研究突顯鑄鉛行動的PS電玩遊戲性質，該研究記錄了以色列對加薩平民採取的高科技攻擊。研究並指出，「以色列無人機發射的導彈非常精確」、「除了無人機本身配備高解析度攝影機與感應器之外，導彈上也有攝影機，操作者可以從發射後開始觀察目標……如果在最後一秒對目標產生疑問，操作者可以用遠端導航系統和操縱桿將導彈轉離目標」。人權觀察調查六起無人機襲擊，造成二十九名平民死亡（其中八名是兒童）。調查發現，當時沒有任何巴勒斯坦戰士「出現在攻擊發生的鄰近地區」，而且六起攻擊中有五起「發生在白天，平民正在購物、從學校回家或從事其他日常活動，若巴勒斯坦戰士在該處，他們很可能不會做那些事情」。[24]

但以色列在摘要中依舊面不改色，高聲讚嘆以色列國防軍非常尊重「『人類生命』與『武器純潔』的最高價值」；「因為以軍不使用……武器和武力來傷害那些不是戰鬥人員或戰俘的人」。[25]卡謝爾稱讚以色列國防軍的價值「無可挑剔」，像是「保護每個人的人類尊嚴，即使是最卑鄙的恐怖份子」，以及「以色列獨特的價值……是人類生命的神聖性」。[26]

如果是甘地會怎麼說？

許多人經常責備巴勒斯坦人為何不採取甘地著名的非暴力抗爭。「如果巴勒斯坦人採取甘地的方式，我認為他們可以很快地造成很大的改變」。二〇〇三年在喬治城大學的一場演講中，美國國防副部長保羅·伍佛維茲（Paul Wolfowitz）這麼說。[27]他可能是對的，不過，「甘地的方式」並沒有要求巴勒斯坦人得放下他們的臨時武器。甘地將毫無勝算時所採取的武力抵抗——女子抓傷和甩強暴犯巴掌、手無寸鐵的男子赤手抵抗流氓的折磨、波蘭武裝抵抗納粹入侵——分類成「幾乎是非暴力」。這本質上是象徵性的，比起暴力，更多的是振作精神、克服恐懼，有尊嚴地面對死亡；它體現了，「即使完全認識到這就意味著某種死亡，也拒絕向巨大的權威屈服」。[28]面對以色列在加薩地獄般的高科技屠殺，哈馬斯隨便發射的幾枚火箭砲難道不是那種甘地不願意譴責的象徵式暴力嗎？退一步說，即使火箭砲攻擊確實完全屬於暴力，也未必表示甘地不會同意。他勸告，「如果可以的話，用非暴力與暴力戰鬥，如果沒有辦法，就要以任何方式打擊暴力。即使這意味著你將徹底絕滅，但是沒有理由你該任由你的爐灶遭人洗劫、房子被人燒毀。」[29]難道哈馬斯不是決心「以任何方式打擊暴力」？即使這意味著「徹底絕滅」——在以色列打破停火協議，拒絕放鬆對加薩的非法圍困，導致加薩「整個文明」毀滅（瑪莉·魯賓遜）、「整個社會崩潰」（莎拉·羅伊）嗎？[30]

哈佛法學教授艾倫·德肖維茨堅稱，「以色列竭盡全力保護平民」；而人權觀察組織創始人羅伯特·伯恩斯坦（Robert Bernstein）則認為，「媒體可考慮多讚揚」以色列「成功減低平民傷亡的努力」。[31]在《紐約客》一期封面故事〈究竟發生什麼事〉，記者勞倫斯．萊特（Lawrence Wright）報導，「以色列軍方盡心盡力挽救加薩平民的性命。」[32]他們是相信還是不相信這些幻想？**哪一個更糟？**

以色列正在努力混淆入侵加薩期間真正發生的事，而「人肉盾牌」說正是其中一個。事實上，以色列在鑄鉛行動前六個月就開始準備「宣傳計劃」（hasbara）❻，而總理辦公室下設的國家新聞處，特別負責統籌公關事宜。[33]儘管如此，在世界輿論轉而譴責以色列之後，安東尼．科德斯曼仍將以色列的孤立歸咎於「形象戰爭」的投資失利。以色列「太少向國際解釋，自己為減低加薩平民傷亡與附加損失所採取的措施」；以色列顯然能夠——而且應該——多多宣揚自己軍隊的克制程度，說服大家相信」。[34]《國土報線上版》資深編輯布萊德利．伯斯頓（Bradley Burston）認為，問題在於「以色列拙劣的公關技巧」；而以色列政治學者什洛莫．艾維內里（Shlomo Avineri）則認為，如果全世界對鑄鉛行動抱持負面看法，那是因為「行動名稱對觀感的影響太大」。[35]其實，如果「宣傳計劃」閃電戰並未奏效，理由應該不是以色列無力向世界傳達自身的人道精神，也並非全世界誤解了發生的事實。正確地說，因為加薩大屠殺實在太叫人震驚，最終沒有任何宣傳可以掩飾。可是，等待真實情況浮現確實需要時間。以色列於是實施了戰史上最嚴格的新聞控管。[36]外國記者協會（Foreign Press Association）批評媒體管制「讓以色列成為世界上少數持續阻止記者工作的國家」；無國界記者（Reporters without Borders）

也抗議「令人髮指，國際社會應共同譴責」。[37]而停火協議生效後，要過濾來自加薩影像的挑戰則更為棘手，以色列再也不能用那些攻擊時似是而非的藉口阻擋記者。不過，以色列在鑄鉛行動半年後仍然阻擋人權組織進入加薩，像是國際特赦組織、人權觀察組織和卜采萊姆（**以色列佔領區人權資訊中心**）。「如果以色列沒什麼好隱瞞的，那幹嘛不放我們進去？」人權觀察組織反問。[38]

有秩序地「犯罪」

以色列的「宣傳計劃」遭到重挫，是因為多家以色列媒體公開多位飛官和步兵入侵加薩後的證詞，他們多半犯下戰爭罪或目睹事件發生。「以色列打破沉默組織」（The Israeli organization Breaking the Silence）也發布大量譴責以色列國軍的證詞。《以色列摘要》向讀者保證，「以色列是一個充分尊重言論自由的開放民主社會……軍方高層已經由各種管道了解有關士兵可能的不當行為的資訊。」[39]但是，在公開譴責以色列國防軍證詞後，以色列外交部卻向歐洲政府施壓，停止對打破沉默組織的補助。[40]而官方對譴責以色列國防軍證詞的駁斥可信

❻ hasbara 希伯來語意為「解釋」，以色列官方及其支持者則用來指稱對以色列政府行為的正面宣傳。

度很低，畢竟有什麼動機可以誘使戰鬥人員說謊？[41]其他反應則介於故作不信，或認為只是少數「壞蘋果」（rotten apple）❼所造成的。[42]彷彿《北非諜影》中路易・雷諾警長的經典臺詞，他很「震驚」地發現人們居然在此賭博❽。部分官員表現得十分悲傷，一副不敢相信士兵居然犯下如此罪行的樣子。但這種行為「過去九年不斷發生：士兵殺死了近五千名巴勒斯坦人，其中至少有一半是無辜平民，近千名是兒童和青少年」，基迪恩・列維透過他的報導，嘲諷那些假裝震驚的人。「那些士兵描述（**在加薩所發生**）的一切發生在如此血腥的歲月裡，彷彿只是例行公事。」[43]以色列當局還試圖淡化這些自白的色彩，宣稱這不過是一些爛蘋果在搞鬼罷了。或如同艾倫・德肖維茨所瞎扯的，「戰爭總是免不了有一些無賴士兵。」[44]但是個別士兵的罪行卻不可避免，我們可以說：鑄鉛行動不正義的總體目標導致這樣的結果：透過對平民施加大規模致命暴力來恢復以色列的威懾能力。列維繼續補充，「這些並非『誤擊砲火』，而是命令下的蓄意攻擊。」[45]打破沉默組織也評論，「我們所公開的這些故事，並非在處理個別士兵的失敗，並取而代之。我們證明的是……系統性層面的失敗。」[46]；「『誤擊』或少數『爛蘋果』，沒辦法殺害數百個平民。」以色列「反酷刑公共委員會」（Public Committee against Torture in Israel）在廣泛調查之後這麼說。[47]以色列「公民權利協會」在年度報告指出，「官員們的聲明以及累積的數據顯示，攻擊平民與基礎建設並非自發的、低階級的決定，而是以色列政府和軍方高層的指示。」[48]而在以軍證詞的基礎上，《戈德史東報告》總結，「一再無法區分戰鬥人員和平民，似乎是肇因於對士兵故意指示，而不是偶然失誤的結果。」[49]

毫無疑問，部分以軍士兵利用大屠殺的機會滿足他們虐待的衝動，受害者則為隨之而來的混亂所摧殘。以色列國防軍的證詞，回憶起殺害加薩人的「仇恨和喜悅」、「好玩」、「樂趣」，為了「刺激」、「讓人快樂」而製造破壞。其他證詞則捕捉到士兵的劣質玩笑，像是：「我殺了一個恐怖份子。哇！我把他的頭打爆了」；「幸運的是，醫院已經滿床，因此人們死得更快」；「如果不殺人，他就無法完成這項行動」。[50]不過，鑄鉛行動的野蠻本質還是在能夠實現這些「暴行」。把問題歸結在以色列國防軍的虐待狂，或那些粗魯吵鬧的行為會掩蓋基本的真實——**那些最嚴重的罪行都是用有紀律、例行的方式在執行。**一位參與自白的以色列士兵表示，他感到噁心。他們在加薩佔領過的房子並未回復秩序和整潔：「簡直表現得像動物……你在描述一支很沒價值的軍隊，這就是事實。」[51]但對於以色列國防軍條理井然的將六千三百間房子夷為平地，他則沒有顯示那麼多不安。為了將鑄鉛行動的罪責從以色列社會的核心導向猶太基本教義派的毒瘤，「宣傳計劃」開始抱怨軍中死板的說教與宗教學校新兵的煽動性言論。《紐約時報》的伊森．布朗納指出，「宗教民族主義者」一手催生犯罪。他們「進入越來越多的軍方職位」，取代「世俗、西方且教育程度高」的吉布茲成員（kibbutznik）❾；後者是「以

❼ 英文俚語，相當於「害群之馬」、「一顆老鼠屎壞了一鍋粥」的意思。

❽ 雷諾警長的臺詞是「I am shocked- shocked- to find that gambling is going on in here!」，但在劇情中，賭博只是要關閉酒吧所用的藉口。

❾ 吉布茲（Kibbutz），原意為「聚集」，為以色列的集體社區。是成員共同生產，也共享勞動成果的烏托邦式社區。

色列國防軍輝煌年代的主要成員」。[52]但這種解釋可以很容易被反駁。一方面，鑄鉛行動主要是世俗三巨頭——總理埃胡德．歐麥特、國部長埃胡德．巴拉克、外交部長齊皮．利夫尼——的產物；另一方面，以色列國防軍的殘忍暴行，早在宗教狂熱份子滲透軍中之前就開始了。[53]

在揭露第一輪士兵證詞之後，軍方承諾將進行調查。但在十天之後，軍方突然中止調查，並宣稱：「所謂任意殺戮與破壞，不過是個『謠言』。」[54]緊接著，軍方的「內部調查」結論是，「在鑄鉛行動期間，以色列國防軍並未故意傷害平民。」巴拉克讚揚調查結果，因為這「再一次證明以色列國防軍是世界上最具道德感的軍隊之一」。以色列在摘要聲稱，「以色列的司法機關十分健全且充滿熱情，一定能對付那些違反國內或國際法的官兵。」不過，以色列國防軍的內部調查結果則讓人權組織得出相反的結論：「以色列軍方無法客觀地監督自己。」（**人權觀察組織**）；「軍方的主張看起來比較像試圖逃避責任，而非真心還原真相的過程。」（**國際特赦組織**）；「人們嚴重懷疑，以色列是否願意以公正、獨立、迅速、有效的方式進行真正的調查。」（**《戈德史東報告》**）[55]鑄鉛行動判案卷宗似乎應證了那些質疑論調。最終，只有四位以色列人因為違法行為被定罪，其中只有三人確定服刑。最重的判決是入監服刑七個半月，罪名是偷竊一個加薩人的信用卡；兩位被控：把一位九歲兒童當人肉盾牌的士兵被判緩刑三個月。[56]以色列新聞部長尤利．埃德斯坦（Yuli Edelstein），以感人的贖罪姿態宣稱，「我真為偷竊信用卡的士兵感到羞恥。」[57]

譴責「鑄鉛行動」的人權報告不斷增加，顯示以色列無法扭轉公眾的看法。事實上，「宣傳計劃」適得其反。以色列攻擊的殘忍和否認時的厚顏無恥，都震動人權社群，促使他們採取行動。看看國際特赦組織的報告，《點燃衝突：以色列／加薩的境外軍火供應》[58]這份報告，建議全面實施武器禁運：「國際特赦組織呼籲聯合國，特別是安理會，對衝突各方立即實施全面武器禁運；呼籲個別國家採取行動，禁運武器至衝突各方，直到這些武器用來嚴重違反國際法的實質風險消失。」報告進一步盤點鑄鉛行動期間以色列所使用的外國製武器，例如，美國製的白磷彈、坦克彈藥和導航導彈。國際特赦組織的報導讓以色列的幕後推手相當難堪。「美國到目前為止都是以色列常規武器的主要供應國」；「儘管美國立法禁止援助這種始終令人厭惡的反人權國家，但美國仍每年提供以色列大量金援和武器」；「以色列在加薩地帶的軍事行動，很大一部分是由美國供應武器、彈藥和軍事設備，這些都是用美國人的納稅錢支付的」。報告也簡要地記錄了供應巴勒斯坦武裝團體外國製武器的情況，「與以色列相比……規模非常小」。

國際特赦組織呼籲，對以色列和巴勒斯坦武裝團體全面實施武器禁運，標誌著衝突中的重大里程碑。面對系統性違法的情況，人權組織過去曾長期敦促美國華府限制對以色列的軍事援助，並限制使用特定武器。[59]但是沒有哪一個知名的人權組織曾經公布過供應以色列武器外國軍火商的精確名單，或是如此積極地呼籲對這些供應商實施全面武器禁運。不意外地，國際特赦組織的請求遭到美國政府回絕[60]，並且還受到像是「反誹謗聯盟」（Anti-Defamation League）的嚴厲攻擊，指責他們「惡劣且充滿偏見的報告」、「就是在否認以色列自我防衛的權利」。[61]不過，對以色列的宣傳計劃最大的打擊並非來自知名的人權團體，而是來自以色列的猝不及防、沒有準備之處。聯合國人權理事會授權理查·戈德史東，就鑄鉛行動期間侵犯人權的情況進行調查。當戈德史東代表團公布令人震驚的調查結果，以色列立即陷入驚愕與憤怒之中。不僅因為戈德史東是一位傑出的法官，**也因為他是一位堅定的猶太復國主義者**。

1 Palestinian Center for Human Rights, "Confirmed Figures Reveal the True Extent of the Destruction Inflicted upon the Gaza Strip" (12 March 2009); Al Mezan Center for Human R ights, "Cast Lead Offensive in Numbers" (2 August 2009); "B'Tselem's Investigation of Fatalities in Operation Cast Lead" (9 September 2009); B'Tselem (Israeli Information Center for Human Rights in the Occupied Territories), *Human Rights Review, 1 January 2009–30 April 2010* (Jerusalem: 2010), p. 5; Al Mezan Center for Human Rights, *Bearing the Brunt Again: Child rights violations during Operation Cast Lead* (2009), p. 16; Amnesty International et al., *Failing Gaza: No rebuilding, no recovery, no more excuses* (2009), p. 7; United Nations Office for the Coordination of Humanitarian Affairs (OCHA), "Field Update on Gaza from the Humanitarian Coordinator" (3–5 February 2009). 以色列官員聲稱，巴勒斯坦人死亡人數達到一一六六人，其中至少有六十%是「恐怖份子」。巴勒斯坦戰鬥人員與平民死亡人數之比的差異，部分是因為對加薩警察的適當分類存在分歧。人權組織普遍同意，這些警察絕大多數應歸類為平民，因為他們沒有直接參與敵對行動，也不是巴勒斯坦武裝團體的成員。若仔細審查「十六歲以下」的次分類，即可檢驗以色列數據的真實性。以色列聲稱，十六歲以下的巴勒斯坦死者有八十九人，而卜采萊姆的數字則是二五二人，並附上那些未成年死者的出生死亡證明等文件副本。有關以色列傷亡人數的嚴謹分析，請參閱 Public Committee against Torture in Israel (PCATI), *No Second Thoughts: The changes in the Israeli Defense Forces' combat doctrine in light of "Operation Cast Lead"* (2009), pp. 9–11. 該研究表示，以色列突然改變巴勒斯坦人的死亡人數，並總結：「其他來源（約一千四百人死亡）提供的傷亡估計人數比以色列國防軍發言人提供的數據更可信。」即使是最親以色列的美國國務院《二〇〇九人權報告》也認定，巴勒斯坦死亡人數「接近一千四百人，包括超過一千位平民」。哈馬斯最初聲稱，只有四十八名戰士在鑄鉛行動期間被殺，後來將數字提高到數百人，因為有人指責加薩人民為其魯莽決定「付出代價」。以色列總理班傑明・納坦雅胡，抓住哈馬斯浮報死亡人數這一點，以證明以色列所說的大部分死傷的加薩人都是「恐怖份子」。"Hamas Confirms Losses in Cast Lead for First Time," *Jerusalem Post* (1 November 2010); Israel Ministry of Foreign Affairs, "PM Netanyahu Addresses the General Assembly of the Jewish Federation of North America" (8 November 2010).

2 Human Rights Watch, *Rockets from Gaza: Harm to civilians from Palestinian armed groups' rocket attacks* (2009).

3 以色列宣稱，如果沒有其精確的警告與避難系統，「轟炸哈馬斯造成的人員傷亡無疑會大得多」。State of Israel, *The Operation in Gaza: 27 December 2008–18 January 2009: Factual and legal aspects* (2009), paras. 42–46. 但如果沒有巴勒斯坦難民處職員的英勇行為，巴勒斯坦的傷亡人數也會更高。如果職員沒有阻止以色列投下的白磷彈引爆汽油桶，數百名在巴勒斯坦難民處總部避難的巴勒斯坦人幾乎難逃一死。 *Report of the United Nations Fact-Finding Mission on the Gaza Conflict* (25 September 2009), para. 545; hereafter: Goldstone Report. 關於巴勒斯坦難民處發言人克里斯・貢內斯，戲劇性的重現這次激動人心的事件，請參閱 "Building Understanding: Epitaph for a warehouse" (28 October 2014), unrwa.org/newsroom/videos/building-understanding-epitaph-warehouse；有關此作品的背景和後續，請參閱 UN Makes a Drama out of Gaza Crisis," *Independent*(25 October 2009).

4 Jeremy Bowen, "Gaza Stories: Israeli minister," interview with Meir Sheetrit, *BBC News* (9 February 2009).

5 Tami Steinmetz Center for Peace Research, "War and Peace Index—February 2009."

6 Gideon Levy, "Everyone Agrees: War in Gaza was a failure," *Haaretz* (12 March 2009).

7 State of Israel, *Operation in Gaza,* paras. 23, 119, 154（強調為原文所有）, 170, 186–89, 223–28; Anthony H. Cordesman, *The "Gaza War": A strategic analysis* (Washington, DC: 2009), pp. 10, 18–23 passim, 36, 42, 44, 63–66 passim; Intelligence and Terrorism Information Center, *Hamas and the Terrorist Threat,* pp. 110–42, 195–261; Amnesty International, *Operation "Cast Lead": 22 Days of death and destruction* (London: 2009), pp. 3–4, 47–50, 64, 74–77. 關於其他類似國際特赦組織觀點的人權調查，認為哈馬斯武裝份子在建築區進行戰鬥，但並未使用巴勒斯坦平民作為人肉盾牌，請參閱 Human Rights Watch, "Letter to EU Foreign Ministers to Address Violations between Israel and Hamas" (16 March 2009); Human Rights Watch, *Rockets from Gaza,* pp. 22, 24; Goldstone Report, paras. 35, 452, 475, 482–88, 494, 1953. 對於人權組織和以色列國防軍的證詞，證實以色列使用人肉盾牌，請參閱 National Lawyers Guild, *Onslaught: Israel's attack on Gaza & the rule of law* (2009), pp. 14–15; Human Rights Watch, *White Flag Deaths: Killings of Palestinian civilians during Operation Cast Lead* (2009), pp. 11–12; Breaking the Silence, *Soldiers' Testimonies from Operation Cast Lead, Gaza 2009* (2009), pp. 7–8 (Testimony 1), 107 (Testimony 51); Goldstone Report, paras. 55, 1032–1106; Al Mezan, *Bearing the Brunt,* pp. 52–59. 卜采萊姆執行董事潔西卡・蒙特爾（Jessica Montell）的兩篇新聞稿宣稱，哈馬斯確實使用人肉盾牌，儘管筆者持續向她要求提供證據，但她仍無法提出任何確切證據。Jessica Montell, "A Time for Soul-Searching," *Jerusalem Post* (30 September 2009); Jessica Montell, "The Goldstone Report on Gaza," *Huffington Post* (1 October 2009).

8 Avishai Margalit and Michael Walzer, "Israel: Civilians & combatants," *New York Review of Books* (14 May 2009).

9 羅斯還在他的「基於現實的評估」中報導，哈馬斯「拒絕了兩國解決方案的想法」（無視近年來哈馬斯的外交舉措）；哈馬斯「選擇結束」二〇〇八年六月的停火協議（無視以色列二〇〇八年十一月四日的致命邊境襲擊）；並且「只有在以色列國防軍摧毀了幾乎所有哈馬斯的軍事目標之後才恢復一種不安的平靜」（無視以色列對加薩平民的大規模攻擊）。Dennis Ross and David Makovsky, *Myths, Illusions and Peace: Finding a new direction for America in the Middle East* (New York: 2009), pp. 7, 128, 137, 153–54, 244, 247, 252.

10 Colonel Richard Kemp CBE, "International Law and Military Operations in Practice," *Jerusalem Center for Public Affairs* (18 June 2009).

11 Amnesty International, *Operation "Cast Lead,"* p. 7; for details, see Ibid., pp. 11ff; see also Goldstone Report, paras. 459, 653–703.

12 Amnesty International, *Operation "Cast Lead,"* pp. 1, 24; for details, see Ibid., esp. pp. 24–27.See also Goldstone Report, paras. 704–885.

13 Human Rights Watch, *White Flag Deaths,* pp. 2, 4, 10–15.

14 Goldstone Report, paras. 802, 810–11.

15 Amos Harel, "Shooting and Crying," *Haaretz* (19 March 2009); Amos Harel, "Testimonies on IDF Misconduct in Gaza Keep Rolling In," *Haaretz* (22 March 2009); Breaking the Silence, *Soldiers' Testimonies,* pp. 21–23 (Testimony 8), 75 (Testimony 32), 88 (Testimony 39), 89 (Testimony 40).

16 Duncan Kennedy, "A Context for Gaza," *Harvard Crimson* (2 February 2009).

17 Harel, "What Did the IDF Think"; Breaking the Silence, *Soldiers' Testimonies,* p. 88 (Testimony 40).

18 Arik Diamant and David Zonsheine, "Talk to Hamas," *Guardian* (15 February 2010).

19 Leon Wieseltier, "Something Much Darker," *New Republic* (8 February 2010). 冒犯人的「……粉身碎骨」一詞，出自《新共和》前編輯安德魯・蘇利文（Andrew Sullivan）對鑄鉛行動的批評。

20 Asa Kasher, "Operation Cast Lead and Just War Theory," *Azure* (Summer 2009), p. 70.

21 "8 Cast Lead IDF Heroes Get Decorated," *Jerusalem Post* (16 December 2009).

22 白磷彈接觸到氧氣會燃燒起火，冒出濃密白煙，主要用於掩護地面上的軍事行動。然而，以這次情況來說，人權觀察組織發現，以色列想要掩蔽軍隊，他大可使用（以色列公司製的）煙霧彈，但以色列持續在地面沒有部隊的情況下發射白磷彈，顯示其被當成燃燒武器使用。

23 Human Rights Watch, *Rain of Fire: Israel's unlawful use of white phosphorus in Gaza* (2009), pp. 1–6, 39, 60. See also Al Mezan, *Bearing the Brunt,* pp. 42–45.

24 Human Rights Watch, *Precisely Wrong: Gaza civilians killed by Israeli drone-launched missiles* (2009), pp. 4, 6, 12. 以色列無人機至少造成五一三人死亡，包括一一六名兒童。Al Mezan, *Bearing the Brunt,* pp. 37–42.

25 State of Israel, *Operation in Gaza,* para. 213.

26 Asa Kasher, "A Moral Evaluation of the Gaza War," *Jerusalem Post* (7 February 2010).

27 "Hungry Like the Wolfowitz," *Georgetown Voice* (6 November 2003).

28 "What Women Should Do in a Difficult Situation" (4 September 1932), in *The Collected Works of Mahatma Gandhi* (Ahmedabad), vol. 51, pp. 18–19; "Discussion with Mahadev Desai" (4 September 1932), in Ibid., vol. 51, pp. 24–25; "Discussion with B. G. Kher and Others" (15 August 1940), in Ibid., vol. 72, p. 388; "Discussion with Bharatanand" (2 September 1940), in Ibid., vol. 72, p. 434; "Message to States' People" (1 October 1941), in Ibid., vol. 74, p. 368; "Speech at Prayer Meeting" (5 November 1947), in Ibid., vol. 89, p. 481.

29 "Speech at Goalundo" (6 November 1946), in Ibid., vol. 86, p. 86.

30 請參閱第二章。

31 Alan Dershowitz, *The Case against the Goldstone Report: A study in evidentiary bias* (www.alandershowitz.com/goldstone.pdf), pp. 7, 11, 21, 22; Robert L. Bernstein, "Human Rights in the Middle East," *UN Watch* (10 November 2010).

32 Lawrence Wright, "Captives: A report on the Israeli attacks," *New Yorker* (9 November 2009). 在加薩停留期間，萊特感覺到當地人對哈馬斯俘虜的以軍士兵有一種特殊的感情：「吉拉德．沙利特蒼白的膚色和溫順的表達方式抓住了加薩人的想像。儘管這看起來違反常理，但人們對這個被政府扣留當人質的害羞士兵產生了強烈的認同感。加薩人在沙利特身上看到了自己：「受監禁的、受虐的、絕望的。」這解開了一個謎：為什麼一個又一個加薩家庭會把新生兒命名為「吉拉德」……。

33 Anshel Pfeffer, "Israel Claims Success in the PR War," *Jewish Chronicle* (31 December 2008); Hirsh Goodman, "The Effective Public Diplomacy Ended with Operation Cast Lead," *Jerusalem Post* (5 February 2009).

34 Cordesman, *"Gaza War,"* pp. 31–32, 68.

35 Bradley Burston, "Why Does the World Media Love to Hate Israel?," *Haaretz* (23 March 2009); Shlomo Avineri, "What Was the Computer Thinking?," *Haaretz* (18 March 2009). 聽從此一建議，以色列在官方摘要中避免提及「鑄鉛行動」，只在提到「『加薩行動』時附帶提及，也稱作『鑄鉛行動』」。 *Operation in Gaza,* para. 16.

36 Dominic Waghorn, "They Kept Us Out and Israeli Officials Spun the War," *Independent* (25 January 2009); Lisa Goldman, "Eyeless in Gaza," *Forward* (16 January 2009).

37 Ethan Bronner, "Israel Puts Media Clamp on Gaza," *New York Times* (6 January 2009); Reporters without Borders, *Operation "Cast Lead": News control as military objective* (2009).

38 Human Rights Watch, "Israel: End ban on human rights monitors" (22 February 2009); Human Rights Watch, *White Flag Deaths,* p. 7.

39 State of Israel, *Operation in Gaza,* para. 288.

40 Barak Ravid, "Group That Exposed 'IDF Crimes' in Gaza Slams Israel Bid to Choke Off Its Funds," *Haaretz* (26 July 2009); Barak Ravid, "Israel Targets UK Funding of Group That Exposed 'IDF Crimes' in Gaza," *Haaretz* (29 July 2009); Barak Ravid, "Israel Asks Spain to Stop Funding

Group That Reported 'IDF Crimes' in Gaza," *Haaretz* (2 August 2009).

41 Amos Harel, "Can Israel Dismiss Its Own Troops' Stories from Gaza?," *Haaretz* (19 March 2009).

42 Amira Hass, "Time to Believe Gaza War Crimes Allegations," *Haaretz* (24 March 2009).

43 Gideon Levy, "IDF Ceased Long Ago Being 'Most Moral Army in the World,'" *Haaretz* (22 March 2009).

44 Dershowitz, *The Case,* p. 27.

45 Levy, "IDF Ceased."

46 Breaking the Silence, *Soldiers' Testimonies,* p. 5.

47 PCATI, *No Second Thoughts,* p. 29.

48 Association for Civil Rights in Israel, *The State of Human Rights in Israel and the Occupied Territories: 2009 report* (Jerusalem: 2009), p. 52; see also Ibid., p. 50, "Israel intentionally and deliberately bombed government buildings and civilian institutions in Gaza."

49 Goldstone Report, para. 1889.

50 Breaking the Silence, *Soldiers' Testimonies,* pp. 16 (Testimony 5), 55 (Testimony 23), 56–57 (Testimony 24), 73 (Testimony 31), 86 (Testimony 38), 92 (Testimony 41), 93 (Testimony 43).

51 Harel, "Shooting and Crying."

52 Ethan Bronner, "A Religious War in Israel's Army," *New York Times* (22 March 2009).

53 Norman G. Finkelstein, *Beyond Chutzpah: On the misuse of anti-Semitism and the abuse of history,* expanded paperback edition (Berkeley: 2008), pp. 316–19.

54 Anshel Pfeffer and Amos Harel, "IDF Ends Gaza Probe, Says Misconduct Claims Are 'Rumors,'" *Haaretz* (30 March 2009).

55 Anshel Pfeffer, "Barak: Gaza probe shows IDF among world's most moral armies," *Haaretz* (23 April 2009); State of Israel, *Operation in Gaza,* para. 284; Human Rights Watch, "Israeli Military Investigation Not Credible" (23 April 2009); Amnesty International, "Israeli Army Probe Lacks Credibility and Is No Substitute for Independent Investigation" (23 April 2009); Goldstone Report, paras. 1832, 1961.

56 B'Tselem (Israeli Information Center for Human Rights in the Occupied Territories), "Israeli Authorities Have Proven They Cannot Investigate Suspected Violations of International Humanitarian Law by Israel in the Gaza Strip" (5 September 2014); Human Rights Watch, "Israel: Soldiers' Punishment for Using Boy as 'Human Shield' Inadequate" (26 November 2010).

57 "UK Officer Slams 'Pavlovian' Criticism of IDF after Gaza War," *Haaretz* (22 February 2010).

58 Amnesty International, *Fueling Conflict: Foreign arms supplies to Israel/Gaza* (2009).

59 Amnesty International, *Broken Lives: A year of intifada* (London: 2001); Human Rights Watch, *Razing Rafah: Mass home demolitions in the Gaza Strip* (2004).

60 Stephen Zunes, "Obama and Israel's Military: Still arm-in-arm," *Foreign Policy in Focus* (4 March 2009). 隨著歐巴馬的任期即將於二〇一六年結束，國際特赦組織注意到，美國對以色列的軍事援助「被用來違反國際人權和人道法」，再次呼籲他「取消……最近宣布援外軍事基金計劃提供，軍援以色列的三三〇億美元，計劃包括在與以色列簽訂的新十年協議當中」。 Amnesty International, *Letter to President Barack Obama* (12 October 2016).

61 Anti-Defamation League, "Amnesty International Report on Gaza Conflict 'Pernicious and Biased'" (23 February 2009).

《戈德史東報告》發現，鑄鉛行動期間，以色列在加薩造成的大部分破壞都是有預謀的。報告進一步指出，該行動定調的軍事理論，「將不成比例地破壞與最大程度中斷許多人的生活，視為達成政治與軍事目標的合法手段」，且「意圖造成加薩無戰鬥人力的嚴重後果」。

第 2 部

《戈德史東報告》

第五章

猶太復國主義者的見證

戈德史東不僅是猶太人，並且自稱是猶太復國主義者。「我成年之後都為以色列工作」、「完全支持以色列存在的權利」，並且「堅定地相信，猶太人絕對有權利在那裡安居」。

二〇〇九年四月，聯合國人權理事會主席任命「事實調查團」（Fact-Finding Mission），調查鑄鉛行動期間「所有違反國際人權和人道法的行為」。[01]南非憲法法院前任法官，也是國際刑事庭負責南斯拉夫和盧安達案件的前檢察官，理查．戈德史東被任命為調查團團長。最初僅要求他審查以色列在鑄鉛行動期間侵犯人權的行為，但戈德史東加上附帶條件，必須擴大授權他調查各方的違法行為他才願意接受任命。接著，理事會主席邀請戈德史東自行撰寫授權內容，再提交給他同意。「我授權自己的任務……真的很難拒絕。」戈德史東後來說道。不過，以色列以調查團預設偏見為由拒絕合作。[02]二〇〇九年九月，等待已久的戈德史東調查報告終於發布。[03]結論是，報告不僅對鑄鉛行動提出強烈控訴，也譴責以色列的持續佔領加薩。

《戈德史東報告》發現，大部分以色列在鑄鉛行動期間造成加薩的破壞都是有預謀的。報告進一步指出，該行動定調的軍事理論，「將不成比例地破壞與最大程度中斷許多人的生活，視為達成政治與軍事目標的合法手段」，且「意圖造成加薩無戰鬥人力的嚴重後果」。[04]「對平民的不成比例的破壞和暴力」是出自於「蓄意的政策」，對「巴勒斯坦人的羞辱和非人化」也同樣如此。[05]雖然以色列以抵禦哈馬斯[06]火箭砲自衛為由正當化這次攻擊，報告卻指出其不同的動機。以色列封鎖加薩的「主要目的」，是「讓平民無法忍受這種生活而離開（如果可能的話），或將哈馬斯趕下台，以及對平民進行集體懲罰」。而鑄鉛行動「目標在懲罰加薩人民的韌性、懲罰對哈馬斯的明顯支持並企圖扭轉這種傾向」。[07]報告總結，以色列的攻擊構成「蓄意且過度攻擊，意圖懲罰、羞辱和恐嚇平民，徹底打擊當地工作和謀生的經濟能力，並迫使他們的依賴和脆弱感日益強化。[08]他也對加薩人民「在惡劣環境下」展現的「韌性與尊嚴」表示敬意。[09]

難以平等對待的理由

《戈德史東報告》在其法律裁定中發現，以色列犯下了許多違反習慣法和傳統國際法的行為。報告還列出以色列犯下的大量戰爭罪行，如「故意殺人、酷刑或不人道待遇」、「故意造成巨大痛苦或嚴重傷害身體和健康」、「無軍事必要理由，大規模任意違法破壞財產」、「使用人肉盾牌」等等。[10]進一步，它還判定以色列的行動「剝奪加薩巴勒斯坦人生計、就業、住房和水資源；剝奪他們的遷徙自由和出入自己國家的權利，從而限制他們向法院尋求救濟的權利……一個健全的法庭可能認定這已犯下『危害人類罪』」。[11]該報告將這些刑事犯罪的主要罪責歸咎於以色列的政治和軍事菁英：「由於活動具備的系統和蓄意的性質……調查團認定，應由最初負責制定、計劃、命令與監督行動的人承擔責任。」[12]該報告也認定，哈馬斯對以色列平民進行「無差別」和「蓄意」的火箭砲攻擊，造成的死亡、財產損失和「心理創傷」，構成「戰爭罪，也可能構成危害人類罪」。[13]有些以色列人批評報告帶有偏見，因為只有一小部分提及哈馬斯火箭砲襲擊。關於偏見的批評的確成立，但方向相反。如果巴勒斯坦人對以色列人的死亡率是一百比一，房屋毀壞的比率是六千比一，那麼報告專門討論哈馬斯罪行的比例則遠大於客觀數據。[14]後來，戈德史東被問到報告不成比例的聚焦在以色列違反國際法時，他回答：「這很難平等處理。一方面是擁有先進軍隊的國家……空軍、海軍，以色列不僅擁有軍隊，還能製造、出口先進武器；另一方面，哈馬斯只有破舊、不精準的軍備。」[15]

《戈德史東報告》並不局限於討論鑄鉛行動，它將其擴大為對以色列在長期佔領加薩期間，對待巴勒斯坦行為的全面控訴。該報告譴責以色列分裂巴勒斯坦人民[16]、限制當地人的行動自由[17]，在佔領區和以色列對巴勒斯坦人實行「制度化歧視」[18]；對反對佔領的巴勒斯坦（**以及以色列**）示威者進行暴力鎮壓；暴力攻擊西岸巴勒斯坦平民的以色列士兵和猶太定居者不受法律懲罰[19]；在缺乏正當程序的情況下，對巴勒斯坦人（**包括數百名兒童**）的大規模拘留、酷刑和虐待[20]；對東耶路撒冷的巴勒斯坦人採取「沉默遷移」，進行種族清洗[21]；利用隔離牆，事實上併吞了西岸十%的領土，等同於以武力獲取領土，違反「聯合國憲章」[22]；還有擴建屯墾區、徵收土地，和拆除巴勒斯坦人的房屋和村莊[23]；報告確定某些以色列政策構成戰爭罪[24]，且侵犯巴勒斯坦人最基本、屬於強行法（Jus Cogen）❿的自決權。[25]雖然報告並未明確區分殘酷佔領的加害者與受害者，但的確避免將「作為佔領國的以色列與佔領區的巴勒斯坦人，或其代表實體置於同等地位。考慮到造成傷害或提供保護的能力，包括在違法行為發生時確保公正，這兩者的差異顯而易見」。[26]

《戈德史東報告》提出幾項補救辦法，要求以色列和哈馬斯對其各自違反國際法的行為負責。國際社會中的個別國家，「在發現充分證據，顯示嚴重違反一九四九年《日內瓦公約》的情況下，可行使普遍管轄權，於國內法院發起刑事偵查。調查後如有必要，應根據國際公認的司法標準，逮捕和起訴加害者。」[27]報告也呼籲聯合國安理會監督以色列和哈馬斯，準備好「針對嚴重違反國際人道主義法和國際人權法的行為，進行適當的、獨立且符合國際標準的調查」。如果任何一方未能「進行調查以昭公信」，將敦促安理會「將加薩的情況交由國際刑事法院檢察官處理」。[28]報告也建議，以色列透過聯合國大會託管基金支付加薩賠償金。[29]更廣義地說，報告建議：日內瓦第四公約的締約國，應在巴勒斯坦佔領區「執行公約」並「確保公約受到尊重」。報告也呼籲以色列「立即」終止以下措施：對加薩的封鎖與經濟絞殺、對巴勒斯坦平民的暴力行為、「破壞與侮辱人性尊嚴」、妨礙巴勒斯坦政治與鎮壓異議者、限制行動自由。報告也呼籲，哈馬斯「放棄攻擊以色列平民與民用目標」、釋放以色列被俘士兵（**吉拉**德·沙利特〔Gilad Shalit〕）、釋放政治犯、尊重人權。[30]

《戈德史東報告》出爐後，以色列反應來的又快又猛。除了一些可敬（**雖然是可預期的**）

❿ 為國際法上不允許以條約或類似方式規避的基本、最高規範。

例外，幾個月來，以色列舉國上下，不分政治立場罵聲一片。[31]事實上，因為雪崩般的惡意攻擊，幾乎不可能在網路上找到報告內容。以色列總統希蒙・裴瑞斯將此報告斥為「歷史的笑話」，將戈德史東本人貶低為「沒有正義感的小人，對法學一竅不通的法匠」之後，繼續澄清：「以色列國防軍的行動造就了西岸的繁榮，解救黎巴嫩南部的公民脫離真主黨的魔掌，並讓加薩人能夠重拾正常生活。」[32]總理班傑明・納坦雅胡宣稱，那份報告是「抹黑以色列的袋鼠法庭」[33]；國防部長埃胡德・巴拉克痛罵，這是「謊言、扭曲、偏見且支持恐怖行為」。[34]納坦雅胡隨後提議「修改戰爭規則」，以便未來「打擊恐怖份子」。以色列歷史學家紀夫・史登赫（Zeev Sternhell）反駁，「以色列想要什麼？」、「允許飛機、坦克和大砲，大膽攻擊毫無防備的人口密集區嗎？」[35]國會發言人警告，報告的「新的、歪曲的道德，將迎來西方文明的新時代，和一九三八年『慕尼黑協議』（Munich agreement）的那個很像」。[36]在這場仇恨慶典結束前，幾乎所有以色列在朝在野的主流政治人物都摻了一腳。前外交部長齊皮・利夫尼宣稱，「《戈德史東報告》帶有原罪」[37]；現任外長阿維格多・李柏曼（Avigdor Lieberman）則宣稱，它「沒有法律、事實或道德價值」；副外長丹尼・阿亞隆（Danny Ayalon）警告，它「為恐怖主義提供合法性」，有「讓國際法淪為馬戲」的危險。[38]幾位前以色列駐聯合國大使，如丹・吉勒曼（Dan Gillerman）聲稱，報告是「片面的、公然反以色列的謊言」；多爾・戈德（Dore Gold）也痛斥，這份報告是「國際恐怖組織最有力的武器之一」；嘉布里耶拉・沙雷夫（Gabriela Shalev）指責，它「充滿偏見、片面、帶有政治目的」[39]；前以色列駐美大使邁可・奧倫（Michael Oren）抨擊此報告也恨之入骨，堪稱三冠王。他在美國猶太人委員會的演講中，聲稱真主黨是該報告的主要受益者之一；還鄭重告知《波士頓環球報》，該報告「應被任何關心和平之士抵制」；在《新共和》上表示，此報告「比伊朗總統馬哈茂德・阿赫瑪迪內賈德（Mahmoud Ahmadinejad）和大屠殺否認者還糟糕」[40]；以色列國防軍參謀長嘉比・阿什肯納齊，嘲笑報告內容「充滿偏見且不平衡」；而以軍高階法律顧問阿維海・曼德布利（Avichai Mendelblit），嘲諷它「充滿偏見、驚人的極端、缺乏任何現實基礎」。[41]

民間組織和公眾人物也加入批評此報告的行列。《耶路撒冷郵報》將此報告評論為「淺薄而憤世嫉俗的傑作」、「以偏見起始，以冤獄作終」。前《國土報》編輯大衛・藍道（David Landau）哀嘆，報告的「基本假設，以色列人追殺平民」，抹殺了任何「誠實辯論」的可能[42]；**（那不是預設，那是檢視了山一樣高的證據所得出的結論）**拓墾運動的領導者以色列・哈瑞爾（Israel Harel）嘲笑這份報告是「有害且有毒」，比《錫安長老會紀要》（*Protocols of the Elders of Zion*）⓫還糟，並錯誤地「反對那個比世人所知，更保護人類與軍事道德的國家」。鄰近加薩的以色列城鎮居民，聚眾在耶路撒冷的聯合國辦事處抗議，手持標語「戈德史東道歉」和

⓫ 為十九至二十世紀流傳的知名反猶太文獻。

「我們厭惡反猶太份子」。[43]特拉維夫大學「反猶太主義和種族主義」研究中心聲稱，該報告助長了全球「對猶太人的仇恨犯罪」和「加薩戰爭等同猶太大屠殺」[44]；巴伊蘭大學（Bar Ilan University）教授傑拉德·史坦伯格（Gerald Steinberg）指控，戈德史東對以色列的指責，如同當時指控艾佛列德·德雷弗（Alfred Dreyfus）⓬一樣，「以色列擁有夷平整個加薩的道德權利」（**史坦伯格創立了該校的「衝突解決與管理」學程**）。[45]熟悉該報告的以色列猶太人中，有九十四%認為它對以色列有偏見，七十九%的人拒絕接受以色列國防軍犯下戰爭罪的指控。[46]即使在鑄鉛行動及後續軍方的謊言與掩飾之後，九成的以色列猶太人仍將以色列國防軍視為最值得信任的國家機構。[47]由於報告的內容令人難以接受，因此，以色列唯一值得公開討論的問題是，以色列是否應該繼續和戈德史東調查團合作？[48]但正如同資深的和平活動者尤利·艾維內里（Uri Avnery）指出，為何以色列不再和調查團合作？「真正的答案其實很簡單：他們非常清楚，任何調查團都必須達成已知的結論」。[49]在鑄鉛行動之後，有別於過去的裝模作樣，以色列人不再流露不安的情感——「邊哭邊開槍」（shooting and crying），那些外國啦啦隊用來宣傳猶太人具有獨特敏感心靈的證明也被揚棄。以色列人的心腸變得堅硬、長繭，不再需要假裝悔恨。雖然在最初的空襲後要求停火，以色列「和平陣營」的偶像——阿摩斯·奧茲（Amos Oz）、A·B·約書亞（A. B. Yehoshua）、大衛·格羅斯曼（David Grossman）——仍然宣稱，哈馬斯必須為恐怖的發展「負責」。而以色列的空地攻擊是「必要的」，因為哈馬斯拒絕以色列和埃及，一切為了阻止目前動盪所做的努力。[50]

在第二波的謾罵攻勢中，美國的罪犯們也不遑多讓；他們大肆批判報告內容、詆毀報信者。馬克斯・布特（Max Boot）在《評論雜誌》（*Commentary*）網站駁斥此報告，是「一系列可疑的發現」；而前美國駐聯合國大使約翰・波頓（John Bolton），則在《華爾街日報》撰文表示，「面對這一團糟的合理回應，就是把報告撤回，並停止資助（**人權理事會**）」。[51]艾利・魏瑟爾（Elie Wiesel）譴責，該報告不僅是「對猶太人的犯罪」，而且還是「非必要」：「我無法相信，以色列士兵謀殺了人民或射殺了兒童。不可能有這種事。」[52]哈佛大學法學院的艾倫・德肖維茨，領頭在國內獵巫，宣稱該報告「充滿謊言、歪曲和血腥誹謗，可能是由哈馬斯極端份子起草」；而且還如同《錫安長老會紀要》一樣充滿「偏見、偏執」；「這種反人權、政治化的報告，震驚所有認真學習人權的學生」；報告「發現事實（**幾乎都是錯的**）」，「法律的結論（**幾乎都很可疑**）」，並提出「具體的建議（**幾乎都是片面的**）」；戈德史東本人則是「猶太人的叛徒」、「邪惡的人」，而他自己則在以色列電視上宣稱，他和奧許維茲的「死亡天使」約瑟夫・門格勒（Josef Mengele）不相上下。[53]根據德肖維茨的說法，該報告的「本

⓬ Alfred Dreyfus 為十九世紀法國猶太裔軍官，被誤判叛國，最後獲得平反，是當時相當轟動的政治案件，又稱「德雷弗斯事件」。

質」和「中心結論」是，以色列「精心策劃且執行故意屠殺無辜平民的政策」；以色列「真正目的」是「殺死無辜的巴勒斯坦平民——兒童、婦女和老人」。在他自己所做冗長的「證據偏見研究」，每一頁都重複報告的此一特徵——常常一頁數次——然後他又輕易地反駁這些指控。[54]但德肖維茨只是紙紮的稻草人：報告從未說過或暗示鑄鉛行動的主要目的是謀殺巴勒斯坦人，不然它應該指責以色列實行種族滅絕。一般情況下，謊言不斷重複之後就變得越可信。德肖維茨「研究」的新穎之處在於，謬誤不斷重複之後就讓人越容易懷疑所謂的「源頭」。美國的反戈德史東派還聲稱，哈馬斯曾指導和恐嚇巴勒斯坦證人，將武裝份子偽裝成證人，並向戈德史東提供未經證實的訊息。[55]然而，這些批評者沒有人提出一絲證據。而戈德史東本人則出面反駁，提供「這些事都沒有發生的保證」。[56]猶太社群團體照例加入混戰。美國「猶太人公共事務委員會」（American Israel Public Affairs Committee, AIPAC）聲稱，戈德史東調查團被「操縱」，並且報告「存在嚴重缺陷」[57]；美國「猶太人委員會」（American Jewish Committee）對此表示遺憾，認為這是一份「嚴重扭曲的文件」[58]；「反誹謗聯盟」的亞伯拉罕·福斯曼（Abraham Foxman），「感到震驚和痛苦，美國不會單方面駁回它」。[59]

歐巴馬政府很快地跟上以色列遊說團體的腳步，但其實——也不需要多大力遊說。[60]以色列遊說華府的一個主要論點是，《戈德史東報告》建議起訴士兵戰爭罪，那「每個反恐國家都要煩惱了」。國務院發言人伊恩·凱利（Ian Kelly）宣稱，報告「對以色列的事實和法律的結論太寬泛，它對哈馬斯惡劣行為的結論……更為普遍」；美國國務院民主局助理國務卿邁可．波斯納（Michael Posner）譴責，該報告「存在嚴重缺陷」；美國駐聯合國副大使亞利桑德羅．沃爾夫（Alejandro Wolff），指責它「過度強調以色列」。[61]美國國務院《二〇〇九年人權報告》的「以色列及其佔領地」條目下共四十七頁，有三個句子討論鑄鉛行動，並貶低調查結果的價值：「《戈德史東報告》有些廣受批評的缺點：方法論上的失誤、法律和事實上的錯誤；謊言、對衝突的不對稱性質缺乏關注，以及忽略哈馬斯和其他巴勒斯坦武裝份子，故意在人口密集的加薩市區行動的事實。」[62]眾議院中東和南亞委員會主席蓋瑞．艾克曼（Gary Ackerman）嘲諷戈德史東，住在一個「自以為是的幻想世界」中，並指稱報告是「浮誇、帶有偏見、片面的政治誹謗」。[63]這些批評者中，有任何人實際閱讀報告的可能性趨近於零。在默默經歷這些無情的攻擊之後，戈德史東最終要求歐巴馬政府必須對這些批評給一個說法。[64]與此同時，人權觀察組織責備美國政府，「在沒有任何證據支持的情況下，就斷定報告『不平衡』、『存在嚴重缺陷』。」[65]美國眾議院以三四四票對三十六票通過一項無約束力的決議，譴責該報告「充滿無可挽回的偏見，不值得進一步考慮或立法」。[66]在投票之前，戈德史東呈上逐條反駁的意見，表明眾議院的決議，被「嚴重不正確的事實以及大多數脫離脈絡的資訊與陳述」所破壞。[67]

歐巴馬政府在幕後與以色列合作，以阻止該報告在國際上繼續醞釀，私底下則對其成功沾沾自喜。[68]希拉蕊・柯林頓之後吹噓，在擔任國務卿期間，她曾在「聯合國和其他國際場合，捍衛以色列免於孤立和攻擊，包括反對有偏見的《戈德史東報告》」。[69]巴勒斯坦自治政府也遭到施壓，不得支持報告的建議。一名以色列高階國防官員宣布，「不論是選擇合作還是對抗，巴勒斯坦自治政府已經到了必須決定的關口。」[70]等待答案的時間不長。在巴勒斯坦總統馬哈茂德・阿巴斯（Mahmoud Abbas）的授意下，自治政府代表在人權理事會上默許不再討論該報告。然而，這個決定引起巴勒斯坦人的憤怒，自治政府不得不反悔，理事會則繼續審查該報告。[71]理事會通過決議，「譴責針對平民的所有行為，並強調首要之務在確保追究所有違反國際法的行為，及贊同報告的建議，並敦促聯合國採取行動。[72]二〇〇九年十一月，聯合國大會，以一一四比十八票（四十四票棄權）通過決議，「譴責鎖定平民和民用基礎建設的行為」，並呼籲以色列和哈馬斯「根據事實調查團所報告之嚴重違反國際法的行為，進行獨立、可信和符合國際標準的調查」。[73]以色列批評決議「完全脫離現實」，是「現實的笑柄」，宣稱投票結果「證明以色列成功地傳達報告是片面且不嚴謹的訊息」，且「民主『超級聯盟』是站在以色列這一邊」——其中包括馬紹爾群島、密克羅尼西亞、帛琉等國家。[74]二〇一〇年二月，聯合國祕書長潘基文向大會回報，關於二〇〇九年十一月要求進行可信度的調查，「無法確定執行情況」。[75]同月稍後，大會以九十八對七票（三十一票棄權），又通過另一項決議，重申要求以色列和哈馬斯「進行獨立、可信和符合國際標準的調查」，並要求祕書長，在五個月內就決議的執行情況提出報告。[76]儘管歐洲猶太團體進行了密集的遊說，但二〇一〇年三月，歐洲議會通過（三三五對二八七票）一項決議，「要求」執行報告的建議，並「對所有違反國際法的行為負責，包括所謂的戰爭罪行」。以色列駐歐盟代表團的發言人，對此一「有缺陷且產生反效果」的決議深表惋惜。[77]

以色列進行反擊

在二〇一〇年一月及七月，以色列公布了自行調查的「更新版」。[78]雖然這兩項更新表明已經進行了大量調查，但結果是絕大多數都免除了以色列人不法行為的責任。少數士兵受到紀律處分。例如，有軍官接受「嚴厲訓斥」，最嚴厲的判決則是判處一個偷信用卡的士兵七個半月徒刑。[79]不過，即使這些只是象徵性的懲罰，以色列國防軍也仍痛罵這些所謂加在身上的枷鎖。[80]儘管如此，我們很難挑剔說以色列的調查缺乏創造力。殺死一位手持白旗女子的士兵被無罪釋放，理由是該子彈其實是「警告射擊的反彈所導致」──彈到什麼了？雲嗎？[81]以色列寬宏大度地表示，儘管這些「調查」澄清了以色列的嫌疑，但以色列在未來的衝突中，仍將「採用重要的書面程序和原則，加強對平民的保護……限制對平民財產和基礎建設的不必要損害」。[82]這種自負的背後暗示了，以色列承擔一小部分加薩破壞與傷亡的責任，但這是行動造成的損失——而非《戈德史東報告》的結論——來自「旨在懲罰、羞辱和恐嚇平民」的攻擊。在第一次更新調查之後，《國土報》評論以色列的調查，「做得不夠，無法說服人們已經接近真相」。但在之後的社論中，《國土報》對第二輪的調查表示肯定，並暗示《戈德史東報告》這件事可以結案了。[83]國際特赦組織和人權觀察組織都駁斥第一輪的調查。而就第二輪調查，人權觀察組織表示，雖然已有「部分成果」，但以色列的調查仍「遠遠不足以解決，針對戰時違法行為廣泛且嚴肅的指控」。[84]聯合國人權事務高級專員，於二〇一〇年六月宣布成立獨立委員會，「確保對加薩衝突期間所有違反國際人道主義法和國際人權法的行為追究責任。」[85]委員會並在當年九月發布報告[86]，發現雖然「以色列調查導致……某些積極的行動」，但最重要的是，「迄今為止的軍事調查似乎產生的影響很小。」[87]事實上，雖然「委員會無法斷定加薩地區實質掌權者已經展開了可信和真實的調查」[88]，但在報告發布時，哈馬斯定罪並處以徒刑的人數顯然多過以色列。[89]委員會報告公布之後，國際特赦組織敦促聯合國人權理事會，「認定以色列和實質掌權的哈馬斯未能進行調查」，並「呼籲國際刑事法院檢察官儘快裁定……國際刑事法院對加薩的衝突是否有管轄權」。[90]

二〇一〇年三月，半官方的以色列「情報與恐怖主義資訊中心」（Israeli Intelligence and Terrorism Information Center, ITIC），發布了對《戈德史東報告》的長篇回應。[91]報告內容主要源自於「對恐怖份子的審訊」、「以色列國防軍的報告」、「以色列情報機關」，以及難以辨認、無法查證的影像證據。無視人權組織累積的大量證據、情報與恐怖主義資訊中心的報告，都否認加薩在鑄鉛行動之前面臨人道主義危機（他們責怪是哈馬斯造成物資短缺）[92]；也否認二〇〇八年十一月四日的襲擊，代表以色列違反與哈馬斯的停火協議[93]；更否認以色列將加薩人當作人肉盾牌。[94]此外，它對《戈德史東報告》內容的指控都聲稱不合乎事實：如「幾乎沒有提及哈馬斯鎮壓反對者所用的殘酷手段」[95]；報告「只有三個段落」提及哈馬斯「在鑄鉛行動期間所使用的火箭砲及迫擊砲」，且低估以色列平民的死傷[96]；報告「免除」了哈馬斯「所有戰爭罪責任」[97]；報告對恐怖組織以平民為人肉盾牌的行為只有「表面」處理[98]；報告「使用哈馬斯不可靠的死傷人數統計」。[99]再一次，情報與恐怖主義資訊中心的報告，挑戰了肆無忌憚與輕信人言的極限。該報告並指責，是哈馬斯而非以色列，「不願與戈德史東調查團合作」[100]；並聲稱，哈馬斯的潛伏人員「將無辜平民置於以色列國防軍坦克附近，防止以軍向他們開槍」。[101]換句話說，哈馬斯將巴勒斯坦平民拖到以色列坦克陣地，命令他們留下來，然後迅速撤退，但沒有透露平民是否留下來。

可能有人感到困惑，何以《戈德史東報告》在以色列引起如此大的爭議，並發動了一場「外交閃電戰」以控制其後果？[102]畢竟，《戈德史東報告》只是譴責鑄鉛行動的數百份人權報告之一，調查結果也和其他報告差別不大，而且以色列從未在意過聯合國機構。[103]答案其實並不難想。戈德史東不僅是猶太人，並且自稱是猶太復國主義者。「我成年之後的生活中都為以色列工作」、「完全支持以色列存在的權利」，並且「堅定地相信，猶太人絕對有權利在那裡安居」。他領導的猶太組織負責管理以色列職業學校，擔任耶路撒冷希伯來大學的理事會成員，並獲得榮譽博士學位。他的母親是猶太復國運動女性團體的運動者，而他的女兒移民到以色列，也熱心於猶太復國運動。[104]戈德史東也指出，納粹大屠殺對國際法與人權議題的啟發十分重大，他本人也是主要倡議者。[105]由於他真誠且堅定的猶太／復國主義信念，以色列無法拿常用的牌——「反猶」、「厭己猶太人」、「猶太大屠殺否認者」——來對付戈德史東。事實上，他的人格讓以色列數十年來迴避批評所用的意識形態武器失去效力。以基迪恩·列維的話來說，「這次的報信者可以防止政治宣傳」。[106]可以肯定的是，一些狗急跳牆的人的確試著把戈德史東抹黑成「反猶太份子」。（以色列財政部長尤瓦·史坦尼茲〔Yuval Steinitz〕）；把報告說成「受到以色列反猶觀點所驅使」（哲學家艾薩·卡謝爾）；是導致猶太大屠殺的「反猶論類型之一」（新聞部長尤利·埃德斯坦）。[107]報告發布一週後，以 Google 關鍵字搜索「戈德史東反猶太加薩」這組關鍵字，可找到七萬五千筆結果。儘管如此，這些毀謗都被以色列自身的荒謬所掩蓋，起不了太大的作用。戈德史東的批評者隨後推測，該報告只是為了滿足他個人的野心，放出他正在爭取諾貝爾和平獎或領導聯合國的風聲。但戈德史東的名聲無可挑剔，很容易抵擋住這些機會主義者的抹黑。[108]

然而，彷彿預兆似的，在報告發表後的訪問與公開聲明中，戈德史東漸漸不再堅持那麼嚴厲的結論，也淡化以色列罪行的嚴重程度。[109]有傳言認為，戈德史東「上當了，拿自己的名聲替一份不夠周延的報告背書」。[110]不過，多次擔任國際戰爭罪法庭的首席檢察官可沒這麼好騙。

如果戈德史東不是反猶太份子、厭己猶太人或大屠殺否認者；如果他從未仇視以色列，相反地，他對猶太人表現出深厚的感情；如果大家公認他是一個正直的人，他看重真理和正義更甚於自身地位和黨派；如果他既非無能也不是傻子——如果這樣一個戈德史東承認這些報告內容都屬實，那麼對他筆下駭人聽聞的文件，唯一合理解釋就是：他真實地記下了鑄鉛行動發生的確切事實。戈德史東後來觀察他的批評者，「他們唯一可以害怕的是——這是**事實**，而且，我認為這就是他們攻擊報信者而不是內容的原因。」[111]被迫毫無防備地面對事實及其後果，使以色列陷入恐慌中。以色列專家警告，這份報告未來可能會阻礙以色列發動軍事攻擊的能力[112]；總理納坦雅胡也將「戈德史東威脅」列入以色列面臨的主要戰略挑戰之一。[113]與此同時，以色列官員擔心，檢察官可能會追捕海外的以色列人。[114]事實上，在報告發表後不久，國際刑事法院宣布，正在考慮對一名涉嫌參與鑄鉛行動的以色列軍官進行調查。[115]二〇〇九年十二月，齊皮·利夫尼被迫取消倫敦的行程，因為英國法院發出逮捕令，只因她在鑄鉛行動期間擔任外交部長，涉嫌犯下戰爭罪；二〇一〇年六月，兩名比利時律師代表一群巴勒斯坦人控告十四位以色列政治人物（**包括利夫尼和埃胡德·巴拉克**），在攻擊加薩期間犯下「危害人類罪」與「戰爭罪」。[116]擺脫不掉戈德史東的幽靈，攻擊者的人身攻擊手段更加無下限。南非猶太社群領導人計劃禁止戈德史東參加他孫子的成人禮，但消息在海外曝光之後，他的面子掛不住，又開始反悔。[117]以色列派人揭戈德史東的瘡疤，指出：他曾經在南非種族隔離時期擔任法官，並由美國記者在媒體爆料，像傑佛瑞・戈德堡（Jeffrey Goldberg）（在《大西洋》〔*Atlantic*〕雜誌）和強納森・柴特（Jonathan Chait）（在《新共和》雜誌）[118]，戈德史東被批評為「絞刑法官」，因為他有為「完全不合法且野蠻的政權」服務的汙點紀錄。[119]但如同薩沙・波拉科－蘇蘭斯基（Sasha Polakow Suransky，《外交事務》資深編輯、《不能說的盟友：以色列與種族隔離南非的祕密關係》〔*The Unspoken Alliance: Israel's secret relationship with apartheid South Africa*〕一書作者）指出，「作為南非最主要且最可靠的軍火供應商，以色列政府在內部鎮壓與向外侵略期間，支援南非種族隔離政權的程度恐怕更甚於戈德史東。」[120]事實上，在南非鎮壓多數黑人的高峰期，當時以色列的國防部長希蒙・裴瑞斯曾向領導階層透露，以色列和種族隔離政權的合作「不僅基於共同利益，也建立在我們對不公義共同的厭惡此一穩固的基礎之上」。南非總理伊扎克・拉賓回敬道：「以色列和南非共同的理想：正義與和平共處的希望。」裴瑞斯雖然在公開場合譴責種族隔離，但關鍵時刻仍致力促成以色列與南非聯盟，他和拉賓在種族隔離政權的最後幾年都支持此一合作。[121]把戈德史東釘上十字架的最後一記險招是：希伯來大學理事會開除他[122]，而且前美國以色列公共事務委員會主席尼爾・沙爾（Neal Sher），「要求美國應該禁止前法官戈德史東入境，理由是他在南非種族隔離政權工作期間的判決。」不過，尼爾自己也有道德上的瑕疵，他本人即因為挪用大屠殺賠償公款在私人假期玩樂而被取消律師資格。[123]

戈德史東控告以色列案情紀錄的象徵意義，正確地說，其感染力不容小覷。錫安的信徒現在將錫安拖上了國際刑事法院，控告他可能犯下戰爭罪和危害人類罪。事實上，戈德史東登上以巴衝突的舞台，意味著自由派猶太復國主義不穩定的融合——有人可能會說是矛盾——開始內爆。一方面，他是典型的自由派猶太人，是受人尊崇的法治和人權捍衛者；另一方面，他與以色列建立了深厚的聯繫。現在，戈德史東的任命強迫他做出選擇。即使考慮到他的家庭與信念，他也無法替鑄鉛行動辯護，因為他的司法性格、公眾名聲和個人自豪感擋在他面前。他受到法律的規範，憑著良心，他不能逾越某些限制。他所工作的人權領域已經給予鑄鉛行動嚴厲的判決，他不可能無視那些而又保持自己在社群中的聲譽。他在理論上只有一個選擇。如果戈德史東選擇在無可辯解的事情上捍衛以色列，那麼他無異於是「專業自殺」，一世英名將毀於一旦。但戈德史東並不打算為以色列辯護到這種程度。

以色列正努力維繫離散猶太人的忠誠，報告的出爐等於出來搗亂，自認為自由派的離散猶太人，因此越來越難支持以色列更加無恥的罪行。[124]鑄鉛行動標誌著以色列墮落到野蠻的谷底——就如同報告中委婉暗示的，該行動意味著，以色列從「相對聚焦的行動轉向大規模蓄意破壞的質變」。[125]如果連一個猶太人、猶太復國主義者、擁有戈德史東這般完美資歷的自由主義者都證實了這種「轉變」，它還怎麼可能被忽視？猶太人大致是戈德史東的個性——意思是，絕大多數美國猶太人「將自由派政策視為自身的長期利益」[126]——將發現，即使是對以色列最嚴厲的批評，也幾乎不可能再棄之於不顧，而以色列的捍衛者將更難轉移這些批評。一位英國「以色列的朋友與支持者」在《衛報》寫道：「那些不假思索就攻擊報告真實性的團體將發現，自己離廣大猶太人的民意，尤其是年輕一代，更遙遠。」[127]觀察美國猶太人自由主義的堡壘對此報告的反應，沒說的話和有說的話一樣重要。如果報紙社論和自由派評論並未支援戈德史東，他們也沒有站在以色列那邊反對他。[128]這份報告似乎預示了一個時代的結束和新時代的起點：替猶太人辯護、否認、洗白以色列罪行的自由主義結束了，新的猶太自由主義回到了早期最振奮人心的輝煌年代。當——如果只是理想不完美的實現——所有罪犯，無論猶太人或非猶太人，都必須在偏離正義之路時負起責任。「對戈德史東法官的惡毒人身攻擊……令人深感不安」，猶太教拉比布蘭特．羅森（Brant Rosen）說道：「然而，更有意思的是，美國猶太社區中有這麼多人拒絕加入合唱……美國猶太人……正在努力使以色列維持一套比任何政治意識型態更重要的猶太價值觀。」[129]即使受到誘惑，離散的猶太人也無法埋葬戈德史東的報告，因為它在他們工作和社交的環境中引起了極大的共鳴。一位以色列評論家預測，「西方政府可能會忽略這份嚴厲的報告，但現在它將成為批評以色列的基礎——在公共輿論、媒體、校園、智庫和那些聯合國文件會被當成一回事的地方。」[130]一位同時在美國大學校園兼任以色列使者的預備軍官感嘆，抗議的學生「引用《戈德史東報告》……那已經成為他們的聖經」。[131]在那些自稱開明的猶太人中，要決定以色列啦啦隊還是戈德史東之流比較可信，也絕非易事。「問題的癥結真的是哪邊的名聲比較可信嗎？」安東尼．勒曼（Antony Lerman）反問道。「如果真是如此，那是像人權機構的批評者，美國知名律師艾倫．德肖維茨那種，主張酷刑可以合法化？還是像記者梅蘭妮．菲利浦斯（Melanie Phillips），把批評以色列的猶太人都叫做『猶太人滅絕者』？還是像理查．戈德史東，負責偵辦南斯拉夫與盧安達的前國際刑事法院檢察官，賭上自己的信譽接下人權理事會任命的這種？坦白說，我不懂這有什麼好比的。」[132]

《戈德史東報告》也預示了一個新時代，以巴衝突的人權層面得以與愚蠢的「和平進程」比肩——甚至短暫地取代它——站上舞台中央。在以色列佔領加薩的前幾十年裡，巴勒斯坦人權的倡議者，傾向利用少數勇敢但處在政治邊緣的以色列人的研究和證詞。[133]以酷刑來說，近期知名人權團體和以色列史家都承認，以色列從佔領開始就經常對被拘留的巴勒斯坦人施加酷刑。[134]不過，二十世紀九〇年代以前，儘管有大量確切證據，在處理、引述這些酷刑報告時卻小心翼翼，避免使用常見的「酷刑」一詞。[135]第一次大起義（一九八七～一九九三）期間，當巴勒斯坦人進行大規模民間抵抗時，事情有了深刻的轉變。一方面，對於被拘留的巴勒斯坦人施加酷刑已經到了氾濫的程度；另一方面，新興的以色列人權團體卜采萊姆（**以色列佔領區人權資訊中心**）難以反駁的文件，證實以色列普遍使用酷刑。西方人權社群不能再假裝視而不見，政治上與道德上也不能再被知名的以色列團體的招牌所蒙蔽，他們開始系統性地記錄那些惡劣的酷刑及其他許多侵犯人權的行為。[136]然而，這些報告大部分只是放著積灰塵，因為謹小慎微的主流媒體常忽略它們，取而代之的則是在巴勒斯坦的指控與以色列的否認之間，假裝對揪出真相感到絕望。《戈德史東報告》新穎之處在於：它一舉將以色列的人權紀錄推向輿論法庭，縮小了猶太人與巴勒斯坦人對以色列人權紀錄的「敘事」落差，並要求以色列必須承擔人權團體調查所產生的政治後果。

不意外的是，潛在政治成本催化了對《戈德史東報告》歇斯底里的反應，以及美國和以色列國內對人權團體的惡意攻擊。以色列總理辦公室政策規劃主任宣布：「我們將投入時間和人力來打擊這些團體。」[137]人權觀察組織中東部門主任表示，「這是以色列政府第一次積極抹黑人權組織。」[138]這些團體和他們的贊助者（**新以色列基金**〔New Israel Fund〕）在以色列遭到惡毒的襲擊時宣稱：他們提供《戈德史東報告》所用的數據破壞了以色列的名聲。國會成立專門小組「檢查以色列人權組織的資金來源」[139]，並接連提案，禁止非政府組織提供違法資訊給外國團體，並強迫以色列非政府組織向公部門公開外國贊助者。[140]以色列民主研究所（Israel Democracy Institute）一項民調顯示，「過半民眾同意以下聲明：『人權和民權團體，如以色列公民權利協會和卜采萊姆，已對國家造成傷害。』」而特拉維夫大學民調發現，近六十%受訪者認為，揭露以色列不道德行為的人權團體不應該「允許他們自由運作」。[141]面對這令人不安的氛圍，以色列人權團體明顯跟著見風轉舵。卜采萊姆在年度報告中就花了更多篇幅描述巴勒斯坦，而非以色列在鑄鉛行動中違反國際法的情形；不僅描述哈馬斯的篇幅是以色列的兩倍，並強調哈馬斯挾持人質吉拉德．沙利特是「重大違法」（或「戰爭罪」）；而以色列在鑄鉛行動的行為（沒有一件被描述成「重大違法」或「戰爭罪」）；並對《戈德史東報告》的關鍵發現提出異議，但卻沒有提供任何反證。[142]同時，在另一個戰線，美國的以色列遊說團體動員反制「法律戰」（lawfare）[143]，這個詞意指，「利用人權術語孤立以色列。」[144]換句話說，法律戰意味著令人難以容忍的概念——以色列應該為自己犯下的罪行負責。這些團體與其成員在各大法學院與專業組織幫助下召開了各種偽學術研討會，主題像是「《戈德史東報告》：法律戰與恐怖主義時代以色列與美國的國安威脅」（福坦莫〔Fordham〕大學法學院）[145]、「法律戰：以法律作為戰爭武器」（紐約郡律師協會）。[146]一位學者受到「《戈德史東報告》醜聞」所激怒，起而反對「法律戰」並試圖糾正它的偏見：「戰爭史上沒有哪支軍隊，比美國和以色列耗費更多心力與力氣在區分與保護戰爭中的平民，並確保在武裝衝突中所用的武力與所受的威脅相對稱。」[147]當然，這個非常大的主張沒有證據佐證；就像宗教一樣，你要嘛是信徒，要嘛你不是。與此同時，神聖國度的長年辯護士，像是艾倫．德肖維茨和艾利．魏瑟爾，則策劃獵捕人權觀察組織。[148]人權觀察組織業務主任觀察，「我很猶豫要不要用像『陰謀』這種詞，但確實有種有組織的運動的感覺。」「我們一直承受巨大的壓力和大量的攻擊，有些甚至針對個人。」」。[149]人權觀察組織創辦人羅伯特·伯恩斯坦，一直從內部阻擋有關以色列的批評，離開組織時又下場加入戰局。在報告公開之後，伯恩斯坦高調退出，並在《紐約時報》專文批評人權觀察組織的報告對以色列抱有偏見。唉！他唯一能用來替以色列辯護的證詞就是無所不在的理查·肯普上校，他稱讚以色列在鑄鉛行動期間對人道法的努力無與倫比。[150]半年後，又有人延續伯恩斯坦的砲火，在《新共和》雜誌上爆料據稱，人權觀察組織內部，不滿組織反以色列傾向過於鮮明。[151]該文作者並未解釋其文章內容唯一引發的實質問題：為什麼親以色列的富有猶太贊助者都不具任何人權或中東領域的專業——一位「傳奇的好萊塢大亨」、「四十八歲，曾於華爾街工作」、「前股票經紀人」——這些人為什麼能夠影響人權觀察組織的中東部門？令人遺憾的是，人權觀察組織證明，即使是他們，也無法從誹謗風暴中全身而退。因此在二〇一〇年的年度報告中，他們表示：「根據媒體和一個非政府組織報導，某些情況下，巴勒斯坦武裝團體故意躲在平民身後，非法利用人肉盾牌阻擋以色列的攻擊。」[152]報告沒有提到，事實調查團和人權組織——甚至人權觀察組織本身——都**沒有發現**，巴勒斯坦武裝團體在鑄鉛行動期間利用人肉盾牌的證據。但即使如此，在以色列仍然持續對加薩一五〇萬居民實施非法、非人道圍困的同時，人權觀察組織仍以人盡皆知的絕望姿態安撫以色列遊說團，矮化自己，去公開譴責一家拒絕提供兩位以色列人用餐的約旦餐廳。[153]

以色列對《戈德史東報告》一致且無情的攻擊已經造成損失，人權觀察組織的倒退就是一個癥兆。報告出版一年後，雖然不到完全沉船的程度，但已足以打擊這件事的進展。以色列先是否認任何不法行為並抨擊報告，等到誹謗的目標不再強硬之後，又巧妙地改變策略。以色列實施一些象徵性的懲罰，並承諾修正自身的方式，聲稱在未來的戰爭中會注意報告中提醒的教訓。[154]戈德史東原來的支持者，像是《國土報》，這時也急於回歸以色列共識，開始澄清並讚許以色列（**雖然是遲來的**）自我批判的能力。[155]國防部長巴拉克自信地預測，他正在了結「《戈德史東報告》的殘餘」。[156]聯合國祕書長潘基文，也跟隨美國華府的腳步。儘管這些所謂的調查產生的結果少的可憐，仍然讚揚以色列「針對以色列國防軍不當行為指控調查的重大進展」。[157]事實上，軍方調查的「重大進展」與對《戈德史東報告》的實質回應表現在同一件事上：二〇一〇年底，鑄鉛行動的指揮官高升為以色列國防軍的參謀長。[158]聯合國人權理事會繼續延後對戈德史東的調查結果所應採取的行動，同時巴勒斯坦自治政府與阿拉伯國家聯盟，傾向讓報告躺在聯合國官僚機構裡，靜待風波默默平息。二〇一〇年九月，人權理事會以二十七票贊成、一票反對（**美國**）、十九票棄權通過決議，要求獨立的專家委員會（**在二〇一一年三月**）提交另一份第十六屆會期的進度報告。[159]巴勒斯坦自治政府和阿拉伯國家聯合支持這種可鄙的拖延戰術，而美國投下反對票的理由是，「因為以色列具備進行可信的調查和嚴格自我審查的能力，聯合國沒有必要也沒有理由繼續追蹤《戈德史東報告》的後續發展。」[160]巴勒斯坦人權組織譴責巴勒斯坦自治政府「免除以色列軍方與政治領導人所有懲罰」；國際特赦組織批評理事會的「決議有重大缺陷」、「沒有建立清楚的司法流程」，而且，「形同背叛受害者」，並呼籲理事會將此案移交國際刑事法院進一步處理；一位人權觀察組織代表，將決議視為「倒退」與報告「慢性死亡的開始」。[161]

為了詆毀或至少削弱《戈德史東報告》，以色列深入國家和社會底層，利用和集中他們的全部力量，並同時動員在海外的忠貞黨員。但以色列即使成功減少報告造成的傷害，卻仍然暴露在風險之中，因為不斷累積的毀滅性證據將長期控訴以色列的犯罪行為，該報告在國際的迴響仍然阻礙以色列日後發動全面攻擊的能力。人權社群仍須注意日後不能再愚蠢地冒進。在報告發布後幾個月，一位以色列記者後悔地說道：「《戈德史東報告》仍然高居以色列頭痛排行榜的首位。」[162]

1 *Report of the United Nations Fact-Finding Mission on the Gaza Conflict* (25 September 2009), paras. 1, 151; hereafter: Goldstone Report. 關於調查團成員在以色列攻擊加薩五年後所做的、令人不寒而慄的回顧，請參閱 Desmond Travers's unpublished manuscript, "Gaza: '……for the day after……" (2014).

2 Goldstone Report, paras. 144, 162; Bill Moyers, *Journal* (23 October 2009), pbs.org/moyers/journal/10232009/transcript1.html. For the extended correspondence between Goldstone and the Government of Israel, see Goldstone Report, annex II, pp. 434–50.

3 由國際法相關機構中「公認的專家」，就《戈德史東報告》進行批判但最終有利的評估。請參閱 *Report of an Expert Meeting Which Assessed Procedural Criticisms Made of the UN Fact-Finding Mission on the Gaza Conflict (The Goldstone Report)* (2009). 專家們的結論是：《戈德史東報告》「遠非（針對它的）批評者所認為的沒有效力。該報告提出了極待解決的嚴重問題，也在部分事件提供令人信服的證據。」

4 Goldstone Report, paras. 63, 1213–14.

5 Ibid., paras. 1215, 1892.

6 此處與本書其他章節，「哈馬斯」皆用於指稱加薩所有巴勒斯坦武裝派別。

7 Goldstone Report, paras. 1208, 1884.

8 Ibid., para. 1893.

9 Ibid., para. 1898. 戈德史東後來回憶說：「雖然當初不太願意去加薩（『我做過關於被綁架的噩夢。你知道，特別是對猶太人來說，進入哈馬斯控制的地區是非常困難的。』）」，但「他很驚訝，我們在加薩遇到和接觸的人都很溫暖」。(Moyers, *Journal*).

10 Goldstone Report, paras. 46, 50, 60, 937, 961, 987, 1006, 1171–75, 1935.

11 Ibid., paras. 75, 1334–35, 1936. 由戈德史東傑出的南非同事約翰．杜加德擔任主席的「事實調查委員」，將法律方面的結論更推進一步。報告斷定，以色列在「令人髮指與不人道的」攻擊過程中犯下戰爭罪，像是「對平民進行無差別、不合比例的攻擊」、「殺害、傷害和恐嚇平民」、「任意破壞財產」，以及轟炸和砲擊醫院和救護車，阻礙傷員撤離。報告進一步還指出，以色列犯下危害人類罪，包括故意且「無情地」殺害平民、「大規模殺戮——在某些情況下是『滅絕』」和「迫害」。然而，報告並未指責以色列進行種族滅絕：「這次行動的主要理由並非摧毀一個群體，這是『種族滅絕罪』成立的條件，這是為了集體懲罰所進行的惡意行為，意圖迫使民眾拒絕哈馬斯作為加薩的管理當局，或壓制人民處於屈服狀態」。不過，報告還是確定「個別士兵可能已經有種族滅絕的意圖，並可能因此被起訴」。*Report of the Independent Fact-Finding Committee on Gaza: No safe place.* Presented to the League of Arab States (30 April 2009), paras. 20, 22–23, 25–30 of Executive Summary; paras. 405, 485–91, 496–98, 500–504, 506–10, 519–20, 526–29, 540–47, 554–58, 572–73; hereafter: Dugard Report.

12 Goldstone Report, para. 1895.

13 Ibid., paras. 108, 1691, 1953. 杜加德委員會認為，哈馬斯應對戰爭罪負責。例如，「對平民進行無差別和不成比例的攻擊」，以及「殺害、傷害和恐嚇平民」。不過，他加了一條但書：「一些因素……減輕他們的道德責任，而非刑事責任」、「以色列否認巴勒斯坦人的自決權，並對他們長期實行殘忍的圍困」；「以色列行動的規模」；還有「對立雙方的武器能力和使用各自武器的巨大差異」。Dugard Report, paras. 21, 24, 35 of Executive Summary; paras. 457, 484, 495, 499, 575–77.

14 人權觀察組織一般法律顧問迪娜．普金普納（Dinah PoKempner）進一步指出，給哈馬斯提供的空間「相當簡短」並「不令人感到意外」，因為有關加薩當局是否容忍向以色列平民地區發射火箭砲並無事實爭議，在法律上也沒有模糊地帶需要討論。“Valuing the Goldstone Report,” *Global Governance* 16 (2010), p. 153.

15 Moyers, *Journal*.

16 「以色列在官僚和補給上有效地分裂巴勒斯坦人，包括佔領區的巴勒斯坦人和他們在以色列的家人、耶路撒冷的巴勒斯坦居民和其他領地上的人，還有加薩人和西岸人／耶路撒冷人。」 Goldstone Report, para. 205.

17 報告只對「難民返回權」的脈絡做了簡單的交代。(ibid., paras. 92, 1509).

18 Ibid., paras. 206–7.

19 「調查團的觀點是，以色列已經越線了。認為『戰時行為』可以接受已經是謬誤，現在更成為常態。民眾普遍支持對巴勒斯坦人採取強硬路線，加上缺乏公共監督和課責機制，使得已經相當嚴重的——對應受保護平民的暴力行為更加嚴峻。」(ibid., para. 1440)

20 「調查團注意到，自佔領開始以來，被拘留的巴勒斯坦人數很多（佔成年男性人口的四十%……），這種做法似乎旨在實行控制、羞辱、灌輸恐懼、威懾政治活動和服務於政治利益」(ibid., para. 1503)；「調查團……相當關切審訊期間的脅迫和酷刑，基於逼供或祕密證據的審判，以及監獄中系統和制度化虐待的相關報導」 (ibid., paras. 1504–5).

21 Ibid., paras. 1535–37. 調查團明確指出，它「將東耶路撒冷視為被佔領巴勒斯坦領土的一部分」 (ibid., p. 369n1062).

22 Ibid., para. 1546.

23 Ibid.

24 「在西岸及東耶路薩冷進行大規模破壞和佔用財產，包括土地徵收與拆除房屋，不是軍事需要，而且以違法任意的方式執行，等於嚴重違反……『日內瓦公約』」 (ibid., para. 1946).

25 「只要居住遷徙受到限制，屯墾區和相關基礎建設、對耶路撒冷和西岸『C區』的人口政策，以及將加薩與西岸分離，阻止可行、連續的和主權獨立的巴勒斯坦國出現，這些都侵犯了強行法中的自決權力」(ibid., para. 1947).

26 Ibid., para. 1876.

27 Ibid., paras. 127, 1857, 1975.

28 Ibid., para. 1969.

29 Ibid., paras. 128, 1873, 1971(b).

30 Ibid., paras. 1971–74. 報告還明確呼籲以色列，「釋放因佔領而被拘留在以色列監獄中的巴勒斯坦人」。

31 The exceptions included Amira Hass, “The One Thing Worse than Denying the Gaza Report,” *Haaretz* (17 September 2009); Gideon Levy, “Disgrace in the Hague,” *Haaretz* (17 September 2009); Gideon Levy, “Goldstone’s Gaza Probe Did Israel a Favor,” *Haaretz* (1 October 2009); Yitzhak Laor, “The National Choir,” *Haaretz* (22 September 2009); Yitzhak Laor, “Turning Off the Lights,” *Haaretz* (7 October 2009); Zeev Sternhell, “A Permanent Moral Stain,” *Haaretz* (25 September 2009); Larry Derfner, “A Wake-Up Call from Judge Goldstone,” *Jerusalem Post* (16 September 2009); Larry Derfner, “Our Exclusive Right to Self-Defense,” *Jerusalem Post* (7 October 2009); Larry Derfner, “Some Victims We Are,” *Jerusalem Post* (28 October 2009). 例外，包括鴿派梅雷茲黨領導人和《國土報》社論，呼籲以色列政府成立調查委員會。Gil Hoffman and Haviv Rettig Gur, “Oron Calls for Israeli Cast Lead Probe,” *Jerusalem Post* (18 September 2009); “A Committee of Inquiry Is Needed,” *Haaretz* (18 September 2009); “Only an External Probe Will Do,” *Haaretz* (3 October 2009); “Israel’s Whitewash,” *Haaretz* (28 January 2010).

32 “Statement by President Shimon Peres: ‘Goldstone Mission report is a mockery of history’” (16 September 2009), mfa.gov.il/mfa/pressroom/2009/

pages/president-peres-reply-to-the-goldstone-commission-report-16-sep-2009.aspx; Shuki Sadeh, "Peres: Goldstone is a small man out to hurt Israel," *Haaretz* (12 November 2009).

33 Barak Ravid and Natasha Mozgovaya, "Netanyahu Calls UN Gaza Probe a 'Kangaroo Court' against Israel," *Haaretz* (16 September 2009).

34 "Rights Council to Debate Gaza War," *Al Jazeera* (15 October 2009), aljazeera.com/news/europe/2009/10/2009101521222102631.html; Barak Ravid, "Israel Slams Goldstone 'Misrepresentations' of Internal Probes into Gaza War," *Haaretz* (7 February 2010).

35 Barak Ravid, "Israel Prepares to Fight War Crimes Trials after Goldstone Gaza Report," *Haaretz* (20 October 2009); Barak Ravid, "Israel to Set Up Team to Review Gaza War Probe," *Haaretz* (26 October 2009); Zeev Sternhell, "With a Conscience That Is Always Clear," *Haaretz* (30 October 2009). 關於納坦雅胡的提議，戈德史東觀察，「在我看來，這暗示他們自己也接受他們違反現行法律，所以才需要修法。」 Moyers, *Journal*.

36 Rebecca Anna Stoil and Tovah Lazaroff, "EU to Debate Goldstone Report," *Jerusalem Post* (24 February 2010).

37 "Dershowitz: Goldstone is a traitor," *Jerusalem Post* (31 January 2010).

38 Hoffman and Gur, "Oron Calls"; Donald Macintyre, "Israelis Hit Back at UN Report Alleging War Crimes in Gaza," *Independent* (17 September 2009); Ravid and Mozgovaya, "Netanyahu Calls."

39 Shalhevet Zohar, "Peres: Goldstone report mocks history," *Jerusalem Post* (16 September 2009); Dore Gold, "The Dangerous Bias of the United Nations Goldstone Report," *US News & World Report* (24 March 2010).

40 Michael Oren, "UN Report a Victory for Terror," *Boston Globe* (24 September 2009); Michael Oren, "Address to AJC" (28 April 2010), ajc.org/site/apps/nlnet/content2. aspx? c=ijITI2PHKoG&b=5970663&ct=8222031; Michael B. Oren, "Deep Denial: Why the Holocaust still matters," *New Republic* (6 October 2009). 記者基迪恩・列維聲稱，奧倫是「文宣官大使」。Gideon Levy, "Israel's Attacks Will Lead to Its Isolation," *Haaretz* (22 October 2009). 關於奧倫學術研究的批判分析，請參閱 Norman G. Finkelstein, *Knowing Too Much: Why the American Jewish romance with Israel is coming to an end* (New York: 2012), pp. 221–48.

41 "We'll Defend Ourselves by Any Means," *Jerusalem Post* (21 September 2009); Yaakov Katz, "Security and Defense: Waging war on the legal front," *Jerusalem Post* (18 September 2009); Amos Harel, "IDF: UN Gaza report biased, radical and groundless," *Haaretz* (20 September 2009).

42 "Goldstoned," *Jerusalem Post* (16 September 2009); "The 'Goldstoning' of Israel," *Jerusalem Post* (2 February 2010); David Landau, "The Gaza Report's Wasted Opportunity," *New York Times* (20 September 2009).

43 Israel Harel, "Venom and Destruction," *Haaretz* (18 September 2009); Israel Harel, "Don't Establish an Investigative Panel," *Haaretz* (1 October 2009); Jack Khoury, "Goldstone Tells Obama: Show me flaws in Gaza report," *Haaretz* (22 October 2009).

44 Stephen Roth Institute for the Study of Contemporary Antisemitism and Racism, *Antisemitism Worldwide 2009* (2010), www.tau.ac.il/Anti-Semitism/, pp. 29, 37, 39.

45 Gerald Steinberg, "From Dreyfus to Goldstone," *Canadian Jewish News* (19 November 2009).

46 "Israel's Jewish Public: Goldstone report biased against IDF," *ynetnews.com* (18 October 2009).

47 Asher Arian et al., *Auditing Israeli Democracy: Democratic values in practice* (Jerusalem: 2010), pp. 88, 133, 173.

48 Yehezkel Dror, "Why Israel Should Have Cooperated with Goldstone on Gaza," *Haaretz* (21 September 2009).

49 Uri Avnery, "UM-Shmum, UM-Boom," Gush Shalom (19 September 2009), zope.gush-shalom.org/home/en/channels/avnery/1253361627/.

50 Maya Sela, "Amos Oz: Hamas responsible for outbreak of Gaza violence," *Haaretz* (30 December 2008); David Grossman, "Is Israel Too Imprisoned in the Familiar Ceremony of War?," *Haaretz* (30 December 2008).

51 Max Boot, "The Goldstone Report," *Commentary* blog ("Contentions") (16 September 2009); John Bolton, "Israel, the US and the Goldstone Report," *Wall Street Journal* (20 October 2009).

52 "Wiesel: If Ahmadinejad were assassinated, I wouldn't shed a tear," *Haaretz* (9 February 2010); "I Wouldn't Cry If He Was Killed," *Jerusalem Post* (9 February 2010).

53 Alan M. Dershowitz, "Goldstone Investigation Undercuts Human Rights," *Jerusalem Post* blog ("Double Standard Watch") (17 September 2009); Alan Dershowitz, "Goldstone Criticizes UN Council on Human Rights," *Huffington Post* (22 October 2009); Alan M. Dershowitz, "Goldstone Backs Away from Report: The two faces of an international poseur," *Jerusalem Post* blog ("Double Standard Watch") (15 October 2009); "Dershowitz: Goldstone is a traitor," *Jerusalem Post;* Josh Nathan-Kazis, "Dershowitz Explains Critical Goldstone Remark," *Forward* (3 February 2010); Tehiya Barak, "Judge Goldstone's Dark Past," *ynetnews.com* (6 May 2010).

54 Alan Dershowitz, *The Case against the Goldstone Report: A study in evidentiary bias*, www.alandershowitz.com/goldstone.pdf.

55 Jeffrey Goldberg, "J Street, Down the Rabbit Hole," *Atlantic* blog (30 September 2010); Joshua Muravchik, "Goldstone: An exegesis," *World Affairs* (May/June 2010). 馬拉夫奇克（Muravchik）還提出了一個令人驚訝的說法，即戈德史東從未向以色列攻擊的加薩證人詢問「巴勒斯坦槍手是否在附近」。See also Bernard-Henri Lévy, "It's Time to Stop Demonizing Israel," *Haaretz* (8 June 2010).

56 Moyers, *Journal.*

57 Eric Fingerhut, "AIPAC Condemns Goldstone Report," *Jewish Telegraphic Agency* (17 September 2009).

58 American Jewish Committee, "Letter to Secretary Clinton Urges Condemnation of Goldstone Report" (23 September 2009).

59 "Rice: 'Serious concerns' about the Goldstone Report," *Jewish Telegraphic Agency* (17 September 2009).

60 Nathan Guttman, "Israel, US Working to Limit Damage of Goldstone Report," *Haaretz* (27 September 2009).

61 Laura Rozen, "State on Goldstone Report: 'Deeply concerned,'" *Politico* (18 September 2009); Barak Ravid and Shlomo Shamir, "PA Pushing for UN to Act on Goldstone 'War Crime' Findings," *Haaretz* (1 October 2009); Shlomo Shamir, "UN Human Rights Chief Endorses Goldstone Gaza Report," *Haaretz* (23 October 2009).

62 US Department of State, *2009 Human Rights Report.*

63 House Subcommittee on the Middle East and South Asia, "Ackerman Blasts Goldstone Report as 'Pompous, Tendentious, One-Sided Political Diatribe'" (16 September 2009).

64 Khoury, "Goldstone Tells Obama"; "Goldstone Dares US on Gaza Report," *Al Jazeera* (22 October 2009).

65 Human Rights Watch, "UN, US, EU Undermine Justice for Gaza Conflict" (1 October 2009).

66 "H. R ES. 867, 111th Congress" (23 October 2009); Natasha Mozgovaya and Barak Ravid, "US House Backs Resolution to Condemn Goldstone Gaza Report," *Haaretz* (5 November 2009); Nima Shirazi, "Goldstonewalled! US Congress endorses Israeli war crimes," *MRzine* (12 November 2009).

67 "Goldstone Sends Letter to Berman, Ros-Lehtinen Correcting Factual Errors in HR 867, Which Opposes UN Fact Finding Report on Gaza," *uruknet.info* (29 October 2009). 在戈德史東提交反駁意見後，該決議的支持者之一對其進行了一些修改。Spencer Ackerman, "Berman Puts

New Language into Anti-Goldstone Resolution," *washingtonindependent.com* (3 November 2009). 自由派猶太遊說團體 J街（J Street）呼籲，比眾院版「更好，更平衡的決議」，但仍然「敦促美國明確表示，將使用否決權防止此事提交國際刑事法院」。"J Street Position on H.Res. 867" (30 October 2009).

68. 一位政府官員最初表示，美國將阻止聯合國對該報告採取行動，但白宮隨後否認該聲明。後來發現，華盛頓一直在悄悄施加壓力制止報告的後續發展。"US Pledges to Quash Goldstone Recommendations," *Jewish Telegraphic Agency* (22 September 2009); "White House: Official 'misspoke' on Goldstone report," *Jewish Telegraphic Agency* (23 September 2009).However, it later came out that Washington had been quietly applying pressure to contain the Report's fallout. Jared Flanery and Ben Norton, "Deferring Justice: Clinton emails show how State Dept. undermined UN action on Israeli war crimes," *Salon* (19 November 2015).

69 Hillary Clinton, "How I Would Reaffirm Unbreakable Bond with Israel—and Benjamin Netanyahu," *Forward* (4 November 2015).

70 Amos Harel and Avi Issacharoff, "Israel Demands PA Drop War Crimes Suit at The Hague," *Haaretz* (27 September 2009).

71 Howard Schneider and Colum Mynch, "UN Panel Defers Vote on Gaza Report," *Washington Post* (3 October 2009); Amira Hass, "PA Move to Thwart Goldstone Gaza Report Shocks Palestinian Public," *Haaretz* (4 October 2009).

72 "The Human Rights Situation in the Occupied Palestinian Territory, Including East Jerusalem" (A/HRC/R ES/S-12/1) (16 October 2009). 戈德史東的批評者高興地報導說，他反對理事會的決議，但這是用部分事實捏造的完全謊言。戈德史東不贊成第一版的草案，草案在他表達保留意見後進行修正，然後他同意了最終投票表決的版本。Moyers, *Journal*.

73 United Nations General Assembly, "Follow-Up to the Report of the United Nations Fact-Finding Mission on the Gaza Conflict" (A/64/L.11) (2 November 2009); Shlomo Shamir, "UN General Assembly Adopts Goldstone Report," *Haaretz* (6 November 2009).

74 Shlomo Shamir, "Israel: UN 'detached from reality' for adopting Goldstone report," *Haaretz* (6 November 2009); "FM: UNGA vote shows Israel has moral majority," *Jerusalem Post* (6 November 2009).

75 United Nations General Assembly, *Follow-Up to the Report of the United Nations Fact-Finding Mission on the Gaza Conflict: Report of the Secretary-General* (A/64/651) (4 February 2010).

76 United Nations General Assembly, "Follow-Up to the Report of the United Nations Fact-Finding Mission on the Gaza Conflict (II)" (A/64/L.48) (23 February 2010). 投票數低可能是由於那天發生了大規模的暴風雪。

77 "European Parliament Resolution of 10 March 2010 on Implementation of the Goldstone Recommendations on Israel/Palestine" (P7_TAPROV(2010)0054); Leigh Phillips, "Despite Heavy Lobbying, EU Parliament Endorses Goldstone Report," *euobserver. com* (10 March 2010), euobserver.com/9/29650; "EU Parliament Backs Goldstone Report," *Jerusalem Post* (10 March 2010).

78 State of Israel, *Gaza Operation Investigations: An update* (January 2010); State of Israel, *Gaza Operation Investigations: Second update* (July 2010).

79 State of Israel, *Gaza Operation Investigations: An update,* paras. 100, 108, 137; State of Israel, *Gaza Operation Investigations: Second update,* paras. 10, 11, 37, 46, 60, 73, 74, 94, 102.

80 Amos Harel, "MESS Report: Gaza war probes are changing Israel's defiant ways," Haaretz (22 July 2010). 81. State of Israel, *Gaza Operation Investigations: Second update,* para. 105.

82 Ibid., paras. 150–56.

83 "Israel Is Being Evasive Again," *Haaretz* (1 February 2010); "Thanks to the Critics," *Haaretz* (27 July 2010).

84 Amnesty International, "Latest Israeli Response to Gaza Investigations Totally Inadequate" (2 February 2010); Human Rights Watch, "Military Investigations Fail Gaza War Victims" (7 February 2010); Human Rights Watch, "Wartime Inquiries Fall Short" (10 August 2010).

85 UN News Service, "UN Rights Chief Unveils Members of Independent Probe into Gaza Conflict" (14 June 2010).

86 *Report of the Committee of Independent Experts in International Humanitarian and Human Rights Laws to Monitor and Assess Any Domestic, Legal or Other Proceedings Undertaken by Both the Government of Israel and the Palestinian Side, in the Light of General Assembly Resolution 64/254, Including the Independence, Effectiveness, Genuineness of These Investigations and Their Conformity with International Standards* (21 September 2010).

87 *Report of the Committee*, paras. 42, 55. *Haaretz* (22 July 2010).

88 Ibid., para. 101.

89 Ibid., paras. 40, 83. 該委員會報告聲稱，以色列已將一名士兵判為搶劫罪，而哈馬斯提交的案件則提供了「刑事訴訟的案例……，包括一些被告被定罪和監禁的案件」。

90 Amnesty International, "Time for International Justice Solution for Gaza Conflict Victims" (23 September 2010).

91 Intelligence and Terrorism Information Center, *Hamas and the Terrorist Threat from the Gaza Strip: The main findings of the Goldstone Report versus the factual findings* (2010).

92 Ibid., p. 69.

93 Ibid., pp. IV, 8, 73, 80. 雖然之前的以色列情報和恐怖主義資訊中心出版品，報導哈馬斯「小心地維持停火」，並試圖「執行和其他恐怖組織的協議」（見第二章），但新的出版品則聲稱，哈馬斯「系統性地、多次侵犯」停火協議，哈馬斯並未對其他「恐怖組織採取有效維持和平的措施」。不過，新出版物的圖表顯示，二〇〇八年十月，只有一枚火箭砲和一枚迫擊砲射向以色列，並承認「前五個月相對平靜」(ibid., pp. 74, 79).

94 Ibid., p. IV.

95 Ibid., pp. 3, 35 (but see Goldstone Report, paras. 1345–72).

96 Ibid., pp. 95, 97 (but see Goldstone Report, paras. 1604–6, 1610–36, 1647–74, 1682–91; 報告指出，「對以色列社群的衝擊，大於實際持續的死亡和受傷人數」)。

97 Ibid., pp. VIII, 57 (but see Goldstone Report, paras. 1687–91). 以色列情報和恐怖主義資訊中心出版品挑剔報告的毛病，說它都用「巴勒斯坦武裝團體」（Palestinian armed groups）而不直接指名哈馬斯。但是報告也同樣稱「以色列武裝軍事力量」（Israeli armed forces）。

98 Ibid., p. 120 (but see Goldstone Report, paras. 475–98).

99 Ibid., pp. 315, 321–22 (but see Goldstone Report, paras. 352–63). 以色列情報與恐怖主義資訊中心的報告也耽溺於毫無根據的猜測，即尋求「財務補償」的巴勒斯坦家庭，可能將「自然原因」的死亡浮報成入侵所造成 (ibid., p. 322).

100 Ibid., p. 318 (but see Goldstone Report, para. 144: 以色列拒絕和戈德史東調查團合作，「加薩當局的高層……全面配合和支持調查團」)。

101 Ibid., p. 196.

102 Hoffman and Gur, "Oron Calls"; Eitan Haber, "In Wake of Goldstone Report, Israel Must Launch Battle for Its Image," *ynetnews.com* (17 September 2009).

103 Richard Falk, "The Goldstone Report: Ordinary text, extraordinary event," *Global Governance* 16 (2010), p. 173. 戈德史東調查團的一名成員核對了「約三百份」鑄鉛行動的人權調查，結果顯示，「他們的調查一致反對以色列國防軍的行動」。Desmond Travers, "Operation Cast

Lead: Legal and doctrinal asymmetries in a military operation," Irish Defense Forces, *An Cosantóir* (2010), p. 10. 一些批評者聲稱，《戈德史東報告》比其他報告更「惡毒」。Ethan Bronner, "Israel Poised to Challenge a UN Report on Gaza," *New York Times* (23 January 2010). 但論點都經不起審查。從批判的角度來看，報告實際上都更為謹慎和保守。人權觀察組織表示，在平民區使用白磷彈是「戰爭罪」，但報告裡沒有；《杜加德報告》總結「個別士兵」可能犯下「種族滅絕罪」，但報告裡沒有；國際特赦組織建議對以色列（和哈馬斯）全面實施武器禁運，**但報告裡沒有**。

104 Moyers, *Journal;* The Forward and Claudia Braude, "Will Goldstone's Gaza Report Prove Him Just a Naïve Idealist?," *Haaretz* (23 September 2009); "'My Father Is a Zionist, Loves Israel,'" *Jerusalem Post* (16 September 2009); "Goldstone's Daughter: My father's participation softened UN Gaza report," *Haaretz* (16 September 2009); "Tikkun Interview with Judge Richard Goldstone" (2 October 2009).

105 Anshel Pfeffer, "Goldstone: Holocaust shaped view on war crimes," *Haaretz* (18 September 2009).

106 Levy, "Disgrace."

107 Guttman, "Israel, US Working"; Yaakov Katz, "Mandelblit: Israel right not to cooperate with Goldstone," *Jerusalem Post* (16 September 2009); Herb Keinon and Tovah Lazaroff, "'UNHRC Vote May Affect Moscow Parley,'" *Jerusalem Post* (19 October 2009); Roni Sofer, "Minister Edelstein: Goldstone report anti-Semitic," *ynetnews.com* (25 January 2010); "UK Officer Slams 'Pavlovian' Criticism of IDF after Gaza War," *Haaretz* (22 February 2010).

108 Amir Mizroch, "Grappling with Goldstone," *Jerusalem Post* (18 September 2009); Amir Mizroch, "What South African Jews Think of Richard Goldstone," *Jerusalem Post* (1 October 2009); R. W. Johnson, "Who Is Richard Goldstone?," *Radio Free Europe/Radio Liberty* (20 October 2009); Ashley Rindsberg, "UN's Goldstone Sent 13-Year-Old Boy to Prison for Protesting Apartheid," *Huffington Post* (19 November 2009); Dershowitz, "Goldstone Investigation."

109 Richard Goldstone, "Justice in Gaza," *New York Times* (17 September 2009); Richard Goldstone, "Who's Being Unfair?," *Jerusalem Post* (21 September 2009); Gal Beckerman, "Goldstone: 'If this was a court of law, there would have been nothing proven,'" *Forward* (16 October 2009); "Tikkun Interview with Judge Richard Goldstone."

110 Harold Evans, "A Moral Atrocity," *Guardian* (20 October 2009).

111 Moyers, *Journal.*

112 Aluf Benn, "In Wake of UN Gaza Probe, How Can Israel Go to War Again?," *Haaretz* (16 September 2009); Ari Shavit, "Watch Out for the Goldstoners," *Haaretz* (8 October 2009). See also Gideon Levy, "Peres, Not Goldstone, Is the Small Man," *Haaretz* (15 November 2009); and Reut Institute, *Building a Political Firewall against Israel's Delegitimization* (Tel Aviv: 2010), paras. 40, 106.

113 "PM: Israel faces the 'Goldstone threat,'" *Jerusalem Post* (23 December 2009).

114 Barak Ravid and Anshel Pfeffer, "Israel Seeks Obama Backing on Gaza Probe," *Haaretz* (26 September 2009).

115 Yotam Feldman, "ICC May Try IDF Officer in Wake of Goldstone Gaza Report," *Haaretz* (24 September 2009); Raphael Ahren, "Israeli Soldiers from South Africa Feel Heat of Prosecution Drive in Old Country," *Haaretz* (22 November 2009).

116 "Livni Reportedly Cancels UK Visit, Fearing Arrest," *Haaretz* (16 December 2009); Danna Harman, "Belgian Lawyers to Charge Barak and Livni for War Crimes," *Haaretz* (23 June 2010). 關於此事類似的報導，請參閱 Barak Ravid, "In Unprecedented Move, British Police Summoned Tzipi Livni over Suspected Gaza War Crimes," *Haaretz* (3 July 2016); and Yonah Jeremy Bob, "Scotland Yard Summons Livni for Cast Lead War Crimes

Questioning," *Jerusalem Post* (3 July 2016).

117 Larry Derfner, "Yasher Koah, Judge Goldstone," *Jerusalem Post* (22 April 2010). 為了合理化這種過度排斥他的企圖，南非猶太復國主義聯盟主席責備戈德史東，未能「要求哈馬斯無條件釋放吉拉德．沙利特」，或至少「要求他們承認他的戰俘身份」。但報告確實，「建議巴勒斯坦武裝團體，應以人道主義理由釋放拘留的以色列士兵吉拉德．沙利特。在釋放之前，他們應該承認他的戰俘身份，給予戰俘待遇，並允許紅十字國際委員會探視」。諷刺的是，以色列批評把沙利特被列為戰俘的建議。"Opening Statement by Avrom Krengel, Chairman of the SAfr Zionist Fed, delivered at meeting with Judge Richard Goldstone" (4 May 2010); Goldstone Report, para. 1973(b); Intelligence and Terrorism Information Center, *Hamas and the Terrorist Threat,* p. 66n49.

118 Tom Gross, "Goldstone's Death Sentences for Blacks: Just following orders," *Mideast Dispatch Archive* (10 May 2010); M. J. Rosenberg, "The 'Get Goldstone' Campaign," *MEDIAMATTERS Action Network* (10 May 2010).

119 Alan Dershowitz, "Legitimating Bigotry: The legacy of Richard Goldstone," *Hudson New York* (7 May 2010); see also Ilan Evyatar and David Horowitz. "'We Are Not Done with Goldstone,'" *Jerusalem Post* (21 May 2010), 艾倫．德肖維茨稱他是「機會主義者」，讓人想起「納粹戰犯……他們之中的許多人擔任法官」。

120 Sasha Polakow-Suransky, "Gold Stones, Glass Houses," *Foreign Policy* (10 May 2010).

121 Sasha Polakow-Suransky, *The Unspoken Alliance: Israel 's secret relationship with apartheid South Africa* (New York: 2010), pp. 80, 92.

122 Abe Selig, "Goldstone Stripped of Honorary Hebrew U Governorship," *Jerusalem Post* (5 June 2010).

123 E. B. Solomont, "Attorney Seeks to Bar Goldstone from US," *Jerusalem Post* (14 May 2010); Nacha Cattan, "Restitution Leader Disbarred by Court after Investigation of Job Misconduct," *Forward* (5 September 2003).

124 Finkelstein, *Knowing Too Much,* pp. 5–89.

125 Goldstone Report, para. 1193. 此處的註腳加上但書：「此處所謂『相對聚焦的行動』不應被誤解為，表明所有這些行動符合區別和比例原則。它只是一個比較參考」。

126 Jewish People Policy Planning Institute, *Annual Assessment 2008* (Jerusalem: 2008), p. 33.

127 Daniel Levy, "Israel Must Now Heal Itself," *Guardian* (18 September 2009).

128 Roane Carey, "The Goldstone Report on Gaza," *Nation* blog ("The Notion") (25 September 2009). 少數既批評以色列又支持戈德史東的例子。請參閱 James Carroll, "A Time of Reckoning," Boston Globe (21 September 2009). 雖然卡洛（James Carroll）不是猶太人，但他經常以愛好猶太文化的角度撰寫相關主題的文章。

129 Rabbi Brant Rosen, "Alan Dershowitz and the Politics of Desperation," *Huffington Post* (28 May 2010).

130 Benn, "In Wake of UN Gaza Probe."

131 Amos Harel, "IDF vs. Goldstone: PR 'commando' explains war against Hamas to Americans," *Haaretz* (13 November 2009).

132 Antony Lerman, "Judge Goldstone and the Pollution of Argument," *Guardian* (15 September 2009). 勒曼曾擔任位於倫敦的猶太政策研究所主任。

133 那些人像是左翼的以色列律師費莉西雅．藍傑（Felicia Langer）和莉亞．茨梅爾（Lea Tsemel），還有希伯來大學化學教授以色列．沙哈克（Israel Shahak）。

134 Amnesty International, *Combating Torture* (London: 2003), section 2.2. Benny Morris, *Righteous Victims: A history of the Zionist-Arab conflict,*

1881–2001 (New York: 2001), pp. 341–43, 568, 587, 600–601; Tom Segev, *1967: Israel, the war, and the year that transformed the Middle East* (New York: 2007), pp. 475, 517.

135 國際特赦組織在一九七九年的〈對以色列政府……的報告和建議〉("Report and Recommendations……to the Government of the State of Israel", 1980) 中聲明，「有足夠的初步證據顯示，佔領區的國安嫌疑犯遭受虐待……顯然有公開調查的必要」。另一份有影響力的研究《八〇年代的酷刑》(Torture in the Eighties , London: 1984)，國際特赦組織謹慎地指出，「持續收到」以色列監獄「虐待因為國安理由從佔領區逮捕的巴勒斯坦人」(pp. 233–34).

136 Norman G. Finkelstein, *Beyond Chutzpah: On the misuse of anti-Semitism and the abuse of history,* expanded paperback edition (Berkeley: 2008), part II.

137 Chris McGreal, "Israel 'Personally Attacking Human Rights Group' after Gaza War Criticism," *Guardian* (13 November 2009).

138 Adam Horowitz and Philip Weiss, "Israel vs. Human Rights," *Nation* (30 September 2009).

139 NGO Monitor/Institute for Zionist Strategies, *Trojan Horse: The impact of European government funding for Israeli NGOs* (2009).

140 Joshua Mitnick, "Rights Groups under Fire for Scrutiny of Israel's Conduct of Gaza War," *Christian Science Monitor* (3 February 2010); Dan Izenberg, "Cabinet Backs Bill to Register NGOs Funded by Foreign States," *Jerusalem Post* (15 February 2010); Donald Macintyre, "The New McCarthyism Sweeping Israel," *Independent* (13 February 2010); Abe Selig, "'Goldstone Report Was Our Smoking Gun,'" *Jerusalem Post* (18 February 2010).

141 Asher Arian et al., *Auditing Israeli Democracy: Democratic values in practice* (Jerusalem: 2010), p. 128; Nathan Jeffrey, "Kadima Bill: NGOs that assist in war crime accusations should be illegal," *Forward* (12 May 2010).

142 B'Tselem (Israeli Information Center for Human Rights in the Occupied Territories), *Human Rights Review* (1 January 2009–30 April 2010), pp. 5–7, 11–12.

143 Barbara Plett, "Legal Row over Gaza Report Intensifies," *BBC News* (6 November 2009).

144 Gerald Steinberg, "Isolating Israel through Language of Human Rights," *Jerusalem Post* (30 August 2009).

145 27 April 2010, jewishlawyers.org/comment.asp? x_id=134#top.

146 11 March 2010, anti-democracy-agenda.blogspot.com/2010/02/lawfare-use-of-law-as-weapon-of-war.html.

147 Peter Berkowitz, "The Goldstone Report and International Law," *Policy Review* (August/September 2010).

148 "NGO Monitor's International Advisory Board Calls for Review of HRW," *ngo-monitor.org* (14 October 2009); "Wiesel, Dershowitz: Human Rights Watch Reform Needed," *ynetnews.com* (29 September 2009); NGO Monitor, *Experts or Ideologues? A systematic analysis of Human Rights Watch's focus on Israel* (2009).

149 McGreal, "Israel 'Personally Attacking.'"

150 Robert L. Bernstein, "Rights Watchdog, Lost in the Mideast," *New York Times* (20 October 2009). 關於人權觀察組織的回應，請參閱 Kenneth Roth, "Human Rights Watch Applies Same Standards to Israel, Hamas," *Haaretz* (27 October 2009); see also Scott MacLeod, "Bashing Human Rights Watch," *Los Angeles Times* (30 October 2009). 關於肯普，請參閱第四章。

151 Benjamin Birnbaum, "Human Rights Watch Fights a Civil War over Israel," *New Republic* (27 April 2010).

152 Human Rights Watch, *World Report 2010* (2010), p. 511.

153 Human Rights Watch, "Jordan: Restaurant owner ousts Israelis" (7 December 2010).

154 State of Israel, *Gaza Operation Investigations: Second update,* paras. 146–57.

155 "Thanks to the Critics," *Haaretz* (27 July 2010).

156 "Q&A with Israeli Defense Minister Ehud Barak," *Washington Post* (26 July 2010).

157 United Nations General Assembly, *Second Follow-Up to the Report of the United Nations Fact-Finding Mission on the Gaza Conflict: Report of the Secretary-General* (A/64/890) (11 August 2010).

158 Charly Wegman, "Israel Picks Gaza War Commander as New Military Chief," *Agence France-Presse* (5 September 2010).

159 A/HRC/15/L.34.

160 "Human Rights Council Takes Up Human Rights Situation in Palestine and Other Occupied Arab Territories," press release (27 September 2010).

161 Jared Malsin, "Whither Goldstone? Did the PA kill the UN's Goldstone report?," *Foreign Policy* (27 October 2010); Amnesty International, "Human Rights Council Fails Victims of Gaza Conflict" (30 September 2010).

162 Assaf Gefen, "Are We Hiding Something?," *ynetnews.com* (8 February 2010).

第六章

關鍵證人的放棄聲明

戈德史東此一行為，對他的真相、正義和法治的事業造成了不可挽回的損失。儘管時光流逝，我在寫下這幾行字的時候，依舊對他粉碎了「希望」這件事耿耿於懷。

二〇一一年四月一日，以色列最頭痛的事消失了。理查．戈德史東在《華盛頓郵報》[01]的投書版丟下炸彈，宣布和十分轟動的《戈德史東報告》斷絕關係。[02]以色列人欣喜若狂。總理班傑明．納坦雅胡吹噓，「這證明我們所說的一切都是**真的**。」國防部長埃胡德．巴拉克宣稱，「我們總是說，以色列國防軍是一支根據國際法行事的道德軍隊。」外交部長阿維格多．李柏曼則說：「我們深信，真相終究會水落石出。」[03]歐巴馬政府利用戈德史東放棄聲明的時機，重申以色列在鑄鉛行動期間沒有「參與任何戰爭罪行」；而美國參議員也一致要求聯合國「撤銷」《戈德史東報告》。[04]簡而言之，戈德史東的放棄聲明是人權的黑暗日，也是違法者的喜慶日，也可能意味著他再次屈服。那些抱持一線希望的人，仔細解析了戈德史東的話來證明他實際上並沒有放棄。[05]雖然嚴格來說可能是真的，但這種修辭策略並不成立。戈德史東是一位傑出的法學家，他知道如何打造精確的語言。如果他不想否認這份報告，那麼，這個文字工匠可以簡單地寫道：「我並沒有放棄原先的報告，我仍然持同樣立場。」但他沒有，也沒有說任何類似的話。他非常清楚他人對他介入此事會如何的蜚短流長；這些可預料的結果，而非他精確的文字，將成為他留給後世的遺產。但無法迴避的事實是，他扼殺了那份報告，而他的職業生涯也同時落幕。

戈德史東此一行為，對他的真相、正義和法治的事業造成了不可挽回的損失。儘管時光流逝，我在寫下這幾行字的時候，依舊對他粉碎了「希望」這件事耿耿於懷。他毒害猶太人和巴勒斯坦人的關係，削弱以色列異議份子勇敢的努力，「並且——最不可原諒的是，增加以色列國防軍進行另一場無情襲擊的風險」。[06]沒過多久，以色列就證實了此一預測。關於戈德史東的放棄聲明有許多猜測。他被人勒索嗎？他最終還是屈服在針對他無情的仇恨攻勢之下嗎？他的族裔比真相更重要嗎？這些問題至今仍未解決。然而，可以確定的是，他所陳述的理由無法說明他為何改變自己的決定。戈德史東放棄聲明的主旨是，以色列在鑄鉛行動期間沒有犯下戰爭罪，這個國家完全具有調查確實發生違反國際法的行為的能力。關鍵段落如下：

> 我們的報告發現，以色列和哈馬斯雙方都有犯下戰爭罪和「可能有危害人類罪」的潛在證據……指控以色列採取蓄意攻擊，是因為事實調查團找不到證據支持其他更合理的結論……以色列軍方公布的調查……表明並未採取鎖定平民的政策。

如何解讀這個戈德史東的認錯目前還不清楚。如果他說以色列沒有系統性地針對加薩平民進行謀殺，那他的放棄聲明就沒有意義。因為報告從未主張這個說法，更別說譴責，這種指控等於指責以色列實行種族滅絕。該報告基於大量證據，指責以色列刻意使用不合比例和無差別濫殺的武力，以「懲罰、羞辱和恐嚇平民」。[07]在他的放棄聲明中，戈德史東也並未反對支持這些指控的大量證據。的確，他怎麼可能？以色列高階官員、知情的分析人員和戰鬥人員本身並不迴避承認——事實上，他們經常吹噓——以色列國防軍發射「瘋狂」的火力，變得「毫無節制」，表現出「真正的流氓行為」。像隻「瘋狗」一樣，在鑄鉛行動期間，「喪心病狂」地「摧毀沿路所有的一切」。[08]最重要的是，戈德史東不是否認了他最初沒有承認的說法，就是否認了報告的關鍵結論。但他並不、也無法對導出結論的大量證據提出異議。

儘管如此，如果像戈德史東所說，以色列故意採用的不合比例和無差別濫殺的火力，並沒有「意圖」鎖定平民，那麼，正如他進一步建議，這是否與蓄意攻擊平民有實質差異，所以不構成戰爭罪？法律的原則是，「將一個人的行為視作意圖製造其自然和可預見的後果。」[09]如果無差別、不合比例的攻擊，不可避免可預見將導致平民受傷和死亡，那麼在法律上就和故意攻擊無法區分。「對平民的預謀攻擊……和魯莽地無視區別原則之間沒有真正的差別。」[10]根據以色列國際法的主要權威尤蘭．丁斯坦的說法，「兩者同樣被禁止。」[11]如果戈德史東認為，以色列在鑄鉛行動期間的「瘋狂」火力並不構成戰爭罪，是因為它並非故意針對平民，而且入侵軍隊「毫無節制」不是犯罪行為，而是表現出「真正的流氓行為」，「只是」像隻「瘋狗」一樣，「喪心病狂」地「摧毀沿路所有的一切」——如果他真的如此相信，那麼他讀的法律該重修了，他也沒有資格參與法律運作。因為，對平民地區進行無差別且不合比例的攻擊本身就是戰爭罪，不需靠蓄意鎖定攻擊才成立。

表二　撒摩烏尼（Al-Samouni）事件：戈德史東與戈德史東、國際特赦組織與聯合國專家的對照

放棄聲明（二〇一一年四月）	戈德史東於史丹佛（二〇一一年一月）	國際特赦組織（二〇一一年三月）	聯合國專家（二〇一一年三月）
《戈德史東報告》所關注最嚴重的攻擊事件是，撒摩烏尼家族二十九名成員於家中遇害一事。轟炸房屋，顯然是以色列指揮官錯誤解讀無人機圖像的結果。	《戈德史東報告》中揭露最嚴重的事件——轟炸撒摩烏尼家族的房子……在二〇〇九年一月四日，以色列吉瓦提步兵旅（Givati Brigade）的士兵，**決定奪取沙雷・撒摩烏尼（Saleh al-Samouni）的房子當作地面行動的駐所。他們命令原居民移到瓦繁・撒摩烏尼（Wa'el al-Samouni）家。房子位於約三十五碼遠的地方，在以色列士兵的視線範圍內……結果，有超過一百位家庭成員聚集在瓦繁・撒摩烏尼的平房中。在一月五日一個寒冷的早晨，撒摩烏尼家族的幾位男性到外面去撿拾柴火。他們都在以色**	撒摩烏尼家二十一人遇害死亡，是戈德史東調查團與其他人權團體檢視過的代表性案例，而且以色列正在進行刑事調查。二〇〇九年一月五日，當砲彈擊中時，他們正在瓦繁・撒摩烏尼家中避難。以色列軍方於二〇一〇年七月六日宣布，對該事件進行MPCID（軍警刑事調查處）調查。二〇一〇年十月二十一日，據稱參與批准殺害撒摩烏尼家二十一人的吉瓦提旅指揮官伊蘭・馬爾卡上校……在軍警的警誡下（under caution）接受訊問。據媒體報導，他聲稱，當他批准攻擊時，他並不知道建	委員會沒有足夠的資料確定，目前就阿貼雅（Ateya）和阿合馬・撒摩烏尼（Ahmad Samouni）被殺、攻擊瓦繁・撒摩烏尼房屋，以及槍擊伊亞德・撒摩烏尼（Iyad Samouni）幾個案子的刑事調查狀況。該事件引起相當大的關注。據報導，在二〇〇九年一月四日到五日，相關事件中共有二十四位平民死亡，十九人受傷。此外，該事件可能同時牽涉到現場士兵與戰爭室高階軍官的行動和決定，也涉及教戰守則和無人機使用等更廣泛的議題……。媒體報導進一步指出，一名高階軍官「在**警誡下」接受調查，並暫**

列軍隊的視線範圍內。當他們帶著柴火回來時，卻被武裝直升機發射的子彈射死或受傷。之後，砲彈擊中了房子。有二十一位家庭成員當場死亡，其中包括女性和兒童，共十九人受傷。在受傷的人之中，有八人隨後因為受傷致死……這一證據使事實調查團做出結論，對於撒摩烏尼家庭的攻擊構成蓄意攻擊平民。關鍵的考量是，以色列軍隊已知那些男人、女人和兒童為平民，並命令他們搬遷到他們指揮所附近的一棟房子。撒摩烏尼家族的成員認為，以色列國防軍的存在是他們安全的保障……二〇一〇年十月底（事件發生後近二十二個月），為了以色列軍警的信譽，他們宣布正在調查吉瓦提旅指揮官是否批准對撒摩烏尼住宅進行空襲。因為曾有人警告該指揮官此舉對

築物裡有平民。據報導，批准空襲的決定是根據撒摩烏尼家族男子搬運木柴的無人機照片，這些照片在戰爭室被解讀為巴勒斯坦人手持火箭推進式榴彈（rocket-propelled grenade）。但是在收到這些照片的時候，這個家庭已經被限制在建築物內，而且被周遭至少六名不同的前哨站吉瓦提旅士兵包圍，並觀察超過二十四小時。這些前哨站中，至少部分士兵會知道這個家庭是平民，因為是他們自己命令那家人集中在瓦繫·撒摩烏尼的家中。據報導，部分軍官向軍事調查人員作證，他們曾警告馬爾卡上校，該地區可能有平民。

緩升遷。他告訴調查人員，他並未收到平民在該地點的警告。然而，和該軍官同單位的士兵已命令部分平民移動至該處。報導指出，空軍已告知他當地可能有平民。據稱，儘管意識到這一訊息，但該官員顯然還是批准了空襲，造成撒摩烏尼房屋內二十一人死亡，十九人受傷。媒體報導指出，該事件被描述為合理解讀螢幕上的無人機照片的結果，而事件十個月後的特別調查並未指出，空襲當時有任何反常的情況。

為了開脫以色列的刑事責任，戈德史東重新審視了鑄鉛行動期間最惡名昭彰的案件——「撒摩烏尼事件」，其中至少二十一名撒摩烏尼家族成員喪生。《戈德史東報告》指出，以色列發起「對平民的蓄意攻擊」。[12]然而，戈德史東在放棄聲明中，採用媒體對以色列「調查」的說法，將傷亡歸咎於誤讀無人機影像。事實上，才幾個月前，戈德史東曾在史丹佛大學評論過以色列的「調查」。[13]此外，戈德史東本身也贊同的國際特赦組織[14]和聯合國委員會資料[15]，也提供了有關事件的最新調查結果。這些不同證詞的對照可以參看表二。戈德史東在放棄聲明中省略的部分都以粗體標示；他的放棄聲明中刪除了所有對以色列無罪不利的證據。在史丹佛大

平民的危險。大約在同一時間，以色列軍方的報告指出，攻擊發生在從一架無人機收到照片之後，這些照片被誤讀為一群男子搬運火箭發射器向房屋走去，於是他們下令轟炸男人和建築物。根據報導，從無人機收到的照片畫質不高，其實這些人正朝家中搬運柴火。這次軍事調查的結果尚無從得知。

學時，他明智地並陳兩造的論點並暫時不做判斷；不過兩個月後，他就把所有信念都寄託在以色列「調查」的二手報導上，這些調查甚至還沒有完成。此外，國際特赦組織和聯合國委員會都對以色列的無罪證明表示異議。如果戈德史東是以色列的辯護律師，那他在放棄聲明中對事實預設立場的描述也許合乎情理，但身為獲得授權追查真相的調查團負責人，說這種話實在說不過去。

面對自身立場的髮夾彎，戈德史東的理由是「我們如今知道**更**多」。的確，在他發布報告之後，更多關於鑄鉛行動的紀錄被公開，但是大量的證據都支持，甚至擴大了報告的結果。看看這些例子，一群反對官方宣傳的以色列士兵提供更多線索。一名在旅本部服役的軍官回憶，以色列國防軍的政策等同確保「士兵實際上零風險」；而一位戰鬥人員回憶，會面時，旅司令官的指示是「只要看到任何移動的跡象就開槍，這就是教戰守則的本質」。[16]雖然戈德史東可以引用這些新證詞支持他的報告，但他卻選擇忽略。二〇一〇年，人權觀察組織利用衛星影像記錄的許多案例，發布一份研究報告，「在沒有明顯軍事目的的情況下，以色列軍隊在所控制的地區大量破壞房屋、工廠、農場和溫室。這些案例所在地區沒有戰鬥；許多案例的行動都發生在以色列即將撤軍的最後幾天。」[17]雖然戈德史東可以引用這項新研究支持他的報告，但他卻選擇忽略。如果他謹慎地忽略了所有肯定報告結論的新證據，那就很難避免這個結論——

戈德史東所說的「更多」資訊都受到黨派立場的汙染。另一個重點是，當許多新公開的資訊肯定了《戈德史東報告》的發現，以色列不斷否認這些證據的努力也隨之失敗。在報告公布後，以色列以一連串的否認進行回應，其中篇幅最大的是——以色列情報和恐怖主義資訊中心（Israeli Intelligence and Terrorism Information Center）編製，長達三百五十頁的《哈馬斯和來自加薩地區的恐怖主義威脅》（*Hamas and the Terrorist Threat from the Gaza Strip*）。但若我們細讀這份報告，會發現它不過是可疑的詮釋、公然扭曲和徹底的謊言的集合體。[18]如果以色列戈德史東最具雄心的反駁都言之無物，戈德史東是如何能挖掘「更多」新資訊，並對《戈德史東報告》造成致命的打擊？他是如何能證明那些批評以色列的文件有誤，即使以色列自己也無法證明？

「舌頭分岔了」

事實上，戈德史東吹捧的額外資訊也的確沒有突出之處。他暗示，以色列軍方的調查結果，除了以色列揭露的部分，這些「我們如今發現……」究竟背後隱藏了什麼祕密？以色列幾乎沒有提供任何可獨立判斷的證據和訴訟程序是否公平的資訊。不知道有多少事件已經結案，有多少仍在進行中。[19]即使他們已經遭到起訴，調查也經常不對公眾公開（**除了被告士兵的支持者之外**），法庭紀錄也無法調閱。[20]戈德史東揭露新資訊的核心正是撒摩烏尼案中的無人機影像。以色列宣稱（和戈德史東姑且同意）的，誤讀無人機影像，導致軍官錯誤鎖定到一戶平民。如果，正如同人道和人權團體在攻擊後不久所說的，這是鑄鉛行動期間發生「最嚴重」和「最令人震驚」的事件之一[21]；如果，正如同戈德史東自己所說，這次攻擊是報告所記載「最嚴重的單一攻擊事件」，那麼，為什麼以色列不趕緊挽救破損不堪的聲譽，而要等到二十二個月之後才給出這麼簡單的解釋？為了抵擋《戈德史東報告》的攻勢，以色列散布了許多空拍照片；為什麼以色列不公開這些無人機影像，好擺脫在這起最令人震驚的事件中一直困擾以色列的罪名？令人困惑的還有，為何戈德史東採信了這些並未親眼見過的「證據」，還忽略了其他相關且高度可信的新證據？在報告發表後，記者艾米拉．哈斯（Amira Hass）在《國土報》上揭露，「在攻擊前，吉瓦提旅的部隊，至少在撒摩烏尼聚落的六座房屋中建立了前哨和基地。」[22]吉瓦提指揮官在下令空襲、發射致命火力之前，難道沒有和現場人員確認他們是否會受傷嗎？難道他沒有向他們確認，模糊的無人機影像中疑似攜帶火箭發射器的人是誰？難道他們沒有告訴他實情嗎？以色列本來可以提供合理的答案。但戈德史東甚至懶得提出這些明顯的問題，因為「我們如今知道……」這只是一個簡單的錯誤。在《戈德史東報告》公布之後，以色列當局就許多其他記錄在案的戰爭罪提供許多現成的、但沒有證據的解釋。他們聲稱，摧毀巴德（al-Bader）麵粉工廠，「是為了消除對以色列國防軍部隊的直接威脅」[23]；摧毀沙瓦非瑞（Sawafeary）養雞場，是因為「軍事必要性」[24]；鎖定清真寺，是因為「兩位恐怖份子正站在入口附近」。[25]如果以色列這麼說，報告中彙集了驚人的犯罪證據，補充了數千頁其他人權報告，通通都是錯的嗎？當以色列被指控在鑄鉛行動期間向平民區域發射白磷彈時，我們否定這件事曾經發生過？因為以色列強烈否認。

戈德史東在他的放棄聲明中唯一引用的新證據，是哈馬斯官員遲來的傷亡估計人數。根據修正後的死亡人數，戈德史東觀察，鑄鉛行動期間遇難的哈馬斯戰鬥人員的數量和以色列官方數據「相似」。結果哈馬斯的數據似乎證實了以色列的論點，即大部分的加薩死者是戰鬥人員而不是平民。戈德史東隨後認為，哈馬斯「可能有理由誇大」數據。事實上，確實有理由懷疑新數據的真實性。為了證明在戰場上擊敗以色列，哈馬斯最初聲稱只有四十八名戰士被殺。但隨著以色列撤軍之後在加薩的全面破壞逐漸浮現，哈馬斯吹噓在戰場的勝利變得空洞。面對哈馬斯讓加薩人民承擔其衝動決策的代價這種指控[26]，哈馬斯突然將數據提高了數百人，以證明它也遭受重大損失。[27]正如同戈德史東在放棄聲明前兩個月於史丹佛大學演講所說，哈馬斯的新數據「旨在提升哈馬斯和加薩人民的聲譽」。[28]雖然戈德史東在放棄聲明中對哈馬斯提出的膨脹數據表示有待查證，但《戈德史東報告》使用的數據卻來自許多知名的以色列和巴勒斯坦人權團體，他們獨立調查，並仔細分辨了加薩平民／戰士的死亡人數。以色列聲稱只有三百位平民被殺，可是這些人權組織將這一數字確定在八百到一千二百人左右[29]，同時也提出佐證證明以色列的官方數據不可信。即使親以色列的美國國務院《二〇〇九年人權報告》，也估計死亡人數「接近一千四百名巴勒斯坦人，包括一千位平民」。[30]但是，因為以色列受到政治操縱的數字貼近哈馬斯受到政治操縱的數字，戈德史東就放棄人權團體記錄，而且經美國國務院證實的更大的巴勒斯坦平民死亡數據。

戈德史東在放棄聲明中表示後悔，他認為自己先前表示，希望哈馬斯能夠在鑄鉛行動後自行調查是「不切實際的」。接著，他繼續斷言，以色列「已經在很大程度上採取公開透明、誠信的方式」進行調查，他「有信心」調查終會將違法者繩之以法。人們想知道，他可以在什麼基礎上形成這種樂觀的預測？[31]因為，沒有任何現有的證據——舊的或新的都沒有——支持這一點。先來看看鑄鉛行動之前以色列的司法紀錄。在第一次大起義爆發之後的十年（一九八七～一九九七），約有一千三百位巴勒斯坦人被殺，但只有十九位以色列士兵被判殺人罪，而且沒有人因此入監服刑。在第二次起義（二〇〇〇～二〇〇三）期間，大約二千三百位巴勒斯坦平民被殺，但只有五位以色列士兵被追究刑事責任，而且沒有一個人因為謀殺或過失殺人而被定罪。卜采萊姆（**以色列佔領區人權資訊中心**）指出，二〇〇六年至二〇〇九年間，殺害巴勒斯坦平民的一位士兵，「幾乎從未因為他的行為受到審判」（**對巴勒斯坦平民施暴的猶太定居者也幾乎沒有受罰**）。過去數十年，人權組織一再譴責以色列，使用不合比例、無差別和針對性的火力對付巴勒斯坦平民，而以色列卻始終未能起訴這些罪行的犯罪者。[32]如果戈德史東預期哈馬斯要自行調查是「不切實際的」，那為何希望以色列在鑄鉛行動後進行確實調查又這麼**實際**了？事實上，以色列之後的表現和人們預期的相同。以色列在鑄鉛行動中摧毀「沿路所有的一切」，加上不在路上的，包括五萬八千棟房屋、一千五百間工廠和作坊、二百八十間學校、幼稚園、水電和汙水處理設施、一百九十座溫室、農作物收成的八成、將近五分之一的耕地，還有整個社區化作一片廢墟。以色列還損壞二十九輛救護車，摧毀加薩一二二間醫療設施的一半（包括十五家醫院）和清真寺。以色列撤軍時，留下了六十萬噸的瓦礫和一千四百具屍體，包括三百五十名兒童。不論事實調查團或知名的以色列、巴勒斯坦人權團體都認為，以色列的戰爭罪導致了大量的破壞和死亡。但以色列對鑄鉛行動期間非法破壞加薩財產設施的唯一處罰，是對一名士兵採取紀律措施。在戈德史東發表放棄聲明的同時，只有一位以色列士兵因為偷竊信用卡入監服刑七個半月。在戈德史東放棄聲明之後，另一位士兵因為殺了兩名揮舞白旗的女性而被判處四十五天徒刑（罪名是「非法使用武器」）。[33]這些司法程序的結果和以色列的過去紀錄完全符合。儘管如此，根據戈德史東的說法，以色列「很大程度上採取公開透明、誠信的方式」進行調查，並在一些未決案件上展現實現正義的決心。可見，戈德史東說的話不是在講方言（speaking in tongues）⓭，就是舌頭分岔了。

⓭ 人們會流暢地說出別人聽不懂的話，常見於基督教靈恩派儀式，這被認為是上主顯靈的表徵。

邪惡的哈馬斯！

戈德史東無法隱藏對以色列的讚美；同樣的，他也無法隱藏對哈馬斯的鄙視。哈馬斯的犯罪意圖，「不證自明——他們的火箭砲故意且無差別地鎖定平民為標的。」《戈德史東報告》根據的資料是哈馬斯領導人的公開聲明，以及哈馬斯將砲彈對準平民區的資料。但相較之下，以色列官員的聲明也有罪，他們無疑更致命的武器，也同樣「故意且無差別地鎖定平民為標的」。那為何戈德史東在放棄聲明中譴責哈馬斯的犯罪意圖，卻替以色列開脫呢？從戈德史東也同意的報告結果來看，以色列的案件更具有說服力。儘管哈馬斯氣勢凶狠，卻只能用簡陋的砲彈一廂情願地鎖定平民區。在鑄鉛行動期間，只有一個以色列家庭部分受損。但如果以色列擁有精細的加薩「網格地圖」和「非常有效」的情報蒐集能力；如果它能使用最先進的精確武器；如果以色列空軍執行任務九十九％都正確擊中目標；如果它只錯誤地攻擊過建築物一次——事實上，如果以色列證實上述資料為真，那麼，正如同《戈德史東報告》在邏輯上得出的結論，以色列大規模破壞加薩的民用基礎設施應該「出自上級刻意計劃和政策的決定，再透過指揮鏈層層下達」。[34]戈德史東厭惡地回憶，哈馬斯對調查鑄鉛行動期間加薩人的犯罪「毫無作為」。他能不憤怒嗎？哈馬斯殺害了三位以色列平民，讓一戶以色列家庭無法住人；而以色列殺害了多達一千二百位加薩平民，並使六千多座加薩房屋無法住人。但哈馬斯對起訴違法者

「毫無作為」，而以色列則關了一個信用卡小偷。**哈馬斯是多麼邪惡！**這難道不是很明顯嗎？

當初戈德史東公開宣布，他已同意擔任事實調查團的主席，以便在裁決以巴衝突的論壇上開啟一個「公平對等的新時代」。不過，目標雖然崇高，但無恥且可恥的雙重標準卻讓實行的結果產生偏見，也讓他的放棄聲明千瘡百孔。他還聲稱，以色列「記取很多教訓」，並伴隨著「政策變化，包括以色列國防軍在城市戰爭中採取保護平民的新程序」。[35]幾年後，在二〇一四年保護邊緣行動期間，以色列全力反對那些教訓和程序的改變：以色列殺害了五五〇位兒童，而非三五〇位；它摧毀了一萬八千間房子，而非六千三百間。[36]以色列從《戈德史東報告》真正學到的教訓是，打斷人權守護者的脊梁，回歸瘋狂殺戮永不嫌晚。事實上，戈德史東放棄聲明的重點就是，**它延長了以色列的殺人執照**。

理查．戈德史東發布放棄聲明，顯然不是因為「我們如今知道更多」。他所提供的新資訊充滿了既得利益者無法驗證的假設。事實上，他無法引用任何真正的新資訊以合理化他的髮夾彎，這就是沒有證據的明證。那麼，究竟是怎麼回事？自從報告發布，戈德史東就是無情誹謗運動的目標。[37]然而，他不是唯一受到攻擊的人。知名的國際法學家克里斯蒂安．湯默夏特（Christian Tomuschat），由聯合國人權理事會任命擔任後續的委員會主席，該委員會的任務是，確定以色列和哈馬斯是否正在認真調查該報告的指控。由於湯默夏特不易受到控制，以色列遊說團就不停地騷擾、誹謗他，直到他別無選擇只能下台為止[38]（**他的繼任者是紐約州法官**

瑪麗・麥高恩・戴維斯〔Mary McGowan Davis〕，日後成為聯合國人權理事會保護邊緣行動事實調查團負責人）[39]。為了消除報告帶來的衝擊，以色列顯然已準備好全力以赴。

戈德史東的放棄聲明在許多方面都令人感到困惑。

一般認為，戈德史東是個雄心勃勃的人。[40]自從戈德史東接下事實調查團的位子，以色列就在公共輿論裡排斥他。毫無疑問，他知道這項任務不會損害他的職業生涯，甚至可能證明是一種紅利。因為，儘管有個人代價，他仍然堅持法治。儘管戈德史東在報告發布後受到野蠻的攻擊，但趨勢終於開始轉向對他有利。《國土報》社論指出，「是時候感謝批評者迫使以色列國防軍進行自我檢視並修改程序。即使戈德史東三十二條指控未必都確實成立，但有部分卻是事實。」[41]美國猶太雜誌《蒂昆》（*Tikkun*）在二十五周年慶祝活動上表揚了戈德史東。在南非的傑出人物，如前「猶太人委員會」成員丹尼斯・戴維斯（Dennis Davis）法官，則公開譴責哈佛大學法學教授艾倫・德肖維茨的訪問，理由之一是，他「嚴重歪曲理查・戈德史東法官的司法記錄。」[42]但令人費解的是，為什麼一個雄心勃勃的法學家，會在長期表現優異的職業生涯的巔峰時期，因為錯誤的公開放棄聲明而導致職業自殺？疏遠他在人權界的同事，並對他的司法性格產生懷疑，好像他頭頂的星辰在短暫的黯淡之後再次上升？

戈德史東的職業生涯一直是在官僚體系裡任職，而且必須內化他們的規範。但令人吃驚的是，戈德史東卻違反官僚組織的慣例，丟了炸彈卻並未事先知會另外三位同樣屬於事實調查團的同事，或聯合國的任何人。如果戈德史東沒有事先透露，是因為他沒有可信的說詞，還是擔心放棄的決心會被動搖？如果他擔心他的同事不會支持他，那他的直覺是合理的。在放棄聲明發表後不久，戈德史東調查團的其他三位成員——克莉絲汀．錢金（Christine Chinkin）、信娜．吉蘭尼（Hina Jilani）和德斯蒙德．特拉弗斯（Desmond Travers）——發表一份聯合聲明，明確肯定該報告的原始結果：「我們一致同意，沒有理由要求或期待重新考慮報告的內容，因為，沒有會改變報告的背景、結果或結論的實質內容出現。」[43]

戈德史東聲稱有關以色列對撒摩烏尼家族致命攻擊的新證據，以及修正後的哈馬斯傷亡人數，這些促使他改變了立場。但兩個月前，就在史丹佛大學，在沒有戲劇性的新結論的情況下，他也解決了相同的問題。在此期間，沒有其他證據浮上檯面。戈德史東也引用一份聯合國文件，以便發給以色列的內部調查一份合格證明，但是，這份文件卻比他更批判以色列的調查結果。[44]好像戈德史東是為了合理化自己放棄立場的決定，只好不管有多大問題，也拼命抓住任何一絲證據當作理由。事實上，即使在以色列軍方完成調查之前，他也急於在撒摩烏尼死亡事件裡替以色列人開脫。

戈德史東在《華盛頓郵報》發表放棄聲明的前幾天，他也給了《紐約時報》另一個版本。[45]《紐約時報》拒絕刊登，顯然是因為它並未否認該報告。戈德史東似乎是被迫違背他的意願公開發表放棄聲明。也許是避免傷害他的聲譽，或者並非真心。戈德史東起初給了《紐約時報》一個不太堅決的版本。在《紐約時報》以不具新聞價值為由拒絕後，為了跟時間賽跑，戈德史東匆匆地把聲明改成將被理解成全面否認的用語，以確保《華盛頓郵報》會刊登這顆炸彈。受到外部壓力也許可以解釋為什麼戈德史東行文草率、表述模糊，而且拖泥帶水，他好像同時放棄又好像沒放棄該報告。這也解釋了，為什麼他很尷尬地提及不相關的事情。例如，他呼籲人權理事會應該譴責對以色列定居家庭的屠殺——在鑄鉛行動兩年後和加薩地帶無關的事件——為不知名的犯罪者所為。

知名的南非法學家約翰·杜加德是戈德史東的同事，他也主持類似的實況調查團調查鑄鉛行動。他的調查結果大部分都和戈德史東重疊，差別是他做了更精細的法律分析，而戈德史東的範圍則較廣泛。結論是，「以色列行動的目的是懲罰加薩人民」；以色列「應該為違反國際法的行為負責，理由是觸犯戰爭罪和危害人類罪」。[46]經過對戈德史東放棄聲明進行毀滅性的解剖後，杜加德宣判，「沒有任何新事實可以證明以色列無罪，或讓戈德史東改變想法。造成戈德史東改變想法的真正原因，仍是一個無法得知的祕密。」[47]儘管我們可能永遠也無法得知戈德史東的祕密，他的放棄聲明也造成無可挽回的傷害。但透過耐心的重建事實記錄，仍有可能了解加薩事件的真相。為了尊重鑄鉛行動中遇害死難者的記憶，我們必須保存真相，保護它不被刺客襲擊。

1 Richard Goldstone, "Reconsidering the Goldstone Report on Israel and War Crimes," *Washington Post* (1 April 2011).

2 *Report of the United Nations Fact-Finding Mission on the Gaza Conflict* (25 September 2009); hereafter: Goldstone Report.

3 Barak Ravid, "Netanyahu to UN: Retract Gaza war report in wake of Goldstone's comments," *Haaretz* (2 April 2011); "Lieberman Praises Goldstone for 'Vindicating' Israel," *Jerusalem Post* (2 April 2011).

4 "US Agrees: Israel did not commit Cast Lead war crimes," *Jerusalem Post* (5 April 2011); Natasha Mozgovaya, "US Senate Urges UN to Rescind Goldstone's Gaza Report," *Haaretz* (15 April 2011).

5 Jerry Haber, "Judge Goldstone's *Washington Post* Op-ed," *jeremiahhaber.com* (2 April 2011).

6 Norman G. Finkelstein, *Goldstone Recants: Richard Goldstone renews Israel's license to kill* (New York: 2011), p. 8.

7 Goldstone Report, para. 1893.

8 請參閱第三章。

9 International Court of Justice, Advisory Opinion, *Legality of the Threat or Use of Nuclear Weapons*(8 July 1996), "Dissenting Opinion of Judge Weeramantry," ch. III, "Humanitarian Law," sec. 10, "Specific rules of the humanitarian law of war," (a) "The prohibition against causing unnecessary suffering"; 強調為原文所有。

10 區別原則要求：「衝突各方必須區別出平民和戰鬥人員。攻擊只可針對戰鬥人員，攻擊不得針對平民。」無差別和不合比例的攻擊則違反了這一原則。International Committee of the Red Cross, *Customary International Humanitarian Law, Volume I: Rules* (Cambridge: 2005), part I.

11 Yoram Dinstein, *Conduct of Hostilities under the Law of International Armed Conflict*(Cambridge: 2004), p. 117.

12 Goldstone Report, paras. 706–35.

13 "Judge Goldstone's Notes for the Panel on Civilians in War Zones," paras. 29–35 (maurice-ostroff.tripod.com/id315.html).

14 Amnesty International, *Amnesty International's Updated Assessment of Israeli and Palestinian Investigations into the Gaza Conflict* (18 March 2011).

15 *Report of the Committee of Independent Experts in International Humanitarian and Human Rights Law Established Pursuant to Council Resolution 13/9* (18 March 2011).

16 Donald Macintyre, "Israeli Commander: 'We rewrote the rules of war for Gaza,'" *Independent* (3 February 2010); Anshel Pfeffer, "IDF Officer: Gaza civilians risked to protect Israel troops during war," *Haaretz* (3 February 2010).

17 Human Rights Watch, *"I Lost Everything": Israel's unlawful destruction of property during Operation Cast Lead* (2010). 更多引用該研究的內容，請參閱第三章。

18 請參閱第五章。

19 Amnesty International, *Amnesty International 's Updated Assessment;* B'Tselem (Israeli Information Center for Human Rights in the Occupied Territories), "Goldstone Then and Now" (5 April 2011).

20 Amnesty International, *Amnesty International's Updated Assessment.*

21 UN Office for the Coordination of Humanitarian Affairs, *Protection of Civilians Weekly Report* (1–8 January 2009); Amnesty International, *Operation "Cast Lead": 22 Days of death and destruction* (2009), p. 20.

22 Amira Hass, "What Led to IDF Bombing House Full of Civilians during Gaza War?," *Haaretz* (24 October 2010).

23 State of Israel, *Gaza Operation Investigations: An update* (January 2010), pp. 41–44. 雖然關鍵證據戳破了以色列版本的真相，但以色列仍然堅持原本的故事。可參閱第三章。

24 State of Israel, *Gaza Operation Investigations: Second update,* para. 123.

25 Ibid., para. 68.

26 Jean-Pierre Filiu, *Gaza: A history* (New York: 2014), p. 318.

27 "Hamas Confirms Losses in Cast Lead for First Time," *Jerusalem Post* (1 November 2010).

28 "Judge Goldstone's Notes," para. 24.

29 Palestinian Center for Human Rights, "Confirmed Figures Reveal the True Extent of the Destruction Inflicted upon the Gaza Strip" (12 March 2009); Al Mezan Center for Human R ights, "Cast Lead Offensive in Numbers" (2 August 2009); "B'Tselem's Investigation of Fatalities in Operation Cast Lead" (9 September 2009).

30 詳情可參閱第四章。

31 儘管他引用了聯合國獨立專家委員會（由瑪麗・麥高恩・戴維斯擔任主席），但最終結論是，「迄今為止的軍事調查似乎產生的影響很小」（請參閱第五章）。

32 Martin Van Creveld, *The Sword and the Olive: A critical history of the Israeli Defense Force* (New York: 1998), p. 349; Norman G. Finkelstein, *Beyond Chutzpah: On the misuse of anti-Semitism and the abuse of history,* expanded paperback edition (Berkeley: 2008), pp. 96–130; Yesh Din, *A Semblance of Law: Law enforcement upon Israeli civilians in the West Bank* (2006), pp. 6, 26, 91–93; Yesh Din, *Exceptions: Prosecution of IDF soldiers during and after the second intifada* (2008), pp. 19–20; B'Tselem, *Void of Responsibility: Israel military policy not to investigate killings of Palestinians by soldiers* (2010), pp. 7–8, 53.

33 請參閱第三、四章，以及 Gili Cohen, "IDF Soldier Sentenced to 45 Days for Death of Mother, Daughter in Gaza War," *Haaretz* (12 August 2012).

34 詳情請參閱第三章。

35 戈德史東還讚揚以色列「限制白磷彈在平民區域的使用」。以色列在鑄鉛行動之後確實停用了白磷彈，但以色列使用白磷彈一事激起了國際間普遍的憤慨，此一決策可能是由美國華府所決定，因為是由他們供應以色列所用的白磷彈。

36 詳情請參閱第十一章。

37 請參閱第五章。

38 "Dershowitz: Goldstone follow-up commission head a 'bigot,'" *Jerusalem Post* (2 November 2010); Benjamin Weinthal, "Tomuschat, Head of Goldstone Follow-Up Committee, Resigns," *Jerusalem Post* (3 December 2010).

39 雖然她關於鑄鉛行動的後續報導並非漂白，但麥高恩・戴維斯仍然努力安撫以色列。她甚至對荒謬的《圖可報告》給予謹慎的讚揚。該報告免除了以色列在襲擊加薩自由船隊方面的任何不當行為。*Report of the Committee of Independent Experts,* para. 39. 關於《圖可報告》細節的分析，請參閱第八章。

40 Ethan Bronner and Jennifer Medina, "Past Holds Clue to Goldstone's Shift on the Gaza War," *New York Times* (19 April 2011).

41 "Thanks to the Critics," *Haaretz* (27 July 2010).

42 "Dershowitz is Not Welcome Here!," *Cape Times* (24 March 2011).

43 Hina Jilani, Christine Chinkin, and Desmond Travers, "Goldstone Report: Statement issued by members of UN mission on Gaza war," *Guardian* (14 April 2011).

44 Roger Cohen, "The Goldstone Chronicles," *New York Times* (7 April 2011); Akiva Eldar, "What Exactly Did Goldstone 'Retract' from His Report on Gaza?," *Haaretz* (12 April 2011).

45 "NY Times: We turned down a different version of Goldstone retraction," *Haaretz* (5 April 2011).

46 *Report of the Independent Fact-Finding Committee on Gaza: No safe place,* presented to the League of Arab States (30 April 2009), paras. 556, 573.

47 John Dugard, "Where Now for the Goldstone Report?," *New Statesman* (6 April 2011).

二〇〇六年，以色列入侵黎巴嫩，卻和真主黨陷入僵局，遭遇到重大的軍事挫敗。以色列在二〇〇八年九月入侵加薩時，承諾要恢復「威懾能力」，但這次攻擊並未讓人敬畏以色列的軍事實力，而是對其怯懦感到憤怒。

第 3 部

藍色馬爾瑪拉號

第七章

公海上的謀殺

「這些突擊隊員期待親巴勒斯坦的活動份子在他們上船之後做什麼？邀請他們和船長一起在船上喝杯茶？」

——《衛報》社論

鑄鉛行動期間（二〇〇八～二〇〇九）施加於加薩的破壞，再加上進行中的非法封鎖，可說更進一步傷害加薩。「我完全可以預期看到嚴重的傷害，但我不得不說，當我看到破壞的程度和精確度時，我很震驚。」攻擊之後，加薩的「世界糧食計劃署」（World Food Program）負責人這麼說。「被摧毀的正好都是加薩的戰略經濟區域，是加薩減少依賴外界援助的憑藉。」[01]以色列國防軍摧毀了加薩重要的民用基礎設施。例如，唯一有在運作的麵粉工廠和幾乎所有的水泥廠。可預期在停火協議生效後，加薩人將淪落到極端依賴外界援助的程度，除非向以色列低頭，否則他們無法重建生活。[02]

加薩人「節食」的理由

在鑄鉛行動一年半之後，各人道主義和人權組織一致證明，由於圍困，加薩的人道危機仍然持續：「與以色列政府所說的相反，允許進入加薩的人道援助只能滿足少部分糧盡援絕的人民重大需求。」（**樂施會〔Oxfam〕**）；「封鎖……對經濟造成嚴重傷害，使七十%至八十%的加薩人陷入貧困。」（**人權觀察組織**）；「以色列正在阻止重要的醫療用品進入加薩地帶。」（**世界衛生組織**）；「對封鎖對生活在加薩的一五〇萬人產生毀滅性影響。」（**國際紅十字委員會**）[03]；但是，以色列總理納坦雅胡宣稱，加薩地區「沒有人道危機」，而且「不缺藥品或其他必需品」。[04]巴黎的媒體哲學家伯納德—亨利．列維（Bernard-Henri Lévy）說：「我們不厭其煩地提醒別人，封鎖僅涉及武器和製造武器所需的材料。」[05]副外長丹尼．阿亞隆嘲笑人道危機的報導，並展示加薩「閃閃發亮的新購物中心……奧運場館標準的新游泳池……五星級酒店和餐廳」。[06]為了平息公眾輿論，以色列在網路上散布這些奢華場景的照片。[07]事實上，加薩的一小部分人確實過得很好。哈佛大學的政治經濟學家莎拉．羅伊指出，有少數人的經濟階層「在黑市經濟中變得極端富裕」，而且，「在專屬富人的餐廳和商店中，出現了幾乎是反常的消費主義」。[08]但無論如何讓人震驚，這種對照幾乎不會讓熟悉猶太歷史的人感到驚訝。華沙猶太區的一名倖存者回憶，「納粹滅絕政策之劍，平等地籠罩著所有猶太人。」

但是，猶太區出現了社會分化，即使在這樣地獄一般的條件下，仍有大量群體有辦法過著相對衣食無虞的生活，並享受某種樂趣。同一條街上則是每天都可以看到的恐怖場景，成群罹患結核病的兒童像蒼蠅般地死去……你來到商店，裡面擺滿了各種美食，餐廳和咖啡廳供應最貴的菜餚和飲料……這些地方的客戶主要是蓋世太保的猶太線民、猶太警察官員，和德國人做生意的富商、走私者、外匯交易商和類似的人。

他繼續指出，「納粹為這些熱鬧的狂歡場景拍攝影片，以向『世界』顯示，居住在聚集區的猶太人日子過得多好。」[09]

人權組織和人道主義組織的共識是，以色列對加薩的封鎖是公然違反國際法的集體懲罰形式。[10]而在以色列的支持者與批評者之間的論戰，則將焦點錯置於：封鎖究竟讓加薩人陷入「飢餓」（批評者），還是「飢餓以上」（支持者）的說法。這場辯論的用語轉移了注意力並模糊了根本問題：**以色列有什麼權利要加薩人民節食？**然而，即使是圍困的批評者也支持以色列有權防止武器進入加薩。但如果巴勒斯坦人默認法律規定的解決衝突條件[11]，那麼，國際法實際上是否禁止他們使用武力或獲取武器來結束佔領？這才是法律的要點。第一，國際法院在二〇〇四年的諮詢意見中指出，「考慮到民族自決權利的原則，本庭認為，『巴勒斯坦民族』的存在已毋庸置疑」；巴勒斯坦人的權利「也包括自決權」，且「以色列有義務尊重巴勒斯坦人的自決權」。[12]第二，行使此一巴勒斯坦自決權的領土單位「顯然包括西岸、東耶路撒冷和加薩」。[13]第三，國際法禁止「管理國」使用武力「鎮壓自決單位大規模的群眾叛亂」，而「非國家實體在行使自決權時所用的武力，在法律上是中性的，亦即不受國際法所限制」，並且「也可以允許各國向自決單位的當地叛亂份子提供援助」。[14]第四，可能有人會爭辯說：巴勒斯坦被佔領土的法律狀況並不適用自決權，而是適用「交戰佔領法」（law of belligerent occupation）。[15]「交戰佔領的目的不是為了贏得當地居民的民心：它有軍事或安全目標，其基礎是『刺刀的力量』[16]，因此，佔領區上的平民無權強行抵抗佔領國。然而，即使以色列在法律上有資格作為交戰佔領者，以巴衝突仍然是「交戰佔領和民族解放戰爭重疊的局面」之一。[17]民族解放／自決的權利，是國際法的強制性規範，不允許廢除。[18]這種強制性權利在混合或重疊的情況下限制了交戰佔領法的範圍——特別是其對使用武力的限制。所以結論是，巴勒斯坦人的自決權勝過以色列作為交戰佔領者可能產生的任何權利。第五，因為拒絕透過誠心的談判結束衝突，以色列喪失了根據交戰佔領法可能援引的任何權利。以色列可以合法主張的只有一個「權利」——撤軍——而沒有法律禁止巴勒斯坦人使用武力，或從友好國家獲得武器來實現撤軍。[19]但相對於此，公眾論述的預設前提是：以色列有權使用武力，而巴勒斯坦人則有義務解除武裝，也就是權利與義務居然顛倒，這可說是國際法墮落程度的指標。即使退一萬步來說，國際法確實禁止巴勒斯坦人民採取武裝抵抗，事實仍然如此。正如同國際特赦組織的要求（**雖然理由不同**），應該對哈馬斯和以色列實施武器禁運。[20]這是一種很奇怪的正義觀：否認受害者擁有抵抗所必須的資本，即使這是法律所允許達成的和平手段；但是允許加害者補充鎮壓的彈藥庫，即使他們拒絕遵守法律且一意孤行。

二〇一〇年五月三十一日，一支載有七百名乘客的人道援助船隊在前往加薩途中，在國際水域遭受到以色列突擊隊員的攻擊。該船隊的六艘船隻向加薩受圍困的人民運送一萬噸急需的物資。到了半夜，當以色列攻擊結束時，搭乘旗艦「藍色馬爾瑪拉號」（Mavi Marmara）的九名乘客卻遭到槍殺。[21]《國土報》記者基迪恩．列維說：「如果鑄鉛行動是全世界對待我們的態度的轉捩點，這次行動顯然是一系列恐怖電影的續集。」[22]不過，以色列仍然試圖將輿論導向突擊隊員，也是攻擊事件「真正的」「受害者」。[23]以色列各大官員和媒體展現極度自我中心的義憤填膺，不論政治立場都不見一絲異議。他們宣稱，突擊隊最初只裝備「漆彈來福槍」，並在「自衛」時採取攻擊戰術「做為最後手段」；一群與「蓋達」（Al-Qaeda）和其他「恐怖」組織有關的「聖戰士」和「雇傭兵」，「揮舞著彎刀」的「激進反西方份子」，「挑釁」、「埋伏」、「欺騙」、「私刑」以色列突擊隊，「引誘」他們掉進「陷阱」；以色列的誹謗集中在藍色馬爾瑪拉號乘客上。這次的人道救緩由土耳其的「人道救援基金會」（İnsani Yardım Vakfı, IHH）所贊助。然而，雖然人道救援基金會在此時被視為「恐怖主義（或恐怖主義附屬）組織」。[24]不過，就在突擊隊攻擊之前，一份以色列的文件才採用了良性的描述：「一個親巴勒斯坦的土耳其人權組織……在戰爭和衝突地區提供人道救濟。」[25]事件後，以色列總統、諾貝爾和平獎得主希蒙·裴瑞斯，以嚴肅口吻慎重地說：「士兵遭到毆打，只因為他不想殺害任何人。」他隨後告訴突擊隊員，「你的戰鬥合乎道德，你的行為展現了勇氣。」「我向你致敬，即使是在自己生命的危險時刻，我也欽佩你的勇氣和克制。」[26]以色列駐西班牙大使將藍色馬爾瑪拉號的乘客，比喻成二〇〇四年在馬德里火車上殺死數十名乘客的伊斯蘭恐怖份子，而將船上被殺的九位平民比喻成「周末在路上死亡的二十三名西班牙人」。[27]大約九十%的以色列猶太人支持停止船隊的決定，認為以色列使用了適當或不足的武力；只有十六%的人支持對加薩解除圍困。[28]據報導，其中一位殺害多名乘客的突擊隊員獲得勇氣勳章，副總理埃利·伊沙伊，要求國防部長埃胡德·巴拉克表揚所有突擊隊員：「戰士的勇氣堪為表率，值得嘉獎。」[29]

無論發生在這個宿命之夜的事件有著什麼樣的來龍去脈，「誰該負責」這個重大問題的答案其實是很明確的，如果以色列試圖以「自衛」合理化對藍色馬爾瑪拉號的攻擊，那就違背了法律的原則，即不得從非法行為中得到任何法律利益或權利（ex injuria non oritur jus）。在本案中，如果以色列採取暴力的起因是因為它實施非法封鎖，就不能要求自衛權；而在國際水域運送人道救援物資給急需救助民眾的船隊及乘客，則有權使用武力進行自我防衛，以應付類似海盜的襲擊。更重要的是，當以色列攻擊船隊時，並非擔心船上載有非法違禁品。船隊領袖提議，讓一個中立的機構，如國際紅十字會事先查驗貨物的人道援助性質（**看來內容已經在出發時經過嚴格檢查**）。以色列官員既沒有表示對搜查船隊貨物的興趣，也沒有假裝船隻是向加薩運送武器。[32]以色列資深異議份子尤利·艾維內里表示，「在加薩沿海發生的挑釁，並非由和平活動所挑起」、「挑釁是由海軍艦艇和突擊隊員進行的……阻擋援助船的航路，並使用致命火力」。如果以色列官員在鑄鉛行動之後宣稱，他們已經「演得」像瘋子一樣以阻止他們的敵人，在突擊隊攻擊船隊之後，恐怕又要擔心以色列是否**真的**已經瘋了。艾維內里繼續補充，「只有瘋狂的、失去所有的克制和現實感的政府，才會做出這種事——將運送人道援助物資和和平活動的船隻當作敵人，向國際水域派遣大量軍力攻擊、射殺他們。」[33]

即使有些爭論點仍然模糊不清，但只要可以確定事實，以色列的指控就禁不起檢驗。[34]以色列部隊最初不只使用漆彈；相反的，以色列黃道號上的戰鬥人員對藍色馬爾瑪拉號發射催淚瓦斯、煙霧和閃光彈，也許還有塑膠子彈。在突擊隊員登上甲板之前，直升機就盤旋在船隻上方並直接進行實彈射擊。[35]乘客不屬於恐怖組織[36]，也沒有設下致命陷阱，他們甚至沒有為受傷事先做準備。[37]沒有持槍，沒向俘虜開槍[38]，也沒有攜帶謀殺以色列人的賞金[39]；乘客留下的以色列突擊隊員並沒有遭受到私刑，他們還得到醫療照顧，然後護送釋放。[40]相對於此，以色列突擊隊員並沒有克制武力僅用於自衛；相反的，他們射殺了九名乘客，還對其中八名乘客多次開槍——五人被擊中頭部，至少有六人以非法律規範、任意且不合程序的方式處決。[41]知名的聯合國事實調查團的調查結果指出，「以色列軍方和其他人員對船隊乘客的行為，在當時不僅不成比例，而且顯示出完全不必要和不可置信的暴力程度，這種野蠻行為讓人無法接受。」[42]然而，在聯合國報告發布後不久，總理納坦雅胡卻讚揚這次的攻擊是「關鍵、核心、重要且合法的」，還向以色列突擊隊員「致敬」，因為，他們以「勇敢、道德與克制」對抗「那些前來殺你、試圖殺你的人」；「沒有人比你們做的更好」。[43]可以確定，以色列官員確實承認這次的行動有改善的空間：「當下一次有船隊……海軍要登上……攻擊犬將先登上甲板，以防止士兵受傷……牠們既強大且無情。」[44]目前還不清楚是否應該制定應急計劃，那麼，如果乘客「欺騙」並「哄騙」犬科動物呢？應該針對這個可能制定應急計劃嗎？

與此同時，半官方的以色列情報和恐怖主義資訊中心，則為這次的殺戮事件找理由，聲稱九名死亡乘客中有多達七個人可能意圖殉難。例如，其中一個人的最後日記表示，願意「為了崇高的事業而死」。[45]美國革命家納森・黑爾（Nathan Hale）在一七七五年被英軍絞死之前，也留下名句感嘆自己「只有一條命可以為國犧牲」。甘地勸告他的追隨者積極地殉道：「聽到一位同黨……被槍殺或另一名同黨……頭骨被打破，我會感到振奮。」[46]一個人做好準備願意為更高的良善做最大的犧牲，難道這就是表示可以殺死他嗎？

如果西方人最初吞下了這種顛三倒四的劇情，這是因為「宣傳計劃」精心的排練和熟練的執行[47]，而且西方媒體也樂於接受以色列操弄。安東尼・勒曼在《英國衛報》指出，「這次將近一週的事件，讓人想起鑄鉛行動，以色列公關機器成功地讓主流媒體關注其事件的版本，並在關鍵的四十八小時採用以色列官方的說法。[48]能夠對以色列官方說詞提出異議的唯一證人被監禁，他們的照片證據也遭到沒收。但是，以色列的宣傳攻勢最終還是開始解體，國際輿論（**包括大量的猶太輿論**）正朝著相反的方向急轉彎。[49]以色列隨後爭辯說，如果有些人持不同觀點，那可以追溯到「對抗猶太人的永恆戰爭」。[50]事實上，以色列已在公關前線搞砸了。[51]根據頗具影響力的「里爾特研究所」（Reut Institute）的說法，國際社會對以色列轉趨敵意，是由於「將以色列成功地塑造成忽視人權和破壞國際法的佔領和侵略實體」，而「將船隊塑造成在反『佔領』、反『壓迫』的脈絡下，促進和平與人權，是對加薩『人道危機』的道德回應，也合乎國際法的精神」。[52]換句話說，如果以色列的形象又一次遭受打擊，其原因不是骯髒的潛在現實，而是扭曲的「標籤」。

儘管公眾憤怒，但美國在當時的外交糾葛中一直盲目地支持以色列。美國總統巴拉克・歐巴馬，只對失去生命表示「深深的遺憾」[53]，他的政府卻在國際社會保護以色列不受到追究責任。副總統約瑟夫・拜登（Joseph Biden）為突擊隊攻擊辯護，理由是，如果船隊在以色列港口卸下貨物，以色列將準備好、願意且能夠將其轉送到加薩。[54]與此同時，「美國駐聯合國安理會的緊急特別會議」（Emergency Session of the UN Security Council）代表，無恥地否認以色列阻止重要物資進入加薩：「已有機制可以處理成員國和其他團體向加薩運送的人道援助物資。」[55]美國參議院一百位成員中有八十七人連署上書歐巴馬，宣稱在以色列突擊隊員「抵達」藍色馬爾瑪拉號並「遭到殘酷攻擊」之後，他們「完全支持以色列的自衛權」。美國眾議院緊隨其後，四三五位成員中有三三八人連署上書，在「船上的乘客以棍棒、金屬棒和鐵棒攻擊以色列士兵」之後，表示「堅決支持以色列的自衛權利」。[56]在「猶太團體」的要求下，國會領導人指定受害者而非加害者為恐怖份子，還指定人道任務的贊助者為恐怖組織。他們還禁止倖存者進入美國，因為「不應允許他們前來……散布仇恨與恐怖主義言論」。[57]在攻擊後一場正統猶太人的聚會中，紐約州參議員查克・舒默（Chuck Schumer）指出，「因為加薩的巴勒斯坦人選出了哈馬斯，就應該用經濟手段扼殺他們，直到他們改變為止。」[58]另一方面，美國國務卿希拉蕊・柯林頓和其他西方官員，以及整個聯合國安理會則是大夢初醒：在船隊恐怖事件的隔天，他們聲明，以色列對加薩的圍困「不可持續」，必須解除。[59]儘管如此，正如同國際危機組織尖銳的批評，「國際社會的譴責和要求進行調查很容易，但許多提出要求的人必須承認，他們自己也在加薩的悲慘待遇中摻了一腳，這是這次以色列襲擊事件的根本原因。」[60]當船隊開始執行人道任務時，以色列在鑄鉛行動期間造成的破壞（約四分之三）尚未得到修復或重建。[61]雖然在船隊大屠殺和隨之而來的國際抗議中，以色列承諾「放寬」加薩的部分貨物限制，但仍然禁止加薩恢復製造業所需的項目，並對關鍵建築材料的進口設下苛刻的條件。[62]以色列人權組織警告，「進口建築材料的負擔」可能「將重建的承諾變成一紙空文」。[63]聯合國官員估計，在以色列限制仍然存在的情況下，重建加薩需要「七十五年」。[64]二〇一〇年底，在以色列公開承諾放鬆圍困加薩的半年後，超過二十個在加薩工作的知名人權和人道團體嚴肅地報導，「由於『放寬』並未改變非法封鎖政策的基礎，事實上鮮有實質改善的跡象」；「加薩需要六十七萬輛卡車的建材，但平均每個月才進來七一五輛」；「私人部門沒有進口建材——包含混凝土、鋼、砂石——的可能性，這阻礙加薩人重建住宅、工商業和其他財產的可能性」；「出口仍被禁止，除了出口少量草莓的人道活動外，自從放寬以來，沒有一輛卡車離開過加薩」；「許多人道項目，包括重要的水設備並不在以色列的限制清單上，卻也沒有獲得許可」；

「普通的加薩居民仍然無法和他們的朋友、家人見面，也無法接觸西岸、東耶路撒冷和國外等的教育機會」；「加薩三十五%的農地和八十五%的漁業海域，仍然受限於以色列『緩衝區』無法進入，對經濟、人民的權利和生計都造成毀滅性的衝擊」；「加薩居民三十九%仍處於失業狀態」、「八十%的人口依然依賴國際援助」。該權威報告總結，「對加薩人民的孤立和懲罰不結束，以巴衝突就無法得到公正且持久的解決。」[65]以色列則簡短地駁斥該報告「充滿偏見和扭曲」。[66]

退一步說，即使以色列真的有權封鎖船隊通過，這也很難解釋「為什麼一個理應和平的攔截行動，突擊隊員卻是在一片黑暗的國際水域中從軍用直升機垂降到船上？」[67]事實上，以色列選擇了一定能夠引起恐慌和混亂的行事手法（這就像以色列官員所承認的）。有一堆相對溫和的選項可供選擇，像是破壞船隻的螺旋槳、方向舵或發動機，並將其拖至以色列阿什杜德（Ashdod）的港口，或以物理方式阻擋船隻的通過。[68]（船隊上的乘客預期，「如果我們不停下來，他們可能會摧毀我們的螺旋槳或方向舵，然後將我們拖到某處修理。」[69]）如果相信以色列的官方說詞，派突擊隊員襲擊船上的乘客實在是個很奇怪的選擇。在殺戮之後，據稱以色列沒有預見會有暴力抵抗；他們「預期有輕微的暴力，主要是詛咒、推擠和吐口水」、「靜坐、手臂勾著手臂」、「消極抵抗，也許是口頭抵抗」或是「和乘客對話」。[70]但是，如果以色列不預期有暴力的回應，為何不在光天化日之下攔截藍色馬爾瑪拉號，並帶去一整群記者，好向全世界展現他們和平的意圖？為何事先干擾船隻的通信設備，阻止他們向外界傳布訊息？為何他們初次接觸那些乘客就發動催淚瓦斯、煙霧彈和閃光彈，可能還有塑膠子彈？如果以色列預期會和乘客閒聊，為什麼派出的是訓練有素的殺人突擊隊，而不是習慣處理公民抵抗的警察部隊？從事前計劃來看，合理的推斷是，以色列試圖引發血腥衝突，雖然可能不是事發時的規模（他們無法預見突擊隊員會對乘客堅定的抵抗感到恐慌，以及之後發生的幾起報復謀殺）。英國《衛報》的社論指出，「這些突擊隊員期待親巴勒斯坦的活動份子在他們上船之後做什麼？邀請他們和船長一起在船上喝杯茶？」[71]

「比上一次更糟」

儘管如此，謎題仍未解決，為什麼以色列要發動船上這起暴力襲擊？事實上，許多種因素集結在一起，使突擊隊的突襲成了最佳的作戰計劃。在這起船隊攻擊之前，以色列幾次的軍事行動都表現得十分拙劣。二〇〇六年，以色列入侵黎巴嫩，卻和真主黨陷入僵局，遭遇到重大的軍事挫敗。以色列在二〇〇八年九月入侵加薩時，承諾要恢復「威懾能力」，但這次攻擊並未讓人敬畏以色列的軍事實力，而是對其危險的怯懦感到憤怒。[72]二〇一〇年，以色列派遣一支突擊隊前往杜拜暗殺一位哈馬斯領導人，但即使完成任務，該部隊卻因為外行的執行力而釀成外交風暴，以色列迫切希望恢復以色列國防軍過往的英勇形象。但還有比恩德培式（Entebbe-like）的突擊隊襲擊更好的方法嗎？[73]總理納坦雅胡和國防部長巴拉克，共同決定對藍色馬爾瑪拉號進行攻擊。他們倆年輕時都是突擊隊員，巴拉克還是納坦雅胡所屬單位的指揮官兼督導。[74]一九七三年的一次突擊隊襲擊，使巴拉克聲名大噪[75]，而納坦雅胡則因為是他的兄弟強納森（Jonathan）而沾光，他是以色列在恩德培行動中唯一受傷的人員。他們相互交錯的個人經歷使得巴拉克和納坦雅胡選擇以突擊隊進行暴力攻擊，以求擦亮以色列國防軍——當然還有，**他們的**——招牌。《國土報》的記者在船隊襲擊後指出，「他們兩人對軍事行動相當固執，有很深的速食英雄心態和突擊隊精神……在危機的高潮出現一支天降神兵（deus-ex machina）的軍隊，像亞歷山大一般，一刀就斬斷了戈迪安繩結（Gordian knot）」。難道突擊行動就能實現以色列江河日下的承諾，這就是政治救贖嗎？「儘管過去幾十年來，我們的血液中被注入這些行動的道德教訓，但我們的領導人仍不斷試著複製這些行動，以彌補他們身為政治家的無能。接連失敗的任務越多，對下一次任務就越懷抱救贖的渴望，渴望能夠治癒之前的創傷和受創的經驗……他們就像是不斷否認需要來一根菸的**癮君子**：以色列國防軍的完美行動、一場解決所有難題、撥雲見日的關鍵戰役（**而且不再需要任何政治家精神**）。」[76]

不出所料，在船隊中的六艘船中，以色列將藍色馬爾瑪拉號作為「特殊」處理對象，而六百名乘客中約有三分之二是土耳其公民。該船的核心組織據稱是「一個激進伊斯蘭組織的前線，可能與土耳其的執政黨有關」，這使其成為一個更具誘惑力的目標。[77]在當時，土耳其總理雷傑普．塔伊普．埃爾多安（Recep Tayyip Erdo an）越來越堅定走向獨立的外交政策，並且在批評以色列時直言不諱，兩國在外交上的針鋒相對亦隨之而來。鑄鉛行動之後，埃爾多安在世界經濟論壇公開譴責以色列總統裴瑞斯：「說到殺戮，你懂得**可多了**。」[78]二〇一〇年初，以色列副外長阿亞隆公開羞辱土耳其大使，他拒絕在以色列電視的攝影機前和他握手，並讓他坐在比以色列部長還矮的座椅上。[79]埃爾多安隨後抓住機會和巴西合作，以外交方式解決伊朗和其核計劃的僵局。[80]以色列對土耳其的行動表示憤怒，因為它一直傾向採取軍事解決。攻擊船隊之前幾天，納坦雅胡後來回憶，土耳其「加強了和伊朗的認同和合作」。當安卡拉不理會特拉維夫的勸告阻止藍色馬爾瑪拉號時，壓上了最後一根稻草（**然而，土耳其政府確實積極阻止人道救援基金會執行任務**）。[81]以色列長期以來一直希望挫挫這位土耳其新貴的銳氣，一次流暢的（**雖然有點血腥**）突擊隊襲擊，正好可以提醒埃爾多安，誰才是這個世界角落的主人。一名以色列戰略分析家解釋，如果以色列迴避了低度暴力的手段來制止艦隊，那是因為它需要「告訴伊斯蘭化的土耳其……不可越線。奧斯曼帝國如果渴望像五百年前那樣再次統治中東，他們的力量將在加薩的海岸止步」。[82]和以色列歷史盟友的裂痕似乎否認了這項猜測：為什麼以色列願意冒這麼大的外交風險？我們似乎可以這麼說：溫和的阿拉伯—穆斯林領導人似乎已經習慣了來自以色列的羞辱性打擊。如果以色列突擊隊員在人道援助團中殺死了九位埃及人，埃及總統穆巴拉克幾乎肯定會視而不見。二〇〇七年，以色列空襲敘利亞，宣稱摧毀核反應爐之後，敘利亞總統巴沙爾・阿薩德（Bashar al-Assad）卻保持沉默。「我確信，土耳其的反應讓猶太復國主義領導人感到意外」真主黨祕書長賽義德・哈桑・納斯魯拉精明地觀察到了這一點。[83]

突擊隊企圖透過攻擊來阻止人道援助船隻前往加薩的次數繼續增加。以色列最初允許運送物資的船隻悄悄地通過封鎖，希望組織者的決心會隨著公眾興趣的衰退而逐漸消失。但當組織者堅持不懈時，以色列海軍就在前往加薩的途中撞擊並攔截船隻。[84]可是更多的船隻繼續前進。二〇〇九年，以色列阻擋一艘人道援助船隻抵達加薩之後，英國領導的代表團向貝魯特的美國大使館表示擔心，「以色列政府將來遇到類似的事件恐怕不會表現得如此寬大。」[85]如果攻擊船隊不會讓外交圈的人感到驚訝，那麼也不會震驚到經驗豐富的以色列觀察家。以色列小說家阿摩斯・奧茲反思，「對運送人道援助物資的民間船隻採取暴力攔截」是以色列的口號——「沒有武力辦不到的事情，如果有，就用更大的武力」的「極端產品」。[86]為了強化突擊隊員的暴力是遇到攻擊時自發反應的主張，以色列強調一項事實：它只預期「像我們在比林（Bil'in）遇到的程度的抵抗」。[87]以色列經常蓄意使用致命武力來鎮壓這種民間抵抗。《國土報》記者觀察，藍色馬爾瑪拉號所發生的事情，「和以色列過去四年來，每週在比林做的事相當類似——傷害和殺害要求基本權利的非武裝平民抗議者。」[88]

不過，攻擊藍色馬爾瑪拉號變成另一次拙劣的行動，因為過去吹捧的以色列國防軍變得越來越像「行事不光明磊落的幫派」。[89]但這一次的事件，以色列可不能再裝傻。雖然以色列的「宣傳計劃」竭力把襲擊操作成「成功的行動」[90]，突擊隊員也寶刀未老，但買帳的人並不多。專家普遍認為這是「可恥的失敗」、「國家蒙羞」，「威攝受到嚴重的打擊」。[91]基迪恩．列維語帶諷刺地說：「魔法已經消失很久了，『世界上最道德的軍隊，世界上曾經最好的軍隊』又失敗了。越來越多人認為，幾乎軍隊的一切作為都會對以色列造成傷害。」[92]事實上，由海軍突擊隊組成以色列的「最佳戰鬥部隊」[93]，並且已經進行了好幾週的排練，甚至建造出藍色馬爾瑪拉號的模型以進行演練。[94]儘管如此，當這些突擊隊員中的三十人，面對同等數量，手中只有臨時武器的平民乘客時[95]，其中三個人被俘虜，他們被照顧的照片在網路上廣為流傳。以色列士兵，更別提菁英突擊隊員是不應該被活捉的；以色列最不需要的就是吉拉德．沙利特的翻版。[96]「以色列國防軍發言人聲稱，士兵的生命陷入險境，他們擔心會受到私刑。」一位知名軍事分析家低調地表示，「這對菁英海軍部隊的人來說並不是恭維。」[97]軍方戰力畏縮無能的形象也無法安慰國內群眾。在經過如此多的慘敗，抵禦看似無窮無盡的更強大的敵人之後，群眾會不會對以色列國防軍的能力感到緊張？一位以色列將軍表示後悔，「人們認為你瘋了是一回事，但當他們認為你既無能又瘋狂的時候，那就糟糕了，這就是我們現在的樣子。」[98]二〇一〇年，在阿拉伯世界的一項民調顯示，只有十二%的民眾相信以色列「非常強大」，而四十四%的人認為，「比看起來還要弱」，這都無法減輕以色列的焦慮。[99]每次災難性的任務都會增加下一次擲骰子的賭注。看來，以色列似乎很快就會發起一場更巨大的任務，以彌補長期的失敗。一位以色列將軍在鑄鉛行動後宣布，以色列國防軍將「繼續採用」所謂的「達希亞原則」（Dahiya doctrine），即「在未來」對加薩民用基礎設施施加大規模武力。[100]以色列國防軍副參謀長闡述的以色列戰略學說的本質就是：「每一輪」戰鬥，「都會帶給」以色列的敵人「比上一次更糟糕的結果」。[101]黎巴嫩當時成為以色列的下一個目標[102]，但真主黨已經累積了自己的「威懾能力」。以色列不願意冒著攻擊事件後發生的大規模平民傷亡的風險，到頭來，手無寸鐵的加薩將繼續成為以色列首選的出氣筒。

藍色馬爾瑪拉號上遇害的九位乘客，是埋葬《戈德史東報告》造成的第一批傷亡名單。巴勒斯坦人權律師拉吉・蘇蘭尼（Raji Sourani）表示，如果這件事沒有被有效地「否決」；如果國際社會負起執行國際人道法的義務；如果法治原則得到尊重。那幾乎可以肯定，這件地中海上的無理由的血案本來是可以預防的。[103]然而，雖然以色列設法除去了戈德史東的障礙，但現在卻必須在突擊隊襲擊之後面對新一波的國際抗議。不是第一次，以色列決定任命調查委員會來調查此一事件。以色列的期望是，透過司法神聖性和放低姿態來安撫國際輿論，或至少安撫比較重要的那幾個。[104]而委員會果然沒有讓人失望。

1 “The Rubble That Was Gaza,” *World Food Program News* (25 January 2009). See also European Commission, *Damage Assessment and Needs Identification in the Gaza Strip, Final Report* (2009), pp. xv, 93.

2 Desmond Travers, “Operation Cast Lead: Legal and doctrinal asymmetries in a military operation,” Irish Defense Forces, *An Cosantóir* (2010), pp. 10–12.

3 Oxfam, “Gaza Weekly Update” (30 May–5 June 2010); Human Rights Watch, “Israel: Full, impartial investigation of flotilla killings essential” (31 May 2010); World Health Organization, “Medical Supplies Blocked from Entering Gaza” (1 June 2010); International Committee of the Red Cross, “Gaza Closure: Not another year!” (14 June 2010).

4 Israel Ministry of Foreign Affairs, “Statement by Prime Minister Netanyahu: ‘No love boat’” (2 June 2010); Israel Ministry of Foreign Affairs, “PM Netanyahu’s Statement before the Turkel Commission” (9 August 2010).

5 Bernard-Henri Lévy, “It’s Time to Stop Demonizing Israel,” *Haaretz* (8 June 2010). See also Gideon Levy, “In Response to Bernard-Henri Lévy,” *Haaretz* (10 June 2010).

6 Danny Ayalon, “The Flotilla Farce,” *Wall Street Journal* (29 July 2010).

7 Tom Gross, “A Nice New Shopping Mall Opened Today in Gaza: Will the media report on it?,” *Mideast Dispatch Archive* (17 July 2010).

8 Sara Roy, “Gaza: Treading on shards,” *Nation* (1 March 2010); see also Sara Roy, *The Gaza Strip: The political economy of de-development*, expanded third edition (Washington, DC: 2016), pp. xliii–xlv.

9 Bernard Goldstein, *Five Years in the Warsaw Ghetto* (Edinburgh: 2005), pp. 77–78.

10 最具權威性的法律分析由聯合國人權理事會事實調查團所製作，由國際刑事法院退休法官擔任主席，包括聯合國支持的獅子山特別法庭前首席檢察官。報告發現：1.「封鎖對加薩地區的平民造成了不成比例的損害，因此，以色列的攔截是不合理的，必須被視為非法。」2.「實施封鎖背後的主要動機之一是，企圖懲罰加薩地區的人民投票支持哈馬斯。這一動機和限制加薩地區的影響相結合，毫無疑問，以色列的行動和政策，構成了國際法所界定的集體懲罰。」UN Human Rights Council, *Report of the International Fact-Finding Mission to Investigate Violations of International Law, Including International Humanitarian and Human Rights Law, Resulting from the Israeli Attacks on the Flotilla of Ships Carrying Humanitarian Assistance* (27 September 2010), paras. 53, 54; hereafter: *Report of the Fact-Finding Mission.* 報告的主要結論讓人想起了平衡、明智和人性：

> 調查團並不是唯一一個發現加薩悲慘情況的人。這種情況被認為「不可持續」，在二十一世紀，這讓人完全無法容忍而且不可接受。令人驚訝的是，任何人都可以描述那裡人們的狀況為滿足可接受的最基本標準。我們敦促國際社會各方尋求解決方案，解決以色列和巴勒斯坦雙方合理的安全問題，他們雙方同樣有權利「在天底下各安其位」。只有當舊有的對立臣服於正義和公平遊戲規則，安全權和尊嚴生活權之間明顯的二元對立才能夠化解。人們必須脫離深植於記憶中的悲傷，找到繼續前進的力量。(para. 275)

聯合國人權理事會以三十票贊成，一票反對，十五票放棄，表示「贊同」報告中的「結論」(A/HRC/15/L.33) (29 September 2010)。儘管美國投下唯一的反對票，但美國代表並未在口頭上對該報告的調查結果提出異議。

11 請參閱第二章。

12 International Court of Justice, Advisory Opinion, *Legal Consequences of the Construction of a Wall in the Occupied Palestinian Territory* (9 July 2004), paras. 118, 149.

13 John Dugard, *Report of the Special Rapporteur on the Situation of Human Rights in the Palestinian Territories Occupied since 1967* (A/HRC/7/17) (21 January 2008), para. 49.

14 James Crawford, *The Creation of States in International Law,* second edition (Oxford: 2006), pp. 135–37, 147. See also Heather A. Wilson, *International Law and the Use of Force by National Liberation Movements* (Oxford: 1988), pp. 135–36（「法律仍未一致同意」民族解放運動使用武力的權利，儘管「自一九六〇年以來……的趨勢……一直朝向准許民族解放運動使用武力方向延伸」，而「用武力否認民族自由行使自決權，則是違反國際法原則」）A. Rigo Sureda, *The Evolution of the Right to Self-Determination: A study of United Nations practice* (Leiden: 1973), pp. 331, 343–44, 354（「自一九六五年以來，聯合國大會……開始呼籲各國幫助依賴民族在道義和物質援助下實現自決」，「安理會從未明確譴責巴勒斯坦人的游擊活動的這項事實，可以解讀為隱含性地承認他們，至少有權恢復在一九六七年六月敵對行動中失去的領土，而且必要時可使用武力」）。

15 交戰佔領涉及到的事實是，以色列在戰爭中佔領了西岸（包括東耶路撒冷）和加薩走廊。

16 Yoram Dinstein, *The International Law of Belligerent Occupation* (Cambridge: 2009), paras. 80, 218.

17 Wilson, *International Law,* p. 20.

18 Crawford, *Creation,* pp. 99–102; Sureda, *Evolution,* p. 353; see also International Court of Justice, *Legal Consequences of the Construction of a Wall,* paras. 88, 156.

19 請參閱第十一章和附錄。

20 請參閱第四章。

21 一位乘客由於受傷而陷入昏迷，並在四年後死亡。

22 Gideon Levy, “Operation Mini Cast Lead,” *Haaretz* (1 June 2010).

23 Arun Gupta, “How the US Corporate Media Got the Israel Flotilla Catastrophe So Wrong,” *AlterNet* (16 June 2010).

24 Intelligence and Terrorism Information Center, *Conspicuous among the Passengers and Organizations aboard the* Mavi Marmara *Were Turkish and Arab Islamic Extremists Led by IHH* (26 September 2010), paras. 2, 9, 11.

25 Military Strategic Information Section, International Military Cooperation Department, Strategic Division, Israel Defense Forces, “Free Gaza Flotilla” (27 May 2010).

26 Ahiya Raved, “Peres: Soldiers were beaten for being humane,” *ynetnews.com* (1 June 2010); Ronen Medzini, “Peres: World always against us,” *ynetnews.com* (3 June 2010).

27 Giles Tremlett, “Gaza Flotilla Attack: Israeli ambassador to Madrid tries to play down deaths,” *Guardian* (4 June 2010).

28 Maayana Miskin, “Poll: Israelis support flotilla raid, Gaza blockade, PM and IDF,” *Arutz Sheva* (11 June 2010). See also the articles by Amira Hass, Neve Gordon, and Ilan Pappé in Moustafa Bayoumi, ed. , *Midnight on the Mavi Marmara: The attack on the Gaza freedom flotilla and how it changed the course of the Israel/Palestine conflict* (New York: 2010).

29 Hana Levi Julian, “Medal for Israeli Commando for Valor on *Mavi Marmara*?,”*Arutz Sheva* (6 June 2010).

30 最全面的媒體紀錄的蒐集和分析是（Richard Lightbown）的未出版手稿，*The Israeli Raid of the Freedom Flotilla 31 May 2010: A review of media sources* (31 August 2010). 關於土耳其對此事件的紀錄，請參閱 nsani Yardım Vakfı (IHH), *Palestine Our Route, Humanitarian Aid Our Load: Flotilla campaign summary report* (n.d.). See also Friends of Charities Association, *Timeline & Inconsistencies Report Relating to the Gaza-Bound Freedom Flotilla Attack May 31, 2010* (Washington, DC: 2010).

31 乘客最初用水管擊退以色列的襲擊，因為國際海事組織「建議將其作為防止海盜和武裝劫匪登船的方法」(*Report of the Fact-Finding Mission*, p. 25n68).

32 International Crisis Group, *Turkey's Crises over Israel and Iran* (2010), p. 6; Ron Friedman, "IDF: Flotilla supplies unnecessary," *Jerusalem Post* (2 June 2010); *Report of the Fact-Finding Mission*, paras. 55–58, 88–89, 109.

33 Uri Avnery, "A Crime Perpetrated by Order of the Government of Israel and the IDF Command," Gush Shalom (31 May 2010). See also David Grossman, "The Gaza Flotilla Attack Shows How Far Israel Has Declined," *Guardian* (1 June 2010).

34 以色列在其內部調查中提出的證據，將在第八章進行解析。

35 *Report of the Fact-Finding Mission*, paras. 112–14. 一份半官方的以色列出版品並未反駁，「以色列船隻」在他們接近藍色馬爾瑪拉號時，立即「發射催淚瓦斯、閃光、煙霧彈」的說法。而《紐約時報》親以色列版本的故事則承認，在突擊隊登上藍色馬爾瑪拉號前的「震撼彈爆炸和上方一陣橡膠子彈，應該是用於驅離活動份子」。Intelligence and Terrorism Information Center, *Preparations Made by IHH for Confrontation with the IDF and the Violence Exercised by That Organization's Operatives* (15 September 2010), para. 11; Sabrina Tavernise and Ethan Bronner, "Days of Planning Led to Flotilla's Hour of Chaos," *New York Times* (4 June 2010).

36 藍色馬爾瑪拉號的一位乘客，顯然因為曾經參與一九九六年劫持俄羅斯渡船而被定罪服刑（劫船者要求釋放車臣囚犯）。

37 Hugh Pope, "Erdogan Is Not the Bogeyman," *Haaretz* (18 June 2010); International Crisis Group, *Turkey's Crises*, p. 7; *Report of the Fact-Finding Mission*, para. 129. 乘客不得不打開原定要給加薩的醫療物資，以便治療傷者。

38 *Report of the Fact-Finding Mission*, paras. 101, 116, 165. 以色列沒有提供任何證據證明乘客曾向突擊隊員射擊實彈，公開聲明的內容對這一點充滿矛盾 (ibid., p. 26n70).

39 亨利・西格曼（Henry Siegman）在《國土報》上質疑，「據說土耳其活動份子每人可收到一萬元。想像一下，若知道他們會被以色列當局拘留，他們還會把錢帶上船嗎？」"Israel's Greatest Loss: Its moral imagination," *Haaretz* (11 June 2010).

40 *Report of the Fact-Finding Mission*, paras. 125–26.

41 Ibid., paras. 118, 120, 170; Robert Booth, "Gaza Flotilla Activists Were Shot in Head at Close Range," *Guardian* (4 June 2010). 大約有五十位乘客受傷，而以色列卻公布有九名突擊隊員受傷，其中三位傷勢嚴重。

42 *Report of the Fact-Finding Mission*, paras. 264–65 (see also paras. 167–72).

43 "Netanyahu 'Salutes' Commandos Who Raided Gaza Flotilla," *Haaretz* (26 October 2010).

44 Hanan Greenberg, "Dogs to Be Used in Next Flotilla Raid," *ynetnews.com* (7 October 2010).

45 Intelligence and Terrorism Information Center, *According to Well-Documented Information, Seven of the Nine Turks Killed in the Violent Confrontation aboard the* Mavi Marmara *Had Previously Declared Their Desire to Become Martyr[s] (Shaheeds)* (13 July 2010).

46 "Speech at Bulsar" (29 April 1930), in *The Collected Works of Mahatma Gandhi* (Ahmedabad), vol. 43, pp. 327–28.

47 Danny Ayalon, "Public Relations Battle Is a Marathon, Not a Sprint," *Jerusalem Post* (8 June 2010).

48 Antony Lerman, "Israeli PR Machine Won Gaza Flotilla Media Battle," *Guardian* (4 June 2010).

49 Norman G. Finkelstein, *"This Time We Went Too Far": Truth and consequences of the Gaza invasion,* expanded paperback edition (New York: 2011), pp. 168–80.

50 Caroline Glick, "Ending Israel's Losing Streak," *Jerusalem Post* (1 June 2010).

51 Zvi Mazel, "Peace Activists? More Like 'Peace' Militants," *Jerusalem Post* (1 June 2010); Hirsh Goodman, "The Source of Failure: Israel's public diplomacy and the intelligence community," *Institute for National Security Studies* (9 June 2010); Alex Fishman, "Israel Losing the War," *ynetnews.com* (20 June 2010).

52 Reut Institute, *The Gaza Flotilla: A collapse of Israel's political firewall* (August 2010), para. 27.

53 "Obama Supports UN Call for Investigation of Flotilla Incident," *America.gov* (1 June 2010).

54 Natasha Mozgovaya, "Biden: Israel right to stop Gaza flotilla from breaking blockade," *Haaretz* (2 June 2010); Richard Adams, "Gaza Flotilla Raid: Joe Biden asks 'So what's the big deal here?,'" *Guardian* blog (2 June 2010).

55 United States Mission to the United Nations, "Remarks by Ambassador Alejandro Wolff, Deputy Permanent US Representative to the United Nations, at an Emergency Session of the Security Council" (31 May 2010).

56 "Bipartisan Group of 87 Senators, Led by Reid and McConnell, Send Letter to President Obama in Support of Israel's Right to Self-Defense," *Democrats.senate.gov* (23 June 2010); Congress of the United States, House of Representatives, "Dear Mr. President" (29 June 2010). See also "Congress Shows Israel Support," *Jerusalem Post* (9 June 2010).

57 Nathan Guttman, "Push to Sanction Backers of Gaza Flotilla Gains Steam in US," *Forward* (16 June 2010).

58 "Chuck Schumer: 'Strangle' them economically," *Huffington Post* (11 June 2010). See also Juan Cole, "Schumer's *Sippenhaftung,*" *Informed Comment* blog (12 June 2010).

59 Jonathan Ferziger and Calev Ben-David, "Gaza Situation 'Unsustainable,' Clinton Says as Ship Approaches," *Bloomberg Businessweek* (1 June 2010); United Nations Department of Public Information, "Security Council Condemns Acts Resulting in Civilian Deaths during Israeli Operation against Gaza-Bound Aid Convoy, Calls for Investigation, in Presidential Statement" (31 May 2010). See also Bernard Kouchner, Franco Frattini, and Miguel Angel Moratinos, "Averting Another Gaza," *New York Times* (10 June 2010); "EU Strongly Condemns Gaza Flotilla Attack," *EurActiv.com* (2 June 2010); Yossi Lempkowicz, "Gaza Flotilla: EU Parliament calls for international inquiry and end to blockade," *European Jewish Press* (17 June 2010).

60 International Crisis Group, "Flotilla Attack the Deadly Symptom of a Failed Policy" (31 May 2010).

61 Robert H. Serry (UN Special Coordinator for the Middle East Peace Process), "Briefing to the Security Council on the Situation in the Middle East" (15 June 2010), citing a United Nations Development Program survey.

62 State of Israel, *The Civilian Policy towards the Gaza Strip* (June 2010), appendix B; State of Israel, "Briefing: Israel's new policy towards Gaza" (5 July 2010).

63 Gisha (Legal Center for Freedom of Movement), "Unraveling the Closure of Gaza" (7 July 2010).

64 United Nations Office for the Coordination of Humanitarian Affairs (OCHA), *The Humanitarian Monitor* (July 2010), p. 8. 關於以色列在加薩封鎖政策的歷史、影響和法律後果的相關報導，請參閱 Palestinian Center for Human Rights, *The Illegal Closure of the Gaza Strip: Collective*

punishment of the civilian population (2010).

65 Amnesty International et al., *Dashed Hopes: Continuation of the Gaza blockade* (30 November 2010). See also Gisha (Legal Center for Freedom of Movement), "Facts behind MFA Report on 'Easing' of Gaza Closure" (2010). 二〇一〇年十二月底，吉沙組織（Gisha）報導，除了「少數例外之外」，以色列「持續禁止鋼鐵、砂石和混凝土進入加薩」，而「過去幾週開始出現小規模進口」"Reconstructing the Closure" (December 2010).

66 Dan Izenberg, "Int'l Groups Say Israel Not Living Up to Gaza Promises," *Jerusalem Post* (30 November 2010).

67 Ben Knight, "Claim and Counterclaim after Deadly Flotilla Raid," *ABC News* (1 June 2010).

68 Nahum Barnea, "The Test of the Result," *Yediot Ahronot* (1 June 2010); Ben Kaspit, "It's Not Enough to Be Right," *Maariv* (1 June 2010); Amos Harel, "Straight into the Trap," *Haaretz* (1 June 2010); Mordechai Kedar, "A War for World's Future," *ynetnews.com* (31 May 2010); Mickey Bergman, "The IDF Soldiers Were Sent on a Mission That Defies Logic," *Huffington Post* (1 June 2010); Yaakov Katz, "Duped," *Jerusalem Post* (4 June 2010).

69 Henning Mankell, "Flotilla Raid Diary," in Bayoumi, *Midnight*, p. 22.

70 Katz, "Duped"; Ahiya Raved, "20 People Threw Me from Deck," *ynetnews.com* (1 June 2010); "Israel Navy's Gaza Flotilla Probe 'Finds Planning, Intel Flaws,'" *Haaretz* (20 June 2010); "Army Inquiry Slams Flotilla Raid's Planning," *ynetnews.com* (8 July 2010); Tavernise and Bronner, "Days of Planning."

71 "Gaza: From blockade to bloodshed," *Guardian* (1 June 2010).

72 請參閱第二、四章。

73 恩德培行動，是以色列精銳突擊隊員於一九七六年七月四日，在烏干達恩德培機場進行的人質救援行動。

74 Uzi Mahnaimi and Gareth Jenkins, "Operation Calamity," *Sunday Times* (6 June 2010). 據報導，這兩人仍以其突擊隊員服役時的暗號相互溝通。

75 他領導了一個暗殺小組，殺死在黎巴嫩活動的三名巴解組織高階領導人。

76 Doron Rosenblum, "Israel's Commando Complex," *Haaretz* (4 June 2010).

77 Scott Wilson, "Israel Says Free Gaza Movement Poses Threat to Jewish State," *Washington Post* (1 June 2010), 引自前以色列駐聯合國大使，伊塔馬爾．拉比諾維奇（Itamar Rabinovich）；"Eiland: Flotilla was preventable," *Jerusalem Post* (23 July 2010).

78 Katrin Bennhold, "Leaders of Turkey and Israel Clash at Davos Panel," *New York Times* (29 January 2009).

79 "Israel Snubs Turkish Ambassador in Public," *BBC* (12 January 2010).

80 Alexei Barrionuevo, "Brazil and Turkey Near Nuclear Deal with Iran," *New York Times* (16 May 2010).

81 "PM Netanyahu's Statement"; International Crisis Group, *Turkey's Crises*, p. 6.

82 Kedar, "A War."

83 "Speech of Secretary-General Nasrallah on Freedom Flotilla Attack" (4 June 2010). 但土耳其和以色列之後發生的裂痕也被誇大了，此事件並未影響兩國之間廣泛的商業聯繫（土耳其是以色列在該地區最大的商業夥伴）。事實上，以色列和土耳其的貿易，在二〇一〇年前七個月增加了近三分之一，外交危機也沒有阻止安卡拉購買以色列的無人機。二〇一〇年底，土耳其高階官員表達了「和以色列保持友好關係的承諾」。James Melik, "Gaza Flotilla: Israeli-Turkish trade 'unaffected,'" *BBC News* (2 June 2010); David Wainer and Ben Holland, "Turks

in Tel Aviv Show Business Binds Israel to Muslim Ally in Gaza Crisis," *Bloomberg News* (14 July 2010); Dan Bilefsky, "Turkey and Israel Do a Brisk Business," *New York Times* (4 August 2010); "Israel Exports to Turkey Up 32 Pct Despite Tensions," *Agence France-Presse* (19 August 2010); "Turkish Officials: We're committed to preserving friendly Israel ties," *Haaretz* (26 August 2010).

84 *Report of the Fact-Finding Mission,* paras. 76–77.

85 O9Beirut177 Date13/02/2009 05:56 Origin Embassy Beirut Classification SECR ET//NOFOR M (*WikiLeaks*).

86 Amos Oz, "Israeli Force, Adrift on the Sea," *New York Times* (1 June 2010).

87 此處是指，反對以色列在西岸建造隔離牆及示威期間發生的事。"Israel Navy's Gaza Flotilla Probe"; Ron Ben-Yishai, "A Brutal Ambush at Sea," *ynetnews.com* (31 May 2010).

88 Merav Michaeli, "Nothing to Investigate: Everyone knows what was wrong about the flotilla attack," *Haaretz* (3 June 2010). 關於「即使在以色列國防軍行動前示威者並沒有暴力行為」，以色列在西岸其他地區使用武力的記載，請參閱 Association for Civil Rights in Israel, *The State of Human Rights in Israel and the Occupied Territories: 2009 report* (Jerusalem: 2009), p. 13. 在二〇〇三年至二〇一〇年間，總計二十七位巴勒斯坦抗議者遭受到以色列安全部隊殺害，但沒有任何安全部隊的成員被殺。 International Crisis Group, *Tipping Point?* Palestinians and the search for a new strategy (2010), p. 28n226.

89 John J. Mearsheimer, "Sinking Ship," *American Conservative* (1 August 2010).

90 Katz, "Duped."

91 Kaspit, "It's Not Enough"; David Horowitz, "The Flotilla Fiasco," *Jerusalem Post* (1 June 2010); Harel, "Straight into the Trap"; Charles Levinson and Jay Solomon, "Israel's Isolation Deepens," *Wall Street Journal* (3 June 2010).

92 Levy, "Operation Mini."

93 Kaspit, "It's Not Enough."

94 Mahnaimi and Jenkins, "Operation Calamity."

95 Barnea, "Test of the Result."

96 Noam Sheizaf, "Flotilla: New *Mavi Marmara* pictures raise more questions regarding IDF attack," *Promised Land* (6 June 2010).

97 Reuven Pedatzur, "A Failure Any Way You Slice It," *Haaretz* (1 June 2010).

98 Jeffrey Goldberg, "Says One Israeli General: 'Everybody thinks we're bananas,'" *the-atlantic.com* (1 June 2010).

99 University of Maryland, in conjunction with Zogby International, *2010 Arab Public Opinion Poll.* 有四十一%的人回答，以色列的力量「有其優點和缺點」。

100 Yaakov Katz, "The Dahiya Doctrine: Fighting dirty or a knock-out punch?," *Jerusalem Post* (28 January 2010); Jeffrey White, *If War Comes: Israel vs. Hizballah and its allies* (Washington, DC: 2010), pp. 10, 12, 35, 40. 「達希亞原則」，請參閱第二章。

101 Barbara Opall-Rome, "Israel's New Hard Line on Hizbollah," *DefenseNews* (31 May 2010).

102 Finkelstein, *"This Time,"* pp. 184–97.

103 Raji Sourani, "1,000 Days," in Bayoumi, *Midnight,* p. 147.

104 經典的先例是，以色列在貝魯特難民營進行大屠殺（Sabra and Shatila massacre），引起國際抗議之後任命「卡漢調查委員會」（Kahan Commission）。對於調查委員會如何漂白大屠殺，請參閱 Noam Chomsky, *The Fateful Triangle: The United States, Israel and the Palestinians* (Boston: 1983), pp. 397–409; and Amnon Kapeliouk, *Sabra and Shatila: Inquiry into a massacre* (1982).

第八章

《圖可報告》：漂白的第一步

士兵們在作證之前其實已經心知肚明，他們不會因為作偽證而受到司法懲罰，甚至被嚴格審訊。

二〇一〇年六月，以色列成立一個「獨立公共委員會」，以調查「二〇一〇年五月三十一日的海上事件」。二〇一一年一月，由以色列前最高法院法官雅各·圖可（Jacob Turkel）擔任主席的委員會公布調查結果。[01]將近三百頁的《圖可報告》，免除了以色列在藍色馬爾瑪拉號大屠殺的罪責，而是指責一群乘客密謀武裝殺害以色列突擊隊員。該報告分為兩個主要部分：對以色列封鎖的法律分析，以及對暴力事件高潮的事實進行重建。報告首先敘述以色列封鎖的歷史背景，報告的這些段落為其客觀性提供有利的見解。報告指出，「二〇〇〇年十月，西岸和加薩地帶爆發了暴力事件，稱為『第二次起義』……此外，以色列境內城市也再度出現自殺式攻擊。」[02]關於第二次起義濃縮的描述，忽略以色列曾以大規模、無差別的致命武力鎮壓大部分非暴力示威活動，巴勒斯坦人在採取自殺式攻擊前五個月還經歷了血腥屠戮。[03]報告首先強調，「自二〇〇一年初以來，從加薩地區發射的數千發砲彈和迫擊砲就不斷增加。」[04]但這種描述忽略了同一時期，以色列對加薩發射更多致命火力。[05]報告的確承認人權和人道組織，以及以色列知名法學家的結論：在二〇〇五年以色列「撤離」後，儘管它仍與以色列政府持相反立場，加薩仍處於被佔領狀態。[06]報告宣稱，以色列和哈馬斯之間，在二〇〇八年六月簽屬的停火協議，於同年十二月火箭砲和迫擊砲重新開始射向以色列時遭到破壞。[07]事實上，如同國際特赦組織當時的觀察，「平靜被打破，是由於以色列軍隊在二〇〇八年十一月四日殺死六位巴勒斯坦士兵之後，發動空襲和其他攻擊。」[08]報告將關鍵的歷史背景完全扭曲到對以色列有利的方向。

《圖可報告》基於兩個理由支持以色列對加薩實施封鎖的合法性有：一、加薩人民的食物充足，生存也並未受到威脅。二、加薩平民所遭受的任何困難，都是因應「封鎖」對哈馬斯軍事能力，「符合比例」的損害。

一、如果加薩人沒有挨餓，他們的基本需求也得到滿足，那麼封鎖就是合法的。《圖可報告》整理人道與人權團體的共識意見，認為以色列對加薩的圍困造成人道危機[09]，但以色列否認危機的存在。[10]面對「兩種對現實很不相同的看法」[11]，報告的結論是：舉例來說，即使六十%的加薩人曾經歷「糧食不安全」[12]，以色列仍可說是履行了法律義務，因為人民並沒有因飢餓而死，而**只是**飢餓。該報告讚揚地引述了以色列官員的說法，「沒有人說過……加薩地區的人正在『挨餓』。」並繼續為圍困的合法性辯護，理由是「糧食不安全不等於『飢餓』」。[13]不過，這其實看起來有點詭異，如果現行國際法對戰時或佔領區的平民提供許多保障，卻不對只比種族滅絕不嚴重一點的政策進行制裁是很奇怪的。[14]似乎認識到這樣的法律標準過於寬鬆（**更不用說殘忍，來自尊敬的前最高法院法官**）[15]，該報告同時聲稱，即使法律針對的不僅是飢餓，也涵蓋較寬鬆的飢餓條件；即使圍困確實引起飢餓，以色列也不是有意為之；如果不是故意的政策，以色列在法律上就沒有罪責：「委員會並未發現任何證據……以色列試圖剝奪加薩地區的居民的糧食。」[16]但如果禁止糧食進入加薩可預見和不可避免的影響是導致飢餓，那麼就很難說懲罰性結果僅僅是偶然事件而非以色列的意圖。[17]或者換句話說，以色列已經能夠很熟練地主張「沒有嘗試引發飢餓」這一論點。

如同替以色列剝奪糧食脫罪一般，《圖可報告》也免除了以色列剝奪加薩人其他「民生必須品」的罪責。報告承認，以色列阻止建材進口，但合理化此一政策，理由是根據「情報資訊」，哈馬斯可將之用於「軍事目的」。報告對禁令是處罰加薩人民的可能性很快地帶過：「很明顯地，施加禁令並非為了防止平民使用這些材料。」[18]不過，這個自信的說法還是找不到證據證明。此外，報告還同時主張，以色列（**基於安全理由**）拒絕必須物資，例如，建材的進口，且「沒有證據」顯示，以色列拒絕必須物資進口。[19]報告進一步指出，「沒有任何證據顯示……以色列阻止醫療物資進入，除了因為安全理由列入禁止進入加薩清單的物品之外。」[20]但根據世界衛生組織的資料，以色列的清單包括「重要醫療物資」，例如「X光機、電子掃描儀器、實驗室器材和基本項目，像是醫院的電梯」。[21]如果以色列剝奪了加薩人如上述「重要醫療物資」，也就等於剝奪了他們「生存所必須的物品」。報告的不一致還包括，宣稱以色列基於安全理由拒絕必須物資進口；以色列在船隊攻擊事件引發國際憤怒後，又允許同樣——這次顯然不會危害國防安全——的物件進口。[22]最後，報告從未涉及這個顯而易見的問題：如果加薩的人道危機並不存在，為什麼許多知名人權組織和人道組織都發出警告？

結果是，《圖可報告》宣稱，以色列的封鎖並未違反人道法，因為加薩並未有人真的餓死；

如果法律的門檻是造成飢餓，那麼以色列並未蓄意造成飢餓——即使飢餓是封鎖的必然和可預測的結果；它絕對沒有阻止必須建材進入——即使以色列確實阻止了必須建材的進入；以色列沒有阻止重要醫療物資進入——即使它確實阻止了重要醫療物資進入。如果報告的重點是設法證明封鎖合法，唉！就會以犧牲邏輯、一致性和事實作為代價。

二、如果對加薩平民的傷害是附帶且合乎比例的，那麼封鎖即為合法。《圖可報告》宣稱，其對封鎖進行了比例原則檢驗[23]，結論是，如果加薩人因為以色列圍困而受苦，這就構成「附帶」損害，但和降低哈馬斯軍事能力的安全目標「合乎比例」。雖然偶爾有人認為，封鎖並不只是安全措施[24]，但該報告強調，它不是針對平民。報告在各種表述中描述，圍困有「兩個目標：安全目標是防止武器、彈藥和軍事物資進入加薩地帶……更廣泛的戰略目標則是『間接經濟戰』，目的是限制、控制加薩地區的哈馬斯的經濟能力和對以色列的作戰能力」。[25]報告進一步發現，以色列沒有犯下「集體懲罰」，因為「證據中沒有任何內容……顯示以色列蓄意進行貨物限制的唯一或主要目的，是拒絕運送物資給加薩居民」。[26]如果以色列的圍困意在降低哈馬斯的作戰能力，而非傷害加薩的平民，那令人驚訝的是，為什麼以色列嚴格限制「非基本生存必須」的貨物進入？以及為什麼它只允許通過「最低人道限度」的民用物資？[27]同樣令人感到困惑的是，為什麼以色列官員，一直在私底下重複說他們打算「讓加薩經濟處於崩潰的邊緣，而不是把它推下邊緣」？[28]換句話說，如果沒有針對平民，那為什麼要調整封鎖以保持加薩人民走在懸崖邊緣？雖然報告內容瑣碎重複且充滿晦澀難懂的法律細節，但對以色列實際禁止哪些項目輸入以阻礙哈馬斯的軍事能力卻不置一詞。報告省略不提的是似乎沒有窮盡的禁止清單，包括鼠尾草、香菜、薑、果醬、哈爾瓦酥糖、醋、肉荳蔻、巧克力、糖煮水果、種子和堅果、餅乾、薯片、樂器、筆記本、書寫文具、玩具、小雞和山羊。[29]報告鄭重宣稱，「加薩地帶經濟戰的目的，是削弱哈馬斯攻擊以色列及其公民的能力。對貨物進行非安全相關的限制——像是限制特定食品——是戰略的一環」。[30]的確，誰能懷疑巧克力、薯片和小雞的攻擊潛力呢？[31]

抵抗非法的理由

《圖可報告》提出的事實和法律推理，都沒有駁斥加薩正在經歷人道危機的共識；以色列的圍困正在造成人道危機；以色列故意造成這場人道危機。因此，以色列的圍困構成非法的集體懲罰形式。而為了延長非法圍困，而對人道救援船隊使用武力——這當然也是**非法**的。

《圖可報告》的後半部，還原了以色列突擊隊員在藍色馬爾瑪拉號上殺害九名乘客的事件。[32]該報告清除了以色列對暴力和死亡的法律責任，將責任歸咎於據說密謀武裝殺害以色列人的一群乘客。也因此，以色列突擊隊員使用致命武力構成了合理的自衛。

《圖可報告》的主要結論和知名的聯合國事實調查團正好相反。[33]若無法取得各方結論所用的證據，第三方很難在他們之間做出取捨。儘管如此，根據其內部連貫性和無爭議的事實進行判斷，即可判斷出哪些調查結果更具說服力。初步看來，《圖可報告》所憑藉的資料來源引起不少懷疑的聲音。以色列政府決議，要求圖可調查委員會允許「以色列國防軍士兵」不親自前來作證[34]，因此，《圖可報告》必須依賴「士兵呈上的書面陳述」。[35]報告認為，士兵的證詞「可靠且可信」，因為士兵「給予詳細的資訊，語言相當自然，看不出有統一說法的痕跡」。[36]這點實在令人費解。書面提交的證詞「語言自然」，能給證據附加什麼價值？那些突擊隊員——本能地把藍色馬爾瑪拉號上遇到的人都稱為「恐怖份子」——就因此變得可信了嗎？[37]委員會如何斷定突擊隊員是否事先統一他們的書面陳述？（**答案是：不清楚**）報告聲稱，「士兵的紀錄經過仔細檢查、交叉比對。」[38]在提交之前，士兵們還「仔細檢查、交叉比對」彼此的陳述，這不牽強嗎？（**事前協商是否被禁止？答案還是：不清楚**）事實上，士兵們在作證之前其實已經心知肚明，他們不會因為作偽證而受到司法懲罰，甚至被嚴格審訊。「士兵被告知，當他們做出陳述時會保障他們的權利，而且他們不會接受交叉詰問。」[39]總之，委員會對以色列文官和軍官證詞保持相當大的信心，儘管知名的以色列評論家嘲笑他們對事實陳述的紀錄。[40]

除了兩位以色列巴勒斯坦人的口頭證詞，以及以色列獄卒和軍事情報人員在拘留船隊成員期間取得粗略、未署名的陳述，還有在藍色馬爾瑪拉號上的土耳其人出了一本書[41]，《圖可報告》可說並未從乘客或船員身上取得任何資訊。這些俘虜在釋放之後，聲稱是他們在極端的身體和情感脅迫下做出陳述和簽名，而祕密拍攝他們的審訊錄影都經過剪輯扭曲了。[42]報告宣稱，由於其他證人不配合，它「被迫仰賴以色列方的證詞和報告」[43]（國際特赦組織報導，雖然「委員會邀請船隊參與者出席作證，但對於取得他們的證詞卻沒什麼熱情」[44]）。報告並未解釋，為何未經宣誓的以色列突擊隊員證詞是可靠的證據，許多船上目擊者已經公開的證詞卻不是？[45]以類似的觀點來說，雖然聯合國事實調查團未能確保和以色列政府的合作，但它確實廣泛利用圖可調查委員會調查前已有的公開證詞，而《圖可報告》卻「未嘗試利用國際事實調查團廣泛蒐集的目擊者證詞」。[46]兩相對照，顯現兩種截然不同的司法氣質，似乎只有其中一方在追求真相。現在讓我們看看聯合國事實調查團和《圖可報告》的主要爭議點。

哪一方先發起暴力？聯合國事實調查團的結論是，當以色列快艇「接近」藍色馬爾瑪拉號時，他們「向船上發射……非致命武器，包括煙霧彈、閃光彈、催淚瓦斯」，可能還有「塑膠子彈」；在乘客擊退以色列第一次攻擊「後幾分鐘」，以色列直升機靠近，「在士兵降落之前，以實彈」射擊「……在甲板上」。[47]《圖可報告》則呈現截然不同的圖像。報告承認，以色列教戰守則確實允許「使用武力……完成任務，如停止船隻」，不過，「必須以最低限度」，且可能只能當作「最後手段」。報告也承認，行動命令允許「在控制船隻之前……部隊指揮官可採取各種措施，包括發射『臭鼬彈』（skunk bombs）……使用警告射擊和『白色照明』（即用大型探照燈干擾視線）……迫使船隻改變航向或停止航行。」至少，以色列的行動計劃沒有完全禁止使用武力。但根據「參謀長的閉門證詞」，報告的結論是「實際上並未使用這些方法」。[48]並指出，快艇上的以色列突擊隊員是和平地接近藍色馬爾瑪拉號，只在「遇到抵抗」後才使用漆彈槍和閃光彈。[49]除了以色列的證詞外，該報告還使用錄影紀錄。雖然我沒看過影片，所以無法評估影片的證據價值，但也不得不懷疑，為什麼在聯合國事實調查團公布報告之後，以色列不公開影片？如果以色列掌握了足以反駁聯合國事實調查團的有力證據，公布影片也沒有國安疑慮，那為何要隱藏？報告記錄了乘客對快艇中的突擊隊員使用武力的準確時間[50]，卻並未記錄突擊隊員應該「反擊」的時間。「在攻擊和登船的過程中，以色列部隊必須先回應人道救援基金會的武力攻擊。從電子媒體中可以明顯看到，以色列國防軍遭到極端的暴力攻擊」。[51]但乘客採取「極端暴力」的鏡頭並未證實是他們先引發暴力事件的。報告結論指出，以色列直升機隨後並未實彈射擊。可是報告中也承認，在突擊隊員降落甲板之前，直升機曾投擲閃光彈。報告宣稱，直升機並未實彈射擊，是因為「在直升機上準確使用槍枝需要特殊裝備和專門訓練，當時直升機上並沒有這些專業裝備和人員」。[52]一方面，如果開火的目的──就像閃光彈──在嚇阻乘客，並在突擊隊員降落前清空甲板，那並不需要精準的槍法；另一方面，以色列菁英戰鬥單位竟然缺少訓練過的槍手，這一點也頗啟人疑竇。

在夜深人靜時攔截船隊的決定，似乎掩蓋了《圖可報告》內發生事情的排序。報告指出，如果以色列在凌晨四點二十六分開始行動，那是因為「這樣的行動，在黑暗的掩護下進行十分有利」（引自以色列參謀長）。[53]但是為何突擊隊員在夜深人靜時突襲對以色列有利仍舊需要說明。報告反覆強調，「在整個計劃過程中」，以色列當局都預期「船隊參與者是和平的平民」，他們「似乎不認為有必要動用武力」。他們「曾預料」突擊隊員遇到的「最多是口頭抵抗、推擠或動拳頭」、「相對輕微的公民抵抗」、「推擠和有限的肢體接觸」。報告引述突擊隊員自己的證詞，「我們預期遇到的活動份子會咒罵或吐口水，試圖在情感上挑釁或傷害我們……但我們沒想到會遇到困難的肢體衝突」；「我們預期遇到和平活動者，因此我們期待會使用武器或其他手段……的可能性幾乎是零」。[54]如果以色列不預期會遭到暴力抵抗，為何不在光天化日下行動，並邀請記者一起上船作證他們的非暴力意圖呢？如果以色列想要以恐慌和混亂開場，並在事後合理化他們的暴力攻擊，防止潛在證人目擊暴力攻擊的模式，那在夜晚、黑暗中進行行動確實是合理的。規劃這種行動——這種基於暴力的行動——顯然「在黑暗的掩護下進行相當有利」。預謀暴力攻擊藍色馬爾瑪拉號的決定，也可以解釋計劃的範圍和性質。這也解釋了，為何以色列會採取複雜且多部會的準備工作，包括「總理和國防部長」、「高階政治安全階層和在這些領域有經驗的人」、「外交部、內政部、國安部、司法部、以色列國防軍官和公關人員」，可說以色列的政治、軍事和情報機構都參與其中[55]；為何指揮層級高到海軍司令本人也親自參與[56]；為何對船隊採取「通訊封鎖」[57]；為何派出的是受過致命戰鬥訓練的菁英第十三突擊隊（Shayetet 13），而非一般鎮壓公民陳抗的警察？報告聲稱，「派出特種部隊是預期登船會遭遇『反對』或『拒絕服從』。」[58]但是，逮捕可能會「咒罵、吐口水」的乘客，一定不需要動用以色列菁英戰鬥單位。報告也說，派出特種部隊，是因為「在夜晚以快速遊繩降落在甲板」需要「專業訓練」。[59]這依舊沒有解答為何攻擊要在晚上進行的問題。

可能有人疑惑，為什麼以色列要努力強調它沒有預料到會遭遇到暴力抵抗？我們可以簡單地說，雖然以色列承諾會和平解決危機，但事實上卻**期待暴力**，這是以色列選擇在天亮之前開始行動，並且運用這麼多類似軍事計劃的原因。難道不是這樣嗎？原因其實並不難想到。如果突擊隊員已經準備進行暴力衝突，那麼就如同以色列專家所說的，藍色馬爾瑪拉號所發生的事情確實是「可恥的失敗」和「讓國家蒙羞」。[60]以色列能夠保住突擊隊光環的唯一藉口是，他們對暴力是猝不及防的；如果菁英部隊表現如此之差，是因為他們沒有準備好面對武裝抵抗。而《圖可報告》中更可笑的是突擊隊的英勇故事，顯然是為了恢復突擊隊的英勇形象和提升國民士氣：

> 士兵一號[61]回憶，「有十個人跳到我身上，開始用棍棒和金屬棒從各個方向打我」；「一些攻擊者抓住我的腿和身體，把我扔到下面的甲板上」；「我的手臂骨折，幾十個暴徒攻擊

我，可說是私刑的程度——拔掉我的頭盔、企圖用手指把眼睛挖出眼窩、向四面八方拉扯我的四肢，用棍棒和金屬棒非常用力地打我，大部分打在頭上」；「最嚴重的一棒，用金屬棒直接打中我的頭部……頭部的傷口開始流了很多血並流到臉上」；被乘客俘虜後，船上醫生所做的「唯一處理」就是「擦掉我額頭上的血」，儘管他有「非常深的頭皮傷口和頭顱骨折」（據稱需要縫十四針）；而且——儘管受到劇烈暴擊又大量噴血、手臂和頭骨骨折——他還是設法擺脫了其中一名警衛：「我肘擊那傢伙的肋骨並跳入水中……一到海裡，我就潛入水中，這樣他們就無法從船上擊中我。我潛在水裡游泳時脫掉上衣，我打算以『之字形』潛泳快速前進，好逃離敵人。在我第一次潛進水中後，我浮上水面，看到……一艘快艇」，我「快速」游向它並被救起來。然後，「我拿了一把M-16步槍……開始射擊……我擔心船上的暴徒要把士兵四號綁回船上，我想阻止他們」。[62]

士兵三號回想起，「有金屬棒和石頭打我……有人從背後重擊我的脖子」；「那些人……全力用棒子打我」；「身邊圍著一群人打了我很多下，大部分打在頭上」；「腹部也持續受到猛烈暴擊」；「我竭盡全力，直到某個時間他們想把我推下船去。我一手抓著船緣，另一手懸空……上面的人在打我的手，下面另一群人抓住我的腿要往下拉」；「我躺在甲板上，我身上有很多人，其中一個人跳到我身上，我感到下腹部一陣劇痛……我意識到我被刺了……在這個時候我被打了很多下，包括用棒子打的」；在被乘客俘虜後，船上的醫生唯一提供的協助是「一塊紗布」，雖然「我大量出血，就是我流了很多血……我感覺到我的腸子有一部分跑出來，我還注意到我左手臂有一道很深的傷口，那裡也流了大量的血。我也感覺到血從鼻子流進嘴巴」；「他們用繩子綁住我的手和腳，他們派一個拿著木棍的人看著我……他用木棍打我」；「由於失血，我開始變得昏昏沉沉」；而且——儘管受到劇烈暴擊（鼻子骨折、手指肌腱撕裂）又大量噴血、刺傷、腸子跑出來——他還是設法逃脫：「我跑到船的一側，從十二公尺高跳進水中，開始游向我們的船」。[63]

我懷疑這些突擊隊員是否看了太多藍波電影。我這樣說是不是很不厚道？

伊斯蘭「活動份子」是否密謀武裝謀殺以色列人？《圖可報告》指出，藍色馬爾瑪拉號上的乘客，其中「核心成員」大約有四十人是「人道救援基金會活動份子」[64]；他們在登船前策劃「以武力抵抗」[65]；甚至謀殺，並尋求殉道。以色列一位行動指揮官作證，「我毫不懷疑，船上的恐怖份子早有預謀計劃、策劃了事件，並計劃殺死一位士兵」。[66]報告總結，「顯然人道救援基金會組織並計劃和以色列軍隊進行暴力對抗」；「人道救援基金會已經擬定了以暴力反對以色列登船的計劃」；並且「在以色列武裝部隊抵達之前，就有一群人道救援基金會的活動份子參與這場敵對行動的規劃和後勤事務」。[67]報告指出，有別於大多數「相對溫和」[68]的乘客，人道救援基金會活動份子「分別登上藍色馬爾瑪拉號而且未經過安檢」，因此能夠私帶武器彈藥行使他們的謀殺計劃；[69]相反的，土耳其政府抗議，不論有效與否，檢查不只一次而是兩次，「所有船員和乘客都接受……嚴格的X光檢查以及海關和護照控管……所有個人物品和貨物也經過徹底檢查和確認，清除違禁品……貨物中沒有任何可能構成威脅的武器、彈藥或其他材料」。[70]但在報告中，「顯然由船隊參與者帶上船的戰鬥裝備」清單，包括「一五〇件陶瓷防彈背心……三百個防毒面具……通訊設備、光學設備（許多夜視鏡和一些雙筒望遠鏡）、各式彈弓、二百把刀、二十把斧頭、數千個滾珠軸承和石頭、圓鋸、胡椒噴霧和煙霧信號彈。」[71]當我們和報告的個別項目對照，這些為了實施計劃[72]的「戰鬥裝備」、「囤積武器」、「帶上船的大量裝備」看起來就少了點暴戾之氣。「廚房和船上的餐廳」，包括「總共約二百把刀」；而船上的「滅火設備」包括「二十把斧頭」。[73]令人驚訝的是，這麼明顯關連，委員會並未加以注意（還是其實注意到了）。報告「並未找到決定性證據支持」人道救援基金會活動份子攜帶槍枝登上藍色馬爾瑪拉號。[74]如果他們計劃和世界上前幾大軍事強權進行「暴力對抗」，如果他們能夠自行選擇武器的話，為何他們認定最具殺傷力而帶上船的工具是彈弓和玻璃彈珠？這實在令人費解。確實，這些殉道者（shaheeds）都瘋了！報告指出了在以色列行動開始之前，伊斯蘭極端份子「臨時製作」武器——像是鐵棒和木棍。[75]委員會顯然從未考慮這個顯而易見的問題：如果他們在「以色列武裝部隊抵達前」就已經決定進行血腥謀殺，為何這些伊斯蘭份子不帶槍枝？又為何他們要到最後關頭才開始製作臨時武器？

過度「專業」的後果？

聯合國事實調查團「沒有發現任何證據顯示，有乘客在任何階段……使用槍枝」。[76]《圖可報告》雖然並未發現乘客攜帶槍枝的證據，卻仍然做出結論，「人道救援基金會活動份子使用槍枝對抗以色列軍隊」[77]，他們應該是搶奪突擊隊員的槍枝然後傷害其中兩人。報告宣稱，參考了「士兵受傷的醫療文件」[78]，但並未引用記載突擊隊員據稱槍傷的醫院記錄；而是用以色列國防軍提交的聲明和參謀長的口頭證詞取代[79]；而突擊隊員的非槍傷報告則確實引用了醫院記錄。[80]由於報告並未引用證明槍傷的醫院記錄，槍傷存在與否就有疑慮；即使他們引用了，槍傷也很可能是其他突擊隊員造成的。報告本身承認，「在藍色馬爾瑪拉號上的混戰，特別是最初在屋頂的階段，處於相當混亂的情況。」[81]事實上，據稱被子彈擊中的其中一位突擊隊員，起初認為他的傷口「來自以色列軍隊」。[82]報告列舉了三個理由支持乘客使用槍枝的結論：「槍傷的物證」——這無法說明槍擊的來源；「許多士兵的陳述」——這和他們的藍波幻想差不多可信；「人道救援基金會活動份子俘虜了以色列國防軍」的武器——這無法證明任何事。[83]儘管如此，為何報告所採用的證據如此薄弱，卻能推論出乘客使用槍枝對付突擊隊？報告本身已提供了解答。報告認為，即使乘客實際上並未持續攻擊以色列派出的突擊隊，突擊隊員也有理由使用致命武力[84]，報告中並表示：「人道救援基金會活動份子使用槍枝是重要因素」，因為這「顯然提高了士兵的風險和他們的風險意識」，並「確立了以色列士兵認為他們所面臨的威脅程度，這是評估他們的反應是否合乎比例原則的重要因素」。[85]如果報告想要推論出突擊隊使用致命武力在法律上是合理的，那就必須找到乘客使用槍枝攻擊他們的證據。但預設無罪的結論決定了調查證據的結果。

《圖可報告》引用了被俘虜的突擊隊員，對伊斯蘭份子兇殘野心的痛苦描述。士兵一號作證，「恐怖份子想要攻擊我並殺害我」；士兵三號作證，他們非常「瘋狂」且「非常熱切想要殺死我們。他們試圖勒死我和士兵四號，仇恨在他們的眼中燃燒」。[86]報告還強調，那群伊斯蘭殺手是「身材高大、強壯的男人，大約二十至四十歲」、「十分高大又厚實」[87]，而且「部分活動份子也表達了他們希望成為『殉道者』的意願」。[88]顯而易見的問題是，為何這群魁梧的殺人殉道者，沒有企圖殺死任何被俘虜的突擊隊員？根據突擊隊員的陳述，對於前來救援的反戰份子「表現克制的老先生和老太太」、「非暴力和平活動家」的態度相當自然：「恐怖組織想攻擊我並殺了我，而溫和派團體試圖保護我」；「那裡有兩群人，一群人試圖殺死我們，而另一群人則是阻止極端團體殺死我們」。[89]換句話說，瘋狂的聖戰士被和平的老奶奶和穿著勃肯鞋的和平份子給制止了。

以色列突擊隊員是否真的將致命武力當作最後手段？聯合國事實調查團的結論是，「以色列軍方和其他人員，對船隊乘客的行為不僅不合比例原則，還表現出完全不必要且不可置信的暴力。這種野蠻行為讓人無法忍受」。[90]《圖可報告》的結論卻恰恰相反：突擊隊員表現出最大程度的克制，並將致命武力當作最後手段來使用。報告指出，以色列在準備攔截行動時「特別關注人類生命的價值」，並且「所有相關人員」都表現出「高度意識……行動必須在不傷害任何船隊參與者的情況下進行」；無論是教戰守則或任務命令，或兩者都規定「若必須動用武力，則必須漸進行動，並與所遭遇的抵抗成比例，只有在檢視過防止局勢惡化的替代方案後始得為之」，「准許使用致命武器的唯一情況是自衛——用以排除真正迫切的生命危險，且無法以傷害較輕的手段排除時使用」、「對已投降或不再構成威脅的人不應使用武力」；「行動的準備和訓練極為徹底，特別強調使用低殺傷力的武器」、「預設動作是先使用低殺傷力的武器，直到對抗的威脅上升至必須使用致命武器的程度」；在行動前的簡報就說明，「只有在危及生命的情況下方可開火，以消除製造危險的人。儘管如此，可能的話，還是需要對他人懷抱善意的假設」；即使在藍色馬爾瑪拉號聽到「槍響」，「第十三突擊隊指揮官仍然拒絕批准射擊，『以防止成員死亡』」；而且，「以色列國防軍士兵大量採用分級武力」——即「射擊腿部和腳」——「行動過程中，士兵在低殺傷力武器和致命武器之間反覆切換」，即使據稱乘客對他們使用槍枝之後依然如此。[91]根據報告，以色列士兵極為關切乘客的安危，在血腥衝突之後，「一些士兵甚至等到船隊傷員獲得治療之後才接受治療」；接收部隊的指揮官作證，為了「撤離船上受傷的乘客——儘管他們沒有意願——以便拯救他們的生命」，他冒著「讓自己的人在船上的危險」。[92]報告的結論是，「以色列國防軍人員，在面對廣泛、非預期的暴力時，表現十分專業」，而且並未「反應過度」。[93]

藍色馬爾瑪拉號上九名乘客的死亡方式似乎推翻了《圖可報告》的詮釋。聯合國事實調查團發現，「至少六位乘客以非法律規範、任意且不合程序的方式處決」。[94]根據報告本身，描述了以色列醫生「外部檢查」的結果，所有死者身上都有多處槍傷，有五位頭部或頸部中彈；例如，引述以色列的檢查結果——「遺體二號」上有「多處槍傷，位於頭部右側、右後頸、右臉頰、下巴下方、右背、大腿。左胸觸診有一顆子彈」；而「遺體九號」上有「多處槍傷，左乳頭一處、前額左側區域一處、臉部（鼻子）一處、身體左側一處、右背一處、左大腿兩處、左腳四趾和五趾有兩處，還是被子彈射穿造成的槍傷」。[95]報告並未試圖將乘客死狀悽慘的事實和突擊隊員表現出最大程度的崇高克制結論連結在一起。最接近的一次則是在另一個背景底下簡要的提及，而非專門針對死去的乘客，「在某些情況下，一位或多位士兵射擊了大量子彈，以阻止那些威脅自己或同袍的人道救援基金會活動份子」。[96]此外，報告對於乘客的死亡出奇地不感興趣，在將近三百頁的報告中，只有兩頁平淡無奇地提及此事。[97]報告引用了以色列突擊隊員令人戰慄的證詞，每一處抓痕都沒有遺漏。可是，事情為何會演變至此？儘管採取一切可能的預防措施、一切可以想見的克制，突擊隊員最終還是殺了九位乘客，幾乎每個人都身中數發子彈，報告上卻不置一詞。[98]也許委員會**忘了**（**忘了？**）要求提供他們死亡的具體資訊[99]，或者突擊隊員忘了（忘了？）在他們的陳述中提及殺戮。這兩種可能都無法對報告的可信度給予高度評價。報告指出，「委員會審查了證詞中以色列國防軍士兵每次使用武力的情形。」但是，報告並未提到這些證詞是否包括殺害九位乘客的敘述。[100]報告也說明，「委員會審查了一三三起動用武力的事件……由四十多位士兵所描述……並且也包括少數相關電子媒體記錄的事件，但和士兵的證詞並不相符。」[101]這份報告並未提起電子媒體是否留下有關殺害乘客的任何資料。此外，雖然聯合國事實調查團要求土耳其提供驗屍報告，但圖可委員會顯然沒有。[102]最重要的是，儘管藍色馬爾瑪拉號上九位乘客被殺引起國際強烈抗議，報告裡卻沒有一個字提到他們是如何死去的。最接近的一個是藏在註腳裡的模糊暗示，引用一個突擊隊員的說法，他「向群眾的中心和下方射了二至三發子彈，頭部一發（**士兵作證，在射擊出最後一發子彈後，人道救援基金會一個人倒下，停止開火**）」。[103]報告妖魔化死去乘客的意圖如此強烈，對他們如何死去卻如此漠不關心，更沒有注意到結論中存在奇怪的矛盾：那些殉道士密謀武裝殺死以色列人，就算俘虜了人也並未動手；而以色列人採取一切預防措施、所有可採用的克制手段，企圖不要殺害任何人，最後卻殺死了九個人。為了避免讓人覺得以色列對乘客所受到的磨難完全無動於衷，報告也記錄了軍法院判處一位下士五個月徒刑，罪名是偷竊筆電、兩個相機鏡頭和一個指南針。[104]

圖可委員會的成員——包括前最高法院法官、前外交部局長、一家傑出的科學研究所前任主席、知名法學教授，以及得過諾貝爾和平獎的外國觀察員——在報告的序言中表示，「我們，作為個人，共同承擔了查明真相這個艱難且痛苦的任務。」美國國務院稱讚，完成報告的調查是「可信、公正且透明」，報告本身也是「獨立的」。[105]遺憾的是，沒有人關注報告中的事實資訊和法律分析。二〇一〇年五月三十一日，那個宿命之夜究竟發生了什麼事？報告唯一引起的反思是：有哪個有點自尊的人願意簽署這種垃圾？但是，除了這種道德墮落的骯髒景象之外，雖然方向相反，卻也是對嚴肅真相一種鼓舞人心的證明。華特．史考特觀察，「噢！當我們第一次練習欺騙，看看我們編織了什麼糾纏的網？」如果圖可委員會用令人困窘、一千個繩結把自己困住，那是因為它並不冀求真相，而是不計代價，只為了維護以色列。

1 Public Commission to Examine the Maritime Incident of 31 May 2010, *The Turkel Commission Report, Part One* (January 2011); hereafter: Turkel Report.（報告的第二部分，*Israel's Mechanism for Examining and Investigating Complaints and Claims of Violations of the Laws of Armed Conflict*，在二〇一三年二月出版。不過，第二部分並未涉及二〇一〇年五月三十一日的事件。此處姑且不論。可參閱第十三章。）在《圖可報告》公布後不久，土耳其政府公布了自己的調查結果，Turkish National Commission of Inquiry, *Report on the Israeli Attack on the Humanitarian Aid Convoy to Gaza on 31 May 2010* (February 2011); hereafter: Turkish Report.

2 Turkel Report, para. 16.

3 請參閱第一章。

4 Turkel Report, para. 1.

5 《圖可報告》確實提到以色列對加薩的進一步攻擊（第十六、十八段），但認為這是報復性的（以色列「回應」）。事實上，以巴之間的衝突暫停「壓倒性地」為以色列人所打破。請參閱第一、二章。

6 Turkel Report, p. 48n143, paras. 45–47.

7 Ibid., para. 19.

8 請參閱第二章。

9 Turkel Report, para. 72.

10 Ibid., para. 73.

11 Ibid., para. 71.

12 Ibid., paras. 72, 76. 報告引用了聯合國人道事務協調廳對「糧食不安全」的定義：「人們缺乏可持續的物質或經濟途徑，獲得足夠的安全、營養和社會可接受的食物，以維持健康和富足的生活。」

13 Ibid., paras. 76, 77.

14 請參閱 Douglas Guilfoyle, "The *Mavi Marmara* Incident and Blockade in Armed Conflict," *British Yearbook of International Law* (2011), pp. 197–204，他認為國際法並不只禁止字面上的飢荒，也不會贊同以色列對食物進入加薩的禁令，因為當地人正在挨餓。

15 關於模糊地承認，國際法不僅禁止造成飢荒的圍困（「飢餓封鎖」），也包括「不那麼極端」的「痛苦」。請參閱 Turkel Report, para. 90 (see also ibid., p. 102n363).

16 Ibid., para. 76,

17 關於這一點，請參閱 Guilfoyle, "*Mavi Marmara* Incident," p. 200.

18 Turkel Report, para. 79.

19 Ibid., paras. 80（「沒有證據……顯示以色列剝奪平民生存所必須的物資」）, 90（「以色列並未阻止平民生存必須物資的流通」）。

20 Ibid., para. 82.

21 Lisa Schlein, "WHO: Medical supplies blocked from entering Gaza," *Voice of America* (31 May 2010).

22 Turkel Report, paras. 19, 68, 97. 報告也多次表示，因為以色列事先向船隊表達願意運送船上的「人道」物資去加薩，所以沒有必要打破封鎖。但報告也明確指出，「人道」物資不包括船隊運送的違禁品，例如，水泥和其他建材 (see ibid., paras. 3, 27, 110, 113, 149, 198).

23 根據國際人道法的定義，合乎比例的攻擊是禁止「發動可能導致平民喪生、受傷、民用目標受損，或以上幾種情況組合的攻擊」，這種攻擊超出可預期的具體、直接軍事利益的範圍。International Committee of the Red Cross, *Customary International Humanitarian Law, Volume I: Rules* (Cambridge: 2005), rule 14.

24 Turkel Report, paras. 50, 63. 關於細節的分析，請參閱第九章。

25 Turkel Report, para. 67.

26 Ibid., para. 106.

27 請參閱第二章。

28 “Cashless in Gaza?,” *WikiLeaks* (3 November 2008).

29 Gisha (Legal Center for Freedom of Movement), *Partial List of Items Prohibited/ Permitted in the Gaza Strip* (May 2010).

30 Turkel Report, para. 91.

31 報告似乎一度承認以色列限制「僅用於民間需求」的食物流通，但隨即援引美英兩國對伊拉克種族滅絕的制裁來予以合理化（雖然有附加但書）(ibid., paras. 91–93). 對於伊拉克的制裁，請參閱 Joy Gordon, *Invisible War: The United States and the Iraq sanctions* (Cambridge: 2010).

32 請參閱第七章。

33 UN Human Rights Council, *Report of the International Fact-Finding Mission to Investigate Violations of International Law, Including International Humanitarian and Human Rights Law, Resulting from the Israeli Attacks on the Flotilla of Ships Carrying Humanitarian Assistance* (27 September 2010); hereafter: *Report of the Fact-Finding Mission.* 關於聯合國報告的調查結果，請參閱第七章。

34 Israel Ministry of Foreign Affairs, “Government Establishes Independent Public Commission” (14 June 2010).

35 Turkel Report, para. 237.

36 Ibid., para. 236.

37 《圖可報告》明確指出的例外是，一位突擊隊員稱呼攻擊者為「活動份子」(ibid., p. 157n533).

38 Ibid., para. 236.

39 Ibid., para. 237.

40 請參閱第三章。

41 Turkel Report, paras. 9, 237, pp. 211n736, 212n737. 報告引用了一位以色列巴勒斯坦人的證詞，但只是以另一位以色列巴勒斯坦人的證詞來質疑它。報告也引用了藍色馬爾瑪拉號船長在審訊期間的重要證詞，但只是用以色列空中瞭望的相反證詞加以摒棄 (ibid., paras. 144, 125, 203).

42 Turkish Report, pp. 40–42, 44, 47, 108.

43 Turkel Report, paras. 9, 237.

44 Amnesty International, “Israeli Inquiry into Flotilla Deaths No More than ‘Whitewash’” (28 January 2011).

45 有關這些證詞的抽樣，請參閱 Moustafa Bayoumi, ed., *Midnight on the Mavi Marmara: The attack on the Gaza Freedom Flotilla and how it changed the course of the Israel/Palestine conflict* (New York: 2010), part 1. 例外情況是，報告在一個長註腳的末端附帶提及《國土報》對其中一位乘客的訪問。(Turkel Report, pp. 202–3n703).

46 Amnesty, "Israeli Inquiry."
47 *Report of the Fact-Finding Mission*, paras. 112–14. 調查團聲稱，以色列快艇為「黃道號」，《圖可報告》則稱其為「莫雷納斯」（Morenas）。
48 Turkel Report, para. 121.
49 Ibid., para. 128.
50 Ibid., para. 130.
51 Ibid., para. 200.
52 Ibid., para. 230.
53 Ibid., para. 174.
54 Ibid., paras. 132, 180, 213, 243, 244, p. 149n518. 報告指出，「在行動之前的戰略討論中，提到了槍械可能存在的可能性」，但並沒有實際影響 (ibid., p. 247n863, para. 243).
55 Ibid., paras. 115–22.
56 Ibid., para. 121.
57 Ibid.
58 Ibid., para. 182.
59 Ibid., para. 242.
60 請參閱第七章。
61 此處採用報告中的數字編號。
62 Turkel Report, paras. 133, 135, 140.
63 Ibid., paras. 133, 135, 140, p. 250n871.
64 Ibid., paras. 165, 192.
65 Ibid., para. 169.
66 Ibid., para. 167.
67 Ibid., paras. 196, 199, 201, 220.
68 Ibid., para. 136.
69 Ibid., paras. 165, 196.
70 Turkish Report, pp. 15–16, 56, 113.
71 Turkel Report, para. 165. 《圖可報告》指出，「船上發現四枚非以軍使用的彈殼」，但「不能完全肯定是非軍方武器所發射，因為不排除這些子彈以某種方式混入以色列的彈藥之中」。報告也引用一位以色列軍官的證詞，「他看到堆放整齊的汽油彈」，但似乎並未採信 (ibid., p. 207n718, para. 145).
72 Ibid., p. 211nn735, 736, para. 169.
73 Ibid., para. 167.
74 Ibid., para. 221.
75 Ibid., para. 167.

76 *Report of the Fact-Finding Mission,* paras. 116, 165.
77 Turkel Report, para. 222.
78 Ibid., para. 236.
79 Ibid., pp. 155n529, 157n531, para. 221.
80 Ibid., p. 250nn871, 873.
81 Ibid., para. 222.
82 Ibid., para. 221. 可以回想一下，「鑄鉛行動」期間，以色列幾乎一半的戰鬥傷亡都是「友軍射擊」（請參閱第四章）。
83 Turkel Report, para. 222.
84 Ibid., paras. 217–19.
85 Ibid., paras. 220, 223.
86 Ibid., paras. 135, 136, 140.
87 Ibid., paras. 136, 167.
88 Ibid., paras. 166, 168, 197.
89 Ibid., paras. 135, 136, 167, 190.
90 *Report of the Fact-Finding Mission,* para. 264 (see also ibid., paras. 167, 169, 172).
91 Turkel Report, paras. 119, 121, 140, 206, 223, 228, 229, 245.
92 Ibid., paras. 141, 142.
93 Ibid., paras. 239, 246.
94 *Report of the Fact-Finding Mission,* para. 170.
95 Turkel Report, para. 155.
96 Ibid., para. 230.
97 Ibid., para. 155. 報告另有兩處提及九位死者 (ibid., paras. 143, 168).
98 土耳其報告指出（第二十七至二十八頁），兩位乘客「死於同一發子彈」，它可能省略了其他非致命槍傷。聯合國事實調查團表示，九位死者中有八人身中數發子彈。
99 報告在專門分析「接收行動中以色列國防軍士兵的武力使用」的章節中，指出「委員會七次向以色列國防軍當局提出書面請求，以深入和擴大調查」(Turkel Report, para. 236).
100 Ibid., para. 233. 報告指出，「士兵的詳細證詞及其分析，可參看報告附件」(ibid., para. 235). 該附件顯然從未公開。
101 Ibid., para. 239.
102 報告只說委員會「無法取得驗屍報告……因為土耳其政府在事發後立即要求以色列政府不可驗屍」(para. 237). 土耳其驗屍報告的結論是「有五位死者在頭部有近距離射擊的痕跡」(Turkish Report, pp. 26, 85, 114).
103 Turkel Report, p. 261n929.
104 Ibid., para. 160.
105 US Department of State, "Daily Press Briefing" (24 January 2011).

第九章

聯合國調查小組報告：另一種漂白手段

聯合國調查小組宣稱，以色列有權封鎖加薩一帶海域，以抵擋哈馬斯的火箭砲和砲擊。但調查小組所描繪的歷史背景，和以色列自身的調查所呈現的一樣扭曲。

以色列拒絕停止對藍色馬爾瑪拉號猛烈的攻擊，土耳其也不願放棄向以色列究責的要求。此外，土耳其作為國際社會上有點地位的國家，比起倒向加薩，拿出「中道」的態度更能讓事件得到妥善處理。二〇一〇年六月一日（**事件發生隔日**），聯合國安全理事會主席發表聲明，呼籲進行「及時、公正、可信、透明，且符合國際標準的調查」。[01]但調查一開始就陷入僵局。以色列反對國際調查，因為真正的獨立調查，聯合國人權理事會的事實調查團必定會得出對以色列不利的結論。[02]不過，潘基文機靈地配合美國白宮的風向球，對以色列施以援手。在他的協商下，成立了職權受到閹割的聯合國調查小組。這項工作並非進行「公正、可信及透明的調查」，只是一項「審查……國內對事件調查的報告」。[03]令人遺憾的是，潘基文委託的調查小組副主席，是位極其貪腐、罪惡滿盈，且公開支持哥倫比亞和以色列軍事合作的哥倫比亞前總統阿爾瓦羅·烏力韋（Álvaro Uribe）[04]（**主席則是紐西蘭前首相**）。接著，以色列默許了祕書長的提議，並改口聲稱，我們「沒什麼好隱瞞的」。[05]這個結果不讓人意外，那時就可以預料到調查小組將會做出漂白的報告。[06]以色列反對黨領袖齊皮·利夫尼則強烈譴責聯合國召開調查小組，因為「不接受國際干涉以色列的武裝行動……以色列自行調查船艦事件即可」。[07]當然，誰敢質疑以色列在國際水域中殺害外籍人士的行為是以色列**內政**事務？二〇一一年七月，《二〇一〇年五月三十一日船隊事件聯合國祕書長調查小組報告》（*Report of the Secretary-General's Panel of Inquiry on the 31 May 2010 Flotilla Incident*）發布。聯合國依據以色列

《圖可報告》[08]及土耳其的國內報告，提出說明：「事實、環境、脈絡，以及對未來相關事件提出可行之避免方式。」[09]儘管以色列殺害藍色馬爾瑪拉號九位乘客之事無從辯解，但聯合國調查小組承認，以色列當局在海上封鎖是合法的。可能加薩人民受的折磨還**不夠**，如今祕書長又對持續折磨他們的主要手段開綠燈。這份報告本身可能是聯合國有史以來最虛假、墮落的文件。

聯合國調查小組宣稱，以色列有權封鎖加薩一帶海域，以抵擋哈馬斯的火箭砲和砲擊。調查小組所描繪的歷史背景和以色列自身的調查所呈現的一樣扭曲。[10]調查小組指出，「以色列的國防安全持續面臨加薩軍事力量的真實威脅」、「火箭砲、導彈、迫擊砲，不斷地從加薩向以色列發射……從二〇〇一年起，這樣的攻擊已造成超過二十五起死亡以及數百起輕重傷」。[11]對以色列攻擊加薩一事，調查小組卻隻字未提。自二〇〇一年起，或至少在此前後，以色列殺害約四千五百位加薩人，其中大多是平民。[12]根據調查小組描述，「這些哈馬斯暴行的目的，如同國際社會不斷譴責的，仍持續地傷害以色列人民。」[13]可是，一篇刊登在美國國家科學研究院（National Academy of Science）發行的期刊文章發現，巴勒斯坦對以色列的直接攻擊「出現報復的模式」。[14]如果調查小組無法想像巴勒斯坦的暴力是被動回應，那是因為在他們的判斷中以色列並沒有率先發起攻擊，只有加薩發射的「火箭砲、導彈……」等。調查小組明顯沒有注意到，以色列對加薩的攻擊也「受到國際社會不斷譴責」。調查小組指出：「顯而易見的是，遏止哈馬斯的暴力攻擊，是以色列保護本國人民並自我防衛的必要措施。」[15]如果調查小組注意到巴勒斯坦的傷亡，也許同樣「顯而易見」的是，哈馬斯也有權利對以色列實行海上封鎖，「以便保護本國人民並自我防衛」。國際特赦組織指出，「在國際法上，運送武器資源給持續侵害人權者屬違法行為」，因此，應該對以色列和哈馬斯「立即實施全面的武器禁運」[16]。如果調查小組忽視這項顯而易見的事實，可能和那位定期和人權組織吵架互罵、痛斥國際特赦組織是「盲目」及「極端狂熱份子」的副主席烏里韋有關。[17]

聯合國調查小組認為，以色列對加薩的海上封鎖，構成「合法的安全措施……而且執行也合乎國際法的要求」。[18]不過，調查小組也不斷強調，「未被要求就法律議題做出判定」，同時「未被要求對該事件的合法性或其他問題做出判定」。[19]即使做成了法律判定，也只是毫無理由地准許以色列繼續扼殺加薩的生命。調查小組聲稱，「無止境地爭論法律適用問題，對聯合國沒有任何幫助……。」[20]聯合國報告花了大部分篇幅（包括一篇二十五頁的附錄）在封鎖的法律分析上證明以色列是無辜的。調查小組在報告中所做成的唯一法律裁決就是——以色列無罪。報告指出，以色列對加薩的陸路封鎖，以及在藍色馬爾瑪拉號上殺害九名乘客的行為都屬於「不可容忍」。但報告並未判定這些行為違法，更別說犯罪了。[21]調查小組表示，無法提供「最終的事實或法律調查結果」，因為他們「不能強迫證人提供證據」，而且無法「進行犯罪調查」。調查小組繼續表示，「他們可以提供意見」。[22]如果他們能在沒有司法權力的情況下，就海上封鎖的合法性「提供意見」，他們就一定可以就陸路封鎖及殺害九位乘客的合法性提供意見。換言之，調查小組達到唯一具有潛在結果的裁決是對以色列有利的，至於對以色列不利的判斷，就和口頭輕微警告差不多。相較之下，國際特赦組織認為，以色列對加薩的封鎖是「公然違反國際法」[23]，而聯合國人權委員會事實調查團對船隊攻擊的調查，發現「殺害至少六名乘客的情況，和非法律規範、任意且不合程序處決的方式一致」。[24]當合乎以色列目的時，調查小組也可以抹消法律。因此，報告提到，「在國際法下，加薩法律定位並不明確」。儘管法律共識認為，在二〇〇五年以色列「撤離」之後，加薩仍然屬於其「佔領」的領土。[25]

為了合理化以色列的海上封鎖，聯合國調查小組巧妙安排的論點，構成一連串互相關連的主張：

一、以色列的海上封鎖和陸路封鎖毫無關連。
二、實施海上封鎖時，以色列正面臨來自加薩沿海水域新一波的安全威脅。
三、以色列加強海上封鎖是因為上述的安全威脅。
四、海上封鎖是以色列手上唯一遏止安全威脅的方法。
五、以色列海上封鎖此舉，既達到目的（遏止安全威脅）且避免對加薩平民造成不合比例的傷害。

為宣稱海上封鎖是**合法**的作為，調查小組必須堅守各項論點，如果其中一項是假的，他們對封鎖的辯護就會崩解。出乎意料的是，這每一項內容「都是」假的。以下將逐項處理每一條主張。

錯誤主張第一點：以色列的海上封鎖和陸路封鎖毫無關連。以色列封鎖的雙重目標在於防範武器輸入加薩，同時封鎖民生物資進入途徑以動搖哈馬斯的統治。海上、陸路封鎖，在觀念和執行上，構成以色列戰略互補的兩半，兩者的功效相輔相成、互相依賴。然而，聯合國調查小組其中一項重要的前提是，以色列海上封鎖行動和陸路封鎖是分開的。他設想，儘管陸路封鎖對雙重目標具有加乘效果，但海上封鎖只是以色列的安全措施，因此是合法的。調查小組精心設計了這個區分；可是這毫無事實根據。事實上，以色列政府自己也否認這項區分。調查小組的介入是為了避免對以色列集體懲罰加薩平民進行法律判斷；將自己的法定職權限定在評估海上封鎖（**據稱是分別且分開**）的合法性。可是，調查小組聲稱，以色列封鎖船隊是為了對走私武力進行自衛的同時，也就是支持以色列在加薩實行集體懲罰的權利。

自一九六七年以色列佔領開始，以色列即規範加薩陸路及沿海邊境貨品、人的進出流動。在二〇〇〇年哈馬斯穩定控制加薩後，以色列還實施更多禁運措施。[26]封鎖加薩背後有兩層動機：安全動機——阻止武器進入加薩；政治動機——讓加薩經濟處於「崩潰邊緣」（**就如同以色列官方私下反覆說的**），以**懲罰**加薩人民投票給哈馬斯政權，試圖改變他們的支持。以色列禁運加薩的清單包括巧克力、薯片、小雞……等等，這指出以色列封鎖不可簡化的政治層面。[27]聯合國調查小組引用以色列的《圖可報告》，提及以色列對加薩的封鎖政策「意在弱化其經濟」。報告隨即認定這是「為了削弱哈馬斯政府攻擊以色列的能力」。[28]但即使以色列允許糖果進入加薩，哈馬斯軍火庫的能耐也只會讓人發抖而已。雖然以色列的《圖可報告》在船隊攻擊的關鍵時刻都維護以色列，也必須承認其（儘管謹慎地）海上封鎖的雙重目標。考慮到報告所用的證詞，一是實施海上封鎖時，當時擔任外交部長的齊皮・利夫尼；以及界定封鎖目的的文件，是出自以色列國防部政治、軍事及政治事務局首長阿摩斯・吉拉德（Amos Gilad）少將之手：

> 利夫尼說道……海上封鎖的實施……是在更大的脈絡下進行，也作為以色略整體策略的一環（她將此稱作「雙重策略」）。一方面是消滅哈馬斯政權的合法性；另一方面，也強化巴勒斯坦自治政府對加薩地帶的控制……根據她的說法……企圖在加薩一帶透過海路運送人道物資……將賦予哈馬斯政權統治加薩地區的正當性……利夫尼同時指稱，「僅從狹隘的安全觀點去檢視海上封鎖措施是不對的……吉拉德的文件包括兩項對於禁運的思考：一方面……防止強化哈馬斯的軍事能力；另一方面……『孤立並弱化哈馬斯』。在此脈絡下，吉拉德少將表明，從政治、經濟的角度來看，若開放一條海路到加薩，哈馬斯的地位就會顯著

提升。他更進一步指出，開放海上路線，特別是哈馬斯政權掌控的加薩走廊一帶……相當於哈馬斯政權『極為重要的成就』……吉拉德少將總結：總之，從軍事與安全的考量來看，實行海上封鎖有其必要……同時防止哈馬斯獲得任何合法化及經濟政治強化的機會，相對於西岸的巴勒斯坦自治政府，也防止它在巴勒斯坦內部崛起。」

《圖可報告》總結，「如此看來，即使海上封鎖的目的，基本上是回應軍事需求的安全措施，但就以色列的決策者來說，在對抗加薩哈馬斯的整體「雙重策略」概念下，這也是合法的舉措。[29]《圖可報告》並未反對海上封鎖也是達成雙重目標的全球策略之一環；相反的，報告強調陸路和海上封鎖必須整體看待：

> 實行海上和陸路封鎖政策，是因為以色列和哈馬斯之間持續的武裝衝突……從策略層面來說……海上封鎖應視為，以色列政府不願給予哈馬斯統治加薩地區合法性的廣泛努力之一部分，以此在國際上孤立哈馬斯，並強化巴勒斯坦自治政府。

《圖可報告》進一步指出，「海上封鎖也在戰術層面結合陸路邊界政策」：當運往加薩的外國貨船轉接到陸上邊界時，就受到陸路禁運重要物資的限制，例如，「鋼鐵和混凝土」。它接著說：「換言之，只要陸上邊界受制於以色列管轄，初步斷定，開闢另一條不受以色列控制的海上路線，就可能影響加薩走廊一帶人道危機的情況。」[30]挑明來說，如果船隊開闢一條通往加薩的海路，現在被以色列在陸上邊界封鎖的重要民生物資就變成可抵達加薩。「如此一來」，根據《圖可報告》的結論，「執行海上封鎖和執行陸路邊界政策，至少原則上可能對加薩人產生人道衝擊」、「以色列政府的手段……海上封鎖和陸路邊界政策，對加薩地區的人道影響……創造了連結。」[31]總之，即使是以色列上層，調查小組也反射性地遵從《圖可報告》；對以色列達成讓加薩經濟處於「崩潰邊緣」的政治目標而言，海上封鎖的重要性不亞於陸路封鎖。[32]

巧克力的重大威脅

如果《圖可報告》認定陸路、海上封鎖，「在原則」和「戰術」（實務）層面上構成單一、統一的整體，要替以色列海上封鎖提供其適當性的辯護，就只能同時也替陸路封鎖的適當性辯護，並將兩者視為相互「連結」[33]；將兩者分別看待，假裝海上封鎖在形式上有別於陸路封鎖，這毋寧是個詭辯。「儘管（圖可）調查小組認定海上封鎖和陸路限制存在內在關連」，兩位以色列學者觀察，「他們只有替後者的合法性辯護，才能合理化前者。」[34]到頭來，《圖可報告》發現，只有透過扭曲的推理和省略事實，統一的海陸封鎖才能通過法律的檢驗。[35]聯合國調查小組因此面臨困境。如果他們循著《圖可報告》的線索追本溯源，就可能判斷以色列封鎖措施實為一體。如果調查小組做出考量全面的判斷，要替以色列辯護就只能和幾乎無異議的法律觀點，亦即「以色列封鎖加薩屬於集體懲罰的一種形式，公然違反國際法」自相矛盾。[36]既要保持圍困的合法性，又不願冒犯國際意見。為了解決此一挑戰，調查小組採取一套特別策略。調查小組先以虛假的方式將陸路封鎖和海上封鎖分開來看。將陸路封鎖降格為次要、邊緣的議題，接著聚焦於海上封鎖，彷彿它們本來就不是同一件事。[37]調查小組所做的手術程序並沒有什麼特別手法，但十分有效，值得加以檢視、探究；對所有的護航理由來說，甚至連《圖可報告》都無法想出這種分開來看的方式。在調查小組最後報告所附的反對信中，土耳其代表公正地責備調查小組，因為它「全力支持」以色列合法化封鎖的法律分析，而土耳其報告的評估卻認為封鎖是非法的，並受到「絕大多數國際社會支持」。[38]可是土耳其代表忽略了最重要的一點——為了維護以色列，調查小組進入怪異的，就連以色列自身的《圖可報告》也覺得陌生的法律境地。一旦走向這個途徑，調查小組甚至不再逃避，公然地歪曲事實。它表示「一些國際組織或機構，包括聯合國人權事務高級專員和國際紅十字會已宣稱，陸路限制構成集體懲罰」。[39]這些組織不僅宣稱「陸路限制」，而是整個以色列的邊界政策（包括陸路和海上限制）皆為非法。事實上，正是調查小組編造了這個概念——海上封鎖獨立於「陸路限制」之外。連

《圖可報告》都承認，「許多個人權及人道組織……總結加薩地區的經濟崩潰，都源自於以色列的海上封鎖以及邊界政策」。[40]可見，如果加薩經濟崩潰，這並不單單只是「陸路封鎖」的緣故。

聯合國調查小組宣稱，以色列的陸路封鎖和海上封鎖組成「兩種不同的概念，需要不同的對待和分析」。調查小組「因此視海上封鎖和陸路邊界是為控制加薩獨立、個別的事務」、「和海上封鎖沒有直接關連」。[41]調查小組為了支持此一異常的論點，指出從時序來說，二〇〇七年實施的陸路封鎖早於二〇〇九年的海上封鎖；陸路封鎖的「密度」隨時間「波動」，而海上封鎖「在實施以後從未變動過」；海上封鎖「實施最初是為了使……以色列能夠精準地掌控，攔有武器和相關物品意圖進入加薩的船隻」。[42]以上這一連串主張，混淆且合併了以色列封鎖的戰略目標和戰術執行的模式。雖然以色列定期調整其圍困政策以應付新的政治突發事件，但雙重安全政治目標仍然保持不變。調查小組對此法律分析的有效前提是——有別於陸路封鎖的安全和政治功能，海上封鎖的目的僅止於防止武器運至加薩——並未和以色列的證詞相互矛盾。此報告也逾越了調查小組討論的範圍。調查小組的任務只是「審查」以色列和土耳其的報告，這些報告都並未對統一陸地、海上封鎖的雙重目標提出異議；都並未聲稱海上封鎖和陸路封鎖的不同；都並未宣稱海上封鎖的目的只是為了攔截武器。調查小組炮製一個區別，以解決不存在的爭議。其重點在於，調查小組試圖迴避以色列對加薩平民進行經濟圍困的合法性；避免判斷以色列是否在法律上有權阻止加薩基本民用物資，包括巧克力、薯片和小雞……等的運送。如果調查小組維持圍困加薩的合法性，將挑起人權社群的譴責；如果它宣稱封鎖為非法，就會侵犯以色列**不可剝奪**的、折磨加薩的權利——那是不可以的。調查小組透過刻意地切割海上和陸路封鎖，同時聚焦在海上封鎖以替自己解套，並假裝海上封鎖從未攔截民生物資，僅針對武器而已。的確，陸路、海上封鎖個別的法律評估，確實需要不同的法律分析，因為兩者相關的法律並未完全重疊。[43]在調查小組出現之前，甚至連以色列《圖可報告》，都從未表示海上封鎖的廣泛目的根本有別於陸路封鎖。只有調查小組斗膽聲稱海上封鎖不具有政治意涵，並未在以色列透過處罰加薩平民以撼動哈馬斯政權的策略中扮演重要角色。嚴格來說，海上封鎖只完成了兩個目的的其中之一。它並非軍事目的，而是狹義的政治目的。因此，調查小組在兩件事的判斷都是錯的：海上封鎖和陸路封鎖「並非要分開來看」，海上封鎖的「主要」目的也並非國家安全。

錯誤主張第二點：實施海上封鎖時，以色列正面臨來自加薩沿海水域新一波的安全威脅。聯合國調查小組指出，「在公海上自由航行是基本原則，國際法上只有少數例外。」[44]一個國家試圖限縮這種自由時，必須承擔沉重的法律責任並提出理由。依照這些原則，國家對船隻航行自由的阻礙越大，它必須承擔的法律責任就越大。如果有侵犯基本自由的風險，其手段應為漸進式的：如果有較輕的限制能夠攔截已知的威脅，極端的措施就不合理。以現行例子而言，如果「臨檢」（**那些有「合理理由懷疑」**）的船隻，是阻止違禁品[45]進入加薩的有效辦法，那就沒有理由採取更嚴格的海上封鎖措施，沒有區別地禁止所有軍事和非軍事的貨物通過，從而對平民造成傷害[46]（**為了論證方便，姑且不論以色列封鎖和臨檢程序都是非法的**[47]）。

聯合國調查小組宣稱，以色列面臨來自加薩海域新的安全威脅，只能透過海上封鎖解決。可是，用來支持這項論點的證據相當不足。調查小組依據《圖可報告》的資料，引用三起據稱企圖從海路走私武器到加薩的案例，最近的一起發生在二〇〇三年，也就是以色列實施海上封鎖六年前。[48]調查小組引用《圖可報告》進一步宣稱，在二〇〇五年以色列「撤離」加薩之後，如果以色列仍試圖阻止武器運抵加薩一帶，以色列必須建立新的法律基礎。即使上述為真，這仍然無法解釋從二〇〇五年起都證明有效的臨檢程序，到二〇〇八年年中就如同調查小組（**和《圖可報告》所言**）突然產生實行上的「實際困難」。[49]《圖可報告》所稱，以色列突然出現大量武器走私行動，導致臨檢過於繁瑣。但這看起來實際上也並非事實。調查小組引用《圖可報告》，宣稱只有海上封鎖提供法律基礎，才得以阻止哈馬斯政權走私軍武到加薩，從海上攻擊以色列。[50]然而，調查小組並沒有舉出任何（**顯然並不存在**）的事證說明哈馬斯企圖進行軍事演習。只是引用以色列的「憂慮」，擔心這類的軍事行動將在不確定的未來發生。然而，直到目前為止，這樣的事在過去都未曾發生，而且以色列在二〇〇九年之前也並未心懷這樣的恐懼（**否則它就會實施海上封鎖**）。還有，截至目前為止，以色列並未提出具體證據，宣稱哈馬斯政權在不確定的未來可能會進行相關的演習——至今為止，以色列對這些恐懼都沒有提出具體的佐證，可見以色列對航行自由施加如此大的限制，理由十分單薄。最終，調查小組並沒有引用任何證據，足以說明以色列在侵犯自由航行的原則、對加薩實行海上封鎖時，以色列在加薩沿海水域正面臨相當的威脅。

錯誤主張第三點：以色列實行海上封鎖因應對其的安全威脅。在《圖可報告》的基礎上，聯合國調查小組宣稱，以色列實行海上封鎖「是為了防止武器、恐怖份子以及金錢，透過海路流向或者流出加薩地帶」。[51]雖然以色列表示有此威脅，調查小組卻從未提出可證明以色列官方說辭的有力案例。根據調查小組對海上封鎖的法律分析，論點如下：**如果以色列這麼說，那就是真的。**「以色列清楚地告訴調查小組，海上封鎖……是為了防禦其領土和人民受到攻擊的措施，調查小組也接受此說法」；「以色列很明顯地有軍事企圖，該國最初基於國安理由進行海上封鎖，阻止武器、彈藥、軍用物資，以及人民進入加薩，並且阻止哈馬斯潛伏人員裝滿爆裂物的船隻開出加薩。」[52]

但矛盾依舊存在。如果不是為了阻止武器走私，為什麼以色列要進行海上封鎖？事實上，以色列的《圖可報告》就載明了答案。二〇〇八年中開始，《圖可報告》指出，「許多人組織船隊航向加薩地區，從事實來看，相關船隻是中立的，以色列國防軍的選擇相對有限，包括臨檢權——動用這項權力，條件是必須合理懷疑船隻必須接受拘捕——也就是船隻攜帶違禁品。然而，以色列所面臨的困境是，當船隻並未攜帶武器，以色列就缺乏法律基礎封鎖它們進入加薩的通道。最初，以色列在甚至沒有費力臨檢的情況下讓部分船隻通過該海域，但希望船隊能逐漸消失（**在二〇〇八年八月至十二月，以色列讓六艘船艦通過及前往加薩**）。[53]當船隻繼續前來，以色列的回應是將暴力不斷升級，但船隻仍然不斷前來。《圖可報告》：「在這樣的情況下，二〇〇九年一月三日，以色列國防部長下令海上封鎖……根據國際法實行海上封鎖的重要性在於，允許武裝衝突的任一方因此阻止任何試圖打破封鎖進入禁區的船隻（**儘管並未證明船隻正協助恐怖活動**）。」[54]引用《圖可報告》的證詞，調查小組再次謹慎地**忽略**了。以色列軍法院宣稱，實行海上封鎖是為了阻止人道船隊進入加薩：

> 以色列軍法院在調查委員會作證，以色列國防部得在船隊增加的情勢下，因應海上區域擬定適合的行動對策……「海上封鎖」被視為最佳方案。因為，其他的解決方案，如動用臨檢權利等被證明有問題；其他權利也太弱。
>
> ……以色列軍法院於是告知參謀長：他已與法務部長商談過，他也認為並宣告在加薩進行海上封鎖，是「為了防範國外船隊進入加薩地區的最佳合法、可行的方案，並提供海軍所需工具及權力以阻止船隻通過。未宣布『海上封鎖』時，能夠對抗航行船隻的權威來源較弱，可實行性也偏低」……

……二〇〇八年十二月三十日，以色列國防軍再一次和參謀長聯繫，早上海軍要求處理一艘塞浦路斯出發，進入加薩地區的「尊嚴號」人道救援船（早期的一艘人道援助船）；這事件突顯出處理外籍民間船隻通行加薩地帶海域的法律難題。於是，他再次要求參謀長接納他的意見，向他的政治同僚建議實行海上封鎖。

……二〇〇九年一月三日，當國家安全建設相關部門的法律顧問對此提供意見時，以色列國防部部長簽署、實行海上封鎖。[55]

很明顯的，對以色列來說，船隻類型並不重要——不論是民間商業船隻或者海軍船艦——這只是增加以色列的麻煩而已。它已經有臨檢的法律權力，以攔下民用船隻並防止武器通過，這一程序已被證明是切實可行的。事實上，以色列並未搜索前往加薩的人道船隻（**以色列了解，這些船隻並未藏匿武器**），也毋須應付突然出現的武器走私。更有甚者，如果武器真的是走私進入加薩，幾乎肯定是透過民間商船祕密運送。船隊的到來並未改變原有的法律情況：不論之前或之後，以色列官方主要的法律考量都是民間船隻。以色列真正的挑戰在於，除非實行海上封鎖，否則它就缺乏法律權力去阻擋貨物進入加薩。在調查小組模糊隱瞞的語言中，封鎖的實施不是因為武器走私，而是「對船隻通過海路到達加薩的某些事件做出反應」。[56]「某些事件」表明了船隊乘客的決心，向加薩被圍困的人提供基本人道物資。以色列所害怕的並非是武器的運送，而是如果開放海上航線，允許人道船隻到達加薩，以色列即將遭受**政治上的失敗**，以及這些船隊在過程中將會突顯出以色列圍困加薩的非法、不道德和不人道。諷刺的是，調查小組錯誤地將陸路和海上封鎖分開來看，以便在安全的基礎上合理化海上封鎖。即使是以色列高階官員也承認，海上封鎖是為了應付「船隊現象的增加……外籍民間船隻的進入」，而非安全威脅。正是因為以色列沒有面對安全威脅，才以海上封鎖取代臨檢：如果繼續採用以前的程序，就只能合法地扣押違禁品，但必須讓船隻通過；[57]如果以色列實施海上封鎖，就可以合法地阻止人道船隻抵達加薩。但是（**可能有人認為**），如果一連串的人道船隊開闢了一條通往加薩的海路，不會因為走私武器的船隻也可以利用這條通道，最終對以色列的安全造成威脅嗎？然而，即使這種意外情況屬實，但實施封鎖仍非基於安全理由。只憑著模糊的未來可能——但也可能不會——實現的威脅，要合理化對航行自由的基本權利進行如此嚴格的限制是很困難的。面對現在和未來所造成的人道傷害時，只憑藉推測的未來意外事件實施嚴格的封鎖，將更難證明其合理性。

錯誤主張第四點：海上封鎖是以色列手上唯一遏止安全威脅的方法。海上封鎖的目的不是為了應付安全威脅，而是預防對加薩的圍困遭到突破的政治負面效應。退一步說，即使我們擱置法律，只考慮這一主張的實質問題，也就是任何戰爭國家都不可能允許船隊——即使宣稱為人道船隊並經過事先審查——自由地進入控制下的敵方領土，以色列手上仍有其他選擇；即使只在另一個背景下很簡短的提及，聯合國調查小組也提到這一點。調查小組報告，「在二〇一〇年五月三十一日，事件發生後立即舉行的簡報會中，一名聯合國高階官員提到，如果以色列回應反覆呼籲停止封鎖加薩的要求，就能避免生命損失。」[58]如果以色列想要阻止前往加薩的人道隊伍，那麼顯然它所需要做的只是解除造成人道危機的非法經濟封鎖。然而，調查小組卻不願放棄海上封鎖意圖為阻止武器如此明顯的偽裝——從而使以色列受到集體懲罰的指控——而在其對封鎖的合法性的分析中卻完全忽略了此一選擇。

錯誤主張第五點：以色列海上封鎖此舉，既達成保護目的且避免對加薩平民造成不合比例的傷害。儘管《圖可報告》將圍困視為整體目標並捍衛其合法性，聯合國調查小組卻致力防止這種廣泛法令的醜聞，並藉由重新定義將海上封鎖、圍困分開來看，其合法性因為其自身的特點或增或減。因此，調查小組認為，即使陸路封鎖的目的是防止人道物資進入加薩，海上封鎖也未必是非法的。然而，調查小組的大膽外科手術程序對以色列的情況不起作用，反而讓以色列在國際上更加站不住腳。調查小組認為，在「加薩沒有重要港口設施」的情況下，海上封鎖對加薩平民造成的傷害相當「輕微」，因此和所得到的軍事利益不成比例。[59]正如同證據明確顯示，以色列海上封鎖的目的並非為了防禦武裝攻擊，而是為了實現政治目標，那麼比例原則的檢驗就完全無關。正如同調查小組所說：「實施封鎖必須具有合法的軍事目標。」[60]換句話說，即使海上入境點的人道價值很小，海上封鎖仍會造成更大比例的傷害，因為其軍事價值為零；此一措施不是為了阻止武器走私或實現任何其他合法的軍事目標，而不妨礙人道物品通過的臨檢程序可以抵消這種（猜測的）走私威脅。此外，即使海上封鎖確實提出了實際的軍事目標，認為它「不會造成不成比例的損害」仍然太過於草率。《圖可報告》就警告，不可輕忽加薩的海上交通潛力，尤其是因為這將削弱以色列實施封鎖的理由。如果貨物幾乎不能透過海路進入加薩，那麼武器也幾乎不能進入。但在這種情況下，海上封鎖就是多餘的，而且任何理由都不能成立：「沒有商業港口不是決定性因素，因為很明顯，有可能找到其他運送貨物的方式，例如，透過漁船的幫助卸貨。此外，假設在沒有商業港口的情況下貨物無法運送到加薩地區，其本身就和封鎖的主要目的，即防止武器進入加薩地區自相矛盾。因為根據同樣的邏輯，根本不可能透過海路將武器運到缺乏商量業港口的加薩地帶。[61]《圖可報告》最大的冒險之處是，「在沒有資訊和記錄的情況下，將很難確定單獨的海上封鎖對加薩地區人道處境的影響。」[62]

令人困惑的是，調查小組如何確定海上封鎖的潛在危害是相當「輕微」的？即使是護航最嚴重的《圖可報告》也都採取不可知的立場。事實上，如果加薩存在人道危機，如果對被圍困的加薩人而言，海上通道是最後唯一剩下的入境點，那麼定海上封鎖的附帶損失肯定將會相當嚴重，而以色列通過比例原則檢驗的可能性將大幅降低。調查小組拒絕接受比例原則的評估，因為它選擇淡化加薩海路的人道潛力：「海上走私武器是一回事；供應約一五〇萬人口大宗食品和其他商品是另一回事。」[63]反過來說也顯而易見：「海上走私笨重的武器是一回事；提供迫切需要的藥品和其他基本、輕便的貨物供給……」[64]結果是，如果調查小組的比例原則檢驗證明以色列是對的，那是因為它是基於錯誤的前提之下，如果放在真實情況中考慮，封鎖幾乎一定不能通過比例原則的檢驗。我們不該忘記，調查小組的虛假比例原則檢驗，不僅為以色列辯護，還在面臨人道危機時置加薩人於陸路和海上嚴重封鎖之中。可以肯定的是，無論海上封鎖被如何突破，都無法解決加薩的人道災難。而船隊的首要目標不是提供人道貨物，而是為了突顯封鎖的非法和不人道。調查小組發現船隊真正的目的，也就是說，即使撇開法律，就算是在道德上以色列也是**有罪**的。

被無視的苦難

聯合國調查小組提出了一系列相互關連的主張，證明以色列對加薩的海上封鎖是合法的。如果這些提議的任何一項被證明是錯誤的，調查小組對圍困加薩的辯護就無法成立。結果是，每一項經過仔細檢查的論點都證明是錯的：以色列的海上封鎖和以色列的土地封鎖有關；當以色列實施海上封鎖時，以色列並未面臨來自加薩沿海水域的新安全威脅；以色列實施海上封鎖並非為了應付安全威脅；海上封鎖並非以色列可用來應付所謂安全威脅的唯一手段；以色列的海上封鎖只能在對加薩平民造成不合比例的傷害的情況下，實現其所謂的「安全目標」。[65]調查小組為了合理化海上封鎖，所用的各種理由、說謊成性，再怎麼誇示也難以形容。調查小組不僅無恥地使以色列非法、不道德和不人道的圍困合法化，它還譴責船隊乘客試圖破壞封鎖的「危險和魯莽行為」[66]；它繼續勸告各國積極干預，以防止今後這些不負責任的行為：「重要的是不要重複這種事件」、「重要的是，各國……盡一切努力避免重蹈覆轍」、「積極阻止違反合法實施封鎖的企圖，符合國際社會的利益」。[67]調查小組認為，比起普通公民，加薩人民的命運和未來應該保留給各國決定，也更有保障。然而，考慮一下，當國際社會各國確實控制了加薩的命運和未來時，發生了什麼事？二〇〇七年，以色列對加薩實施封鎖作為一種集體懲罰形式，公然違反國際法，國際社會卻袖手旁觀；前人權事務高級專員瑪麗・魯賓遜當時前往加薩旅行，並宣稱，加薩的「整個文明已經被摧毀，我並沒有誇大其詞」，國際社會對此依舊袖手旁觀；二〇〇八年，以色列加強封鎖，加薩的基礎設施已經——用以色列人權組織的話——「瀕臨崩潰」，國際社會依舊袖手旁觀；哈佛大學政治經濟學家莎拉・羅伊悲痛地公開表示，「整個社會正在我們面前崩潰，但除了被忽略的聯合國警告之外，幾乎沒有國際反應。」二〇〇八年底，以色列入侵加薩，在國際特赦組織稱為「死亡和破壞的二十二天」之中，屠殺平民，留下化成廢墟的民用基礎設施。[68]二〇〇九年初，聯合國安理會終於通過一項決議（一八六〇號）回應全球對以色列罪行的憤怒。該決議表達「對加薩日益嚴重的人道危機的……嚴重關切」，並呼籲「盡量排除困難，提供、分發給加薩人道援助，包括食品、燃料和醫療」。[69]但以色列緊掐著封鎖不放，國際社會依舊袖手旁觀。只有藍色馬爾瑪拉號乘客殉難之後，正如同調查小組承認[70]，世界各國領導人突然大夢初醒，意識到以色列封鎖「不可持續」[71]，而極待救助的加薩平民才得到一些——雖然嚴重不足——救濟資源。如果調查小組依然故我，而自由船隊並未犯下侵犯國家特權的「危險和魯莽行為」，那麼以色列就可以不受干擾，而加薩人民則會受苦並死去。船隊的存在與否，最終證明其實微不足道[72]，但在司法中這不是它的責任。乘客們陷生命於險境之中，許多人殉難，以確保加薩人民只能夠呼吸。世界各國，除了讓大氣層充滿你們排放的「空話」之外，還做了什麼？

雖然聯合國調查小組確實認為，以色列突擊隊員在藍色馬爾瑪拉號上造成的死亡「不可接受」，同時也懷疑乘客的動機，力圖「平衡」這些批評。《圖可報告》宣稱，藍色馬爾瑪拉號的組織者是聖戰士，他們一心要殺死以色列人。然而，這種指控很難成立。因為根據《圖可報告》本身，這些所謂的聖戰組織「走私」最致命的武器是彈弓和玻璃彈珠。這也很難解釋，為什麼這些年輕、魁梧、狂熱的男人並未設法殺死任何人，甚至包括被他們俘虜的三名突擊隊員？[73]正如同採取新的戰略來證明封鎖的合法性一樣，調查小組也炮製創造性的證據來證明《圖可報告》對所謂「聖戰士」的誹謗。調查小組嚴肅地指出，「嚴重質疑船隊組織者的真正動機和目標」。為什麼？因為它發現，它們不僅意圖提供人道救濟，而且還「公開宣傳加薩的情況」。為了證實自己的指控，調查小組以誇張的動作轉載了這份由主辦方「準備」的文件：

目的：這一旅程的目的在於激起世界公眾和國際組織意識到，在巴勒斯坦不人道和不公正的禁運；並為終止這一顯然侵犯人權的禁運做出貢獻，向巴勒斯坦人民提供人道救濟。[74]

如果這種意圖陳述仍不夠罪大惡極，調查小組還提出了更多陰險和邪惡情節的證據：「登上船隻的記者人數進一步說明了船隊的主要目的是為了宣傳。」[75]這應該是聯合國史上首次，有一份聯合國批准的報告（**一定是最低分**），汙衊受到謀殺攻擊的受害者，因為他們試圖揭露正在進行的「危害人類罪」。[76]

／注釋／

1 "Statement by the President of the Security Council" (1 June 2010), S/PRST/2010/9.

2 請參閱第七、八章。

3 *Report of the Secretary-General's Panel of Inquiry on the 31 May 2010 Flotilla Incident* (July 2011), para. 3; hereafter: UN Panel. 聯合國調查小組還提出，「在需要時，要求相關國家當局提供說明資訊」(ibid.).

4 International Federation for Human Rights, "FIDH Deeply Concerned by the Composition of UN Panel of Inquiry into the Flotilla Events" (6 August 2010); "Álvaro Uribe, el más investigado en la Comisión de Acusaciones," *Elpais.com.co* (8 November 2013).

5 Israel Ministry of Foreign Affairs, "Israel to Participate in UN Panel on Flotilla Events" (2 August 2010).

6 Norman G. Finkelstein, *"This Time We Went Too Far": Truth and consequences of the Gaza invasion,* expanded paperback edition (New York: 2011), pp. 195–96.

7 Shlomo Shamir, "Livni Tells UN to Mind Its Own Business over Flotilla Probe," *Haaretz* (6 October 2010).

8 Public Commission to Examine the Maritime Incident of 31 May 2010, *The Turkel Commission Report, Part One* (January 2011); hereafter: Turkel Report. 請參閱第八章。

9 UN Panel, para. 3.

10 請參閱第八章。

11 UN Panel, para. 71 (see also ibid., para. 78).

12 B'Tselem (Israeli Center for Human Rights in the Occupied Territories), *Statistics*, btselem.org/statistics.

13 UN Panel, para. 71.

14 Johannes Haushofer, Anat Biletzki, and Nancy Kanwisher, "Both Sides Retaliate in the Israeli-Palestinian Conflict," *Proceedings of the National Academy of Sciences of the United States* (4 October 2010).

15 UN Panel, para. 71.

16 請參閱第四章。

17 Amnesty International, "Colombian President Should Stop False Accusations against Human Rights Group" (28 November 2008).

18 UN Panel, para. 82.

19 Ibid., paras. 5, 67.

20 Ibid., para. 15.

21 Ibid., p. 4 (viii), paras. 134, 151.

22 Ibid., para. 6.

23 Amnesty International, "Suffocating Gaza: The Israeli blockade's effects on Palestinians" (1 June 2010).

24 UN Human Rights Council, *Report of the International Fact-Finding Mission to Investigate Violations of International Law, Resulting from the Israeli Attacks on the Flotilla of Ships Carrying Humanitarian Assistance* (27 September 2010), para. 170.

25 請參閱第一章。

26 以色列初次對加薩實施封鎖的政策是在一九九一年，隨著時間的推移逐漸緊縮。See Gisha (Legal Center for Freedom of Movement), *A Guide to the Gaza Closure: In Israel's own words* (Tel Aviv: 2011).
27 請參閱第八章。
28 UN Panel, para. 153.
29 Turkel Report, para. 50.
30 Ibid., para. 63.
31 Ibid.
32 用語引自《維基解密》（請參閱第八章）。
33 Turkel Report, para. 107.
34 Amichai Cohen and Yuval Shany, "The Turkel Commission's Flotilla Report (Part One): Some critical remarks," *EJIL: Talk!* (28 January 2011).
35 請參閱第八章。
36 For a contemporary restatement of this consensus opinion, see "Flotillas and the Gaza Blockade," *Diakonia* (2011).
37 聯合國調查小組的法律策略，讓人想起以色列最高法院對隔離牆案的做法。二〇〇四年，國際法院（ＩＣＪ）發布諮詢意見，指出以色列在巴勒斯坦佔領領土築牆是違法行為。當以色列最高法院受理此案時，試圖避免判決內容直接和國際法院牴觸；但最高法院仍對國際法院的整體裁決表示異議，要求隔離牆的合法性問題應該依照各部分進行判斷。關於國際法院諮詢意見和以色列最高法院的對照，請參閱 Norman G. Finkelstein, *Knowing Too Much: Why the American-Jewish romance with Israel is coming to an end* (New York: 2012), pp. 307–53.
38 UN Panel, p. 105.
39 Ibid., p. 43n274.
40 Turkel Report, para. 72.
41 UN Panel, paras. 70, 77.
42 Ibid.
43 關於海上封鎖的合法性，請參閱 *San Remo Manual on International Law Applicable to Armed Conflicts at Sea* (1994).
44 UN Panel, para. 82.
45 違禁品意指「最終運往敵方控制領土的，可能會於武裝衝突中使用的貨物」。UK Ministry of Defense, *The Manual of the Law of Armed Conflict* (Oxford: 2005), p. 350.
46 《圖可報告》煞費苦心地爭辯：臨檢程序無法因應以色列所面臨的挑戰，不得已採取海上封鎖為最後手段。儘管如此，報告——在缺乏權威來源且違反常識的情況下——宣稱，「在武裝衝突期間，不考慮替代方案而實施海上封鎖是合法的。」(para. 51, 強調為筆者所加)
47 Douglas Guilfoyle, "The *Mavi Marmara* Incident and Blockade in Armed Conflict," *British Yearbook of International Law* (2011), pp. 204–7.
48 UN Panel, para. 72, citing Turkel Report, para. 22. 此處提到的三起試圖走私案例，分別發生在二〇〇一年（聖托里尼號〔Santorini〕）、二〇〇二年（卡林Ａ號〔Karine A〕）和二〇〇三年（阿布哈桑號〔Abu Hassan〕；但二〇〇二年的案子是有爭議的，要特別注意。《圖可報告》也引用 (para. 27) 了二〇〇九年第四起案子（塔里號〔Tali〕））。但聯合國調查小組並未引用，就連以色列外交部也未宣稱這艘船運送武器。"Cargo Boat Attempting Illegal Entry to Gaza Intercepted," *Israel Ministry of Foreign Affairs* (5 February 2009).
49 UN Panel, paras. 72, 74, citing Turkel Report, para. 49. 《圖可報告》宣稱臨檢行不通，因為「意圖前往加薩的船主幾乎肯定不會同意接受搜索」，且「不確定是否會獲得船旗國的同意」(para. 52)。然而，報告並未提出任何證據——事實上也沒有——證實所謂的「幾乎肯定」。《圖可報告》在他處又宣稱，「這種臨檢權不得任意行使。以色列當局面臨的挑戰是獲得有關船上貨物和／或人員的充分情報，以便找到懷疑船隻從事運輸違禁品、資助敵方戰鬥人員的理由」(para. 54)。但是《圖可報告》並未提出任何一起事件表明臨檢受到阻礙。其他國家在戰時可因為合理懷疑實施臨檢，為何其他地方就行得通呢？《圖可報告》也宣稱，如果以色列未能採取較輕手段，如宣布加薩沿海為「禁區」（exclusion zone），這是因為「這種區域是否只提供搜索違禁品的權利，在法律上卻缺乏明確性」？換句話說，困難在於宣布「禁區」並沒有明確允許以色列拒絕那些沒有攜帶違禁品，而只包括民用貨物的船隻。

50 UN Panel, para. 72, citing Turkel Report, para. 48 (see also Turkel Report, paras. 55, 89).

51 UN Panel, para. 46, citing Turkel Report, paras. 48–50, 112 (see also Turkel Report, para. 89).

52 UN Panel, paras. 72, 77. 調查小組似乎也跟著《圖可報告》一起宣稱，哈馬斯火箭砲和迫擊砲攻擊的降低與海上封鎖有某種關連 (para. 72, citing Turkel Report, para. 89). 這項主張的基礎，就是用最寬鬆的標準也讓人覺得十分薄弱，尤其因為調查小組沒有提出任何證據證明曾經有武器從海上運抵加薩。

53 Turkel Report, paras. 25, 53.

54 Ibid., para. 26.

55 Ibid., para. 49.

56 UN Panel, para. 70.

57 *San Remo Manual,* "Section II: Visit and Search of Merchant Vessels."

58 UN Panel, para. 151.

59 Ibid., para. 78 (see also ibid., para. 72).

60 Ibid., para. 33, 強調為筆者所加；see also International Committee of the Red Cross, *Customary International Humanitarian Law, Volume I: Rules* (Cambridge: 2005), rule 53.

61 Turkel Report, para. 62.

62 Ibid.

63 UN Panel, para. 78.

64 關於這一點，也可參閱 Guilfoyle, "*Mavi Marmara* Incident," p. 203.

65 Elizabeth Spelman, "The Legality of the Israeli Naval Blockade of the Gaza Strip," *European Journal of Current Legal Issues* (2013), 「同意，在加薩的海上封鎖和陸路、空中關閉一併但分別進行」，「同意，以色列對加薩地帶的海上封鎖，是以色列軍隊針對哈馬斯的『雙重戰略』之一環」。作者沒有提供關於這些同意的證據；也沒有證據存在。

66 UN Panel, para. 92.

67 Ibid., paras. 96, 148, 149, 159.

68 請參閱第二章。

69 UN Security Council resolution 1860 (S/R ES/1860) (8 January 2009).

70 UN Panel, paras. 151, 154.

71 請參閱第七章。

72 請參閱第七章。

73 請參閱第八章。

74 UN Panel, paras. 86–87.

75 Ibid., para. 89. 儘管《圖可報告》確實注意到乘客試圖宣傳加薩封鎖的可怕影響，甚至不敢在這一點上質疑他們的操守。報告中平淡地表示：「船隊的目標顯然不僅僅是為了打破封鎖，而且還要帶來國際壓力試圖終止加薩陸路封鎖的限制。」(para. 62)。

76 出於下流和愚蠢，聯合國調查小組 (paras. 88, 93) 也跟著譴責那些聚眾滋事的公共議題活動者，因為他們沒有充分警告其他乘客，他們企圖破壞封鎖時潛伏的危險——彷彿其他加入船隊的專門活動份子對以色列謀殺的能耐一無所知一樣。

長期以來，美國和歐洲聯盟，一直主張和巴勒斯坦領導人就三個先決條件進行外交接觸：承認以色列、放棄暴力、承認過去的協議。而當巴勒斯坦主席阿巴斯代表新的聯合政府發言時，哈馬斯沒有反對。

第 4 部

「保護邊緣行動」

第十章

當巨人靜止

如果以色列高喊著「鐵穹頂」，那是因為它得為失敗的行動找回一點救贖。

二〇一二年十一月十四日，以色列發起了「雲柱行動」（Operation Pillar of Defense）。這行動只持續了八天，並且比「鑄鉛行動」（二〇〇八～二〇〇九）或「保護邊緣行動」（二〇一四）造成的死亡和破壞要少得多。其行事手法和成果顯示，以色列發動致命軍事行動的自由已受到限制。以色列官方的說法遵照熟悉的故事情節：它在受到數百枚哈馬斯火箭砲攻擊後才做出回應。國防部長埃胡德·巴拉克宣稱，「以色列不想要戰爭。」、「但是哈馬斯……不間斷的火箭砲和迫擊砲……迫使我們採取行動。」[01]然而，事實卻是另一回事。從二〇一二年一月一日至十一月十一日，只有一位以色列人因為加薩攻擊而喪生，卻有七十八名加薩人被以色列襲擊、殺害。[02]如果以色列的目標是恢復南部邊界的平靜，那為何要暗殺哈馬斯軍事首領阿合馬·賈巴里（Ahmed Jabari），來引發新一輪暴力事件？不管他是以色列在加薩的主要對話窗口——或者，如《國土報》的國安分析師所說，是扮演「中間人，負責在加薩維護以色列的安全」[03]，這暗殺的確切時機更是罪加一等。當以色列殺害他時，賈巴里正在「推動永久性停火協議」。[04]雖然有人聲稱，當以色列發動雲柱行動時，哈馬斯一直渴望加入戰鬥。事實上，哈馬斯政府一直竭力避免與以色列正面衝突。哈馬斯確實厭惡和以色列進行「安全合作」，也不想重蹈巴勒斯坦自治政府（PA）的覆轍。因此，當以色列的挑釁引發哈馬斯的武裝政敵採取報復行動時，它可能會視而不見，或加入（**雖然只是為了防止衝突升級**）。[05]

以色列非打不可的理由

哈馬斯追求長期停火的理由很簡單。在敵對行動爆發之前，它一直連連獲勝。二〇一二年六月，意識型態同陣營的埃及穆斯林兄弟，會贏得埃及的第一次民主選舉。卡達的埃米爾（emir）於二〇一二年十月前往加薩，承諾提供四億美元援助；而土耳其總理雷傑普・塔伊普・埃爾多安也已敲定行程前往。[06]與此同時，加薩目睹了「巨大的建築熱潮」；「光在二〇一一年，GDP成長率就高達驚人的二十三%」、「失業率迅速下降」，沙烏地阿拉伯承諾對加薩的投資將增加一倍。[07]在另一個領域，加薩的伊斯蘭大學在二〇一二年十月，又締造一次意外的外交成功，因為，它召開的學術會議邀請到大名鼎鼎的語言學家諾姆・杭士基（Noam Chomsky）。[08]雖然以倒楣的巴勒斯坦自治政府為代價，但哈馬斯頭頂的星辰正在緩慢而確定的上升。哈馬斯最不需要的事就是和以色列陷入軍事衝突，毀掉這些得來不易、逐漸累積的成果。一群持懷疑態度的以色列專家猜測，班傑明・納坦雅胡總理發起了雲柱行動，是為了在即將來臨的大選中提升選情。[09]可是一般而言，以色列領導人不會為了黨派選舉的利益，進行重大軍事行動或危及重大國家利益。[10]也有人聲稱，以色列的執政聯盟感覺到必須安撫民眾對哈馬斯砲擊的憤慨。但其實以色列的政治雷達並不太關切哈馬斯，輿論只集中在伊朗和各種國內問題上。那麼，為什麼以色列會攻擊加薩呢？

在某種程度上，以色列的動機顯而易見。以色列不斷重申，希望恢復其「威懾能力」。弔詭的是，以色列意圖平息的威脅本質為何？或是它真正想要威懾的是什麼？以色列決定發動雲柱行動是源自於一系列外交挫折。納坦雅胡一直致力於聯合國際社會攻擊伊朗，二〇一二年九月，他在聯合國大會上舉起卡通式的「伊朗炸彈」看板，讓他看起來像個傻子。[11]幾個星期後，真主黨吹噓它發射的無人機已經侵入以色列領空，並越過「敏感地點」。[12]與此同時，它的孿生恐怖份子新貴正在加薩鞏固自己的勢力，並對家門口的以色列嗤之以鼻。最令人憤怒的是，哈馬斯拒絕像恐怖組織一般行事，而是扮演起合法主權國家的角色。長期停火只會提高他們的誠信，是時候提醒當地人誰才是主人了。換句話說，用以色列偏好的比喻，是時候在加薩再次「修剪草坪」了。國際危機組織精明地指出，「『雲柱行動』的核心是，努力展現哈馬斯剛建立的信心完全不成氣候，儘管伊斯蘭覺醒要帶來改變，但中東局勢不會發生根本變化。」[13]儘管如此，以色列仍需要一個藉口才能合理化另一次兇殘的入侵加薩。而當以色列需要藉口發起「鑄鉛行動」，就打破停火協議（**殺死六名武裝份子**），以引起哈馬斯的報復性攻擊。[14]四年後，以色列又殺死停火協議的推動者來挑釁哈馬斯。

然而，實際的行動和前者不同。和鑄鉛行動相比，雲柱行動實質上更不具破壞性。專業人士推測，以色列已經掌握了避免平民傷亡的技巧：以色列國防軍在行動過程中使用的精準武器，已經「學會並內化」了鑄鉛／《戈德史東報告》的「教訓」。[15]但是，鑄鉛行動期間，九十九％的空襲都準確地擊中了目標，而以色列的目標顯然是「懲罰、羞辱和恐嚇」加薩的平民（《戈德史東報告》）。[16]如果鑄鉛行動如此殘忍，那不是因為計劃或執行上的「錯誤」；如果雲柱行動的傷害較輕，那不是因為以色列小心翼翼地避免這種「錯誤」。事實上，在二〇一四年的保護邊緣行動中，當政治情勢對以色列有利時，以色列國防軍就反射性地拋棄了他們理應學會的東西。[17]以色列在二〇一二年逐漸降低暴力的層級，這要追溯到雲柱行動展開的獨特政治背景：

首先，土耳其和埃及已非常清楚地表態，若以色列重演鑄鉛行動，他們絕不會坐視不管，這形同為以色列的軍事行動畫下紅線。[18]埃及總理和土耳其外交部長前所未見的團結宣示，並前往受到以色列攻擊的加薩（開羅還召回了駐以色列大使）。這些區域的權力掮客都注意到美國白宮勸告以色列不要發動侵略。其次，將有「巨型戈德史東」[19]在等著以色列。鑄鉛行動之後，以色列官員勉強躲過了國際法律責任，如果以色列再次犯下一起大屠殺，而且如果開羅（此時掌權的是哈馬斯的前輩）和安卡拉（仍然因為藍色馬爾瑪拉號事件感到不快[20]）將加薩的情況帶上國際輿論，以色列可能就沒那麼幸運了。第三，加薩的外國記者蜂擁而至。在鑄鉛行動之前，以色列和埃及的胡斯尼．穆巴拉克（Hosni Mubarak）合作，讓加薩和外界隔絕。在行動初始階段，以色列幾乎完全壟斷了媒體報導。但這一次，記者可以從埃及自由地進入加薩（以色列並未封鎖邊境），並對以色列的暴行提供即時、可靠的報導。

因為以上三個因素，以色列在雲柱行動中只針對「合法」的地點攻擊。與此同時，以色列造成的死亡和破壞雖然規模縮小，卻得到新聞深入、生動的報導。當以色列測試戰爭法的極限時，麻煩也隨之而來。在加薩的非軍方政府機構被夷為平地之後，《紐約時報》網站的標題是「以色列以民用建築為目標」。幾個小時後，它變成了「政府大樓」**（大概是在以色列的爪牙抗議之後）**。但不祥之兆已經顯現：國際上正在審視以色列的行為，所以最好還是謹慎為上。

確實，大約一百位加薩平民被殺害**（包括三十五位兒童）**，而且以色列的確犯下戰爭罪**（一二六間房屋遭到完全摧毀）**。[21]但是在公眾輿論的法庭上，這些損害可能只會歸結為似乎合理的「附帶損害」。[22]隨著敵對行動即將結束，以色列恢復了鎖定或無差別攻擊平民的標準作業程序，以便在最終協議中取得最佳條件。在攻擊的最後四天，加薩平民的死亡人數是前四天的四倍。最後四天，以色列也將矛頭對準記者，以封鎖這些駭人聽聞的攻擊的傳播。而在談判破裂之際，以色列又先發制人，採取殘忍的地面入侵。[23]哈馬斯也被指控犯下戰爭罪，例如，「向以色列人口密集區發射數百枚火箭砲」，造成四名以色列平民死亡。此外，人權觀察組織也報導哈馬斯對以色列平民財產造成的損害，例如，「一枚火箭砲掀翻了學校的屋頂」。[24]

哈馬斯在八天的攻擊中對以色列的抵抗大多是表面上的。以色列國防部長巴拉克指出「戰爭」的不平衡。他吹噓，「哈馬斯只有一噸的炸藥成功攻擊以色列，而擊中加薩的炸藥則有一千噸。」[25]另一方面，以色列雖然高調宣稱自己部署了「鐵穹頂」（Iron Dome）[26]，但反導彈防禦系統「並沒有拯救無數的以色列人的生命」，也許是**沒有**挽救到任何生命。[27]比較以色列反導彈防禦系統開始運作之前和之後的平民傷亡情況（**見表三**），重點是有無鐵穹頂實際上沒什麼差別。哈馬斯大多數時間，即使偶而有反常情況，也不太可能在雲柱行動期間使用更高端的砲彈。透過一群線人和最先進的空中監察系統，以色列比任何人都了解哈馬斯大量高精密武器的位置，並會在攻擊前或開始時就摧毀武器的藏匿處。以色列在行動的第一天宣布，「以色列國防軍嚴重破壞哈馬斯的遠程導彈能力（**四十公里／二十五英里射程**）和地下武器儲存設施」。到了第三天，「以色列國防軍摧毀哈馬斯 Fajr-5 型火箭砲武器庫的重要部分，其中包括許多地下發射場。」[28]如果哈馬斯擁有能夠造成重大傷亡的武器，納坦雅胡就不可能在選舉前夕冒著襲擊的風險進行了。有些哈馬斯的砲彈確實比之前更深入以色列境內，但這些砲彈並沒有爆裂物。一位以色列官員嘲諷道：「基本上就是一堆管子。」[29]如果以色列高喊著「鐵穹頂」，那是因為它得為失敗的行動找回一點救贖。在雲柱行動結束後不久，麻省理工學院導彈防禦專家狄奧多．波斯托爾（Theodore Postol）表示懷疑。他承認，「我起初也煞有其事地相信『鐵穹頂』，但我現在很懷疑，我懷疑它是否像以色列人所說的那麼有效。」一位以色列資深火箭科學家隨後聲稱，鐵穹頂充其量是「誇大其詞」。[30]

表三　鐵穹頂的奇蹟？

	射進以色列的「火箭砲」	平民傷亡	比例
部署鐵穹頂前（鑄鉛行動）	925※1	3	300:1
部署鐵穹頂後（雲柱行動）	1350※2	4	300:1

※1 Meir Amit Intelligence and Terrorism Information Center, Update No. 2 (18 November 2012).
※2 Israel Defense Forces, "2012 Operation Pillar of Defense."

當以色列遇到戰術的死巷，雲柱行動也在同時邁向結局。以色列攻擊了所有預設的加薩軍事目標，而且不能採取恐怖轟炸；哈馬斯則是修正了真主黨的策略，持續砲擊以色列。在心理上的結果是，納坦雅胡未能宣布勝利，他被迫採取地面入侵以阻止哈馬斯的砲彈攻擊。如果要避免沉重的戰爭損失，以色列國防軍在清理進入加薩的路線時，必須砲擊視線內和外的所有人和所有東西才有可能。在新的政治背景下，相關區域握有權力與武力的領袖堅決反對以色列的入侵；戈德史東翻版的威脅；一群外國記者不僅在以色列軍隊中，也在加薩人群之中——這些都導致以色列從發動殘忍的鑄鉛式地面攻擊行動中退卻。以色列總理面臨人盡皆知的兩難處境，他無法不經由地面入侵制服哈馬斯。但發動地面入侵將產生以色列國內無法接受的代價，即以色列會因此導致戰鬥人員傷亡過多；或者因為巴勒斯坦有過多平民傷亡，導致在外交上產生無法承受的代價。[31]幾乎可以明確指出雲柱行動崩潰的時間點了。在十一月十九日的記者會上，哈馬斯領導人哈立德·米沙爾向納坦雅胡宣告：「來啊！入侵吧！」他嘲笑道：「如果你想**發動戰爭**，你做得到的。」[32]以色列總理驚慌失措，他的虛張聲勢反被對方叫陣。接下來又重演了二〇〇六年黎巴嫩攻擊之後的情況。以色列無法阻止真主黨的火箭砲攻擊，但又害怕全面入侵加薩得進行肉搏戰，於是找來美國國務卿康朵麗莎·萊斯（Condoleezza Rice）談判停火協議。這一次，則是拉下美國國務卿希拉蕊·柯林頓來保全以色列。即使十一月二十一日對特拉維夫公共汽車的炸彈攻擊，二十八位平民受傷——這通常會引發談判凍結和以色列的大規模報復——也沒有動搖納坦雅胡在哈馬斯重拾言語嘲笑之前，儘快結束雲柱行動的決心。[33]

以色列的「勝利」？

結束雲柱行動停火協議的正式條款[34]，標誌著以色列驚人的逆轉。協議呼籲雙方互相停火，而非以色列單方面要求哈馬斯停火。協議也納入暗示將撤銷圍困加薩的語言，並且特別略過哈馬斯必須停止走私或製造武器的先決條件。這個理由並不難想。根據國際法，抵抗外國佔領的人民不會被禁止使用武裝部隊。[35]斡旋停火協議的埃及，並不打算拿哈馬斯的法律特權來交易。[36]以色列無疑預計美國華府將利用政治力量從開羅獲得更好的停火協議條款。在協議攻防的過程中，美國不遺餘力地公開支持以色列[37]，但歐巴馬總統希望保護「新」埃及，不再對穆斯林兄弟指手畫腳，並將「重心放在說服以色列」。[38]如果有人對最後一輪誰輸誰贏有疑問，那也很快就會打消念頭。以色列發動雲柱行動是為了恢復加薩（對以色列）的恐懼。但在宣布停火協議及條款後，巴勒斯坦人湧入加薩的街道上大肆慶祝，好像在婚禮派對上一樣。[39]在美國有線電視新聞網的克莉絲汀・艾曼普（Christiane Amanpour）採訪中，哈馬斯的米沙爾展現出身為世界領袖的自信。[40]同時，在以色列宣布停火的記者會上，執政的三巨頭——納坦雅胡、巴拉克和外交部長阿維格多・李柏曼，則像是被叫到校長室的小學生，一直計算秒數，直到羞辱結束。忠誠的以色列專家試圖將「雲柱行動」操作成「迅速的軍事成功」、「印象深刻的成功」，或者——比較謹慎一點的——「某種程度的成功」。[41]但只有願意被騙的人才會相信。不過，當時已經可以有把握地預測出，以色列不會履行最終協議中解除圍困加薩的條款。[42]在以色列內閣審議是否接受停火協議的過程中，國防部長巴拉克激動地駁回了協議細則，嘲笑道：「停火後的第二天，就沒有人會記得草案的內容。」[43]埃及和土耳其願意支持加薩的程度也被誇大了。[44]由於以色列遭受重大挫折，許多巴勒斯坦人推論，只有武裝抵抗才能結束以色列的佔領。事實上，哈馬斯的抵抗大多只在感知層面運作，他們射向特拉維夫的砲彈確實讓以色列的居民感到不安。然而，幾乎沒有證據顯示，巴勒斯坦人能夠集結足夠的軍事力量迫使以色列全面撤出佔領區。加薩堅持到雲柱行動的最後一刻，確實展現了巴勒斯坦人民不屈不撓的意志。如果此一潛在力量能夠用在大規模的公民抵抗，而且海外的巴勒斯坦人權支持者同時動員國際輿論，那以色列可能會被迫結束佔領，巴勒斯坦人的傷亡也會比徒勞的武裝抵抗來得少。

1 Israel Ministry of Foreign Affairs, "Pillar of Defense—Statement of DM Ehud Barak" (14 November 2012).

2 "Gaza Abacus," *Economist* (19 November 2012).

3 Aluf Benn, "Israel Killed Its 'Subcontractor' in Gaza," *Haaretz* (14 November 2012). 艾路夫・班恩（Aluf Benn）指出，「賈巴里也是以色列在吉拉德・沙利特赦釋放談判中的合作夥伴。他確保了俘虜士兵的福利和安全，而去年秋天看到沙利特回家的也是他。」

4 Reuven Pedatzur, "Why Did Israel Kill Jabari?," *Haaretz* (4 December 2012); Gershon Baskin, "Assassinating the Chance for Calm," *Daily Beast* (15 November 2012); Nir Hasson, "Israeli Peace Activist: Hamas leader Jabari killed amid talks on long-term peace," *Haaretz* (15 November 2012); Crispian Balmer and Nidal al-Mughrabi, "Gaza Militants Signal Truce with Israel after Rockets," *Reuters* (12 November 2012).

5 Baskin, "Assassinating." See also International Crisis Group, *Fire and Ceasefire in a New Middle East* (2012), pp. 1, 4.

6 Jodi Rudoren, "Qatar's Emir Visits Gaza, Pledging $400 Million to Hamas," *New York Times* (23 October 2012); Jodi Rudoren, "Turkish Leader Says He Plans a Visit to Gaza Soon," *New York Times* (2 November 2012).

7 Sara Roy, *The Gaza Strip: The political economy of de-development,* expanded third edition (Washington, DC: 2016), pp. xxxviii–xxxix; for qualifications to this upbeat picture, see Ibid., pp. xli–xlvi, lxii.

8 "Chomsky in First Visit to Gaza: End the blockade," *Haaretz* (19 October 2012).

9 Benn, "Israel Killed"; Pedatzur, "Why Did Israel?"

10 請參閱第二章。

11 Harriet Sherwood, "Netanyahu's Bomb Diagram Succeeds—But Not in the Way the PM Wanted," *Guardian* (27 September 2012).

12 "Hezbollah Admits Launching Drone over Israel," *BBC* (11 October 2012).

13 Crisis Group, *Fire and Ceasefire,* p. 8.

14 請參閱第二章。

15 Nathan Jeffay, "Israel Learned the Lessons of the Last Gaza War," *Forward* (26 November 2012); Ari Shavit, "End the War While You're Ahead," *Haaretz* (19 November 2012).

16 請參閱第三、五章。

17 請參閱第十一章。

18 Crisis Group, *Fire and Ceasefire,* p. 17n117.

19 Ben Dror Yemini, "Ceasefire Now," *NRG-Ma'ariv* (18 November 2012).

20 請參閱第七章。

21 "One Year Following the Israeli Offensive on Gaza," *Palestinian Center for Human Rights* (14 November 2013); OCHA, "Escalation in Hostilities, Gaza and Southern Israel" (26 November 2012).

22 Julian Borger and Harriet Sherwood, "Israeli Envoy Arrives in Eg ypt for Gaza Ceasefire Talks," *Guardian* (18 November 2012); Ibrahim Barzak and Karin Lamb, "Israel Intensifies Attacks despite Truce Talks," *Associated Press* (20 November 2012); B'Tselem (Israeli Information Center for Human Rights in the Occupied Territories), "Human Rights Violations during Operation Pillar of Defense" (2013).

23 Human R ights Watch, “Unlawful Israeli Attacks on Palestinian Media” (20 December 2012); Reporters without Borders, “RWB Condemns Air Strikes on News Media in Gaza City” (18 November 2012); Committee to Protect Journalists, “Three Journalists Killed in Airstrikes in Gaza” (20 November 2012).

24 Human Rights Watch, “Palestinian Rockets Unlawfully Targeted Israeli Civilians” (24 December 2012).

25 Elie Leshem, “Israel Dealt Hamas ‘A Heavy Blow’ and Is Prepared to Resume Offensive If Need Be, Netanyahu Says,” *Times of Israel* (22 November 2012).

26 Inbal Orpaz, “How Does the Iron Dome Work?,” *Haaretz* (19 November 2012); Charles Levinson and Adam Entous, “Israel’s Iron Dome Battled to Get Off the Ground,” *Wall Street Journal* (26 November 2012).

27 Norman G. Finkelstein, “Iron Dome or Swiss Cheese?” (23 November 2012), normanfinkelstein.com/2012/11/23/iron-dome-or-swiss-cheese/; Israel Defense Forces, “2012 Operation Pillar of Defense” (n.d.), idf blog.com/about-the-idf/history-of-the-idf/2012-operation-pillar-of-defense/. 「無數」一詞引自以上資料。

28 mfa.gov.il/MFA/ForeignPolicy/Terrorism/Palestinian/Pages/Operation_Pillar_ of_Defense_ Nov_2012-IDF_updates.aspx; idf blog.com/blog/2012/11/17/hamas-fajr-5-missiles-uav-targets-damaged/.

29 Dan Williams, “Some Gaza Rockets Stripped of Explosives to Fly Further,” *Reuters* (18 November 2012).

30 Paul Koring, “Success of Israel’s Iron Dome Effectiveness Questioned,” *Globe and Mail* (29 November 2012); Reuven Pedatzur, “The Fallibility of Iron Dome Missile Defense,” *Haaretz* (11 November 2013). 請參閱第十一章。

31 Norman G. Finkelstein, “I Still Say, No Invasion” (19 November 2012), normanfinkelstein.com/2012/11/19/norman-finkelstein-i-still-say-no-invasion/.

32 Fares Akram, Jodi Rudoren, and Alan Cowell, “Hamas Leader Dares Israel to Invade amid Gaza Airstrikes,” *New York Times* (19 November 2012).

33 Harriet Sherwood, “Tel Aviv Bus Bombing Hardens Israeli Public Opinion against Gaza Ceasefire,” *Guardian* (21 November 2012); Barak Ravid, “During Gaza Operation, Netanyahu and Obama Finally Learned to Work Together,” *Haaretz* (26 November 2012). 公車攻擊，最終追查到一位以色列籍的巴勒斯坦人。

34 “Ceasefire Agreement between Israel and Gaza’s Palestinians,” *Reuters* (21 November 2012).

35 請參閱十一章。

36 美國總統在給納坦雅胡的外交附帶聲明上模糊地承諾，「將會協助以色列解決安全需求，特別是加薩的武器、爆裂物等走私問題。」Office of the Press Secretary, The White House (21 November 2012).

37 US Department of State, “Gaza Rocket Attacks” (14 November 2012); White House, “Remarks by President Obama and Prime Minister Shinawatra in a Joint Press Conference” (18 November 2012).

38 Matthew Kalman and Kim Sengupta, “Fragile Truce Deal Hailed as a Victory on Both Sides,” *Independent* (21 November 2012).

39 Crispian Balmer, “Relief at Gaza Ceasefire Can’t Mask Its Frailty,” *Reuters* (21 November 2012).

40 Christiane Amanpour, “Israel-Hamas Cease-Fire; Interview with Hamas Political Leader Khaled Meshaal,” *CNN* (21 November 2012).

41 Anshel Pfeffer, “Winners and Losers of Israel-Hamas Cease-Fire,” *Haaretz* (22 November 2012); Ari Shavit, “Operation Rectification,” *Haaretz* (22 November 2012); Amos Harel, “Bullet Points from Israel’s Home Front,” *Haaretz* (30 November 2012).

42 Norman G. Finkelstein, "Israel's Latest Assault on Gaza," *New Left Project* (28 November 2012).

43 Barak Ravid, "Behind the Scenes of Israel's Decision to Accept Gaza Truce," *Haaretz* (22 November 2012).

44 筆者觀察到，當時埃及可能不會施壓美國強制以色列實施停火協議。「新」埃及和哈馬斯的利益分歧得多、一致的少。埃及迫切需要美國的援助金，且當時正在和「國際貨幣基金組織」（International Monetary Fund）談判五十億美元的貸款。美國華盛頓的投票具有關鍵性作用。穆罕默德・穆爾西（Mohammed Morsi）的穆斯林兄弟會政府的支持度，最終取決於他們提供給埃及人什麼，而非加薩人。美國的政治菁英把穆爾西捧上了天，奉承他的自尊，討論他和歐巴馬有「特殊關係」。那些深諳美國如何利用心理操縱阿拉伯領導人——尤其是平庸的，如艾爾・沙達特（Anwar Sadat）——的人，對現在美國如何浪漫化穆爾西不會感到意外。土耳其也不可能完全代表哈馬斯。當時，安卡拉對歐巴馬讓開羅而非自己主導停火談判也感到不快（土耳其顯然也是資格不符，因為他在雲柱行動中稱以色列為「恐怖份子國家」）。儘管如此，土耳其仍積極爭取美國重要區域協力者的角色，並盤算著取道特拉維夫前進華盛頓。因此，土耳其重開和以色列的談判，以打破自二〇一〇年以來因藍色馬爾瑪拉號攻擊事件造成的外交僵局。同時，幾次行動也讓以色列意識到，疏遠自己歷史上的區域盟友——埃及和土耳其，也非明智之舉。安卡拉和特拉維夫應該不久後就能達成保全雙方顏面的和解（土耳其政府要求正式道歉、金錢賠償和解除圍困加薩）。總而言之，即使進入新時代，巴勒斯坦人能夠獲得多少區域的支持也有明確的限制。

第十一章

以色列的「正當防衛權」

歐巴馬不只是以色列在加薩大屠殺的協力者，他還是主要的推動者。儘管人權組織記錄了以色列的暴行，政治現實是否仍迫使他日復一日地重申以色列的「自衛權」。

二〇一四年七月八日，以色列發起了「保護邊緣行動」。這是以色列近期對加薩時間最長、破壞力最大的一次攻擊。事實上，這是「自一九六七年以色列佔領加薩以來，對加薩最具破壞性的敵對行動」。[01]鑄鉛行動（二〇〇八～二〇〇九）持續二十二天，而保護邊緣行動則延續整整五十一天（在八月二十六日結束）。鑄鉛行動期間，大約三五〇位兒童被殺，六千棟房屋被毀；而在保護邊緣行動期間，五五〇位兒童被殺，一萬八千棟房屋被毀。以色列鑄鉛行動後留下了六十萬噸瓦礫；而在保護邊緣行動後留下了二五〇萬噸瓦礫。更重要的是，保護邊緣行動，「在加薩的社會經濟條件達到自一九六七年以來的最低點時，衝擊已經癱瘓的經濟。因此，和二〇〇八年、二〇一二年前的兩次軍事行動相比，這項行動對社會經濟產生了更為嚴重的影響。」[02]但和鑄鉛行動及二〇〇六年的黎巴嫩戰爭相比，保護邊緣行動並非預先計劃，攻擊的決定是由偶然因素造成的。[03]以色列官方在保護邊緣行動期間，也曾幾次考慮是否要再次使用這些過去導致以色列陷入法律風波的無恥犯罪陳述。在鑄鉛行動的第二天，外交部長齊皮·利夫尼公開吹噓她發布的犯罪命令，但隨後她發現自己成為刑事訴訟的目標。[04]有了和法律交手的經驗，清醒的利夫尼以司法部長的身分，在保護邊緣行動後改口說：「當火勢停止時，針對以色列，其領導人、士兵及其指揮官的法律攻勢才要開始。我……打算站在這場戰鬥的前線……並將提供以色列國防軍的每位士兵和每位指揮官一個合法的防彈背心。」[05]儘管如此，以色列的許多戰術——挑釁、大規模的武力——都和幾十年來的模式相同，保護邊緣行動也以熟悉的音符作結：以色列無法宣布決定性的軍事勝利，而哈馬斯也無法取得具體的政治利益。

納坦雅胡的「紅線」

保護邊緣行動的起源來自於另一次哈馬斯務實路線的輕率展示。二〇一四年四月底，伊斯蘭運動及其巴勒斯坦對手法塔組成了「共識政府」。美國和歐盟並沒有停止參與，而是「謹慎地歡迎」巴勒斯坦的倡議，採取觀望態度。[06]因為，以色列之前放棄了美國國務卿約翰·凱瑞（John Kerry）於二〇一三年至二〇一四年的和平倡議，顯然仍在承擔政治後果。[07]光是透過走後門，哈馬斯就贏得了前所未有的合法性，也做出了前所未有的讓步。長期以來，美國和歐洲聯盟，一直主張和巴勒斯坦領導人就三個先決條件進行外交接觸：承認以色列、放棄暴力、承認過去的協議。[08]當巴勒斯坦主席阿巴斯代表新的聯合政府發言時，哈馬斯沒有反對，他重申支持這些先決條件。隨著這些事態的進展，以色列總理班傑明·納坦雅胡怒火中燒。[09]「巴勒斯坦團結」的前身是納坦雅胡（**以及以色列領導人**）的「紅線」，因此，他反射性地試圖加以破壞。[10]如果巴勒斯坦人最終達成共識，他就再也不能使用以色列的標準藉口——阿巴斯只代表巴勒斯坦派系；哈馬斯是想要摧毀以色列的恐怖組織——以逃避解決衝突。[11]加上總理預警伊朗打算對以色列進行「第二次大屠殺」遭到美國和歐盟忽視，使他更加怒不可遏；相反的，美國、歐盟和德黑蘭進行了外交談判，就核武器計劃達成了協議。

二〇一四年六月，納坦雅胡收到了天上掉下來的禮物。幾名哈馬斯無賴在約旦河西岸綁架並殺害了三名以色列青少年。納坦雅胡很早就意識到青少年已經被殺害（並非俘虜以進行未來的戰俘交換），並且責任不在哈馬斯的領導階層。[12]猶太《前進日報》（*Forward*）前主編J．J．戈德堡（J. J. Goldberg）觀察，「毫無疑問，政府幾乎從一開始就知道這些男孩已經死了。」[13]但沒有人會放過這種可趁之機，納坦雅胡藉此大敲一筆，將這起慘案變成打破巴勒斯坦聯合政府的「利器」。[14]以色列假裝進行救援任務，在六月中旬發動了「兄弟的守護者行動」（Operation Brother's Keeper），至少有五名西岸巴勒斯坦人被殺、房屋被拆毀、商店遭到洗劫；七百名巴勒斯坦人（大部分是哈馬斯成員）被捕，其中包括許多在二〇一一年戰俘交換中被釋放的人。[15]這種蠻不講理的行動顯然是為哈馬斯量身訂做的，以引起哈馬斯的暴力反擊，以「證明」它是一個恐怖組織。納坦雅胡事實上已這麼做了，還斥責美國華府「永遠別再對我放馬後砲」。[16]哈馬斯最初抵制以色列的挑釁行為，儘管其他加薩人確實發射了砲彈回擊以色列，但在之後的雙方交鋒中，哈馬斯加入了戰鬥，暴力開始失控。[17]

一旦敵對行動爆發，以色列就面臨了熟悉的困境。哈馬斯[18]所擁有的短程砲彈無法用空中優勢來反制，必須在地面上取勝。但對納坦雅胡來說，地面入侵若不是在國內就代價太高了。如果以色列士兵在和哈馬斯的巷戰中傷亡太多，就等於是在國際上代價太高（**以色列士兵要能夠免受攻擊，最保險的方法是在前進時無差別鎖定加薩平民和基礎設施**）。[19]由於政治上的未知因素太多，納坦雅胡最初對發動地面入侵相當保留。但是此時天上又多掉下來兩件禮物：第一，由前英國首相東尼·布萊爾（Tony Blair）策畫，埃及強人阿卜杜勒—法塔赫·塞西（Abdel Fattah el-Sisi）[20]正式提出停火協議（**七月十四日**）。根據該協議，哈馬斯將停止向以色列發射砲彈；以色列將在「安全形勢趨於穩定」時放寬對加薩的封鎖。[21]之前哈馬斯和以色列達成的停火協議並未包括這種「安全」但書。[22]在以色列認定哈馬斯為恐怖組織的情況下，加薩的安全局勢只有在哈馬斯被擊敗或解除武裝時才能穩定下來，如果不是如此的話圍困將繼續下去。當哈馬斯拒絕這些停火協議時（**這一點也不令人驚訝**），雖然賽西的提議沒有阻止武裝敵對行動，但它確實為以色列提供了殘酷的地面入侵的可靠藉口（**以色列可以抗議**）。面對哈馬斯的頑固態度，它有什麼選擇？第二，七月十七日，一架馬來西亞航空客機在飛越烏克蘭時被擊落，[23]這一政治事件立刻取代加薩成為國際頭條新聞。納坦雅胡，這個完美的犬儒政治家，抓住了這個千載難逢的機會。一九八九年，中國大陸天安門廣場前的大屠殺後不久，據報導，納坦雅胡就公開宣稱以色列犯下了一個重大錯誤：因為當媒體對中國大陸嗤之以鼻時，以色列並沒有驅逐第一次起義的「五十或五百位」巴勒斯坦「煽動者」；[24]而被擊落的馬航客機正是納坦雅胡的「天安門時刻」。由於焦點轉移，納坦雅胡不再對攻擊投鼠忌器，當天晚上就發動地面入侵加薩。[25]新興的阿拉伯之春墮落成阿拉伯之冬；哈馬斯處於寒風之中，沒有任何國家願意支持，反倒唱衰者眾。命運已經替納坦雅胡鋪好了路：完美的藉口、完美的誘餌、完美的政治聯盟。他最終可以找哈馬斯算帳，順便為雲柱行動（二〇一二年）的羞辱報一箭之仇。[26]

「有限制的軍事行動」？

隨著地面部隊進入加薩地帶，以色列就放手肆意轟炸。加薩的平民和基礎設施——住家和公司、學校和清真寺、醫院和救護車、發電站和污水處理廠、民用避難所和恐慌逃難的平民——遭到無情、無差別、不合比例和蓄意的攻擊。據報導，以色列向加薩發射了二萬枚高爆砲彈，一萬四千五百枚坦克砲彈，六千枚導彈和三千五百枚海軍砲彈。[27]這些還沒有包括炸彈噸位——光是在舒加艾耶（Shuja’iya）社區，以色列就投下了一百多枚一噸的炸彈。在保護邊緣行動期間，有一千五百多名加薩平民被殺（**在以色列則有六位平民喪生**）[28]；在二〇一四年全球爆炸性武器造成的平民傷亡人數排名中，小小的加薩排在伊拉克和敘利亞之後的第三位，但排在阿富汗、巴基斯坦和烏克蘭之前。[29]加薩大片土地被夷為平地；加薩的經濟「實際上已經崩潰」，而復原期「預計需要數十年」。[30]以色列使用壓倒性的暴力部隊，意圖砲轟入侵軍隊視野內的一切人和物，好限制以色列國防軍的戰鬥傷亡數，並藉由恐嚇平民和粉碎民用基礎設施來破壞加薩的抵抗意志。這也顯示了，虐待狂和野蠻的漠不關心，瀰漫在以色列國防軍各級官兵之間。《戈德史東報告》的結論是，以色列在鑄鉛行動中的目標是「懲罰、羞辱和恐嚇平民」[31]，而這些目標在保護邊緣行動中又再度重演，**但規模要大得多**。國際紅十字會主席彼得．毛雷爾（Peter Maurer），在訪視遭到破壞的加薩後指出，「我從未見過如此大規模的破壞。」聯合國中東和平進程特別協調員則說：「沒有人類可以在親眼看到如此可怕的破壞後依舊無動於衷。」[32]《國土報》記者茨威．巴耶爾（Zvi Bar'el）回憶，這是一場「失控的復仇戰爭」、「將整個加薩變成了待摧毀的『基礎設施』」。[33]哈佛大學的莎拉．羅伊在保護邊緣行動後反思，「在我撰寫有關加薩及其人民研究的三十年中，我可以毫不猶豫地說：『我從未見過像我如今看到的，這種對人類、身體和心理上的破壞。』」[34]即使是習慣遵照美國華府旨意辦事的聯合國祕書長潘基文，也難過地（或覺得被迫）告訴聯合國大會，「加薩的大規模死亡和破壞，震驚和羞辱了全世界。」幾個月後，他在訪視加薩後舉行的記者會上說：「我看到的破壞言語無法形容。」[35]與此同時，以色列內部的共識意見是，保護邊緣是「有限制的軍事行動」。[36]

為了減少加薩的平民死亡人數，以色列一如既往地指責哈馬斯使用平民作為「人肉盾牌」[37]，但知名的人權組織和記者通常沒有發現任何證據來支持以色列的指控。[38]為了全面捍衛保護邊緣行動期間的行為，以色列宣稱，「以色列國防軍在遵守武裝衝突法的同時，力求實現以色列政府制定的目標——在某些方面，以色列國防軍已經超出其法定義務。」[39]彷彿在閱讀以色列官方文稿，由「以色列倡議之友」贊助和挑選的「國際高級軍事小組」（High Level Military Group），包括以色列長期的啦啦隊理查．坎普上校都宣稱，「以色列國防軍不僅履行武裝衝突法下的義務，還往往猶有過之。」他還聲稱，「以色列國防軍表現出明顯的克制」，並且「保護生命的精神……散布在各級官兵之中」、「我表達強烈的憂慮，即以色列國防軍如此廣泛採取防止附帶損害的行動和做法……如果他們成為習慣法下的戰爭規範，會削弱我們自己軍隊的效忠度。」[40]然而，這些證據的可信度，和實際在保護邊緣行動中目睹戰鬥的以色列士兵證詞自相矛盾。相較之下，高級軍事小組的「評估」，主要來自於以色列高級官員的速記撰寫。以色列國防軍目擊者的說法，是由打破沉默組織、退役以色列士兵組成的非政府組織所編纂。這個組織十多年來收集的數百份證詞都證明沒有錯誤，而且所有證詞都經由以色列國防軍檢查員批准出版。打破沉默的政治立場不是反常的左派（它不支持抵制、撤退和制裁運動，反對對以色列軍官的刑事起訴），而大多數士兵證人甚至沒有表示悔意。[41]從這些以色列國防軍目擊者的記錄，可以拼湊出保護邊緣行動的犯罪面向（請參閱表四）。儘管以色列人逃避將自身行為和納粹並列，但其中一筆打破沉默組織的證詞（第八十三號）違反了這一禁忌：「他們在前往波蘭時（以色列青年參觀大屠殺紀念館）總是會看到一張知名的照片，展示華沙在二戰前和二戰後的樣子。照片顯示了華沙的心臟，一座優雅的歐洲城市，接著展示戰爭結束時的樣子。完全相同的街區，除了一棟房子，剩下的都是廢墟。這就是它看起來的樣子。」為了避免多餘文字麻痺腦袋，表四省略了保護邊緣行動期間一連串類似的士兵證詞，內容多半是以色列國防軍的手法——射擊任何移動的東西、通常有明確的命令、但也因為這很「酷」。[42]高級軍事小組武斷地摒棄戰鬥人員的證詞，原因是「以色列高階指揮官以及那些領導現場戰鬥的人的說法和他們的立場自相矛盾。」[43]誰能和這種公正無私的權威爭吵呢？打破沉默組織收錄的最後一則證詞（第一一一號），則提供我們關於孕育出「世界上最具道德軍隊」的一點洞察。「你離開（加薩）地區」，最重要也最常被問的問題是，『你有沒有殺過任何人？』」一名以色列國防軍步兵中士語帶懊悔道：「即使你遇到了世界上最左翼的女孩，她最終也會開始思考，『你有沒有殺過人？』你能做些什麼呢？我們社會中大多數人都認為這是榮譽的象徵，所以每個人都希望帶著滿足感離開。」

表四　以色列在保護邊緣行動中如何戰鬥——以色列國防軍士兵證詞選錄：

18 ※1	行動後，當我們離開時，它只是一片荒蕪的沙漠……我們跟彼此以及連上的人談了很多，我們在那裡造成的傷害有多瘋狂。我引用幾句：「聽著，那裡發生的事很瘋狂」、「聽著，我們真的弄得一團糟」、「他媽的，你得看看，一點都沒有留下……除了沙漠什麼都不是。這太瘋狂了！」
21	我記得，破壞程度對我來說太瘋狂了。
22	我們帶著瘋狂的火力……進入加薩。
25	這一切看起來就像是一部科幻電影……到處都是嚴重的破壞……真的，一切都成了廢墟，並且持續不停地開火。

30	在步行進入（加薩地區）之前，整個地區都用瘋狂火砲射擊了一輪……坦克每次在任何動作之前都會先發射。那些傢伙很開心，完全瘋了。※2
31	爆炸的效果會造成大量傷害，但沒有人關心這一點。「用掉、用掉，炸藥不能帶回去。」排長說：「我不想帶著炸藥一起走。」
36	我們的視野位在加薩的中心，我們可以說這是一場真正的煙火秀。從遠處看起來很酷……如果你用夜視鏡去看，你會看到瘋狂的殘骸，這是很真實的經歷。
38	你正在射擊任何會動的東西——以及不移動的東西。目標多的瘋狂……變得有點像電腦遊戲，非常酷和真實。
49	那裡完全毀滅了——和我們在現實中看到的相比，網路上的照片彷彿兒戲……我從未見過類似的東西。
70	其中一方不可思議的死亡人數、難以想像的破壞程度、武裝份子和平民被視為目標而非生物——這些都讓我感到困擾。
74	這次破壞完全是另一個層次。
94	在「保護邊緣」等行動中，空軍在加薩進行了瘋狂數量的空襲。
96	一直不停地開火。即使我們實際上沒有進入：砲彈、砲彈、砲彈……發生的事情是，連續七天不間斷的轟炸，這就是實際上發生的事。

資料來源：打破沉默組織，《我們在加薩戰鬥的方式：「保護邊緣」行動中的士兵證詞和照片》（二〇一四）。

※1 系列中的證詞都有編號。

※2 以色列官方對保護邊緣行動的事後聲明表示，「在採取各種技術和理論預防措施，最大限度地減少潛在的平民傷害，並改善火力準確性」之後，「以受限制和計算的方式使用火砲」(State of Israel, 2014 Gaza Conflict, para. 357)。而高級軍事小組表示，「地面行動期間，絕大多數砲火都射入加薩沒有平民存在的空曠區域……以色列國防軍還採取一些技術和操作方法，以確保大砲的準確性。」(Assessment, para. 117).

以色列加入行動的情況比預期的更好也更糟。儘管以色列每天在加薩地帶製造謀殺和混亂，美國依舊開著綠燈繼續放行。人權組織很早就報告說：以色列可能無差別地鎖定或射擊加薩平民和民用基礎設施。[44]儘管有一些摩擦[45]，但美國沒有公開施壓以色列停止這些行動；相反的，美國總統巴拉克．歐巴馬或其發言人，仍盡責地援用以色列的「自衛權」，同時對以色列國防軍的暴行視而不見，對加薩的哀號充耳不聞。[46]無可避免的事實是，歐巴馬不只是以色列在加薩大屠殺的協力者，他還是主要的**推動者**。令人好奇的是，如果他稍早支持和哈馬斯—法塔聯合政府進行談判，為什麼他會支持這次攻擊？簡單的答案是，一旦哈馬斯的砲彈開始飛向以色列，而以色列在國會又有滿坑滿谷的國內遊說團[47]，要與之對抗就需要一點骨氣——歐巴馬顯然沒有。儘管人權組織記錄了以色列的暴行，政治現實是否仍迫使他日復一日地重申以色列的「自衛權」？除此之外，以色列獲利豐厚，加薩因為戲劇性的區域重組而大失血。埃及和沙烏地阿拉伯公開期望哈馬斯失勢[48]，而阿拉伯國家聯盟——在唯一有關加薩的會議上——支持塞西犬儒的停火最後通牒[49]；中東國家只有伊朗、土耳其和卡達反對以色列的進攻。如果以色列在雲柱行動中表現出相對的克制，那是因為埃及和土耳其為支持哈馬斯而劃出的紅線。[50]但在二〇一三年七月政變之後，埃及開始向哈馬斯復仇，而土耳其則在敘利亞陷入僵局。受到自身內部衝突和人道危機的影響，在保護邊緣行動期間，所謂阿拉伯世界大片的街道陷入沉默，阿拉伯暴君煽動以色列在其國內並沒有得到相應的代價。與此同時，歐盟也給以色列自由通行證，因為它害怕「好戰的伊斯蘭」在伊斯蘭國的旗幟下像野火一樣蔓延，會反射性地吸收哈馬斯。拉丁美洲集團是拯救全球的例外。阿根廷、玻利維亞、巴西、智利、薩爾瓦多、祕魯、烏拉圭和委內瑞拉等國政府，無私地團結起來站在受困的加薩這邊，並對以色列的行動表示厭惡。[51]然而，在屠殺中，加薩其實勢單力孤，無人理睬。

以色列被哈馬斯建造的強大而分枝的隧道網絡所擊敗。哈馬斯採用並改造了真主黨在二〇〇六年黎巴嫩戰爭的戰略，使用砲彈引誘以色列進行地面入侵。接著，這些被以色列從空中轟炸的隧道，造成大量的戰鬥人員傷亡。[52]在鑄鉛行動中，只有十名以色列士兵喪生，其中四位還死於「友軍砲火」。許多以色列士兵作證說，甚至沒有看過哈馬斯戰士。[53]然而，這一次，共有六十二位以色列士兵遭到武裝份子殺害。[54]面對這種意外頑強的抵抗，以色列國防軍在進入加薩後開始待命，而不是冒險超過邊界二至三公里。[55]在發動地面入侵時，以色列突然重新調整任務內容，從摧毀哈馬斯的「火箭砲」，改為摧毀哈馬斯的跨境「恐怖隧道」。在以色列據報發現並引爆的三十二條隧道中，只有十二至十四條實際通過了邊界。[56]令人困惑的是，為什麼以色列不能將隧道從國內這側封起來？就像二〇一三年七月政變後，埃及封鎖了從加薩進入西奈的一千五百條商業隧道一樣。之後，當埃及淹沒仍然存在的隧道（據稱是為了阻止武器走私）時，以色列能源部長尤瓦·史坦尼茲稱讚這是一個「好的解決方案」。[57]為什麼它對埃及是「好的解決方案」，但對以色列來說卻不是呢？也許因為技術理由，以色列不能複製埃及的做法。儘管如此，甚至沒有人問，如果看起來似乎有較不具破壞性的選擇，為什麼以色列會選擇肆意蹂躪加薩來清除「恐怖隧道」？一旦以色列國防軍突破加薩邊境並遭遇激烈抵抗，就試圖摧毀加薩內部的隧道網絡，如此一來，當以色列開始「修剪草坪」時，哈馬斯就無法對其造成重大傷亡。如果以色列主張有摧毀隧道的「權利」——全世界許多官方公眾輿論所支持的特權——就是在宣稱加薩對以色列的定期屠殺沒有自我防衛權。即使以色列只試圖破壞跨境隧道，仍然很難清楚地指出，為何這是一個合法的預防目標？以色列的文宣家理查．肯普上校，將這些隧道和奧許維茲集中營相提並論：「這兩件事的目的都是為了殺死猶太人。」[58]美國駐聯合國代表薩曼莎．鮑爾（Samantha Power）責罵安理會，「對於幫助加薩居民的資源被用到挖掘隧道進入以色列領土，以便恐怖份子可以在家中攻擊以色列人，竟不置一詞。」[59]但這些跨境地下墓穴「僅用於攻擊以色列境內綠線附近的以軍陣地，這是合法的軍事目標」。[60]戰爭法是否規定，依照以色列意志和心意控制的飛機、砲彈和坦克可以突破加薩的邊界？而哈馬斯針對戰鬥人員的隧道，卻不能跨越以色列的神聖空間？

以色列不僅歪曲哈馬斯「恐怖隧道」構成的危害，還誇大了反導彈防禦系統的效果，以及哈馬斯「火箭砲」構成的威脅。據報導，哈馬斯在行動期間向以色列發射了五千枚火箭砲和兩千枚迫擊砲彈。[61]一方面為了和哈馬斯發射的成千上萬枚砲彈扯平；另一方面，造成的最小死亡和破壞之間的巨大差異，以色列將原因指向奇妙的鐵穹頂反導彈系統。一位頂尖以色列軍事記者認為，如果不是鐵穹頂「以色列的傷亡人數將會極高」；而一名以色列外交官聲稱，鐵穹頂「阻止了數千名以色列的平民傷亡」。[62]但這種解釋並不能說服人。雖然以色列聲稱鐵穹頂攔截了七四〇枚火箭，但聯合國安全和安保部的估算數量卻接近二四〇枚。[63]最抱持懷疑態度的估算則來自世界反導彈防禦頂尖權威之一，麻省理工學院的狄奧多．波斯托爾[64]（**波斯托爾曾在一九九一年的波灣戰爭中，揭穿炒作愛國者反導彈防禦系統的主張**）。[65]他得出的結論是，鐵穹頂成功地截獲了五％的哈馬斯火箭砲，或者根據以色列的原始數據，只有四十枚火箭砲。[66]退一步說，即使接受成功攔截七四〇枚火箭砲的官方統計數據，這依舊令人困惑，為什麼鐵穹頂沒有攔截的數千枚哈馬斯砲彈造成的傷害會如此之小。甚至在以色列首次部署鐵穹頂（**二〇一二年雲柱行動期間**）之前，哈馬斯的砲彈幾乎沒有顯現出實質後果。看看這些數字：哈馬斯在二〇〇一年至二〇一二年期間，向以色列發射了大約一萬三千枚火箭砲和迫擊砲彈，共有二十三名以色列平民喪生，可說每五百枚砲彈發射即殺害了一位平民。[67]在鑄鉛行動中，也就是保護邊緣行動和在鐵穹頂部署之前，和以色列最激烈的對抗中，哈馬斯發射了大約九百枚砲彈，但總共只有三名平民喪生。[68]即使在保護邊緣期間，整整有二千八百枚哈馬斯砲彈，佔總數的四十％，落在以色列沒有部署鐵穹頂的邊境地區[69]，但只有一位以色列平民被火箭砲炸死[70]（**在邊境地區，大多數以色列人「在行動期間仍留在他們的住家社區」**[71]**，並且大部分哈馬斯火箭砲都攻擊當地的「建築密集區域」**）。[72]波斯托爾將以色列平民少量傷亡人數主要（但不僅限於）歸功於以色列的早期預警／庇護系統，[73]近年來，這一系統已經顯著升級。[74]在以色列徹底改革其民防體系之前，這仍然無法完全解釋平民傷亡數寥寥無幾的問題。更有說服力的是，它無法解釋，保護邊緣行動期間以色列微小的財產損失。以色列外交部網站每天追蹤哈馬斯火箭砲對以色列民用基礎設施造成的破壞。[75]表五將條目做了摘要。以色列官方對保護邊緣行動發布的事後聲明宣稱，「和加薩地帶接壤的幾個住宅社區⋯⋯遭到火箭砲和迫擊砲攻擊。」[76]然而，即使允許某個百分比落在空曠地區，成千上萬的哈馬斯火箭砲造成的破壞怎麼還會如此之小？怎麼可能遭到一大堆火箭砲攻擊後，只有一棟以色列房屋被摧毀，另外十一棟房屋被擊中或損壞？[77]顯而易見且最合理的答案是：這些所謂火箭砲的優勢，相當於強化版煙火秀或「瓶子火箭」。[78]

媒體在保護邊緣行動中抓到三大要點——「哈馬斯火箭砲」、「恐怖隧道」和「鐵穹頂」——實際上構成了以色列「宣傳計劃」中的道具。以色列最初誇大了哈馬斯砲彈所構成的威脅，以證明其對加薩平民和基礎設施「發瘋」和「發狂」的攻擊是正當的。然而，隨著砲彈不斷湧現，以及以色列旅遊業受到重創，這個藉口也開始產生反效果。[79]

表五　保護邊緣行動期間，哈馬斯火箭砲造成以色列財產的損失：

日期	描述		財產損失
七月七日		八日	
九日	擊中幼稚園附近建築	十日	
十一日	一棟房屋全毀，另兩棟受損	十二日	
十三日	火箭砲擊中以色列供電到加薩的電廠	十四日	
十五日	汽車和財產嚴重受損；擊中特殊教育學校	十六日	房屋受損
十七日	建築物受損	十八日	幼稚園和猶太會堂受損
十九日	住宅區大範圍受損	二十日	
二十一日	擊中房屋、建築物受損	二十二日	房屋受損
二十三日		二十四日	
二十五日		二十六日	
二十七日	擊中兩棟房屋	二十八日	
二十九日		三十日	
三十一日			

八月一日		二日	
三日	擊中學校空地	四日	
五日	擊中房屋	六日	
七日		八日	擊中房屋
九日		十日	
十一日		十二日	
十三日		十四日	
十五日		十六日	
十七日		十八日	
十九日	擊中購物中心	二十日	
二十一日	擊中建築物	二十二日	擊中房屋和猶太會堂
二十三日		二十四日	
二十五日		二十六日	擊中房屋和遊戲場

資料來源：以色列外交部

當一枚哈馬斯砲彈降落在本古里安機場附近，促使國際航空公司暫停前往以色列的航班時，前美國紐約市市長邁可．彭博（Michael Bloomberg）熱心地飛往以色列，以便安撫潛在旅客。[80]如果在應許之地應得到安寧，那為什麼以色列要粉碎加薩呢？以色列毫不猶豫地炮製出新的理由，迅速哄騙容易上當的記者：「哈馬斯的恐怖隧道，它唯一目的是消滅我們的公民，並殺害我們的孩子」（納坦雅胡語）。[81]由於以色列疏散平民，強烈反對平民返回邊境社區，這種新出爐的藉口也適得其反。隨後，以色列大致上承認，通過隧道滲透的哈馬斯戰鬥人員，針對的是以色列國防軍而非平民。[82]以色列一位資深軍事記者在紀念保護邊緣行動一周年紀念日時坦白地說：「這些隧道使哈馬斯能夠在沒有任何預警的情況下，讓突擊隊越過邊境進入以色列，然後對士兵進行攻擊。」[83]以色列在雲柱行動之後吹捧了鐵穹頂的技術魔法，以便彌補該行動戰果稀少的事實。[84]並在保護邊緣行動期間再次大肆宣傳，以安撫他們向國內和潛在遊客灌輸的緊張神經（以色列蓬勃發展的武器貿易，也可以從鐵穹頂的大肆宣傳中大舉獲利）。但是，在保護邊緣行動的官方事後聲明中，以色列為了合理化在加薩造成的死亡和破壞，又改變了說詞。以色列降低了鐵穹頂的功效，反而放大了以色列後方的脆弱性。[85]以色列接二連三的謊言，讓自身陷入糾纏不清的欺瞞之網中。如果這些扭曲和矛盾遭到忽視，一方面證明以色列「宣傳計劃」的能力；另一方面，則證明了西方媒體的偏見。

結束行動的時間到了

當以色列攻擊在聯合國學校避難的平民，造成數十人死亡、數百人受傷時，已經越過了紅線。[86]聯合國調查小組後來發現，以色列知道為其鎖定、所有聯合國避難所的最新GPS座標，並在這些避難所所在的人口密集地區使用像大砲這種無差別的濫殺武器，以及導彈等精準武器。委員會並不採信以色列對這些攻擊提出的各種理由。[87]隨著國際社會的震驚反應[88]，外交骨牌開始往以色列的方向倒。感受到聯合國官僚機構內部的緊張，潘基文於八月三日譴責其中一起是「道德的暴行和犯罪行為」。[89]美國華府被孤立在世界舞台上，但不願承擔這一連串以色列最新暴行的責任，並在八月三日加入同聲譴責，而以色列在美國國會的啦啦隊員則沉默不語。因為，當美國宣布，對以色列在聯合國避難所附近「可恥」的致命砲擊事件感到「震驚」時[90]，以色列就明白，結束行動的時候到了。八月二日，納坦雅胡扼殺了即將撤軍的謠言，「必要時，我們將盡可能多花點時間，並盡可能加大力道。」[91]由於他在美國華府的主要推動者已無能為力，納坦雅胡在八月三日宣布以色列軍隊正在撤軍。[92]為了掩蓋它未能摧毀哈馬斯的地下墓穴，以色列加上謹慎的限定條件，引爆了幾乎所有哈馬斯「已知」的隧道。[93]由於以色列試圖在最後的外交階段取得最好的條件，並且希望藉由消耗戰對哈馬斯進行決定性的軍事打擊，這一行動又持續了三個星期，並採取無差別的空中轟炸，殺害和傷害了許多平民，並暗殺哈馬斯高階軍事領導人。[94]八月十九日，一位美國記者被斬首之後[95]，媒體的注意力轉移到了伊斯蘭國，加薩大屠殺的新聞周期進入平淡的、更加重複的階段。以色列能夠以前所未有、有節制的方式進行精確的恐怖攻擊：將加薩高層的公寓大樓夷為平地；彷彿在玩電玩遊戲，並且幾乎沒有假裝它們是合法的軍事目標。[96]哈馬斯的砲彈和迫擊砲不斷湧入，造成以色列平民傷亡。八月二十六日，停火協議生效。其核心條款規定，以色列（和埃及）將放寬對加薩的封鎖，而巴勒斯坦自治政府將管理邊境，協調國際努力重建，並防止武器進入加薩。該協議將其他爭議點，例如，釋放囚犯和在加薩建造機場和海港，延遲到未來再討論。[97]

在停火協議達成後的新聞記者會上，納坦雅胡吹噓以色列「偉大的軍事和政治成就」。[98]但以色列沒有實現其公開宣稱的目標。最初，納坦雅胡希望藉著激起哈馬斯的暴力反應，重新將其妖魔化為恐怖組織，好破壞巴勒斯坦聯合政府。即使阿巴斯總統可能渴望以色列給予哈馬斯致命一擊，可是聯合政府團結在一起。如果以色列希望展現哈馬斯是未經重組的恐怖主義組織，它卻最終說服了更多人相信，以色列才是知錯不改的恐怖主義國家。即使以色列希望說服美國和歐盟不要和包括哈馬斯在內的加薩聯合政府進行談判，最終美國與歐盟還是和聯合政府談判，並間接和哈馬斯進行談判。一位有影響力的以色列專欄作家觀察，「事實上，以色列已經承認哈馬斯。」[99]如果聯合政府最終沒有成果，那是因為派系內鬥，而不是保護邊緣行動。[100]一旦敵對行動升級，納坦雅胡的公開目標就是摧毀哈馬斯的「火箭砲」和「恐怖隧道」。但這兩個目標都超出了他的能力範圍。哈馬斯繼續發射砲彈（**在停火前的最後一小時內殺死了兩位以色列人**），而未知數量的隧道仍然保持完好。以色列更大的目標是對哈馬斯進行全面的軍事和政治打擊，也沒有實現。儘管以色列是否讓步可說是取決於哈馬斯是否解除武裝，但停火協議並沒有要求伊斯蘭抵抗運動放下武器，只有從巴勒斯坦自治政府取得模糊的承諾以阻止武器流入加薩。以色列外交記者抱怨說：停火的條款「不包括任何有關以色列安全要求的聲明，甚至沒有任何暗示，也沒有提到任何關於加薩的非軍事化、重新武裝或隧道等問題」。[101]雖然以色列是地區強國，但「卻無法將其意志強加於沒有先進武器、領土受到圍困和孤立的敵人之上」。[102]這場最新的加薩大屠殺的主要受益者是黎巴嫩。以色列在軍事慘敗之後，必須三思而後行才會攻擊真主黨，因為它的彈藥庫擁有強大的，真正、精密的火箭砲[103]，能將鐵穹頂的潛在效能的百分比，從個位數降低到接近於零；且還擁有在深山挖掘的隧道網絡。彷彿重演雲柱行動的最後一幕，以色列總理、國防部長和參謀長，以令人反感的姿態在新聞記者會上宣布：以色列在「保護邊緣行動」的「勝利」。[104]儘管如此，納坦雅胡依舊可以對兩個附加的勝利沾沾自喜。他滿足了自己煽動的以色列社會的嗜血慾望，等到塵埃落定後，就可以觀賞加薩人將要面臨的前景，因為，以色列對他們造成了大規模的死亡和破壞。聯合國一份全面的報告發現，「以色列最近一次軍事行動，已經實質消滅了加薩剩餘的中產階級，讓所有人幾乎陷入貧困，必須依賴國際人道援助。」[105]以色列就算還沒有完全破壞加薩人民的精神，也已經使他們受到重創。不斷升級的暴力，留下的一片殘骸、無望的未來終將使加薩的居民付出代價。在保護邊緣行動的九個月後，「沒有一棟已完全摧毀的房屋」被重建。[106]根據民意調查，過半數的加薩人在保護邊緣行動之後表達有意離開加薩。一個極端但具指標性的例子是，他們登上結構鬆散的船隻逃跑（數百人溺水），非法進入以色列尋找工作或被關在舒適的牢房中，還有——以前所未有的數字——自殺了。[107]如果以色列在其最近的重大行動中的默契目標是「懲罰、羞辱和恐嚇」加薩的平民（《戈德史東報告》），那麼這一次可能會因為完成目標而感到自豪。以色列還反駁了暴力行為沒有負面作用的陳腔濫調——是啊，就讓他們說吧！

哈馬斯的選擇

哈馬斯也揮舞著V字型的勝利手勢。[108]事實上，在和以色列的鬥爭陷入僵局之後，哈馬斯在巴勒斯坦人中的受歡迎程度激增。[109]但結果證明，這種人氣爆棚的時間相當短暫。當武裝敵對行動爆發時，哈馬斯的主要目標是結束以色列對加薩的封鎖。雖然最初的埃及停火協議規定，只有在加薩「安全局勢穩定」之後才解除圍困，但最後的停火協議卻忽略了這一先決條件。協議只要求放寬封鎖（而非解除），並不包括哈馬斯之前要求的外部執行機制。[110]事實上，協議不過恢復了以色列在雲柱行動結束時答應，之後又撤銷的停火條款。[111]由於以色列的無情轟炸，哈馬斯接受了低於底線的條件。哈馬斯領導人哈立德．米沙爾在新聞記者會上說：「我們的要求是公正的。但我們最終得在巴勒斯坦人的要求和加薩平民的痛苦之間做選擇。」他繼續說道：「當我們知道圍困將被解除，我們就同意停火。」[112]但當時已經很清楚，除非哈馬斯解除武裝，否則這是他一廂情願的想法。在保護邊緣行動兩年後，以色列國防部長阿維格多．李柏曼仍然認為，只有「哈馬斯停止挖掘隧道、重新武裝和發射火箭砲，我們才會解除封鎖」。[113]由於伊斯蘭運動不會投降，圍困也沒有顯示出減弱的跡象：「加薩出口的實質禁令尚未解除。」[114]而根據以色列允許的卡車交通數量，「需要一七四年才能讓加薩重建回二〇一四年五月的樣子」。[115]如果加薩人在宣布停火之後湧入街頭，首先要對自己，然後向全世界宣告：「無論代價多麼巨大，無論犧牲多麼深不見底，巴勒斯坦人民仍然活著。過去如此！現在如此！未來也如此！」

官方共識在保護邊緣行動期間達成。根據該協議，即使以色列先發起武裝敵對行動，也有權自我防衛；而哈馬斯即使採取了自衛行動，也必須解除武裝。二〇一四年七月，歐盟呼籲，「哈馬斯立即停止這些行為並放棄暴力。加薩的所有恐怖主義團體都必須解除武裝。」與此同時，它承認，「以色列有權保護自己免受任何攻擊，」並隨口加上但書，「以色列的軍事行動必須合乎比例原則，並且符合國際人道法。」[116]這種權利和義務的分配，不僅和行動的間接事實自相矛盾；它也和佔領的總體法律框架自相矛盾。雖然國際法禁止佔領國使用武力鎮壓爭取自決的鬥爭，但它並不妨礙那些爭取自決的人使用武力。因此，法律並未授權以色列對巴勒斯坦人的自決鬥爭動用武力。[117]可能有人會說，只要自決鬥爭在交戰佔領的框架內展開，以色列就擁有作為佔領國的合法權利，就可以持續執行佔領。[118]但國際法院於一九七一年裁定，由於南非拒絕進行善意談判以終止對納米比亞的佔領，佔領最終成為非法。鑑於納米比亞的先例，以色列未能在國際法基礎上進行善意談判，也使其佔領非法化。[119]如果以色列可以主張任何「權利」——就是美國在納米比亞辯論時的勸告——「立即……撤出其政府，從而結束佔領」。雖然以色列宣布的是對哈馬斯砲彈的自衛權，但以色列其實是在宣布使用武力使佔領加薩永久化的權利。如果以色列停止其暴力鎮壓，佔領就會結束。在理想情況下，當巴勒斯坦人開始鞏固他們自己的獨立國家時，砲彈攻擊也會跟著停止。無論如何，只有在攻擊持續不斷的情況下，以色列才能適當地援引自衛權。一方面，如果這一權利的行使可以追溯到非法佔領／否定自決的錯誤，那麼以色列就不能假裝有自衛權[120]；另一方面，如果以色列不再繼續犯錯，也不需要援引這項**權利**。二〇一六年，歐盟發表聲明，呼籲「所有各方……對加薩地帶的……局勢進行根本改變，包括關閉和完全開放邊境，同時解決以色列的合法安全關切」。[121]但是，只要以色列部署在加薩的部隊是為了鞏固非法政權，以色列就不能聲稱對加薩有「合法的安全關切」。聯合國人權理事會保護邊緣行動特派團宣布了法律上正確的立場。該特派團呼籲以色列，「立即無條件地解除對加薩的封鎖」。[122]以色列有權保護自己的老調不過是為了轉移焦點，真正的問題是，以色列是否有權使用武力使非法佔領永久化？答案是否定的。

但是（**可能有爭議**），即使和以色列不同，若給予巴勒斯坦人可以訴諸武力的合法權利，而哈馬斯使用無差別濫殺的砲彈，以及鎖定以色列平民，是否仍然構成戰爭罪？實際情況通常更為模稜兩可。第一，構成無差別濫殺的武器是什麼？這一點尚無法清楚定義，且其中隱含的標準並不公平。如果某一類武器擊中目標的機率較高，這顯然就必需通過法律審查。這一法定門檻是針對尖端技術、與相關的設計。將先進／原始和差別／無差別武器兩兩對比；高科技武器可以區分目標，低科技武器則不能區別目標。只有足夠能力購買高科技武器的人，才能抵禦高科技的空中攻擊。如果缺乏物質資源；如果為環境所迫只使用基本武器，除非違反戰爭法，否則參與自衛戰爭或爭取自決權的人是不可能戰勝的。如果遵守戰爭法，那幾乎就代表輸定了；如果這是法律，那麼這是一項最特殊的法律，因為它否定了法律存在的理由——以權利取代力量——因為它將力量、財富或權力，供奉在權利之上。第二，有人主張，即使衝突一方的平民遭受無情攻擊，它也沒有合法權利進行「交戰報復」——也就是說，可以故意鎖定對方平民，直到對方停止最初的非法攻擊為止。人權觀察組織在保護邊緣行動開始後表示，「無論最新一輪是誰先開始的，鎖定平民進行攻擊都違反了基本的人道準則」、「戰爭法禁止所有報復性攻擊，包括鎖定平民或無差別傷害平民的報復行為。」[123]但那是真的嗎？事實上，國際法並沒有——至少沒有——禁止交戰報復。[124]美國和英國甚至替在交戰報復中使用核武器的權利辯護。[125]

加薩人民當然有權使用臨時製作的砲彈，來終止以色列長達七年，針對平民的非法、無情的封鎖；並終止以色列對平民的轟炸罪行。一九九六年，在有關核武器合法性具有指標意義的諮詢意見中，國際法院就指出，國際法並未明確規定，國家在「生存」受到威脅時使用核武器的權利。但是，如果一個國家在其生存受到威脅時合法地使用核武器，這種模糊的抽象概念就可以成立。那麼，當一個民族的生存受到威脅時，人們一定有權使用臨時製作的砲彈。因此可以合理懷疑：哈馬斯的策略在政治上是否明智？法律並未明白反對，道德尺度也傾向於支持。以色列對加薩實施了殘酷的圍困，將已經「去發展化」的國內生產毛額再度腰斬。由於封鎖和經常性的軍事攻擊，加薩的人「被剝奪了人道的生活水平」，九十五%的水不適合飲用。莎拉·羅伊哀嘆道：「無辜的人類，多半是年輕人，他們正慢慢被他們喝的水毒害。」他們不僅陷入，而且被關在慢性死亡之中。聯合國巴勒斯坦難民處發現，「當一個地方變得不適合居住，人們就開始遷移，例如，乾旱等環境災難，或敘利亞面臨的衝突，就是這種情況。」

但這最後的手段被加薩人民拒絕了，他們無法移出他們三六五平方公里的領土。無論是災難性的貧困還是對另一場衝突的恐懼，他們都無法逃脫。教育程度高的年輕人……無法選擇旅行，到加薩以外的地方求學，或到加薩地區邊境以外，或南北兩個嚴密控制的邊境檢查站以外的任何地方找工作。埃及和加薩之間的拉法邊境幾乎完全關閉（每年只有幾天開放）。即使嚴重的人道情況或國際組織的工作人員，以色列也經常拒絕他們出境，絕大多數人也沒有機會獲得一紙夢寐以求的「許可」。他們無法在不被以色列或埃及海軍逮捕或射殺的情況下逃到海上；他們也無法在沒有同樣風險的情況下，越過以色列和加薩之間戒備森嚴的圍牆。[126]

哈馬斯對以色列發動報復性戰爭，巴勒斯坦人對此表示歡迎。在他們殉難的關鍵時刻，面對非人的封鎖，加薩人寧願選擇抵抗而死，而非雖生猶死。[127]抵抗大多是名義上的，因為原始砲彈造成的傷害很小。因此，最終的問題是，巴勒斯坦人是否有權象徵性地抵抗被定期屠殺打斷的緩慢死亡，或者他們有**義務**躺下來等死？

1 United Nations Country Team in the State of Palestine, *Gaza: Two years after* (2016).

2 United Nations Conference on Trade and Development, "Report on UNCTAD Assistance to the Palestinian People: Developments in the economy of the Occupied Palestinian Territory" (July 2015), paras. 27, 42 (2.5 million tons).

3 Julia Amalia Heyer, "Ex-Israeli Security Chief Diskin: 'All the conditions are there for an explosion,'" *Spiegel Online International* (24 July 2014). 關於鑄鉛行動的事前計劃，請參閱第二章；關於二〇〇六年入侵黎巴嫩，請參閱 Benjamin S. Lambeth, *Air Operations in Israel's War against Hezbollah: Learning from Lebanon and getting it right in Gaza* (Arlington, VA: 2011), p. 97.

4 請參閱第三、五章。

5 B'Tselem (Israeli Information Center for Human Rights in the Occupied Territories), *Whitewash Protocol: The so-called investigation of Operation Protective Edge* (2016), pp. 4–5.

6 Peter Beaumont, "Palestinian Unity Government of Fatah and Hamas Sworn In," *Guardian* (2 June 2014); "Why Hamas Fires Those Rockets," *Economist* (19 July 2014).

7 Nahum Barnea, "Inside the Talks' Failure: US officials open up," *ynetnews.com* (2 May 2014).

8 請參閱第一章。

9 Jack Khoury, "Abbas: Palestinian unity government will recognize Israel, condemn terrorism," *Haaretz* (26 April 2014); Jeffrey Heller, "Netanyahu Urges World Not to Recognize Palestinian Unity Government," *Reuters* (1 June 2014); Arab Center for Research and Policy Studies, "The US Stance on the Palestinian Unity Government" (Doha: 19 June 2014).

10 二〇〇六年，巴勒斯坦即將出現聯合政府，也促使以色列做出同樣的反應。Jean-Pierre Filiu, *Gaza: A history* (New York: 2014), p. 295.

11 Idan Landau, "The Unfolding Lie of Operation Protective Edge," *+972* (15 July 2014); Avi Issacharoff, "PM: Palestinian unity government would kill off the peace process," *Haaretz* (18 March 2011).

12 Amos Harel and Yaniv Kubovich, "Revealed: Behind the scenes on the hunt to find kidnapped teens," *Haaretz* (1 July 2014); Katie Zavadski, "It Turns Out Hamas May Not Have Kidnapped and Killed the 3 Israeli Teens After All," *New York* (25 July 2014); "Hamas: We wouldn't target civilians if we had better weapons," *Haaretz* (23 August 2014); Amos Harel, "Notes from an Interrogation: How the Shin Beth gets the lowdown on terror," *Haaretz* (2 September 2014).

13 J. J. Goldberg, "How Politics and Lies Triggered an Unintended War in Gaza," *Forward* (10 July 2014).

14 Landau, "Unfolding Lie."

15 Human Rights Watch, "Serious Violations in West Bank Operations" (3 July 2014).

16 "Netanyahu to US: 'Don't ever second-guess me again,'" *ynetnews.com* (2 August 2014).

17 Christa Case Bryant, "Ending Détente, Hamas Takes Responsibility for Today's Spike in Rocket Fire," *Christian Science Monitor* (7 July 2014); David C. Hendrickson, "The Thrasybulus Syndrome," *National Interest* (29 July 2014); Nathan Thrall, "Hamas's Chances," *London Review of Books* (21 August 2014); Assaf Sharon, "Failure in Gaza," *New York Review of Books* (25 September 2014).

18 在此或其他地方，提到巴勒斯坦的軍事行動和能力時，「哈馬斯」被當作加薩所有巴勒斯坦武裝團體的簡稱。

19 請參閱第十章。

20 二〇一三年七月，賽西在一場血腥政變中取代了穆斯林兄弟會領導的民選政府。

21 "The Full Text of the Egyptian Ceasefire Proposal," *Haaretz* (15 July 2014); Barak Ravid, "Secret Call between Netanyahu, al-Sissi Led to Abortive Cease-fire," *Haaretz* (16 July 2014).

22 "Israel and Hamas Ceasefire Begins," *BBC* (19 June 2008); "Ceasefire Agreement between Israel and Gaza's Palestinians," *Reuters* (21 November 2012).

23 Sabrina Tavernise, Eric Schmitt, and Rick Gladstone, "Jetliner Explodes over Ukraine; Struck by Missile, Officials Say," *New York Times* (17 July 2014).

24 Menachem Shalev, "Netanyahu Recommends Large-Scale Expulsions," *Jerusalem Post* (19 November 1989). 第一次起義在一九八七年，並延續到一九八九年。

25 在保護邊緣行動一年後的回顧中，《國土報》觀察到，保護邊緣行動期間，一項有利的「外部因素」是「馬來西亞航空十七號班機遭到擊落」事件。Chemi Shalev, "Israel's Deceptive Diplomatic Success," *Haaretz* (n.d.). 關於一份嚴謹的研究表明，「以色列當局可以從戰略上選擇其攻擊的時機，以盡量減少國際上的負面觀感」。請參閱 Ruben Durante and Ekaterina Zuravskaya, "Attack When the World Is Not Watching? International media and the Israeli-Palestinian conflict," *Becker Friedman Institute for Research in Economics* (2015).

26 請參閱第十章。

27 United Nations Office for the Coordination of Humanitarian Affairs (OCHA), *Humanitarian Bulletin—Monthly Report* (June–August 2014); "Taking Stock," *BaYabasha* (Ground Forces Journal) (October 2014), p. 47 (Hebrew).

28 資料來源請參閱第十二章。

29 Action on Armed Violence (AOAV), *Explosive States: Monitoring explosive violence in 2014* (2015). 排名是基於二〇一四年加薩的總傷亡人數，而不僅僅是在保護邊緣行動期間。

30 Sara Roy, *The Gaza Strip: The political economy of de-development*, expanded third edition (Washington, DC: 2016), p. 401（「預期耗費」一詞，引自聯合國中東和平進程特別協調員）。

31 請參閱第五章。

32 Sudarsan Raghavan, "Month-Long War in Gaza Has Left a Humanitarian and Environmental Crisis," *Washington Post* (9 August 2014); "Arriving for Talks in Gaza, New UN Envoy Urges Palestinian Unity, End to Israeli Blockade," *UN News Centre* (30 April 2015).

33 Zvi Bar'el, "Israeli Security Assessments Are Reality Built on a Lie," *Haaretz* (19 April 2016).

34 Roy, *Gaza Strip*, p. 395.

35 Raghavan, "Month-Long War"; Peter Beaumont and Hazem Balousha, "Ban Ki-moon: Gaza is a source of shame to the international community," *Guardian* (14 October 2014).

36 Meron Rapoport, "The Coup against Israel's Army," *Middle East Eye* (21 May 2016).

37 State of Israel, *The 2014 Gaza Conflict, 7 July–26 August 2014: Factual and legal aspects* (2015), paras. 161–65.

38 Amnesty International, *Israel/Gaza Conflict: Questions and answers* (25 July 2014); "Jeremy Bowen's Gaza Notebook: 'I saw no evidence of Hamas using Palestinians as human shields,'" *New Statesman* (25 July 2014); Kim Sengupta, "The Myth of Hamas's Human Shields," *Independent* (21 July

2014). 關於哈馬斯據稱在鑄鉛行動「使用人肉盾牌」，請參閱第四章；關於保護邊緣行動，請參閱第十二、十三章。

39 State of Israel, *2014 Gaza Conflict,* para. 15.

40 High Level Military Group, *An Assessment of the 2014 Gaza Conflict* (2015), paras. 7, 59, 119, 216, 207 (see also paras. 12, 24, 30, 54, 63, 103, 113, 169, 180, 205). 該團體自稱他們是「來自民主國家的高級專業從業人員，他們的專業知識涵蓋戰爭行為的整個範圍：戰略、戰術、運作和法律框架。」(paras. 1, 201). 肯普聲稱，如果高級軍事小組調查結果「和聯合國人權理事會、人權組織的結果截然相反」，那是因為，這些團體「根據人權法而不是武裝衝突法來分析情況」。我們能想到最寬容的說法是，這些重要的報告，絕大多數都依照武裝衝突法進行分析，只是肯普一個字也沒看過。Richard Kemp, "We Put Our Reputations on the Line: This is why," *Jewish Chronicle* (16 December 2015). 關於肯普，請參閱第四、五章。

41 Haggai Matar, "Why Do So Many Israelis Hate Breaking the Silence?," *+972* (14 December 2015).

42 有興趣的讀者可參考證詞編號第 2, 3, 16, 17, 22, 24, 28, 40, 51, 52, 55, 56, 63, 75, 81（請參見表四）。

43 High Level Military Group, *Assessment,* para. 115.

44 Amnesty International, "UN Must Impose Arms Embargo and Mandate an International Investigation as Civilian Death Toll Rises" (11 July 2014); Human Rights Watch, "Gaza: Airstrike deaths raise concerns on ground offensive" (22 July 2014). 可以肯定的是，人權觀察在保護邊緣行動開始時，對以色列的批評極為謹慎；請參閱 "Indiscriminate Palestinian Rocket Attacks" (9 July 2014). 關於人權觀察組織對以色列的紀錄含糊其辭，請參閱 Norman G. Finkelstein, *Knowing Too Much: Why the American Jewish romance with Israel is coming to an end* (New York: 2012), pp. 123–54.

45 Marissa Newman, "Israeli Official Confirms US Nixed Arms Shipment," *Times of Israel* (14 August 2014).

46 Gareth Porter, "US Avoided Threat to Act on Israel's Civilian Targeting," *Inter Press Service* (12 August 2014).

47 Ramsey Cox, "Senate Passes Resolution in Support of Israel," *The Hill* (17 July 2014); Connie Bruck, "Friends of Israel," *New Yorker* (1 September 2014).

48 David Hearst, "Saudi Crocodile Tears over Gaza," *Huffington Post* (28 July 2014).

49 "Arab League Urges 'All Parties' to Back Eg ypt's Gaza Truce Plan," *Arab News* (15 July 2014).

50 請參閱第十章。

51 Robert Kozak, "Israel Faces Latin American Backlash," *Wall Street Journal* (30 July 2014).

52 High Level Military Group, *Assessment,* para. 110; Nahum Barnea, "Tumbling into Gaza, and Climbing Out Again," *ynetnews.com* (29 July 2014); Nidal al-Mughrabi, "Hamas Fighters Show Defiance in Gaza Tunnel Tour," *Reuters* (19 August 2014); Gili Cohen, "Tunnel Vision on Gazan Border," *Haaretz* (17 July 2014); Mark Perry, "Why Israel's Bombardment of Gaza's Neighborhood Left US Officers 'Stunned,'" *Al Jazeera America* (27 August 2014); Amos Harel, "Israel and Hamas Are in an Underground Race in Gaza," *Haaretz* (31 January 2016); Shlomi Eldar, "Is Hamas on the Offensive or Defensive?," *Al-Monitor* (18 April 2016).

53 請參閱第三、四章。

54 其他三名以色列士兵被友軍的火力擊斃，第四名在一次行動中喪生。

55 Amos Harel, "Using Gaza Lessons to Prepare for Next Hezbollah War," *Haaretz* (7 August 2014).

56 Amos Harel, "Gaza War Taught Israel Time to Rethink Strategies," *Haaretz* (5 August 2014).

57 "Eg ypt Flooded Gaza's Tunnels at Israel 's Request," *Agence France-Presse* (8 February 2016).

58 "Kemp: Hamas tunnels like Auschwitz," *Australian Jewish News* (16 March 2015).

59 "US Ambassador to the UN Samantha Power's Full Speech at the Security Council," *Haaretz* (24 December 2016). 最富正義感的鮑爾也譴責聯合國安理會，未能「凝聚共識，採取最簡單的解決方法。提議暫停七天，對阿勒波無辜平民、醫院及學校的無情轟炸」。即使她和歐巴馬政府都阻擋聯合國採取行動，阻止以色列對加薩無辜平民、醫院及學校的無情轟炸。

60 UN Human Rights Council, *Report of the Detailed Findings of the Independent Commission of Inquiry Established Pursuant to Human Rights Council Resolution S-21/1* (2015), para. 108, 強調為筆者所加。

61 UN Department of Safety and Security (UNDSS), cited in *Addendum to Report of the United Nations High Commissioner for Human Rights* (A/HRC/28/80/Add.1) (26 December 2014), p. 8.

62 Hirsh Goodman, "Israel's Narrative—An Overview," and Alan Baker, "The Limits of the Diplomatic Arena," in Hirsh Goodman and Dore Gold, eds. , *The Gaza War: The war Israel did not want and the disaster it averted* (2015), pp. 12, 70.

63 UN Office for the Coordination of Humanitarian Affairs, *Humanitarian Bulletin* (June–August 2014), p. 19.

64 Theodore Postol, "The Evidence That Shows Iron Dome Is Not Working," *Bulletin of the Atomic Scientists* (19 July 2014); "Iron Dome or Iron Sieve?," *Democracy Now!* (31 July 2014), democracynow.org/2014/7/31/iron_dome_or_iron_sieve_evidence, democracynow.org/blog/2014/7/31/part_two_theodore_ postol_asks_is.

65 Theodore A. Postol, "Lessons of the Gulf War Patriot Experience," *International Security* (Winter 1991/92).

66 以色列宣稱，鐵穹頂在其部署的人口密集地區，截獲七四〇枚或九十%的哈馬斯火箭砲，使這些地區的火箭砲總數達到八二〇枚。Yoav Zitun, "Iron Dome: IDF intercepted 90 percent of rockets," *ynetnews.com* (15 August 2014).

67 State of Israel, *2014 Gaza Conflict,* paras. 44, 51, p. 58n174; B'Tselem (Israeli Information Center for Human Rights in the Occupied Territories), *Attacks on Israeli Civilians by Palestinians,* btselem.org/topic/israeli_civilians. 直到二〇〇四年，才發生第一起哈馬斯火箭砲攻擊造成以色列平民死亡，「多年來，許多火箭砲只造成物質損壞或輕傷之後」。Filiu, *Gaza,* p. 274.

68 請參閱第十章。

69 State of Israel, *2014 Gaza Conflict,* para. 114, p. 122n361. 報告表示，「超過六十%」的哈馬斯砲彈落在邊境地區，但認定保護邊緣行動時哈馬斯發射的砲彈總數為四千發 (ibid., paras. 103, 112)，而聯合國安全和安保部比較可靠的數據為七千發。

70 另外五名平民則死於迫擊砲彈。State of Israel, *2014 Gaza Conflict,* pp. 112–13nn328–32.

71 Ibid., para. 210.

72 *Report of the Detailed Findings of the Independent Commission of Inquiry Established Pursuant to Human Rights Council Resolution S-21/1* (22 June 2015), para. 90.

73 間接證據證明了波斯托爾的論點。雖然哈馬斯的火箭砲攻擊，只在兩個未受鐵穹頂保護的以色列邊境地區殺死一名平民，但迫擊砲彈擊中其他四人。結果不同可能是因為，以色列的警告系統為那些避難的人提供前置時間，火箭砲為十五秒，但迫擊砲攻擊的情況下只有三至五秒。其中還提到，適當大小的哈馬斯火箭彈頭也是一個因素。

74 State of Israel, *2014 Gaza Conflict,* para. 183, p. 111n327; Itay Hod, "The Israeli App Red Alert Saves Lives," *Daily Beast* (14 July 2014). 75. mfa.gov.il/MFA/ForeignPolicy/Terrorism/Pages/Israel-under-fire-July-2014-A-Diary.aspx.

76 State of Israel, *2014 Gaza Conflict*, p. 65 (caption).

77 這項紀錄和已知的模式相吻合：以色列在鑄鉛行動期間只有一棟房屋，「幾乎完全被摧毀」（請參閱第三章）；在鑄鉛行動之前，極小的房屋損害，請參閱 Human Rights Watch, *Indiscriminate Fire: Palestinian rocket attacks on Israel and Israeli artillery shelling in the Gaza Strip* (2007), pp. 24–28.

78 Mark Perry, "Gaza's Bottle Rockets," *Foreign Affairs* (3 August 2014).

79 "Israel Visitor Numbers Nosedive during Gaza Offensive," *Agence France-Presse* (11 August 2014).

80 "In CNN Interview, Combative Bloomberg Says US Flight Ban a Mistake," *cnn. com* (22 July 2014).

81 Tamer el-Ghobashy and Joshua Mitnick, "Israel Says It Is Escalating Gaza Campaign," *Wall Street Journal* (29 July 2014).

82 Aaron J. Klein and Mitch Ginsburg, "Could Israeli Soldiers, Not Civilians, Be the Target of the Attack Tunnels?," *Times of Israel* (29 July 2014); Emanual Yelin, "Were Gaza Tunnels Built to Harm Israeli Civilians?," *+972* (11 August 2014); "Can Complete the Destruction of Tunnels within 24 Hours," *Galei Tzahal* (14 August 2014) (Hebrew).

83 Amos Harel, "The Last Gaza War—and the Next," *Haaretz* (1 July 2015), See also Ron Ben Yishai, "Ten Years of Lessons Learned," *ynetnews.com* (19 June 2016).

84 請參閱第十章。

85 State of Israel, *2014 Gaza Conflict*, paras. 189–90 (see also paras. 4, 113, 190). 這份報告，在二〇一五年搶先在預期有重要結果的聯合國人權理事會調查（請參閱第十三章）之前發布，僅在四六〇個段落中花了兩段的篇幅討論鐵穹頂，並非強調其性能優異，而是強調它「容易出錯」，且無助於阻擋「對平民生命財產的大範圍傷害」。

86 Human Rights Watch, *In-Depth Look at Gaza School Attacks* (New York: 2014). 人權觀察組織判定，這些攻擊為「戰爭罪」。

87 *Summary by the Secretary-General of the Report of the United Nations Headquarters Board of Inquiry into Certain Incidents That Occurred in the Gaza Strip between 8 July 2014 and 26 August 2014* (2014).

88 Pierre Krähenbühl, "In the Eye of a Man-Made Storm," *Foreign Policy* (26 September 2014).

89 "Gaza: Ban condemns latest deadly attack near UN school as 'moral outrage and criminal act,'" *UN News Centre* (3 August 2014).

90 Donna Chiacu, "US Slams 'Disgraceful Shelling' of UN School in Gaza," *Haaretz* (3 August 2014).

91 Griff Witte and Sudarsan Raghavan, "Netanyahu Says Israeli Military 'Will Take as Much Time as Necessary' in Gaza," *Washington Post* (2 August 2014).

92 撤退決定中也考慮到戰術因素。以色列只有冒險進入加薩的建築密集區才能繼續進行地面入侵。為了避免街頭巷戰和隨之而來的戰鬥人員傷亡，以色列不得不炸掉視線內的一切，導致數千名平民死亡，國際輿論不會容忍此事。即使如此，因為哈馬斯戰士可以從隧道裡出現，以色列仍將遭受到沉重的戰鬥人員損失。Amos Harel, "Operation Protective Edge Advances with No Exit Strategy," *Haaretz* (20 July 2014); Amos Harel, "As Bulldozers Destroy Hamas' Underground Network, IDF Sees Light at End of Tunnel," *Haaretz* (1 August 2014); Amos Harel, "IDF Wary of New Gaza Ground Op Even as Diplomacy Lags," *Haaretz* (25 August 2014).

93 Gili Cohen, "Senior Officer: Hamas still able to carry out tunnel attacks against Israel," *Haaretz* (31 July 2014); "Operation Protective Edge in Numbers," *ynetnews.com* (27 August 2014).

94 Nidal al-Mughrabi and Maayan Lubell, "Israeli Air Strike Kills Three Hamas Commanders in Gaza," *Reuters* (21 August 2014).

95 “James Foley: Islamic State militants ‘behead reporter,’” *BBC* (20 August 2014).
96 Alessandria Masi, “Israeli Airstrikes on Gaza Collapse Apartment Building,” *International Business Times* (23 August 2014). 請參閱第十二章。
97 Nidal al-Mughrabi and Luke Baker, “What’s in the Gaza Peace Deal?,” *Reuters* (26 August 2014); Ilene Prusher, “Israel and Palestinians Reach Open-Ended Cease-Fire Deal,” *Time* (26 August 2014).
98 Barak Ravid, “Netanyahu: Gaza op was great military, political achievement,” *Haaretz* (28 August 2014).
99 Zvi Bar’el, “With Truce, Israel Talks to Hamas and Islamic Jihad,” *Haaretz* (27 August 2014).
100 Amira Hass, “Tensions between Hamas and Fatah Overshadow Reconciliation Government,” *Haaretz* (6 September 2014).
101 Barak Ravid, “Netanyahu Saw His Chance to Run Away from Gaza, and He Took It,” *Haaretz* (26 August 2014).
102 Mouin Rabbani, “Israel’s ‘Operation Status Quo,’” Norwegian Peace-Building Resource Center (25 August 2014).
103 Jassem Al Salami, “Rockets and Iron Dome, the Case of Lebanon,” *Offiziere.ch* (5 August 2014), offiziere.ch/? p=17519; “Israel Preparing for ‘Very Violent’ War against Hezbollah, TV Report Says,” *Times of Israel* (6 September 2014).
104 Yossi Verter, “Netanyahu after the War: Less popular, but still unchallenged,” *Haaretz* (29 August 2014).
105 United Nations Conference on Trade and Development, “Report on UNCTAD Assistance” (2015), para. 30.
106 United Nations Relief and Works Agency, *Gaza Situation Report No. 93* (22 May 2015).
107 Roy, *Gaza Strip*, pp. 405–6; Jack Khoury, “Thousands of Gazans Fleeing to Europe via Tunnels, Traffickers and Boats,” *Haaretz* (17 September 2014); Shlomi Eldar, “Escaping Gaza, Hundreds of Palestinians Drown,” *Al-Monitor* (19 September 2014); Mohammed Othman, “Suicide Rates on Rise in Gaza,” *Al-Monitor* (9 February 2015); Jodi Rudoren and Majd Al Waheidi, “Desperation Drives Gazans over a Fence and into Prison,” *New York Times* (17 February 2015); Mohammed Omer, “‘The Smell of Death Hangs Everywhere’: Blockade drives Gazans to suicide,” *Middle East Eye* (11 April 2016); Sanaa Kamal and Hunter Stuart, “Palestinians Paying Thousands in Bribes to Leave Gaza,” *Al Jazeera* (5 September 2016).
108 Khaled Abu Toameh, “Ismail Haniyeh Makes First Appearance since Start of Gaza Operation,” *Jerusalem Post* (27 August 2014).
109 Palestinian Center for Policy and Survey Research, “Special Gaza War Poll” (2 September 2014).
110 Ehab Zahriyeh, “Citing Past Failures, Hamas Demands an Enforceable Cease-fire,” *Al Jazeera America* (16 July 2014).
111 Mohammed Daraghmeh and Karin Laub, “Hamas Claims ‘Victory for the Resistance’ as Long-Term Truce Is Agreed with Israel,” *Independent* (26 August 2014).
112 Jack Khoury, “Meshal: Hamas will go back to war against Israel if upcoming truce talks fail,” *Haaretz* (28 August 2014); Amira Hass, “Hamas Trying to Sell ‘Victory’ to Gazans,” *Haaretz* (27 August 2014).
113 Norman G. Finkelstein, *Method and Madness: The hidden story of Israel’s assaults on Gaza* (New York: 2014), pp. 159–60.
114 Jack Khoury, “Israel Will Help Rebuild Gaza If Hamas Disarms, Lieberman Says,” *Haaretz* (24 October 2016).
115 Roy, *Gaza Strip*, pp. xxxi, 406（引自人道援助團體「樂施會」（Oxfam））
116 Council of the European Union (22 July 2014).
117 請參閱第七章。
118 Ibid.
119 請參閱附錄。

120 不法行為不產生權利。

121 "Council Conclusions on the Middle East Peace Process" (18 January 2016), consilium.europa.eu/en/press/press-releases/2016/01/18-fac-conclusions-mepp.

122 請參閱第十三章。

123 Human Rights Watch, "Indiscriminate Palestinian Rocket Attacks" (9 July 2014).

124 International Committee of the Red Cross, *Customary International Humanitarian Law, Volume I: Rules* (Cambridge: 2005), rule 146. 聯合國人權理事會引用這項研究作為現行習慣法的權威解釋。*Report of the Detailed Findings of the Independent Commission of Inquiry Established Pursuant to Human Rights Council Resolution S-21/1* (22 June 2015), para. 33. See also A. P. V. Rogers, *Law on the Battlefield,* second edition (Manchester: 2004), p. 235.

125 *Legality of the Threat or Use of Nuclear Weapons* (8 July 1996)—Letter dated 16 June 1995 from the Legal Adviser to the Foreign and Commonwealth Office of the United Kingdom of Great Britain and Northern Ireland, together with Written Comments of the United Kingdom; Letter dated 20 June 1995 from the Acting Legal Adviser to the Department of State, together with Written Statement of the Government of the United States of America; Oral Statement of US representative (15 November 1995); Dissenting Opinion of Vice-President Schwebel. 國際法院本身選擇不就交戰報復的合法性進行裁決 (para. 46).

126 B'Tselem (Israeli Information Center for Human Rights in the Occupied Territories), "Over 90 Percent of Water in Gaza Strip Unfit for Consumption" (9 February 2014); United Nations Relief and Works Agency, "Denied a Human Standard of Living: The Gaza blockade has entered its tenth year" (21 October 2016); Roy, *Gaza Strip,* pp. lii–lvii, lxviii, 402–3.

127 Amira Hass, "Hamas's Rejection of the Cease-Fire Deal Was a Foregone Conclusion," *Haaretz* (16 July 2014).

第十二章

國際特赦組織：背叛的前奏

國際特赦組織調整法律結果，以免全面激怒以色列。然而，這項政治決定代價很高昂——卻與錢無關。

雖然「保護邊緣行動」可說是以色列近期對加薩的嚴重攻擊，但人權組織的反應卻相對輕微。稍微誇張一點的說法是，他們能說的都已說完了。在「鑄鉛行動」（二〇〇八～二〇〇九）之後，出現了多達三百份人權報告[01]，光人權觀察組織就發布了五份實質研究，[02]但人權觀察組織對保護邊緣行動只發布了一份報告。[03]而國際特赦組織似乎是異數，它發布了一系列的報告。國際特赦組織並非原則中的例外，而是原則的一種變形。國際特赦組織並未對以色列在保護邊緣行動期間的罪行噤聲，而是加以**粉飾**。特別的是，它對哈馬斯的全面指控[04]，《非法且致命：二〇一四年加薩／以色列衝突期間，巴勒斯坦武裝團體的火箭砲和迫擊砲攻擊》（*Unlawful and Deadly: Rocket and mortar attacks by Palestinian armed groups during the 2014 Gaza/Israel conflict*）[05]形同放棄其專業職責和背叛加薩人民。

對保護邊緣行動的人權評估，必須從它所造成的平民死亡和破壞開始說起。表六摘要了原始數據。國際特赦組織在《非法且致命》中觀察，「不過六年內，兩邊的平民再度經歷了第三次全面戰爭的衝擊」。雖然大抵上正確，[06]但這種評估模糊了和以色列平民相較，加薩人所受痛苦程度的巨大差距。[07]很難想到有什麼例子，比將一個以色列孩童之死和五五〇個加薩孩童之死相比，更能說明量變產生的質變。事實上，意識到加薩兒童死亡的可怕程度是以色列孩童死亡的五五〇倍，也不會減少人類生命的神聖性。由人權醫生組織以色列分會召集、知名醫生參與的國際醫療事實調查團，就保護邊緣行動的報告加上但書：「雖然不希望以任何方式貶低戰爭對以色列平民造成的創傷和影響，但和加薩遭受大規模破壞的後果相較，這些都相形失色。」[08]甚至聯合國祕書長潘基文，儘管因為替以色列的行為辯駁而使他的職銜蒙羞[09]，也謹慎地區別了以色列在保護邊緣行動期間，對聯合國設施的致命攻擊和哈馬斯對聯合國設施的濫用。前者他表示「我很遺憾」；後者他表示「我很沮喪」。[10]國際特赦組織並未在《非法且致命》中提供可比較的說明或較詳細的看法。為了假裝中立，國際特赦組織傳達了哈馬斯和以色列同樣都違反戰爭法的印象。

表六　保護邊緣行動的平民死亡

	總死亡人數（兒童人數）	**平民**（佔總死亡人數的百分比）	**戰鬥人員**（佔總死亡人數的百分比）	**民用基礎設施直接損傷**（美元）	**被摧毀／無法居住的73(1)民用住宅**
以色列	73 (1)	6 ※1 (8)	67 (92)	55,000,000 ※2	1 ※3
加薩	2,200 (550)	1,560 (70) ※4	640 (30)	4,000,000,000 ※5	18,000 ※6

注意：部分數字只取大約整數。

※1 其中一位平民是泰國移工。

※2 State of Israel, *2014 Gaza Conflict* 報告，以色列的直接損害賠償總額，平民將達到四千萬美元，而政府將額外花費一千五百萬美元修復遭到破壞的公共基礎設施 (paras. 112, 223)。

※3 另有部分受損房屋十一棟。

※4 加薩死亡人數和類別，根據 UN Office for the Coordination of Humanitarian Affairs (OCHA), *Fragmented Lives* (2015). 加薩主要人權團體（梅贊人權中心、巴勒斯坦人權中心）估計，死亡人數在一千六百人至一千七百人，而以色列人權團體（卜采萊姆）估計，死亡人數為一千四百人。以色列官方在保護邊緣行動的事後聲明中宣稱，死亡的二一二五位加薩人中，九三六人（四十四%）為哈馬斯「武裝份子」；七六一人（三十六%）為平民；還有四二八人（二十%）是「未分類」。並聲明，「在少數情況下，女性、十六歲以下的兒童和老人，將自動分類成『未列入』」計算。但根據聯合國人道事務協調廳，加薩女性和兒童死亡人數——也就是不計成年男性——已共八五〇人（一項定義的細微差別是，人道事務協調廳定義的兒童是十七歲以下）。以色列的報告責怪人道事務協調廳的平民／戰鬥人員類別，是根據「哈馬斯控制的加薩衛生部每日公布的死亡資料」，並表示：「該資料根本沒有辨別死者是否為武裝份子。」但如果加薩衛生部根本沒有公布類別，實在很難說明人道事務協調廳如何使用衛生部的資料。State of Israel, *2014 Gaza Conflict*, p. 56n165; annex, paras. 9, 13, 25–27.

※5 State of Palestine, *The National Early Recovery and Reconstruction Plan for Gaza* (2014), p. 9.

※6 另有部分受損房屋十一萬三千棟。

在仍能影響公共政策的關鍵時刻，國際特赦組織發布了兩份記錄以色列罪行的報告，和兩份記錄哈馬斯罪行的報告（共四件）。令人驚訝的是，花在指責哈馬斯（一〇七）的頁數比以色列（七十八）還多。[11]過去並沒有這種失準的情況。在鑄鉛行動中，國際特赦組織主要譴責的對象是以色列，以色列的篇幅也較多（以色列的罪行佔六十頁，而哈馬斯佔十三頁），儘管這個差異仍遠不足以呈現雙方造成、死亡與損害的落差。[12]而在保護邊緣行動四份報告的導論中，國際特赦組織則相當審慎的「平均分配」罪責。但顯然，這麼做還不夠糟；《非法且致命》中甚至還以兩頁篇幅，仔細地描述以色列一名孩童遭到哈馬斯攻擊的經過。如果真的要平衡報導（而非假裝），難道國際特赦組織不該花一千一百頁來報導加薩那五五〇名被殺的孩童嗎？國際特赦組織甚至還暗示，哈馬斯顯然是衝突的罪魁禍首。《非法且致命》的結論，明確地譴責哈馬斯「公然漠視國際人道法」。而另一份報告，《瓦礫下的家庭：以色列人攻擊住宅》（*Families under the Rubble: Israeli attacks on inhabited homes*）則小心地總結：這場混亂的發生——一萬八千棟房屋遭到摧毀或無法居住[13]、十一萬人無家可歸——帶給以色列政府相當大的難題。[14]當然，我們可以想見哈馬斯一定犯下和以色列一樣，甚至更多的戰爭罪行。但乍看之下，這個結論實在很異常。無論以相對或絕對標準來說，以色列的罪行應該都比較重大：哈馬斯殺害的七十三位以色列人，只有八%是平民；而以色列所殺的二千二百人，則有七十%都是平民。加薩民用基礎設施損失（四十億美元），則是以色列民用基礎設施損失（五千五百萬美元）的七十倍。而民用建築摧毀的比例，哈馬斯比以色列則是一萬八比一。最有趣的問題是，國際特赦組織如何將極度不平衡的資產負債表變成對衝突兩造「平衡」的控訴？

　　為了合理化對加薩的大規模暴力攻擊，以色列又重彈了據說哈馬斯聚集大量致命武器的老調。為了呼應以色列的「宣傳計劃」，《非法且致命》還加碼，表示打從二〇〇一年，哈馬斯就開始囤積短程火箭砲；然後又「發展長程卡薩姆火箭砲」；「近幾年，加薩武裝勢力又升級製造或走私了上千支各種規格的蘇聯 BM-21 型火箭砲，射程從二十公里至四十八公里不等，又取得或製造了一小批中程、長程火箭砲」，包括「伊朗 Fajr 5 型多管火箭砲和本地製 M-75 火箭砲（射程均為七十五公里），以及本地製射程八十公里的 J-80 火箭砲」。國際特赦組織以不詳的口吻總結，「以色列八百三十萬人和西岸二百八十萬巴勒斯坦人，現在都在加薩的巴勒斯坦武裝團體火箭砲的射程範圍之內……恐懼的範圍擴大了。」雖然國際特赦組織並未附上資料來源[15]，不過，幾乎可以肯定資料是來自於以色列官方，讓人很難不去懷疑資料的可靠程度。在保護邊緣行動結束後的聲明，以色列宣稱，哈馬斯在雲柱行動前夕「囤積了超過七千枚火箭砲和迫擊砲」，而在保護邊緣行動前夕則「取得超過一萬枚火箭砲和迫擊砲」。聲明中還提供了精確的砲彈分類（「射程二十公里的火箭砲六千七百枚」、「射程四十公里的火箭砲二千三百枚」等等）。[16]沒有人知道以色列如何取得如此詳細的資訊，以及為何以色列不先發制人，以軍事手段阻止哈馬斯使用這些恐怖的武器。如果以色列能夠清楚地掌握砲彈的數量、性能，應該也很清楚哈馬斯儲藏的地點。為何以色列不預先採取攻擊？（不論是真的或想像的）如果以色列並未採取此種攻擊，那幾乎可以肯定的是，不是哈馬斯沒有這種武器，就是以色列也其實對此一無所知。不論哪一種情況，這些以色列公開、國際特赦組織（和其他團體）所使用的資料，恐怕都是無中生有。如果哈馬斯握有如此龐大的致命武器，不免讓人好奇為何造成的死亡和破壞出奇的少？國際特赦組織照抄了以色列「宣傳計劃」的說詞，把這個奇蹟歸因於以色列的反飛彈武器：「以色列的鐵穹頂飛彈防禦系統有助於減少許多地區的平民傷亡」，並用於「保護平民區域抵擋加薩地區發射的砲彈」。事實上，公開資料已經清楚指出，哈馬斯儲藏的武器不是強化版煙火就是「瓶子火箭」（bottle rocket）。鐵穹頂雖然還是有用，但僅能拯救少數以色列人的生命。[17]國際特赦組織除了誇大哈馬斯的武器庫存之外，也引用以色列的指控，聲稱他們攔截到裝載伊朗型火箭砲的船隻正要「前往加薩」。但他們省略了聯合國專家小組廣泛流傳的調查結果，那些伊朗型武器並非運往加薩而是蘇丹。[18]國際特赦組織在採用以色列的說法，指稱哈馬斯擁有一批致命武器之後，也有意無意地成為以色列國家宣傳的承包商；它對哈馬斯地下隧道的描述也同樣帶有強烈偏見。國際特赦組織也重複了以色列的說詞，其發動地面入侵是為了「摧毀隧道系統……特別是靠近以色列居住區發現的那些井字隧道」。以色列軍隊屢次先發制人，阻止哈馬斯潛入者鎖定平民社區。但他們忽略了可信的資料顯示，隧道中的哈馬斯戰士目標是以色列士兵，而非平民。[19]甚至以色列官方在保護邊緣行動的事後聲明也以憂心的口吻報導，哈馬斯隧道出口「靠近居住區域」。[20]聲明的實際細項底下也顯示，每次哈馬斯潛入，並非迅速攻擊平民，而是和以色列戰士交戰。[21]

國際特赦組織是認真的

國際特赦組織依賴以色列官方資料的結果，就是放大哈馬斯而減輕以色列的罪責。而國際特赦組織另一個策略上的「平衡」行動也造成了扭曲。以色列阻止了國際特赦組織（和其他人權組織），在保護邊緣行動期間[22]和之後進入加薩。因此，除了幾個在加薩的田野工作者之外，國際特赦組織只能從外部進行研究。實際問題是，以色列設下的限制，不斷阻止國際特赦組織評估以色列官方無罪聲明的真實性。國際特赦組織要如何解決這個鑑識挑戰？典型的流程是，國際特赦組織宣稱以色列的戰爭罪行，以色列否認，然後「中立地」進行實地調查——國際特赦組織完全知道以色列不可能答應。關於真相何在？讀者將永遠處於完全懸而未決的狀態。輪到評估哈馬斯在保護邊緣行動期間違反國際法的行為時，國際特赦組織則將之前哈馬斯的違法行為當作其犯罪的相關證據。[23]難道國際特赦組織不該將以色列的否認加上但書，說明以色列過去的否認經常被證實是公然說謊嗎？事實上，聯合國調查小組就保護邊緣行動期間，以色列攻擊聯合國設施的調查結果，就一再證實以色列的無罪抗告根本不是真的。[24]人權觀察組織在譴責以色列拒絕他們入境加薩的新聞稿時，就很不客氣地指出，「如果以色列真的相信哈馬斯應該為加薩的平民死亡負責，那麼他就不該封鎖人權團體進行實地調查。」國際特赦組織自己也觀察到，「意圖對外界掩蓋違反人權事實的政府，會持續禁止國際特赦組織進入案發地點。」[25]所以，如果以色列在保護邊緣行動之後禁止他們進入加薩，難道國際特赦組織不該預設：以色列的反駁恐怕禁不起實地調查的檢驗嗎？如果一個嫌犯完全拒絕公正的調查者進入犯罪現場，那不可避免的推論是他或她正意圖**隱藏**什麼。的確，以色列為了替拒絕調查找理由，一再宣稱國際特赦組織對自己有偏見。但如果國際特赦組織自己接受此一指控而不做判斷，這也很奇怪，因為，可適用的相關原則並非以色列在證明有罪之前都是無辜的，而是在面臨大量可信的有罪證據時，即使以色列拒絕接受公正第三方的調查，它的無罪申訴是否仍具有證據效力？國際特赦組織的中立，最終促使以色列採取不合作的行動。因為，允許人權團體進入加薩，將會使他們記錄以色列的罪行，所以，保守的國家政策當然是全數禁止那些團體進入，才能留下不可知的判決結果。結果，以色列的行為和國際特赦組織的判決就變成如此。

最後，國際特赦組織假裝平衡的說法還有一處嚴重的缺口值得注意。國際特赦組織引用相當多以色列「宣傳計劃」的說法，但沒有一次引用過其他知名人權組織，像是梅贊人權中心和巴勒斯坦人權中心的相關調查結果。[26]在《非法且致命》的方法論部分寫著：「在撰寫報告之前，國際特赦組織研究過聯合國機構、以色列軍方和政府單位、以色列和巴勒斯坦非政府組織、巴勒斯坦武裝團體的相關文獻、媒體報導、其他相關資料，並諮詢相關專家和實務工作者。國際特赦組織並要感謝，以色列非政府組織和其他以色列機構對研究者的協助。」[27]儘管報告呈現了大量以色列軍方和政府單位的說法，卻沒有參考任何巴勒斯坦非政府組織的資料。

藉由在《非法且致命》當中採取有問題的證據標準，國際特赦組織將以色列在保護邊緣行動中最嚴重的罪責巧妙地轉移到哈馬斯身上。看看以下這些例子：

醫院

以色列在保護邊緣行動期間，摧毀或損壞了十七家醫院和五十六家健康中心。[28]《非法且致命》宣稱，哈馬斯濫用了其中三處醫療院所。

一、瓦法醫院

以色列不斷攻擊瓦法醫院，直到其變成瓦礫廢墟。該醫院是加薩唯一的復健設施醫院。這並非以色列第一次鎖定醫院。在鑄鉛行動期間，即使以色列宣稱，他們並未鎖定「在醫院附近」發動攻擊的「恐怖份子」，但仍然共有八顆坦克砲擊、兩枚飛彈、幾千發子彈擊中瓦法醫院。[29]這一次，國際特赦組織引用以色列的說法，認為瓦法醫院是「指揮中心」。可以注意到，「指揮中心」幾乎是以色列在保護邊緣行動期間攻擊民用目標的慣用藉口。[30]在其他案例中，國際特赦組織通常會認為這個藉口缺乏根據。[31]以色列軍方展示空拍照片，顯示哈馬斯從瓦法醫院的附近發射火箭砲。但國際特赦組織發現，「以色列軍方在推特上發布的影像和瓦法醫院的衛星影像並不相符，更像另一個拍攝地點」。這個發現似乎打臉了以色列的「藉口」。除此之外，國際特赦組織極為公平地總結，「無法確認以色列醫院被用來發射火箭砲的說法是否屬實」；以色列的說法有待「獨立調查」。換句話說，即使以色列引用的一條證據是假的，以色列的藉口是否成立仍然是開放的問題。以這種證據標準，除非以色列自己承認，國際特赦組織將無法找到以色列犯罪的證據。以色列後來自己撤掉了那則火箭砲的宣稱。[32]國際特赦組織進一步指出，「根據媒體報導」，有一枚「反坦克導彈從瓦法醫院發射」。國際特赦組織引用的那份「媒體報導」，是《耶路撒冷郵報》忠實轉載以色列官方記者會文稿的結果[33]，國際特赦組織沒有引用的內容則更富啟發性。如果以色列「宣傳計劃」的內容可以當作可靠的證據，為何不引用瓦法醫院院長的意見？他告訴《國土報》，以色列的宣稱是「說謊且誤導」；或是世界衛生組織在加薩的代表，他直接了當地承認，「附近的火箭砲發射基地」的確可能存在，不過是在「距離醫院兩百公尺之外」？[34]「國際人權聯盟」（International Federation for Human Rights）代表團，在進入加薩篩選過證據之後這麼說：「以色列反駁他們有意對準瓦法醫院的說法，宣稱他們意圖抵擋從醫院附近發射而來的火箭砲。」；「然而，各種證據均指出，醫院事實上就是以色列軍隊意圖直接攻擊的目標。」[35]國際特赦組織並不懷疑以色列的清白，報導「根據以色列軍方對瓦法醫院攻擊案的內部調查……攻擊過程完全合乎國際法」。難道不該提到，各大人權組織，包括國際特赦組織在內，都將以色列軍方的內部調查斥為毫無價值嗎？[36]

二、希法醫院

國際特赦組織根據「可靠」證據，認為哈馬斯從希法醫院後方發射火箭砲，因此呼籲應該要獨立調查。之後繼續要求調查「其他哈馬斯領袖或維安部隊，在敵對期間利用醫院設備進行軍事或審訊用途的相關報導或聲明」。以色列在鑄鉛行動時也提出類似的宣稱，但它所用的證據效力和剃刀一樣薄。[37]這一次，國際特赦組織引用了各種不同資料，[38]不過，顯然並未引用對聲明有異議的言論。國際特赦組織也忽略了兩位挪威籍醫生，保護邊緣行動當時他們在希法醫院擔任志願醫師，其強而有力且精準的證詞：雖然「能夠在醫院自由行動」，但他們表示，並沒有任何跡象顯示這裡是「哈馬斯的指揮中心」。[39]應我的要求，世界上最頂尖的加薩專家之一——哈佛大學的莎拉．羅伊，訪問了許多加薩的消息來源，並由她保證，這些人在個人及專業上的誠實。這些人的共識是，雖然發射火箭砲的地點靠近希法醫院（並非從院區內），但哈馬斯將醫院建築當作軍事用途的可能性很低。[40]國際特赦組織同樣忽略或根本沒有蒐集這些可信度高且容易取得的相反意見。它也報導像是軼聞的犯罪消息，「一位巴勒斯坦的記者……在醫院的廢棄區域受到哈馬斯內部維安人員的審訊。」先不說希法醫院在保護邊緣行動期間擠滿了一萬三千位無家可歸的人。而且，因為能夠連上衛星新聞採集設備，醫院也權充媒體、政治發言人、聯合國官員、人權團體和其他非政府組織的聯絡中心。這實在讓人困惑，為什麼這是一件壞事？甚至值得注意的是：如果被圍困的一方，面對境外勢力兇殘的入侵，在一間擠滿閒雜人等，可能還有間諜、滋事份子、密探等的設施裡，詢問——沒有酷刑或恐嚇，只是詢問——某個人[41]，難道加薩治理當局連這最基本的維安工作都不能做嗎？國際特赦組織在另一份報告——《「掐住脖子」：哈馬斯武力在二〇一四年加薩／以色列衝突期間，對巴勒斯坦人綁架、酷刑、法外處決》（*"Strangling Necks": Abductions, torture and summary killings of Palestinians by Hamas forces during the 2014 Gaza/Israel conflict*）直接了當地聲明，「哈馬斯武力利用加薩市希法醫院的廢棄區域，包括門診區，拘留、審訊、酷刑和用其他方式虐待嫌犯。」國際特赦組織對如此煽動性的言論——也就是，哈馬斯在希法醫院有系統的折磨嫌犯——所舉出的證據令人失望。[42]順帶一提，這間酷刑室如何能不被一大群待在希法醫院的新聞記者、聯合國官員、非政府組織所注意，直到被國際特赦組織的加薩田野工作者獨家爆料？甚至以色列保護邊緣行動後的官方聲明，雖然充斥著極端的政治宣傳和謊言，也沒有到宣稱哈馬斯將希法醫院用來「維安審訊」的程度。[43]難道國際特赦組織努力到如此程度，只為了彰顯自己**無黨無派**的立場？

三、殉道者阿克薩醫院　以色列砲擊殉道者阿克薩醫院，造成四人死亡、多人受傷。國際特赦組織提到以色列宣稱，他們鎖定了「在醫院附近」的反坦克導彈儲藏地，並聲明該事件「仍無法確認」，呼籲應進行「獨立調查」。國際特赦組織對以色列暴行的藉口都採取友善的態度，難道他們不該也引用一位護士值勤時親眼目擊的紀錄嗎？她作證：坐在醫院外，一輛車子裡的四位巴勒斯坦人遭到殺害後，「醫院在短時間內遭到連續坦克砲擊十五次」。儘管國際特赦組織評估哈馬斯和以色列可能承擔同樣違反國際法的罪責[44]，醫療事實調查團的結論卻是，「重點是：當（**阿克薩醫院**）遭到以色列軍隊砲擊時，醫院正在收治病人，醫療人員正在工作，而且周邊地區的平民正湧入醫院內避難。」[45]

四、救護車　保護邊緣行動期間，共計四十五輛救護車遭到以色列直接攻擊摧毀或間接導致受損。國際特赦組織報導，以色列「公布的影片片段顯示，巴勒斯坦戰士進入救護車」。這段二十四秒的影片，是以色列用來支持它在保護邊緣行動期間不斷鎖定救護車的唯一證據。[46]事實上，這支影片的證據價值，準確地說應該是零。影片拍到兩位沒有武裝的哈馬斯戰士，在未知日期和未知地點進入一輛哈馬斯武裝部門（卡薩姆火箭旅）的緊急醫療單位所屬的救護車。儘管任何人都可以從這段影片看出，他們正在參與例行的醫療救護行動（附帶一提，健康部曾指示，救護車組員車上不得攜帶任何武器，即使是手槍）。既然國際特赦組織提到了那支空洞的影片，為何他們不說，以色列在之前的行動中早已一再鎖定巴勒斯坦救護車？[47]以色列儘管擁有尖端的偵查技術，但用來合理化攻擊救護車這種不道德行為的理由，只有在二〇〇二年的單一事件，而且，國際特赦組織當時也對該事件證據抱持懷疑態度。[48]事實上，國際特赦組織、醫療事實調查團和國際人權聯盟代表團，都廣泛記載了以色列在保護邊緣行動期間，無故密謀攻擊巴勒斯坦救護車的事。[49]

學校　以色列在保護邊緣行動期間摧毀了二十二所學校，另有一一八所遭到破壞。[50]國際特赦組織報導，「以色列軍隊聲明，在敵對行動期間，大量火箭砲的發射地點都在加薩的學校範圍內」，且「至少八十九枚火箭砲和迫擊砲從聯合國學校三十公尺內發射」。國際特赦組織在自稱無法「確認這些個別宣稱的真實性」後，建議「應該要獨立調查」。但《非法且致命》為何獨獨——而且是不厭其煩地——引用以色列外交部和國防軍的記者會新聞稿？[51]國際特赦組織想必也能夠諮詢加薩的巴勒斯坦人權組織、聯合國官員和相關非政府組織，交叉確認以色列的官方託辭。聯合國調查委員會調查了七起，其中多起致命的、以色列攻擊聯合國學校的案件，有六所學校被都被當成緊急避難所。哈馬斯從被以色列攻擊的那些學校或附近區域發射火箭砲？委員會找不到任何證據支持以色列的樣板說詞。但可以用來反駁的證據，包括警衛和其他目擊證人，倒是找到很多。[52]

清真寺　以色列在保護邊緣行動期間，摧毀了七十三座清真寺，另有一三〇座受到損害。國際特赦組織報導，根據以色列外交部的說法：「在敵對行動期間，至少有八十三枚火箭砲和迫擊砲，從清真寺二十五公尺內的區域發射，部份情況甚至是**直接**從清真寺發射。」國際特赦組織並未引用其他資料來源。這也不是以色列第一次鎖定加薩的清真寺，在鑄鉛行動期間它就摧毀超過十五座了。當時，一起以色列「蓄意」以導彈攻擊清真寺，造成參與祈禱的十五人喪生的案件，由理查．戈德史東率領人權理事會的調查團負責調查。調查結果並未找到「任何證據顯示，巴勒斯坦武裝團體將清真寺用於儲藏武器或其他軍事用途。」[53]如果國際特赦組織引用了以色列官方對整起——實際上彷彿「水晶之夜」（Kristallnacht）的——攻擊伊斯蘭禮拜堂事件提出的理由，難道不該提到這些理由在過去已被證實相當可疑嗎？[54]

發電廠　以色列在保護邊緣行動期間，持續攻擊加薩唯一的發電廠。這些攻擊惡化了原本就很嚴重的電力短缺，並毀滅了自來水、下水道和醫療設施。這也不是以色列第一次攻擊加薩僅有的發電廠。二〇〇六年，以色列好幾次以導彈精準砲擊發電廠的變壓器。卜采萊姆（**以色列佔領區人權資訊中心**）將二〇〇六年攻擊視為「戰爭罪」。[55]國際特赦組織聲明，保護邊緣行動期間的發電廠攻擊「將形同戰爭罪」[56]，卻又立刻加上但書：「以色列一位準將否認曾蓄意鎖定發電廠，但不排除誤擊的可能性。」如果國際特赦組織引用了準將可預料的否認，難道不該提到以色列過去蓄意鎖定發電廠的記錄嗎？國際人權聯盟代表團在保護邊緣行動後訪問加薩指出，「大家都知道發電廠的位置」、「反覆攻擊……和拒絕保證電廠的安全，並不支持這些攻擊是意外事故的說法」。[57]而國際特赦組織和其他設法進入加薩的人權代表團也明顯不同調。

《瓦礫下的家庭》

國際特赦組織對以色列空襲民宅的報告也呈現出擇取與詮釋的偏頗。《瓦礫下的家庭》這份報告的結論是，國際特赦組織所調查的八起攻擊案，違反了許多條法律，而且可能犯下戰爭罪。報告特別指出，「平民死亡、受傷和民用建築受損，似乎超過比例原則，即是超過攻擊所能得到的軍事效益。」以色列本身「並未聲明他們鎖定哪些人或目標，也並未承認他們執行了哪些攻擊」。雖然國際特赦組織主張「以色列有責任提供有關攻擊及他們預定目標的資訊」，奇怪的是，他們反倒自己負責找理由替以色列開脫。結果介於諷刺和醜聞之間（**參見表七**）。首先，國際特赦組織不斷懷疑（**通常證據薄弱**），以色列鎖定住宅是因為哈馬斯武裝份子藏匿其中。其次，他們並未處理顯而易見的問題，即在大部分區域處於黑暗中的情況下，以色列如何清楚得知那些武裝份子的位置？[58]第三，在偵查過程中，每一個攻擊都被視為以色列試圖攻擊潛在的加薩武裝份子。但即使以色列最嚴格的批評者也承認，會有一兩次擊中民宅不是出於蓄意而是操作意外。

表七　國際特赦組織——為何以色列鎖定加薩民宅：

案例一：共十八位巴勒斯坦平民死亡，十一位來自同一家庭，七位來自另一家庭。	一位鄰居表示：聽到其他人說，在攻擊當晚，有一群不明人士在樓下的某處走廊走來走去。沒看清楚他們是誰，但一些鄰居懷疑可能是武裝團體成員……並不清楚這次攻擊的目標為何。但即使軍方認定或知道有一群武裝團體成員進入房子裡，對準兩個家庭的公寓的行為，也是輕率且不合比例原則的。
案例二：共二十六位巴勒斯坦人死亡，二十五位屬於同一家庭。	**以色列攻擊的目標顯然是阿合馬・薩賀摩（Ahmed Sahmoud），哈馬斯武裝部門的卡桑旅成員。**根據以色列資料，他是汗尤尼斯軍區的高階軍官。初期有關攻擊的報告指出，他正在建築物內面見一位阿布傑姆（Abu Jame）家族的成員。倖存的家庭成員和鄰居否認此事……鄰居相信，當房子遭到攻擊時，阿合馬・薩賀摩可能在他母親公寓的陽台底下……如果他是蓄意攻擊的目標，這將是極不合比例原則的攻擊。

案例三：共三十六位巴勒斯坦人死亡，十六位來自同一家庭，七位來自第二個家庭，七位來自第三個家庭，四位來自第四個家庭。	國際特赦組織的田野工作者，透過詢問家庭成員和鄰居發現，三位居民可能曾是攻擊的目標（接著是四段長段落對他們的猜測）。即使這三位被鎖定的人曾參與敵對行動，他們出現在房子裡，也不意味著剝奪了其他居民身為平民免於被直接攻擊的權利……攻擊的效果……顯然違反比例原則。
案例四：共十四位巴勒斯坦人死亡，五位來自同一家庭，四位來自第二個家庭。	兩位鄰居堅稱，在攻擊過後，他們發現至少四位隸屬哈馬斯武裝部門卡桑旅的成員，包括一位營長和一位通訊官，顯然在攻擊前曾使用過該公寓……國際特赦組織無法確認是否屬實。然而，即使空屋……當時為卡桑旅成員所使用，在攻擊中殺害平民依然不合比例原則。
案例五：共五位巴勒斯坦人死亡，來自同一家庭。	**鄰居告訴國際特赦組織的田野工作者，他們相信攻擊的目標是一位稱作「阿布阿姆拉」（Abu Amra）的男子，當時他並不在公寓內**……國際特赦組織無法確認「阿布阿姆拉」的身分，也無法得知他和武裝團體的關係為何。即使「阿布阿姆拉」是直接參與敵對行動的戰士，攻擊的方式也違反國際人道法。
案例六：六位巴勒斯坦人死亡，五位來自同一家庭	雖然家庭成員否認此事，但兩位死者拉馬丹．卡馬爾．巴可理（Ramadan Kamal al-Bakri）和易卜拉欣．馬夏拉維（Ibrahim al-Mashharawi）是伊斯蘭聖戰組織聖城旅（al-Quds Brigade）的成員……（如果這兩人）是以色列意圖攻擊的目標……以色列軍應該採取減低平民傷亡的必要措施。※1
案例七：共八位巴勒斯坦人死亡，來自同一家庭	**所有目擊者均聲稱，家族成員無人參與武裝團體**……（死者的兄弟也是家庭的家長）**說：「之前拉法（Ra'fat）拿著火炬出去調查疑似在房子東邊的橄欖田爆炸的火箭砲……他們可能以為拉法從田裡發射火箭砲，認為他是反抗勢力……」即使他們認為有一位戰士出現，以色列軍隊也應該意識到砲擊房屋將是不合比例原則的攻擊。**

案例八：共八位巴勒斯坦人死亡，來自同一家庭。

攻擊的目標似乎是哈雅．阿布．達赫烏吉（Hayel Abu Dahrouj），他是伊斯蘭聖戰組織聖城旅的成員，他在攻擊前不久回到自己的房子。他的兄弟告訴國際特赦組織田野工作者，「他想念小孩所以回到家裡」……如果哈雅．阿布．達赫烏吉是預定目標，以色列軍隊並未採取必要措施減低平民危險的原因並不清楚。

說明：粗體字部分引自《瓦礫下的家庭》。

※1　儘管國際特赦組織勇敢地偵查，以色列官方對保護邊緣行動的事後聲明（**在國際特赦組織的報告後出版**）依舊指出，實際攻擊目標為「奧瑪．拉欣（Omar Al-Rahim），一位伊斯蘭聖戰組織在巴勒斯坦的高階指揮官」。

國際特赦組織為以色列尋找藉口的意志如此堅決，最後有點做過頭了，連合理的人為疏失都加以排除。[59]

國際特赦組織《瓦礫下的家庭》的主要論旨，就是傳達以色列在攻擊民宅時都是鎖定哈馬斯武裝份子的印象，好讓以色列免於受到輿論的指控——以色列國防軍蓄意鎖定平民和民用目標。以色列在保護邊緣行動期間犯下最令人髮指暴行，國際特赦組織透過提供藉口減輕了以色列「宣傳計劃」的負擔。比起模糊、主觀、相對「不合比例原則」，反駁蓄意攻擊平民的指控來得容易得多。事實上，以色列官方保護邊緣行動的事後聲明，一再援引比例原則附加的無數但書，事實證明，幾乎不可能依此定罪。[60]更大的醜聞是：《瓦礫下的家庭》只讓人感覺是徹頭徹尾的謊言——而國際特赦組織應該知道這件事。以色列既處於瘋狂的憤怒狀態，也保持對**教育價值**的清楚算計。最後，以色列採取了相當怪誕的集體懲罰形式，無差別或蓄意將數量驚人的加薩住宅夷為平地。起初他們對準哈馬斯武裝份子的核心[61]，然後隨著地面入侵的推進，轉而展開一場破壞狂歡。結局是，保護邊緣行動粉碎了四棟加薩的地標大廈。國際特赦組織在《「無一倖免」：以色列對加薩地標建築的破壞》（*Nothing Is Immune: Israel's destruction of landmark buildings in Gaza*）裡承認，破壞地標建築是「集體懲罰的一種形式」。然而，他們也將以色列最嚴重的行為視作此一原則的例外：「攻擊具有重大意義，因為他們似乎是在缺乏軍事需要的情況下進行大規模蓄意破壞，而且鎖定民用建築和財產。」以色列在整個保護邊緣行動所造成的巨大破壞、近乎瘋狂的集體懲罰，不僅缺乏軍事目的，更遑論軍事需要。如果全面檢視這些系統性破壞，以色列鎖定佔領或部署在民房附近的哈馬斯武裝份子，最多可說是統計錯誤。國際特赦組織有可能相信，加薩被毀的一萬八千棟房屋全部或者大部分都躲藏了哈馬斯武裝份子？掌握這個可怕真相的，並非大力替以色列漂白的國際特赦組織，而是打破沉默組織所蒐集，在保護邊緣行動服役的以色列國防軍官兵的證詞（**參閱表八**）。[62]

國際特赦組織在《瓦礫下的家庭》的〈導論〉中指出，國際特赦組織勸告以色列「記取這次和以往衝突中的教訓，改變在如加薩的人口密集區戰鬥的原則和戰術，嚴格遵守國際人道法」。以色列已經記取加薩戰鬥的教訓，軍事原則也納入這些教訓，國防軍在上次的行動中也妥善地執行。但恐怕需要特殊的心理訓練才能不去注意到，確保「嚴格遵守國際人道法」從來不在以色列的考慮之列，更遑論要優先執行；相反的，保護邊緣行動的一切宗旨就是造就「瓦礫下的家庭」。[63]

認為以色列和哈馬斯都犯下大規模違反國際人道法的嚴重罪刑，構成了國際特赦組織「平衡」指控的基礎。他們指控哈馬斯「公然違反國際人道法」——亦即戰爭罪——在兩個層面：一、哈馬斯使用本質上無差別濫殺的武器。二、他們無差別或蓄意鎖定以色列平民或民用目標。此外，國際特赦組織指控，哈馬斯並未依國際法要求，採取一切可能的預防措施以保護戰鬥區的平民。以下將逐一分析。[64]

無差別濫殺武器 國際特赦組織主張，哈馬斯彈藥庫的「所有火箭砲」構成了「無法精確擊中目標的無導引砲彈」。

表八 保護邊緣行動期間破壞的財產／房屋——以色列國防軍證詞選錄：

1 ※1	（你看過任何「行動前和行動後」的空拍照嗎？）※2有。鄰近區域消失了。你知道當時軍中流行的笑話怎麼說？巴勒斯坦人只能唱歌，因為一點經文（房子）也不剩（在希伯來文，「經文」和「房子」是同一個字）。
5	在訪談過程中（當時正在訓練），他（高階裝甲營長）展示城市作戰裝備，並說：「你看到這裡的每樣東西——想像一下，好像有人過來然後毀掉一切。幾乎沒有建築物留下來。」重點是避免風險——而不是摧毀我們路過的一切。
14	我的印象是，我們路過的每間房子都被迫擊砲擊中——更遠的房屋也是。過程井然有序。沒有威脅。

15	當我們駐紮在那裡時，裝甲部隊一直向周圍的房屋開火。我不知道他們的確切指令是什麼，但似乎每棟房子都被當作威脅，所以每棟房子都至少有一發迫擊砲……**（在你離開後，那裡還有剩下房子嗎？）**幾乎沒有。
20	**（你向什麼射擊？）**向房子。**（隨機挑選的房子？）**對。**（你用了多少發子彈？）**我們一直談論射了幾發？打中多少？誰沒打中？有人一天發射了二十發迫擊砲。這很簡單：誰想射擊更多就射擊。大多數人射擊了很多、每天很多發迫擊砲，整個行動都如此。並搭乘連上的十一輛坦克。
21	我不知道他們是怎麼把它拉下來的，D9※3的操作員一秒都沒休息。不斷進行，好像在沙盒裡玩耍。開過來又開過去，剷平一棟房子、又一條街。某個程度上，那條街什麼痕跡也沒有……日夜二十四小時，來來回回，堆起土堆、做好路堤，剷平一棟又一棟房子。
29	那裡沒有威脅而且很安靜。突然，對講機傳來命令：「大家，每個人都排成一排，面向布利吉（al-Bureij）街區」……我記得，所有坦克都排成一列。我私下問指揮官：「我們要射擊什麼？」他告訴我：「隨便選個你喜歡的。」之後，在和其他人談到——當時每個人都選定自己的目標。指揮官用對講機喊：「早安，布利吉。」「各位，我們將執行『早安布利吉』。」像引文那樣……顯然每個人都隨意發射一枚迫擊砲。沒有人向我們開火，之前、之後，過程中都沒有。
30	在推進的時候，我們用鬥牛士火箭筒（MATADOR）和輕型反裝甲武器（LAW）**（可能是反坦克砲）**在房子「開門」前射擊，都是實彈射擊、還有手榴彈那些的。你進去的每間房都以實彈射擊開門。當我進入一間房子，差不多是半毀了。裡面一堆彈孔，所有東西都一團亂。因為之前已經砲擊了兩小時——他們的目標是什麼？房屋周圍的零散區域、房子旁邊所有的農業區，每一次坦克移動前就開火。大家拼命開火，都瘋了。那些是他們的命令，我很確定，因為任何人都不可能有機會這樣射擊。我的想法是，「不用煩惱開火的事情，射完就知道結果了。」**（有向可疑的地方射擊嗎？）**不必這樣。坦克向你知道必須進入的房子射擊，向那些房子開火。**（只向你們要進入的房子嗎？）**不，其他周圍的房子也是。還有農田，已經被D9全部破壞了。還有畜棚。我們拆掉擋在路上的所有東西，推倒溫室。很多塊塊屋（Bar's Bar）**（他們對軍隊駐紮的住宅群的暱稱）**的房子被夷為平地。空屋也很困擾我們。
33	離開加薩那天，我們住過的所有房子都被工兵炸毀了。

34	37	42	46	51
我們（裝甲兵）得到一些目標……不像任何普通的城市，在那裡你會看到一棟建築在另一棟建築旁邊，兩棟之間有一個空間，看起來像融合成一層。（當時你向哪裡開火？）沒有人向我們開火，但有一些認定的「可疑點」——意思是採取相當寬鬆的開火政策。這意味著，任何看起來有威脅的東西……每個坦克指揮官都知道，甚至士兵都知道。如果有什麼看起來不好的東西，他們可以說看到可疑的東西。	一位高階指揮官表示，他確實喜歡D9。他真心支持剷平一切，也懂得妥善利用它們。還說，只要他所到之處，建築周遭的基礎設施都破壞殆盡，幾乎每棟房子都被砲彈打穿。他真的很喜歡這樣。	軍隊……摧毀了那裡剩下的一切。確實沒有一棟房子是完整的……「我們進入該地區是為了摧毀當地殘留的地道」。如果你想到這件事，這實際上意味著當地每棟房子。（你說根據以色列國防軍的情報，那裡沒有隧道）對。他們的意思是，在旅團四處移動的區域，如果仍有東西存在就需要拆除……這次入侵在停火前一天晚上……他們進去摧毀東西。只是無目的地破壞東西，完成工作，直到他們被告知停止。	有一天下午，營長召集所有人，我們被告知將發起進攻行動，以「挑釁」布利吉，那個支配我們的鄰居……因為直到那時，我們都尚未和對方真正交火……當天色暗下來，我的坦克開在前頭，我們在某種車隊裡，然後那裡有棟小房子。然後，整座社區突然在我們眼前展開，有好多房子，相當擁擠。當我們到達那棟小房子時，攻擊的命令下來了。每一輛坦克都對準自己選定的方向……事實就是如此。真的——每輛坦克都在任意開火。在進攻期間，沒有人向我們開槍——之前沒有、中間沒有、之後也沒有。我記得，當我們和坦克一起撤退時，我望向社區，看到社區已經陷入火海，像電影場景一樣。到處煙霧沖天，社區化成碎片，地上的房子看起來好像還有人居住，但是沒有人向我們開槍。我們是沒有目的的開火。	我們進入加薩地帶一、兩個星期後，在沒有必要的情況下我們大量開火——只是為了開火——連上一位弟兄被殺了……連長來到我們這裡告訴我們，有人因為某某原因被殺了。他接著說：「弟兄們，準備好，上去你們的坦克，我們要用砲火紀念我們的同志」……這是一個遠離海岸線的建築物，距離我們大約四．五公里……這不是對我們的威脅，和任何人無關，不是行動的一部分。它在海邊，遠離任何事和任何潛在威脅——但那棟建築被塗成橙色，讓我一直覺得眼睛像著了魔……所以，我告訴排長：「我想射擊那棟橙色房子。」他對我說：「好啊！隨你高興。」然後我們就開火了……（你們事後會討論嗎？）你說無目的的砲擊嗎？不，因為當你把視野放大，這就是我們一直在做的事情。我們整天都在做無目的的砲擊。哈馬斯連個影子都沒看到。

52	（坦克上的M16全程都有使用嗎？）越多越好。什麼武器呢？坦克、無盡的彈藥、瘋狂的火力，持續不斷。如果不是用大砲，就是用坦克上的重型機槍。（向哪邊射擊？）基本上，所有東西。向可疑的房子。什麼是「可疑地點」？所有東西都是可疑地點。這裡是加薩，你向所有東西開火。
54	步兵在進入任何房子之前必須有坦克先行。這是公式：軍隊要進入房子，甚至在軍隊進去之前，坦克至少先開一砲。在開火之後，我們立即在果園紮營，並砲轟了周圍的房子。我的指揮官，因為他使用個人武器太過興奮，甚至帶隊射擊一棟顯然是空屋的房子。所以，他們開了許多砲，但房子顯然是空的。「那麼，開火！」他告訴我們。這沒有意義。這只是在追求刺激——你在靶場才會有這種樂趣。
63	指揮官告訴你，「聽著，這是前線——我不能在前線冒著風險做事，用大砲轟那些房子。」（他有這些房子的任何情報嗎？）沒有，沒有，他沒有任何情報。
67	工兵炸了一堆房子……關於為什麼炸毀房子有各式各樣的考慮因素。其中之一，例如，你想要防衛其他房子。如果有棟房子擋住你的視野，（而且你想要）清出一塊地方以便防守……有時我們炸掉一棟房子是因為我們懷疑裡面有爆裂物，但是我認為，我們最後炸了大半個社區。
71	有一天，我們連上一位同袍被殺了，指揮官前來告訴我們發生了什麼事，然後他們決定發射「榮譽砲火」，並開三砲……（什麼砲火？）一發砲彈。他們以在葬禮上的方式開砲，但是對準房子，而不是空中。他們正好選了一棟房子——坦克指揮官說：「選最遠的那間吧！這樣才能造成最大的破壞。」勉強算是報復。所以我們對其中一棟房子開砲。
74	我記得有一次，我們引爆炸藥以便清空道路。他們告訴我們，「找掩護，這要在一百到一百五十公尺外使用。」然後一陣爆炸——我從沒聽過像這樣的。燈震破了，真是荒唐——瘋狂的蕈狀火團，真的很瘋狂。然後，我們到街上查看，我們原定要奪取的房子已經不見了。消失了。
83	早上六點開始會有一次人道停火時間。我記得，他們在五點十五分告訴我，「看著，好戲要上場了。」……真是驚人。射擊，不停的砲擊「賽維風」（Sevivon）社區（在拜特哈農〔Beit Hanoun〕東邊）……不停……沒有停止。整個拜特哈農大樓——只剩下廢墟……什麼都沒有。一切蕩然無存。

110

一位陸軍火力協調中心高階軍官跑進來說：「聽著，旅長被殺，一位士兵被綁架了，現在一團亂，我們得幫忙他們。」……以色列國防軍最高階的軍官之一，在一張舒加艾耶的空拍照上標記了要被清除的房子。他只是看著地圖尋找指揮位置、指揮所，並以有點隨機的方式選定目標……舒加艾耶受到攻擊的房子看起來不像每棟都有哈馬斯武裝份子，或有人向我軍開火。（所以為何攻擊？）為了避免麻煩，讓我們的軍隊可以離開那裡，使用火力——軍隊就是這樣做事的。（**我試著理解：這是隨機的，還是事先擬定的目標之一？**）事前完全沒有準備。在事後調查這被說成是一場錯誤。

※1 系列中的證詞均有編號。
※2 括號內說明為打破沉默組織所加。
※3 裝甲推土機。

國際特赦組織雖然承認哈馬斯「似乎將部分迫擊砲對準了軍事目標」，但旋即加上但書，迫擊砲「仍是不精準的武器，因此仍不應用於鎖定位於平民或民用目標之間的軍事目標」。在報告的第二版，法律標準則更高：「即使有高度精熟和訓練的操作者，迫擊砲彈仍無法精準擊中特定的目標點。因此，當使用迫擊砲攻擊鄰近平民密集區的軍事目標，不攻擊中平民或民用目標也構成無差別攻擊」。除了手持武器，像是手槍、反坦克導彈和簡易爆炸裝置，國際特赦組織實際上宣告哈馬斯所有舊式的武器彈藥都是違法的。根據國際特赦組織「國際人道法禁止使用本質上無差別濫殺的武器」；「使用禁用武器是戰爭罪」；「發射火箭砲是戰爭罪」。因此，在國際特赦組織的帳上，哈馬斯每發射一次火箭砲或迫擊砲就犯下一次戰爭罪，而不管武器是否擊中平民或民用目標。只要哈馬斯向以色列發射了七千枚火箭砲或迫擊砲，在國際特赦組織的紀錄上他就犯了七千件戰爭罪，[65]即使以色列只有六個平民死亡、一棟房屋被毀。這種計算似乎只在澄清國際特赦組織的「平衡」指控前進了一小步，但卻把國際法——或者國際特赦組織對國際法的解釋和適用——變成取笑的對象。如果哈馬斯使用這些武器就構成戰爭罪，那麼不免讓人好奇，為何國際特赦組織又要費力調查隨之而來的死亡和破壞？有的人可能會認為，已有一筆指控符合幾千筆戰爭罪，再繼續增加戰爭罪的記載也是多餘的、多做無益。不過，還有另一件古怪的現象。國際特赦組織順帶暗示，以色列在保護邊緣行動期間「違反」國際法的行為，包括「在人口密集區使用大砲等無法精準攻擊的彈藥」。事實上，國際特赦組織如果用心追查此一線索就會發現，以色列向加薩發射了至少兩萬枚無導引高爆彈，估計九十五%進入或鄰近人口密集區。以色列砲彈的無差別程度則是加倍：這些砲彈無法導向，而且爆炸和碎片效應都無法控制在特定標的上。因此，一方面，若一五五公釐 Doher 榴彈砲，落在距離目標四十六公尺處，技術上會記錄為「擊中」——遠不及於國際特赦組織所謂「擊中特定目標點」的門檻。無論如何，正如同打破沉默組織的證詞所證實，以軍發射砲彈經常毫無節制——另一方面，一五五公釐火砲，每發砲彈的預期傷亡半徑約為三百公尺。[66]以色列官方在保護邊緣行動的事後聲明中聲稱，以色列發射的高爆彈「絕大部分進入沒有平民的空曠地帶」。[67]但是也聲明，哈馬斯遷移「裝備和行動到建築密集區，以躲避以軍的攻擊，而非使用他們和平時期在加薩地帶人口較分散的據點」。[68]如果以色列的權威刊物的說法可信，以色列就必須將兩萬多枚高爆砲彈射入沒有軍事價值的空地。同時，依照國際特赦組織的紀錄，使用無差別濫殺武器就構成戰爭罪，以色列光在使用砲彈犯下的戰爭罪就將近哈馬斯的三倍——雖然從國際特赦組織報告裡永遠無從得知。[69]國際特赦組織雖然細心記錄哈馬斯的軍事彈藥，閱讀這份報告卻對以色列射向加薩的砲彈數量和性質一無所知。由此可見，國際特赦組織的極端偏見可謂昭然若揭。以色列究竟投下多少炸彈（多少噸位）？發射了多少發導彈？消耗了多少枚坦克和迫擊砲彈？即使這些資料都可以公開取得，這些基本問題卻都無法在國際特赦組織對保護邊緣行動的報告中得到解答。[70]將雙方使用的武器兩相對照，國際特赦組織的平衡就成了笑話一場。如果戰爭意味著大致勢均力敵的交戰方彼此間的武裝衝突，那麼在保護邊緣行動所呈現的則遠非如此。和以色列十分合法的高科技殺人機器相較，哈馬斯十分罪惡的舊式砲彈則顯得微不足道。

無差別且蓄意鎖定平民和民用目標

國際特赦組織並不只是指控哈馬斯違法使用無差別濫殺武器。在個別的分類項下，又分別指控哈馬斯違法使用無差別濫殺武器，以便發動「無差別攻擊」和「鎖定平民」。換句話說，哈馬斯被指控使用無差別濫殺武器，以及也用這些武器進行無差別攻擊和鎖定平民和民用目標。《日內瓦公約》的附加協議第五十一條禁止「無差別攻擊」，並定義這種攻擊（除此之外）為「非導向特定軍事目標」或「採取無法導向特定軍事目標的戰鬥方式」。

因此，這兩項禁令都歸入單一標題「無差別攻擊」之下：若使用無差別濫殺武器，或無差別的發射武器，則此項無差別攻擊就視為同一件戰爭罪。[71]然而，國際特赦組織卻把它分別看成不同的罪名。國際特赦組織警告哈馬斯，「停止使用像是無導引火箭砲本質上卻是無差別濫殺的武器，譴責鎖定攻擊平民和無差別攻擊。」因此，哈馬斯的砲彈在國際特赦組織指控上的「數量」也因此翻倍：哈馬斯每次「使用」無差別濫殺武器就犯下一次戰爭罪，而每以無差別濫殺武器發動一次「攻擊」——不論是無差別還是鎖定平民——也被算上一次。這個簡單而聰明的文字遊戲，就讓國際特赦組織能夠將指控哈馬斯犯下的戰爭罪膨脹到一萬四千起（**有些還在累計**），即使只有六名以色列人因此喪生，一棟以色列房屋因此摧毀。

繼續看國際特赦組織如何指控哈馬斯「鎖定」平民區的罪狀。他們報導，哈馬斯「在許多案例中，將砲彈朝向以色列平民或民用目標」（**或哈馬斯宣稱如此**）、「朝向特定以色列社區」。如果國際特赦組織斷定哈馬斯，因為使用「無法精確鎖定目標」的火箭砲而違反國際法，那就很難理解，國際特赦組織怎麼也指控哈馬斯發射武器時「鎖定」平民社區？一個人怎麼用「本質上」無法鎖定的武器鎖定敵人？如果哈馬斯公開宣稱意圖鎖定平民社區，這也許算是「吼叫罪」，但不是蓄意攻擊。從國際特赦組織所提出的證據來看，這樣的條件發動蓄意攻擊。儘管如此（**可能有爭議**），如果不是特定目標，哈馬斯的火箭砲是否精確到足以鎖定大型平民社區？但令人困惑的是，為何如此多的哈馬斯火箭砲會落在遠離以色列大都市的空地上

（在向以色列發射的五千枚哈馬斯火箭砲中，只有少於一千枚火箭砲進入鐵穹頂的範圍，落在以色列主要人口中心周圍）？要說哈馬斯鎖定空地顯然不具有說服力。如果這麼多哈馬斯火箭砲落在空地，正是因為他們沒有能力鎖定。重要的是，國際特赦組織指責哈馬斯蓄意鎖定以色列平民社區，不僅是因為這是宣布的意圖，也是宣布的目標，是位於社區內或周圍的軍事目標：「哈馬斯這些聲明，大部分都指名了攻擊時間、社區（極少數為軍事基地）和使用的彈藥，都指出這些攻擊都朝向平民或民用目標」。根據國際特赦組織表示，如果哈馬斯的新聞稿可以證明其意圖，這就讓人困惑了。如果聲明都避免這類內容，要如何證明他們故意鎖定平民？[72]在某個案例中，國際特赦組織指出，哈馬斯向奇布茲社區發射迫擊砲。這個案例可看出哈馬斯幾乎湊齊了戰爭罪的三個條件：迫擊砲是「不精準武器」，而且「朝向平民或民用目標」、「即使攻擊鎖定奇布茲社區附近的以色列軍隊或設備……也都是無差別攻擊」。然而，國際特赦組織最誇張的紀錄是集中在一枚誤射的火箭砲——十三位加薩人因此喪生。哈馬斯因此被冠上了四重戰爭罪：「這是使用禁止武器的無差別攻擊，很可能從（位於加薩地帶的）住宅區域發射，很可能意圖攻擊**以色列平民**。」要分析這一連串說詞的不協調之處還請讀者多多忍耐。首先，「無差別攻擊」是針對誰？（受害的明明是加薩人，報告裡卻說是以色列人）再者，無論國際特赦組織為哈馬斯的戰爭罪加上多少乘數，其總和和以色列相較依舊是小巫見大巫。

沒有採取所有可能的預防措施　國際人道法要求，衝突中的各方採取「所有可能」預防措施，或「最大程度的」預防措施，以便「保護受其控制的平民和民用目標免於軍事行動的危險」。預防措施之一就是「避免將軍事目標設在人口密集區內或附近區域」，關鍵的但書當然是「可能的」。在約束性法律納入這種形容詞的條件——「反映對人口密集的小國家的顧慮，因為他們可能很難將軍用目標和平民與民用目標分開」；這些國家「強調此一事實」，就是「避免將軍事目標設在人口密集區內或附近區域」的原則「很難實行」。一般對該條款的解釋是，要求「考慮到當時所有情況，包括人道主義和軍事考慮因素，確實可行的預防措施」。[73]因此，要合理指控哈馬斯違反「預防措施」條款，國際特赦組織就有義務證明這兩件事的其中之一：一、在每次特定的戰鬥情境中，哈馬斯都能夠「考慮到當時所有情況」。如果如同國際特赦組織所說：「以色列當局拒絕任何人入境加薩……使記錄或證實」哈馬斯的「具體違法行為更加困難」。事實上，在據稱違反預防措施原則的案件中，要從遠處評估哈馬斯「在當時所有情況」下是否有其他選擇確實相當困難。二、即使一般而言，「當時所有情況」顯示「難以適用」「預防措施」條款——但加薩是「地球上人口最密集的地方」之一[74]——哈馬斯被指控仍置平民和民用目標於無謂的風險之中。國際特赦組織如何協調這些證據上的難題？他們宣稱，「已有實質證據證明」哈馬斯的「部分軍事行動和行為，違反採取所有可能預防措施以避免和最小化傷害的義務」。但是，國際特赦組織並未提出證據；相對的，它僅僅拋棄了關鍵的「可行性」但書。回想起來，國際特赦組織在每一起事件都十分認真地替以色列尋找脫罪的藉口，好免於鎖定平民和民宅的指責；在面對哈馬斯時其作為卻正好相反。在每一項被指控違反「預防措施」原則的指控中，國際特赦組織都未調查哈馬斯是否有可行的替代方案；相反的，無論何時何地（不管多薄弱），卻都能找到哈馬斯在平民附近作戰的表面證據（參閱表九）。[75]但是這些證據沒有任何效力，因為，在平民附近作戰並非國際法判斷違法的標準。在每一起事件中，必須先確定其他「可行的」抵抗選項是否存在，以及「當時所有情況」為何。國際特赦組織在之前鑄鉛行動的報告中確實考慮了這些因素，結果呈現了精準且真正平衡的圖像。[76]但是在評估哈馬斯保護邊緣行動期間的軍事戰術時，國際特赦組織就放棄了手術刀、改用大鐵鎚。

如果哈馬斯在保護邊緣行動大部分時間都不在靠近平民的地區抵抗，那就是奇蹟中的奇蹟了——畢竟，這裡可是加薩。

表九　選錄國際特赦組織所列舉哈馬斯並未採取保護平民「可行預防措施」的證據：

聯合國人權事務高級專員辦事處（OHCHR），記錄到加薩地帶北部人口密集的賈巴里亞（Jabalia）法魯賈區（al-Faluja）墓地附近的火箭砲發射。
當火箭砲從加薩平民區附近發射時，法蘭西二十四新聞台的一位特派員正在現場連線。該記者接著播報了他認為是火箭發射器的鏡頭，距離國際記者常去的飯店五十公尺、聯合國大樓一百公尺、鄰近平民住家，還播送孩童在火箭發射器周圍玩耍的情景。
半島電視台的攝影組在加薩市報導了一枚火箭砲……就在街上發射，也被攝影機拍下畫面。

印度的新德里電視台的組員，也拍下武裝團體成員在帳蓬下架設火箭發射器，就在加薩市的馬西塔飯店（al-Mashtal hotel）旁的空地。該影片還拍下火箭砲發射的畫面……，這是同時發射的火箭砲之一……他們的報導也提到稍早另一枚火箭砲也從同一地點發射。火箭砲發射的區域和飯店周遭都是住宅。

事實上，國際特赦組織並非對此兩難、無動於衷，只是《非法且致命》中的解決方式委實讓人困惑：「應該注意，儘管加薩地區人口密度極高，尤其是加薩市及周邊地區，仍有三六五平方公里的區域並非住宅區。在此進行敵對行動或發射彈藥，對巴勒斯坦平民的威脅較低。」在闡述這個（尚稱）「可行的」替代方案時，國際特赦組織省略了關鍵的事實和法律脈絡：加薩的「空地相對稀少」[77]；「在都市地區進行戰鬥，本身並不違反國際人道法」[78]；「不能期望衝突的一方，將武力裝備安排成顯然有利於他的對手」。[79]但是，即使撇開這些極重要的考慮因素，國際特赦組織的「可行」替代方案仍然十分可笑。一方面，自二〇〇五年以來，以色列主要透過遙控維持對加薩的佔領。傑出的國際法學家約翰．杜加德指出，「現代技術允許從佔領區外進行有效控制，這就是以色列所建立的。」

在二〇〇五年以色列撤離加薩之前，巴勒斯坦的武力抵抗是針對境內的以色列部隊。這是在第二次巴勒斯坦起義期間。之後，巴勒斯坦武裝份子必須抵抗以色列本身的佔領和非法圍困加薩，替代方案是束手就擒。當然歷史上沒有被佔領民族這麼做。被佔領民族在佔領領土外進行抵抗確實不太尋常，但是佔領國從領土外維持殘酷的佔領也同樣不尋常。[80]

另一方面，國際特赦組織宣告，哈馬斯彈藥庫內所有武器均屬非法。因此，如果以色列從境外建立對加薩的控制；如果哈馬斯的砲彈是非法的，就意味著，哈馬斯無法以合法手段「採取敵對行動或發射彈藥」以結束加薩被佔領的狀態。總之，國際特赦組織的建議是：為了抵抗以色列不人道且非法的佔領[81]，外加非法且不人道的封鎖，以及定期的大規模屠殺，哈馬斯武裝份子應該全體不帶武器聚集在開放的空地上。還有，為了促進跟加快速度，要不要像鴨子一樣排隊？還沒有完。正如同國際特赦組織在哈馬斯的「無差別攻擊」上套用的，它也在字面上誇大了哈馬斯違反「預防措施」原則的程度。《非法且致命》在開頭表示，哈馬斯在「部分」和「特定」案件違反此原則，演變成違反情況「並非個案」且「並不……罕見」；直到結論，則是指控哈馬斯「經常」違反，且「始終無法」遵守「預防措施」條款。同時，國際特赦組織沒說的事也頗具啟發性。「在亞實基倫（Ashkelon）、斯德洛特（Sderot）、貝爾謝巴（Be'er Sheva）和以色列南部其他城市，以及國內其他地方，軍事基地和其他設施都在住宅區內或附近，包括奇布茲社區和村莊」，國際特赦組織清描淡寫的報導。「在保護邊緣行動期間，以色列南部平民區的軍事陣地和活動也越趨頻繁，以色列軍隊每天從加薩周邊的這些地區發射火砲或進行其他攻擊。但是根據「預防措施」條款，「政府應該努力遠離人口密集區」設置固定軍事目標，例如，軍事基地。而且，「在移動目標上，應該特別注意衝突期間，避免將人員、設備或交通工具放置在人口密集的區域。」[82]以色列並不缺空地，還有一整排讓人眼花撩亂的武器可供選擇，幾乎可以從任何地形、高度和距離發射。那麼，以色列是否公然違反了「預防措施」條款？根據國際特赦組織的資料，**顯然沒有**，沒有一字一句批評此事。

問題的關鍵不在於哈馬斯是否在保護邊緣行動期間違反了國際法。部分戰鬥人員確實可能利用民用目標作為掩護，像是住宅或清真寺。[83]雖然以色列炸了第一萬棟民用建築，也該知道，這並沒有任何威懾效果；相反的，以色列本來可以期待所謂的「一石二鳥」——哈馬斯戰士和民用目標。重要的問題是，哈馬斯的違法行為是否和以色列的違法行為程度相同？國際特赦組織陳述所傳達的潛臺詞是「兩邊一樣嚴重」，這從它精心「平衡」雙方造成的破壞和死亡和刑事責任中即可以見得；但是將朝向以色列「瓶子火箭」攻擊（**簡陋到令人感到可憐**）和加薩的大量傷亡相提並論則是虛偽，實際上是荒唐可笑和道德上的諷刺。那麼，問題就變成了：國際特赦組織是如何證明無法證明之事？比起中立的仲裁者，它更像以色列的辯護律師。國際特赦組織為以色列準備了充分的理由，舉凡掩蓋有罪的事實證據、引用可疑的證據脫罪、採用寬鬆的法律標準、給予以色列不應得的善意假設。對哈馬斯則是最糟糕的情況，舉凡掩蓋無罪的事實證據、引用可疑的證據入罪、採取過度嚴格的法律標準、誇大哈馬斯的刑事責任，不留下任何軍事選項。如果它想要守法，那就躺下來等死吧！所以，如果國際特赦組織堅持「平衡」判決的理由，是因為理由都事先遭到操縱了。

在聯合國人權理事會發布了保護邊緣行動的報告之後，[84]國際特赦組織也發布了自己的報告——《「黑色星期五」：二〇一四年以色列／加薩衝突中的拉法屠殺》（*Black Friday: Carnage in Rafah during 2014 Israel / Gaza conflict.*）。由於國際特赦組織較晚出版，[85]使得重要的「聯合國報告」不會因此受到影響。不過，國際特赦組織第五份，也是最終的出版野心異常龐大，因此也值得仔細檢視。《「黑色星期五」》把焦點放在探討二〇一四年八月一日至四日，以色列對拉法平民採取大規模暴力的行動。這場攻擊發生在哈馬斯戰士活捉一位以色列軍官哈達．戈爾丁（Hadar Goldin）中尉的消息曝光之後。國際特赦組織和一家設於倫敦大學的研究機構——法醫建築（Forensic Architecture）合作，利用各種尖端科技，以相當驚人的視覺效果重建事件發生的實際順序。不過，接下來的分析，將會集中在國際特赦組織的書面文字上。

《「黑色星期五」》從包裝國際特赦組織前面四部關於保護邊緣行動的報告出發（**鄭重聲明，國際特赦組織在發布《「黑色星期五」》之前，已經讀過我對之前出版品的分析。這是否或對國際特赦組織的最新報告產生何種影響並不清楚**[86]）。國際特赦組織不再假裝製造虛假的「平衡」。在報告的「背景」部分，加薩在保護邊緣行動期間的死亡和破壞，足足是以色列五倍的篇幅。[87]兩個充滿煽動性的副標，《二〇一四年以色列／加薩衝突中的拉法屠殺》（**在**

封面）和《以色列二〇一四年加薩衝突中大肆屠殺平民》（在目錄頁），同樣表現出明顯的轉向。再者，《「黑色星期五」》也複雜且置入加薩各大人權團體，特別明顯的是巴勒斯坦人權中心和梅贊人權中心。[88]不過，《「黑色星期五」》的核心主旨是，以色列違反國際法的事實陳述和法律評估，也依舊受到國際特赦組織之前報告中親以色列的分析架構的影響。如果這次報告中記錄的變得更加複雜且煩人，那是因為在拉法犯下過多罪行。按照慣例，報告中應該先提到不論國際特赦組織怎麼說——特別是投入龐大心力整理出事件時間表——重點其實是在將拉法的血洗事件從保護邊緣行動的整體切割出來。事實上，正如同打破沉默組織的證詞所證實，雖然任意破壞的程度可能在數量上相當嚴重，[89]但性質可能和加薩其他地方的情形差別不大。[90]

哈馬斯一次交戰中活捉哈達．戈爾丁中尉之後，以色列就開始空襲拉法。以色列的政治文化無法忍受戰鬥人員被俘虜，但是也不願進行戰俘交換，因為這樣就得釋放不少以色列監獄的巴勒斯坦囚犯。為了調和兩邊的矛盾，以色列制定了恐怖的軍事原則，被稱為「漢尼拔指令」，實質上是准許在戰鬥人員落入敵人之手又無法營救時，得殺害己方戰鬥人員。這種戰術原則是「死掉的戰俘好過被活捉」。可是很難不讓人懷疑，以色列國防軍其實想把戈爾丁給殺了，而且根本不想救他？他們並未發動精準的突擊隊攻擊；相反的，他們把「戈爾丁中尉可能的所在地」變成了地獄。[91]說句題外話，一個國家既為了一位被俘的士兵感到深沉的哀痛，卻又希望他最好死了別被活捉，這種國家精神頗讓人費解。總之，當戈爾丁八月一日被哈馬斯俘虜，無法得知其行蹤時，以色列對拉法的人口密集區就展開最大程度的砲擊，以便把他殺死。即使在鑑識證據確認戈爾丁已經死亡，殘忍的攻擊仍然持續，不過密集程度稍微減低，以報復並教訓他們一頓。以色列對拉法的攻擊幾乎沒有引起反擊。國際特赦組織發現，「幾乎沒有任何回擊」，以色列國防軍也沒有傷亡[92]，當「飛機、無人機、直升機和大砲，對路人和車輛灑下槍林彈雨，路上的汽機車、救護車和行人無一倖免」；而「企圖逃脫地獄的平民則被導彈和大砲擊中」。[93]第一天發射了超過二千顆炸彈（包括一噸炸彈）、導彈和大砲（在戈爾丁被抓的前三個小時發射了一千發）。八月四日攻擊結束，至少二百位平民死亡，二千六百棟住家部分或完全被摧毀。用明白的法律術語來說，以色列的作為犯下了「危害人類罪」——不過，儘管上述的事實紀錄直接採集自《「黑色星期五」》，但國際特赦組織的法律評估卻轉向了截然不同的方向。它指控以色列：一、進行無差別攻擊，亦即如同鎖定軍事目標一般，毫無節制的攻擊平民和民用目標。[94]二、攻擊不合比例原則，亦即如同鎖定軍事目標一般，對平民和民用目標造成過量的附帶損害。[95]三、未能採取所有可行的預防措施，以縮小軍事行動對平民的附帶損害。[96]國際特赦組織極為罕見地指控以色列（即使很小心翼翼）攻擊平民和民用目標，同時從它提供的證據來看，在拉法的殘忍攻擊幾乎沒有合法的軍事目標。

儘管哈馬斯「幾乎沒有」回擊，但在拉法攻擊的初始階段，殺死戈爾丁（可能有爭議）

是否構成合法的軍事目標？這個目標或者有一部分是合理的，但若非完全合乎相關規範，以色列的火力使用可以被視為合理嗎？目標合法化的前提是，目標的完成應該要得到具體直接的軍事利益。[97]要解釋以色列如何透過算計殺死自己的士兵好得到軍事利益，這堪稱是最奇怪的語言用法。因此，聯合國人權理事會在保護邊緣行動報告中使用了「抽象的政治及長期戰略考量」這個概念，例如，未來的戰俘交換可以視為合法的軍事利益；並強調，利益必須是具體且直接的。[98]國際特赦組織接著聲明，以色列為了殺死戈爾丁在拉法製造的地獄，並**不能**視為法律上的無差別攻擊、攻擊不合比例原則、未能採取所有可行的預防措施，一切前提都是因為有**合法**的軍事目標存在。以色列在獵殺階段，對拉法的人口密集社區進行飽和轟炸，並僅遭遇零星回擊（回擊的甚至不是轟炸的對象）；在這種要注意的法律原則是「蓄意攻擊平民和民用目標」。以色列的意圖是殺死戈爾丁而非造成拉法平民的傷亡和破壞（這部分仍有爭議），但從法律上來看，「一件行動自然和可預見的結果應被視為行動者的意圖。」[99]轟炸拉法平民社區可預見的結果就是大規模平民的死亡、和大規模破壞民用目標。即使以色列公開宣稱：「目標」是殺死戈爾丁，「轟炸」依舊構成法律上意指的「蓄意攻擊平民和民用目標」。因為，若考慮到以色列的目標是「殺死戈爾丁」，而拉法屠殺本身具備攻擊不合比例原則、無差別攻擊、未能採取所有可行預防措施的特質，形同將攻擊平民以阻止未來的戰俘交換這種完全不合法的目標合法化。將拉法地獄描繪成對平民的蓄意攻擊，雖然在法律上正確，但不能盡得獵殺階段的實情。正確的表述應該是這樣：蓄意鎖定攻擊平民，以達成不合法的軍事目標。如果這個說詞聽起來有點彆扭，這是因為，它所努力傳達的真實太過怪異：因為，沒有哪一個國家會為了殺死自己的士兵以阻止未來的戰俘交換而發動大屠殺。

如果結論仍是以色列犯下戰爭罪，國際特赦組織對拉法大屠殺的分類和描述會有什麼差別？[100]答案是這個。回到本質，保護邊緣行動的意圖就是「懲罰、羞辱和恐嚇」平民——這是《戈德史東報告》為鑄鉛行動（二〇〇八～二〇〇九）定下的脈絡。保護邊緣行動期間，在其他地方的主要暴行——庫札阿、舒加艾耶——也顯然缺乏軍事理由。[101]「拉法大屠殺」看起來不同是因為，它宣稱起因是因為軍事目標。事實上，國際特赦組織最具雄心的報告，集中討論以色列殺死戈爾丁的意圖、啟動血腥獵殺的「漢尼拔指令」，勾勒出的事實真相是——保護邊緣行動偏離了原先的目標：這是錯誤的，甚至有罪，但仍然在軍事上「可以理解」。但不只拉法謀殺的初始獵殺階段無法讓人理解，這甚至無法被視為是一場軍事行動。即使確認戈爾丁已經死亡（**可能在第一天不到三小時**）[102]，「以色列軍隊仍然繼續攻擊」拉法，並非為了追求所謂的「軍事目標」，而是「向他們展示」、「報復」和「索取代價」（**國際特赦組織引用以色列士兵的說法**）。如果以色列官員「堅稱，沒有嚴重的戰鬥」，國際特赦組織也極為謹慎地懷疑，「有些人質疑是否使用大規模火力是為了『報復』拉法。」[103]換句話說，在獵殺階段後的拉法攻擊就是真的**屠殺**。

預謀進行的「拉法屠殺」和「大規模殺害拉法平民」，各部分（包含初期的獵殺階段）在整體上，因為以色列鎖定平民和民用目標，而又沒有合法的軍用物體（除了零散的回擊），無庸置疑就構成「戰爭罪」。因為發動「廣泛且系統的攻擊，直接打擊平民」（國際刑事法院羅馬規約〔Rome Statute〕第七條），也犯下「危害人類罪」。但是國際特赦組織並未指出明顯可見的事實，而是選擇用以色列粗製濫造的藉口，系統性地掩蓋拉法屠殺的恐怖本質。它並聲明，在官方宣布戈爾丁死亡後，「以色列軍隊仍持續破壞溫室和住家，似乎是尋找戈爾丁中尉遺體行動的一部分。」[104]報告並未引用一丁點證據支持這個猜測，報告本身卻記載了：以色列透過任意破壞，企圖進行報復和給予拉法教訓的意圖。事實上，他們是否忘了？以色列國防軍的這些戰術構成了保護邊緣行動期間在加薩的標準作業流程，而和戈爾丁的命運無關？國際特赦組織繼續說：「軍隊並未設法取回戈爾丁中尉的遺體，對隧道的重型轟炸減低了找到他的可能性。」[105]如果中尉遺體「找到的可能性……因為重型轟炸而減低」，那麼也許找回遺體就不是重型轟炸的目的，報復才是。更有趣的是，國際特赦組織分析了漢尼拔指令，這四天攻擊的理論基礎，內容在次標題「邁向比例原則」（SHIFT IN PROPORTIONALITY）。[106]不論殺死戈爾丁中尉或「報復」，或「威懾未來的俘虜行動」（國際特赦組織的說法），都無法解讀成合法的軍事目標，這樣和比例原則何干？這些目標的前提又是什麼？《「黑色星期五」》在「邁向比例原則」這一段又進一步提到：

對士兵的衝突後的簡報和以色列官員的公開聲明都顯示，高死亡率和大規模破壞，並不被視為令人遺憾的副作用，而是「能夠讓加薩安靜五年」的「成就」或「成績」。一位情報軍團士兵引述了長官的話：「二萬人死亡和一萬一千人受傷、五十萬難民、耗費數十年的破壞、大批高階哈馬斯成員，和他們的住家、家庭都受到傷害。他們宣稱這些是『成就』，就不會有人質疑我們在那段時間的作為是否有意義。」另一位士兵告訴打破沉默組織，轟炸的目的就是「威懾他們、驚嚇他們、消磨他們的心志」

……這些聲明指出，將物質傷害作為威懾力量。

如果他們所宣稱，攻擊拉法的目標是達到「高死亡率和大規模破壞」以便粉碎加薩的反抗意志，這就不能說是「不合比例原則的攻擊」，而是貨真價實對平民的**恐怖攻擊**。

《「黑色星期五」》整理了十五個案例，研究平民在拉法四天攻擊中遭到殺害的情形。這些案例研究讓人震驚和困惑的是，不僅沒有揭示國際特赦組織有違常理的結論，反而玩弄法律名詞，迴避和模糊顯而易見的問題。雖然可能有些冗長，但為了揭露國際特赦組織的虛偽，每個案子都得個別檢視（**參閱表十**）。

以色列在拉法的大屠殺，整體而言構成了對平民的故意攻擊，以實現其雙重目標：一、殺害被俘士兵以阻止未來的戰俘交換，這並非合法的軍事目標。二、「出於復仇、教訓一頓，對抓走戈爾丁中尉的拉法人民施以懲罰的慾望（《「黑色星期五」》的結論）」。這更有理由不是合法的軍事目標。[107]不過，在國際特赦組織調查的十五個案例中，以色列直接鎖定平民或民用目標的案例只有兩個。[108]在報告事實部分的綜合結論中，國際特赦組織允許的最大限度是「在部分案例中，有跡象顯示以色列軍隊直接開火殺害平民，包括一些正在逃走的人……部分案例，平民聽從他們的警告留在家中，卻被炸死」。[109]在其他十三個案例中，國際特赦組織既未提到拉法的回擊，也沒有引用有合法軍事目標的證據；相反的，它炮製了十分可疑的劇情，以引用法律原則——區別（平民和戰鬥人員）、比例原則、預防措施——預設軍事目標，或者引用法律原則預設軍事目標存在，而對目標本身不假思索。也許有人會說，國際特赦組織採納很多以色列的前提，或對以色列有利的前提，只為了證明，即使接受這些前提以色列還是有罪的。然而，從結果來看，這種（如果稱得上是的）預防策略，只是導致真正發生的事情被扭曲，並讓以色列躲過更嚴厲的法律控訴。

表十　國際特赦組織的案例研究

案例研究	國際特赦組織的描述	國際特赦組織的法律評估	芬可斯坦的評論
案例一※1	八月一日，一枚一噸的空中炸彈攻擊了一座建築物，造成至少十八人死亡。一名目擊者回憶，同時針對平民的攻擊（「我離開房子的那一刻……一架阿帕契直升機開始射擊我們」），而其他人則回憶這無差別攻擊（「砲彈雨點般打在我們身上」）以及鎖定攻擊，以防止救護車到達救了死者或傷者。	「即使房子確實覆蓋了隧道的開口，在建築物上放下一噸重的炸彈……顯然是不合比例的。對該地區的砲擊是無差別的。據消息指出的直升機，對平民和救護車的直接攻擊，等於對平民的直接攻擊」。	在報告的其他地方，國際特赦組織引用了一些間接證據，證明這次攻擊可能是鎖定隧道入口。以色列可能認為，戈爾丁或許已被隱藏的建築物下方。※2但即使退一步說，人們將這次結果歸咎於情有可原的猜測，但相關的法律原則仍非「不合比例的攻擊」，因為，殺害戈爾丁並未提供以色列具體和直接的軍事利益，因此，與比例原則檢驗完全無關。這一事件構成「對平民和民用目標的故意攻擊」。
案例二※3	八月一日，「在以色列的嚴重轟炸中」，無人機導彈攻擊，造成一或多名逃離拉法地獄的家庭成員喪生，並殺死了另一名男子。一名目擊者回憶起以色列的導彈、炸彈和砲彈「撞擊整條街道」。	據當地組織報導，這次攻擊的預定目標之一可能是當時正在經過的摩托車，它正載著戰鬥人員。國際特赦組織無法確認是否屬於這種情況，即使是這種情況，在人口密集的街區使用如此大規模的火力，也表明這次攻擊不合比例或是無差別的。	國際特赦組織根據未指明的「當地團體」說法，也無法確認一名涉嫌載送戰鬥人員的摩托車騎士身分。但將以色列無人機導彈「在以色列的激烈轟炸中」攻擊平民居住區，變成「不合比例或者無差別的攻擊」是不對的。雖然它甚至不考慮對平民故意攻擊的可能性。

案例三※4	八月一日，在「猛烈轟炸平民區」的過程中，一枚無人機發射的導彈炸死了一名二十歲的男子。多名目擊者回憶這起無情的轟炸、砲擊和導彈攻擊，而「人們正在奔跑……所有人都舉起白旗」。	「攻擊……似乎是無差別的」。	如果國際特赦組織沒有確定，甚至推測有軍事目標，那麼這不是故意殺人嗎？
案例四※5	八月一日在「猛烈轟炸平民區」的過程中，一名帶著男孩的老婦人被無人機導彈炸死。一名目擊者回憶說：「以色列一再對平民和看似民用的車輛進行空襲。」	「攻擊……似乎是無差別的，所有車輛顯然都是毫無區別的目標」。	如果老婦人在沒有軍事目標的情況下被殺、車輛被隨機攻擊，那麼，這不是對平民和民用目標的故意攻擊嗎？
案例五※6	八月一日，在平民社區發生大規模砲擊事件，「每分鐘有五十到六十枚砲彈落下。」一名目擊者回憶——他們一家人逃離住家，然後面對一連串的坦克砲彈和「數量令人難以置信的導彈」。證人的女兒在這種「瘋狂轟炸」中喪命。	「殺害女孩的攻擊很可能是無差別的」。	在沒有軍事目標的情況下，更有可能是故意殺害一名平民。

案例六※7	兩位家人於八月二日在「隨機」導彈攻擊和坦克「猛烈砲擊」的情況下逃離家園。他們在八月二日晚上開車回家取回他們的財物。其中一名死者被扔在高壓電線上（親戚回憶說：「如果不是因為他的襯衫，我根本認不出他……他的臉和左手都被燒了，他的手指只剩下一根，其他被切掉了」），而另一個人則被斬首。	「目前還不清楚，為什麼以色列軍隊當時攻擊了該地區，因為攻擊發生在哈達．戈爾丁中尉正式宣布死亡之後。以色列軍隊有義務採取一切預防措施，確認該輛汽車確實是軍事目標，如果有疑問，則預設它是平民所有。因此，對汽車的攻擊似乎沒有採取適當的預防措施。」	目前還不清楚為什麼國際特赦組織聲稱，對以色列的動機「不清楚」。難道它沒有引用以色列人的許多聲明？即戈爾丁去世後，他們正在進行報復和給予教訓嗎？目前還不清楚，為什麼國際特赦組織推斷，以色列認為這輛車是「軍事目標」。國際特赦組織本身是否引用了許多證據，證明以色列國防軍，在其瘋狂殺戮中隨意鎖定民用車輛？目前也還不清楚，如果沒有軍事目標，國際特赦組織會採取「適當預防措施」原則？顯而易見的是，在這種情況下援引「預防措施」原則——彷彿以色列最嚴重的非法行為是過失致死——是醜聞和恥辱的複合體。
案例七※8	八月一日，一次無人機導彈攻擊事件，導致一名父親及女兒在前往醫院途中喪命。家人回憶說：「我的父親已經失去雙腿，他的肘部已被切斷……我的妹妹……	「目前還不清楚，為什麼以色列部隊發射導致殺死父親和女兒的導彈。情況顯示，這應該是無差別攻擊。」	如果國際特赦組織已經閱讀了自己的報告，也許就不會頭腦不清楚了。這次攻擊是以色列為了殺死戈爾丁和執行報復所創造的地獄的一部分。這不是「最多是無差別」。在沒有合

案例	事件	國際特赦組織的說法	評論
	已經失去了右腿，彈片刺破了她的眼睛進去她的大腦裡。」		理疑問的情況下（**國際特赦組織甚至沒有試圖提出**），這是對平民的故意攻擊。
案例八※9	八月一日，一名婦女失去了她的小男嬰。當時他們在空中，「在猛烈的砲擊中」逃離社區，然後坦克開火了。造成死亡的原因是附近一棟住宅樓上投下一枚重達一噸的炸彈：「他死在我的手中……我的兒子被擊中頭部，他的臉被炸開了。」	「不顧附近有大量平民，用一噸重的炸彈攻擊民宅，表示以色列軍方雖然有做但並未採取足夠的預防措施，以避免對逃亡的平民造成過度傷害。即使建築物中有軍事目標（**有跡象表明，以色列軍隊認為那裡有隧道入口**），但這次攻擊似乎非常不合比例。」	根據國際特赦組織引用的證據，這次攻擊並非「不合比例」。隧道入口的可能存在建築物內，並不代表就能進行比例原則檢驗，而是必須表明，摧毀隧道將給予具體和直接的軍事利益。如果只要宣稱加薩的每座建築物都位於隧道上方，就會自動喪失其平民豁免權，這將是對《日內瓦公約》和第一議定書的一大嘲弄。這一事件，蓄意攻擊了平民和民用目標（**另見上述案例一的評論，指的是同一事件**）。
案例九※10	八月一日，空襲、砲擊和坦克砲火，攻擊了阿布尤瑟夫．納賈醫院（Abu Youssef al-Najjar）的館舍和周圍地區，嚴重損壞了建築物，造成數十人受傷，並最終迫使醫院撤離。醫院工作人員和以色列國防軍直接電話聯	「以色列攻擊阿布尤瑟夫．納賈醫院的原因，似乎和哈馬斯俘虜戈爾丁中尉有關。以色列電視第十台還報導了院內流傳一名受傷士兵可能在醫院的謠言。但是，即使以色列軍方再次認為戈爾丁中尉在院內，攻擊醫院及其附近地區也是草率	很難弄清楚為什麼國際特赦組織如此輕易地認為，戈爾丁在醫院和以色列發動攻擊之間存在因果關係？這不是以色列第一次在沒有正當理由的情況下鎖定醫院。國際特赦組織本身不就記錄了以色列對救護車的類似攻擊（**參閱案例十**）？在

案例十※11	
八月一日，多次無人機導彈攻擊一座清真寺附近，炸傷九名平民，其中包括三名兒童。另一架無人機導彈鎖定一輛載著幾位傷患返回醫院的救護車、燒死八人，其中	擊。第一次電話交談後，攻擊逐漸減少，但一小時後再次加劇，導致患者自發性的撤離。以色列國防軍在第二次電話中聲稱，戈爾丁在醫院——根據國際特赦組織引用一位醫生的證詞——並威脅說：「在我們釋放士兵之前，不允許病人離開醫院。」醫院工作人員強烈否認以色列的指控。自發性疏散的證人回憶說：「我看著醫院，永遠不會忘記我所看到的。離開醫院的人們在病床上拿著點滴，坐在輪椅上的也拿著點滴。我看到醫院的醫生帶著白色床單。」幾小時後，其餘的工作人員和病人進行了有組織的疏散。
「在回答國際特赦組織寫給……以色列大使館的信件時……以色列駐紐西蘭大使館發言人寫道：加薩的救護車經常被用來運送軍事人員。在這種情況下，以色列軍方沒有就他們為什	和無差別的……即使醫院被濫用於進行對攻擊方有害的行動——也沒有跡象表明阿布尤瑟夫·納賈醫院情況屬實——根據《日內瓦第四公約》，只有在適當警告且已經給予合理的撤離時間後，醫院所享有的保護才能中止。」
如果國際特赦組織引用駐紐西蘭大使發布、以色列解釋攻擊說詞，難道它沒注意到，以色列在過去行動中一再鎖定巴勒斯坦的救護車；儘管採用了高科技監視技術，但以色列只有	醫院攻擊開始後幾個小時，以色列國防軍第一次打電話到醫院，但沒有提到所謂的「戈爾丁」，而這次攻擊在第一次通話後迅速平息。這表明，攻擊的節奏和確保戈爾丁的釋放無關。第二次以色列國防軍的電話，就像以色列屈服於媒體報導的一樣，可能就是官方臨時湊合的託辭。同樣令人驚訝的是，如果「沒有跡象表明情況屬實」，為什麼國際特赦組織會推測該醫院「被濫用於進行對攻擊方有害的行動」。如果沒有任何跡象，為什麼一開始先炮製了這個危險的劇情——除非這是以色列的詭計？

包括三位兒童、兩位醫務人員和一位志工。而無人機導彈攻擊又鎖定晚到現場的第二輛救護車。一位目擊者回憶說：「我們看到的真是太可怕了！救護車看起來像一棵被完全燒焦的樹枝。屍體沒有任何部位——沒有腿、沒有手——它們都嚴重燒毀。」

麼攻擊救護車提供任何解釋。因為，國際人道法禁止鎖定救護車和醫護人員為目標。」

一次試圖提出證據，以合理化這種犯罪行為，而且這個唯一的例子，國際特赦組織本身還發現證據相當可疑？此外，為什麼國際特赦組織僅僅聲明，「國際人道法禁止鎖定救護人員和醫療人員」，而不說這是戰爭罪——實際上，這是一個特別令人髮指的罪行。※12

案例十一※13

八月二日，導彈攻擊摧毀了一棟住家，造成九名平民死亡，其中包括四名兒童。死去四位孩子的父親回憶起攻擊後去醫院，「孩子們的屍體被放在一個蔬菜冰櫃裡。我無法描述，在蔬菜冰櫃裡看到我孩子的屍體是什麼感覺。」

「阿卜度勒—瓦哈卜（Abdel-Wahhab）的妻子和孩子被殺的大樓可能遭到以色列軍方鎖定。因為據一位家庭成員說：「這位屋主可能和巴勒斯坦武裝團體有關。國際特赦組織無法確認這些資訊或澄清他當時是否參與敵對行動。無論如何，攻擊發生時他並不在場……在戰爭時他大多離家，但預期會回來……即使以色列軍方打算攻擊身為屋主的阿卜度勒，而且認為進行攻擊時他在場，但考慮到現場的平民，攻擊應該取消。因為這次攻擊可能不合比例原則。」

根據一些脆弱的推論——像是屋主（**阿卜度勒**）「可能曾參與巴勒斯坦武裝團體」，並且可能曾經（**或可能不曾**）「參與敵對行動」，即使「他在攻擊發生時沒有出現」但是「可能預期」在攻擊發生時返回——基於這種無限倒退的「可能、曾經」，國際特赦組織繼續進一步推測，「如果」以色列意圖鎖定可能曾經（**或可能不曾**）「參與敵對行動」的武裝團體的「可能曾經」成員，因為可能相信他在那裡是因為他「可能預期」會回來，所以「攻擊可能不合比例原則」。但根

			據「奧卡姆剃刀法則」，更好的解釋似乎是這樣：當以色列開始將拉法變成地獄時，以色列隨機地鎖定這個住家（**以及另外二千六百人**），殺死並傷害其居民。
案例十二※14	八月二日，一枚或多枚導彈射向位於難民營的平民住宅，造成四名家庭成員死亡，其中包括三名兒童。一位親戚回憶說：「他們帶著缺了頭或手臂的十歲尤瑟夫到毯子上，只有他身體的下半部分。」	「國際特赦組織沒有獲得任何資訊可確認，在這棟房子裡的任何人都是巴勒斯坦武裝團體的成員。然而，即使鎖定其中一個或多個人，這次攻擊似乎也不合比例。」	如果國際特赦組織「沒有任何資訊」可確認有平民以外的任何人出現在該處住宅，那麼這就是對平民和民用目標的故意攻擊。指稱巴勒斯坦戰士在建築物裡。這種無中生有的可能性，並基於這種毫無根據的猜測，將發動這次攻擊限定在「不合比例」，是一種懦弱而可恥的閃躲。
案例十三※15	八月一日，一枚炸彈落在家中，炸死十九位家人中的十五人，其中包括十名兒童；「所有人都是平民」，除了一位（**五十一歲的失業工人**）外，所有成年人都是女性。一位目擊者回憶說：「花了三天時間才找到所有屍體。在鄰近房屋的屋頂上發現一個死去孩子的腐爛屍體。」	「國際特赦組織無法確定任何潛在目標或攻擊原因……即使附近有軍事目標，這次攻擊似乎也是不合比例或無差別的。」	如果沒有已知的「攻擊的潛在目標或原因」，那麼令人困惑的是，為何國際特赦組織推測類似標的存在的可能性？如果法律評估是以證據為基礎，那麼這是對平民和民用目標的直接鎖定攻擊。

案例十四※16	案例十五※17
八月二日，一枚炸彈落在四個相鄰的臨時住所上，炸死八位平民，其中包括六位兒童；在場沒有人被辨認為武裝團體的成員。一名目擊者回憶起之前的以色列警告。「他們說：『以色列國防軍警告你不要離開你的房子或移動到另一個地方，除非你想處於危險之中——我們已經警告過你。』所以，他們告訴我們不要出去，然後他們就從我們的上面摧毀我們的房子。」一個孩子的屍體被「扔到一個水泥房子的屋頂上」，第二個被「撕成碎片」，而第三個人的「頭部破裂，他的大腦流了出來」。	八月二日，一棟房子發生空襲，造成九人死亡，其中包括五位兒童。一名目擊者回憶說，她的媳婦被爆炸吹到「離爆炸現場十七公尺遠，我們發現她的部分身體散落在鄰居的屋頂上」。
「國際特赦組織未能確定這次攻擊的目標是什麼。那些傷亡者是平民，攻擊的附近區域沒有戰鬥。」	「所有和國際特赦組織交談的證人都表示，攻擊發生時該建築物內沒有人是武裝團體的成員。以色列軍隊在這次攻擊中的預定目標仍不清楚。即使附近有軍事目標，這次攻擊似乎也不合比例。」
如果國際特赦組織有瀏覽過自己的報告，可能已經能夠確定：為了執行「復仇」和「阻止未來的俘虜企圖」，以色列故意鎖定這些平民。	如果沒有證據顯示軍事目標存在，那麼它是不是故意攻擊平民和民用目標？但是國際特赦組織決定「這次攻擊似乎不合比例」。先不考慮其他問題，在沒有已知的軍事目標的情況下，國際特赦組織怎麼能計算

出這次攻擊是否合乎比例原則？如果法律評估不再需要證據，那麼房屋被攻擊的優先順位「可能已經」位在哈馬斯核武器的計劃之上。

※ 1 Amnesty International, "Black Friday," pp. 45–46 (Bin Hammad Family).
※ 2 Ibid., pp. 31–34.
※ 3 Ibid., pp. 46–47 (Lafi Family).
※ 4 Ibid., pp. 47–49 (Qishta Family).
※ 5 Ibid., pp. 48–49 (al-Saba Family).
※ 6 Ibid., pp. 49–50 (Abu Mohsen Family).
※ 7 Ibid., pp. 50–52 (Abu Duba Family).
※ 8 Ibid., pp. 52–53 (al-Gharib Family).
※ 9 Ibid., pp. 53–54 (Arafat Family).
※ 10 Ibid., pp. 54–56 (Abu Youssef al-Najjar Hospital); see also pp. 39–41.
※ 11 Ibid., pp. 56–58 (ambulance in Musabbeh, Eastern Rafah).
※ 12 Commentary on the Additional Protocols, Article 12.
※ 13 Amnesty International, "Black Friday," pp. 58–59 (Abdel-Wahhab Family).
※ 14 Ibid., pp. 59–60 (Abu Taha Family).
※ 15 Ibid., pp. 60–62 (Zoroub Family).
※ 16 Ibid., pp. 62–64 (Neireb, Ghoul, Manyarawi, Abu Ayta Families).
※ 17 Ibid., pp. 64–65 (Abu Suleiman Family).

國際特赦組織在案例研究中蒐集的那些駭人的、令人心酸的故事，讓人幾乎無庸置疑，以色列在拉法製造的地獄壓根不是軍事行動，而是對手無寸鐵的平民的「恐怖攻擊」。然而，在法律部分的綜合結論中，國際特赦組織所能允許的最大限度則是，「以色列軍隊在拉法的部分違法行為……可能在執行上達到對平民廣泛且系統化攻擊的程度……將國家政策納入考慮，也可能構成危害人類罪」。[110]然而，《「黑色星期五」》所蒐集的證據，無可避免地導向結論：並非「部分」案例「可能」，而是整起事件確實構成危害人類罪。雖然國際特赦組織在《「黑色星期五」》投入可觀的心力，最終讓他們永遠蒙羞的是：他們怯於面對他們發現的事實，而是在將報告在法律上進行漂白。

這讓人嚴重質疑，國際特赦組織對保護邊緣行動報告的客觀性和專業程度。他們表現出對哈馬斯的偏見，而偏好以色列。這也標誌著國際特赦組織的嚴重倒退，而且是從過去二十年，他們在以巴衝突的報告中所立下的嚴格標準中倒退。國際特赦組織也許想要回應，如果一位公認巴勒斯坦人權的支持者（例如，我）批評他們有「親以色列」的偏見，而以色列批評他們有「親巴勒斯坦」的偏見，那表示他們一定做對了某些事。這就好像說，如果某人同時被「地平說」支持者和「地圓說」支持者攻擊，就證明「地橢圓說」支持者說出了事實。唯一有效的判別是看事實說了什麼，那些外加的偏見其實都無關緊要。從這個標準來看，還有本章整理了大量怠忽職守的證據，國際特赦組織將有很大的壓力在為自己在保護邊緣行動後的表現辯護。最令人印象深刻的是，當他們接受挑戰之後，回應卻如此的軟弱無力。[111]

轉向的理由

一個與此無關但十分關鍵的問題是：發生了什麼事？在缺乏確切證據的情況下，只能從國際特赦組織突然出現改變的方向來推測；而從更廣的政治脈絡來看可能會更容易理解。近年來，以色列在西方輿論戰的支持正在緩慢而穩定的流失。[112]可靠的人權團體積極且是非分明的立場，揭露以色列侵犯巴勒斯坦人權的行為，都在這個歷史趨勢中扮演關鍵角色，這種情形在鑄鉛行動時達到了高峰。當大量人權報告仔細地記錄以色列在攻擊加薩時的罪行，最終看起來，以色列可能需要為自己的罪行負責。面對如此嚴峻且顯而易見的威脅，以色列和他們強大的國際遊說團想要逆轉此一潮流，對抗他們所謂的「法律戰」——亦即，「透過人權語言孤立以色列」。[113]他們展開了激烈又無情的行動，以汙衊、誹謗、高壓手段，鎖定那些以色列人權紀錄的批評者。這個巨人最出名的傷亡名單就是理查．戈德史東：一位支持猶太復國主義，具備完美專業資歷的法官，卻被迫發表丟人的公開認錯聲明，不僅傷害他的職業生涯，一世英名也毀於一旦。[114]戈德史東的命運成了人權社群的警世名言，因為，沒有一個以色列的批評者能逃出掌握，也沒有人可以免於懲罰。很快的，知名法官克里斯蒂安．湯默夏特（Christian

Tomuschat）[115]和威廉・夏巴斯（William Schabas）[116]，也被以色列的深淵給吞沒。如果有人對戈德史東的失勢仍存疑，那不祥之兆已經顯現：如果你（或你身邊的人）有不可告人之事，最好別和以色列作對，或者識相一點，把以色列從你的清單上劃掉。不可否認，其他因素也有影響。鑄鉛行動的人權報告，最終塵封在聯合國的官僚機構裡，因為美國、以色列和巴勒斯坦自治政府密謀把案子壓下去。[117]如果這些人權報告都不免被人遺忘——不只受害者本身，也包括他們的官方代表——似乎製造更多人權報告也沒有意義。在以色列發動保護邊緣行動的時候，公眾輿論也逐漸習慣以色列的定期屠殺。記錄屠殺的細節變得不那麼急迫，因為懷疑以色列能夠如此殘忍的人也逐漸減少。同時，當「阿拉伯之春」變質成「阿拉伯之冬」，隨後的地區動盪伴隨著人權災難，也跟著讓巴勒斯坦的問題相形見絀、越趨邊緣。不過，國際特赦組織髮夾彎的最重要因素幾乎是「恐嚇」。事實上，以色列的遊說團體，像是「非政府組織監察」（NGO Monitor），就鎖定國際特赦組織。[118]除了有缺陷的保護邊緣行動報告外，國際特赦組織英國分會舉行的反猶太主義投票，也強調他們的緊張。即使所有證據都顯示，「反猶太主義在英國是非常邊緣的現象」。事實上，根據調查結果，只有十%以下的民眾對猶太人有負面觀感；而六十%的人對羅姆／吉普賽人懷有負面觀感；四十%的人對穆斯林懷有負面觀感。[119]而這種帶有明顯目的，哀嘆「新反猶主義」的週期運動，可以壓制（或掩護）對以色列兇殘人權紀錄的批評。[120]然而，二〇一五年，國際特赦組織的英國董事會簽署一項會員以些微差距落敗

（四六八對四六一）的決議，呼籲國際特赦組織英國分會對抗重新復活的反猶太運動。[121]

如果國際特赦組織向政治勒索投降，這也反映出一項事實：國際特赦組織首次被迫獨自在以色列、巴勒斯坦的政治叢林中求生。直到保護邊緣行動以前，國際特赦組織和人權觀察組織通常會就潛在的高爭議議題發布確認或補充的報告／意見書。他們替彼此支援，彼此充當對方在道德—政治上的後盾。兩個組織都發表記錄以色列在第一次巴勒斯坦起義時使用酷刑的報告；兩者都發表聲明，支持巴勒斯坦人有權返回他們在以色列的家園；兩者都記錄了以色列在「防禦之盾行動」（二〇〇二年，Operation Defensive Shield）的戰爭罪行；兩者都對鑄鉛行動發布了譴責報告。[122]但是，人權觀察組織在保護邊緣行動採取旁觀的態度，它沒有採取行動。如果國際特赦組織沒有出版保護邊緣行動的五部報告，本章就無法記錄如此大量的違規行為。如果本章對人權觀察組織保持沉默，那是因為，人權觀察組織實際上對保護邊緣行動保持沉默。[123]究竟是國際特赦組織的違規，還是人權觀察組織的疏漏？哪一邊犯的罪比較重？就留待道德家去決定。

國際特赦組織逆轉造成的傷害之大，幾乎再怎麼誇示都難以形容。巴勒斯坦人權的支持者和公正且持久的和平，都仰賴國際特赦組織能夠平衡以色列「宣傳計劃」和親以色列媒體的偏見。國際特赦組織棄守專業職責讓人既灰心又沮喪，最嚴重的罪影響則更為深遠：它放棄了被遺棄的民族，而這個民族遭到不合法、非人道封鎖，不時還受到反覆發生、不斷升級的屠殺；

以色列還收到公開邀請犯下新的更糟糕的屠殺，因為人權團體已經因為恐懼而噤聲。如果是為了加薩人民的利益著想，我們希望，國際特赦組織（和人權觀察組織）能夠找到自己的出路。

一旦以色列成功地威脅國際人權社群使其屈服，它的鎧甲上僅剩的裂縫就是國內的人權組織。其中「打破沉默組織」最讓以色列感到憤怒。[124]他們整理了以色列每一次在加薩屠殺目擊士兵的證詞，不容置疑而且十分驚人。以色列以極度公開的方式摧毀打破沉默組織。[125]在美國，帶頭造謠的就是前哈佛大學法學教授艾倫．德肖維茨。他指控該組織，「因為沒有說出真相，對以色列造成極大的傷害。」[126]如果以色列能夠抵銷打破沉默組織的影響，那未來在加薩進行大屠殺的最後障礙也被清除了，從今以後，不再有人能夠為西方讀者忠實地記錄以色列的罪行。但不幸也不公平的是，信譽良好、值得信賴的巴勒斯坦人權團體，可能在西方的公眾中缺少可信度。在之後的「行動」中，以色列將可以隨心所欲，並已經知道保證不會受到懲罰而更加膽大妄為。下一輪災難遲早要來的。

在加薩失敗的還不只知名的人權團體。「聯合國兒童基金會」在保護邊緣行動其間發布的聲明，大致上就行動對加薩和以色列兒童的衝擊採取虛偽的平衡報導：「加薩和以色列不斷升級的暴力，對兒童造成毀滅性的傷害和威脅」；「兒童受到加薩和以色列日益惡化的暴力衝擊」；「在加薩的暴力行為甚至奪走更年輕的生命……兩邊的兒童死亡率攀升」；「又一間加薩的學校失火……以色列的兒童生活在無差別攻擊的威脅之下」；「各方兒童的死亡構成了衝突，對各方兒童及其家庭造成可怕影響的進一步悲慘證據」。[127]儘管「救助兒童會」（Save the Children）、「戰爭兒童」（War Child）和「聯合國兒童基金會」，還有一票巴勒斯坦人權團體，例如，卜采萊姆不斷呼籲，聯合國高層仍然「迫於政治壓力」，並未將以色列列入聯合國二〇一五年「兒童權利重大侵犯者」清單。[128]在保護邊緣行動之後，一群人道機構一個接著一個，像奶油一般；當以色列開始加熱就紛紛融化了。在保護邊緣行動中，德高望重的英國醫學期刊《刺胳針》，發布了一份由專業醫療人員連署的「公開信」，譴責以色列在加薩的「攻擊」和「屠殺」。這封信引起了爆炸般的抗議、控告和反控告，佔據了接下來四個月的新聞版面。雖然遭受到砲火猛烈的人身攻擊，主編理查．霍爾頓（Richard Horton）起初仍然堅持立場，刊出將加薩描述為「監獄」的評論，清點伴隨以色列攻擊產生的屠殺，並為刊出公開信辯護。但是隨著以色列無遠弗屆的忠貞黨員不斷地抹黑、揚言杯葛，霍爾頓屈服了。接著發生的事，很像保羅歸信和毛澤東文化大革命的怪異翻版。在一場自我批評、戈德史東式的儀式中，霍爾頓說出：一趟以色列旅行是「我的轉捩點」、「天堂般的經驗」。他醒悟到，原來他之前都被嚴重誤導——他在以色列經歷的現實是，「猶太人和阿拉伯人間夥伴關係的振奮模範……民族間和平且有益的未來願景」——然後發表了公開的自我批評。除此之外，他承諾「永遠不會再發布這樣的信」。不管在以色列停留期間或之後，他似乎都沒有發表批評的言論。但是他特別找時間聽了以色列哲學家艾薩．卡謝爾的演講，並深深為他所折服。卡謝爾替以色列軍方編製了倫理守則，他之前也對以色列士兵「在鑄鉛行動中的勇氣」印象深刻。霍爾頓接著對以色列戰鬥人員「採取極端預防措施，防止平民傷亡……為此必須冒著生命危險」的「觀點」表達「高度敬意」。他接著想，「如果是我在那個處境我會怎麼做？」坐在倫敦的扶手椅上批判很容易，在遠離理念的戰場上則困難得多。難道這不是每個戰犯的辯詞嗎？很難決定究竟是這種令人難堪的怯懦態度，抑或是虛情假意或平庸的態度更令人厭惡。[129]此後不久，賈克·德馬約（Jacques de Maio）國際紅十字國際會在以色列和巴勒斯坦佔領領土的代表，在耶路撒冷發表了有關「人道法」的談話。他不僅沒有批評保護邊緣行動，反而將以色列表揚了一番，「從比較的角度來說，以色列和佔領領土（O／T [occupied territories]）的近乎人道的做法（Humanitarian access）做得相當出色。事實上，我想不出還有其他紅十字會運作的地區……人道組織的資源做得像這裡這麼好」。德馬約將這種諂媚的頌歌獻給他的老闆。即使以色列一再封鎖人道團體，包括紅十字會進入加薩；即使他們鎖定了執行救援任務的初期應變人員；即使紅十字會本身也在以色列最近的行動中，「強力譴責一連串令人極度恐慌的，對人道工作者、救護車和醫院的攻擊」。[130]這也不是德馬約在漂白以色列罪行上，最後一次下探到道德墮落的底線。

同時，前國際刑事法院主要檢察官路易斯·莫連諾·歐坎波（Luis Moreno-Ocampo），近年搖身一變成為以色列的主要顧問。有一段時間，他定期前往以色列；就在那段期間，他對以色列的尊重「法治」大加讚賞，聲稱以色列在巴勒斯坦佔領領土上屯墾區的法律地位，是一個「全新的」開放性問題（即使十年前國際法院的十五位法官就一致宣布這是違法的[131]），並宣稱，保護邊緣行動的法律問題「高度複雜」。[132]我不明白究竟複雜在哪裡？是以色列在舒加艾耶丟下超過一百枚一噸炸彈呢？還是無差別發射了二萬發高爆砲彈進入加薩的人口密集區？是以色列按照次序地剷平上千戶平民住宅？還是向手持白旗的平民開槍？是以色列鎖定明顯標記的救護車呢？還是鎖定明顯標記的平民避難所（即使以色列曾經承諾不會鎖定他們）？莫連諾·歐坎波的以色列聽眾，可能會因為他舒緩的言詞而感到溫暖，但知情的讀者則會對這種出賣刑法貞操的行徑氣到發抖。[133]

《刺胳針》、紅十字會、國際刑事法院……屈服普遍的程度和可悲的程度成正比。然而，在另一個專業失職的可悲場景是，連聯合國人權理事會都在保護邊緣行動後背叛了加薩。

附錄

本章對《「黑色星期五」》的批評也交給國際特赦組織聽取他們的評論。以下包括經過稍微編輯過的國際特赦組織回應（他們親切地同意轉載）和我的答辯。

回應諾曼·芬克斯坦先生，對國際特赦組織《「黑色星期五」》報告的批評。[134]

我們認為你的批評扭曲了我們二〇一四年以色列／加薩衝突的著作，和我們的法律分析。忽視我們為衝突當中罪行的受害者尋求正義的努力，且未能考量我們已經公開的，和法醫建築合作調查的大量證據。雖然我們歡迎對我們著作的建設性批評，包括批判性的觀點，但我們完全拒絕你的結論——認為《「黑色星期五」》代表了「漂白」。

國際特赦組織以及法醫建築，選擇集中探討二〇一四年八月一日至四日，以色列對拉法的攻擊，基於幾點理由：包括在加薩地區和國際特赦組織簽約的田野工作者的能力，像是取得目擊者證詞和其他相關資訊；媒體和社群媒體上的即時影像和影片的數量，讓分析師能夠重建特定的攻擊事件、確定的時間和地點；當部分最嚴重的攻擊開始之後，能否取得拉法的高解析度衛星影像，包括二〇一四年八月一日晚上十一點三十九分；我們引用的關於「漢尼拔指令」的事實。許多因素的結合，促使國際特赦組織和法醫建築決定——儘管以色列在二〇一四年戰爭期間和之後，持續禁止國際特赦組織的研究員進入加薩——取得以色列軍隊在拉法攻擊期間犯罪的有力證據。以色列在保護邊緣行動期間，違反國際人道法的行為和罪行，確實不限於拉法；國際特赦組織並未在《「黑色星期五」》或其他有關二〇一四年戰爭的著作中暗示這一點，且本會已經記錄了以色列在加薩許多地區，認為可能犯下戰爭罪並應加以調查的攻擊行為。特別是，以色列在舒加艾耶和庫札阿住宅區，大量使用大砲及其他火力的情形，也和拉法有許多相似之處。

國際特赦組織利用國際法的框架，促使全世界國家和非國家行動者，包括在武裝衝突的情況下維護人權和保護平民，並在權利受到侵犯和犯罪出現的時候，要求正義、真相和賠償。作為工作的一部分，我們積極蒐集違法行為的證據，並根據調查結果，利用相關的國際標準（**主要但不完全是國際人道法，在武裝衝突的情況下**）分析發生的事件。我們利用調查結果和法律分析公開倡議，並向政府、國際機構及其他單位提出建議，以停止進一步的違法行為，並確保已經犯下的罪行能得到賠償。我們也視情況參與國家或國際的調查機制和司法機關。不過，國際特赦組織並非司法機關，我們的法律分析因此並非起訴或是最終判決；相反的，只呈現我們蒐集的資訊，以便支持我們向政府、國際機構或其他單位提出建議。在針對特定案件，尤其在國際法上可能視為犯罪的案件進行法律分析時，我們注意到，在管轄法院提出這種論證所必須的證據標準和舉證責任，這些遠高於在學術或新聞文章中做出特定論證所需要的要求。

我們也十分注重一件事實：即使罪行觸犯國際法，犯罪或下令犯罪而被起訴的任何人仍擁有接受正當法律程序的權利，包括在特定控告中維持無罪推定的權利。預設特定的攻擊行動是事先預謀，或者整個漫長的軍事行動，例如，以色列的保護邊緣行動為「意圖……『懲罰、羞辱和恐嚇』平民」，並非遵守國際標準的法官或陪審團的選擇。

我們的職責範圍是積極蒐集、評估，並公開記錄違法行為的資訊，倡議追求正義，賠償受害者及其家屬，這是我們在二〇一四年加薩／以色列戰爭中及之後所做的全部工作。我們的成果持續受到媒體廣泛報導，讓受害者的正義得到持續關注，並得到政府和司法單位的注意。像是國際刑事法院的檢察官，已經對巴勒斯坦人進行初步檢視。我們將繼續推動，讓該為戰爭罪負責的人接受懲罰、負起責任，並終結其他在以色列和巴勒斯坦佔領領土違反國際人道法行為，包括但不限於二〇一四年以色列／加薩戰爭。在我們有限的資源和其他限制條件下，我們盡最大努力，以戰略性且有助於實現真正長期人權變革的方式展開這項工作。正是這些，而非從不同立場對我們在以色列和巴勒斯坦佔領領土工作的批評，來真正引導我們。

在軍隊擁有並使用高精密武器的情況下，國際特赦組織必須進行的事實和法律分析的其中一部分是，嘗試理解並評價軍事規劃者和決策者所依據的前提，這和容忍這些前提不同。換句話說，我們在分析以色列每次攻擊時，需要考量的是是否或可能存在真正的軍事目標？即使在像二〇一四年八月一日至四日的拉法攻擊，這種案例也是如此。拉法攻擊的規模和死傷，當然不可能因為阻止一位以色列士兵被抓這種目標而合理化。

軍事標的可以包括巴勒斯坦戰士和軍事目標，像是用於軍事目的的裝備和設施、武器和彈藥庫。其他標的則未必和軍事有關，包括隧道、民宅和其他建築。當他們在攻擊中使用或對軍事行動有實質助益時，則可能成為軍事目標。還有，如果在當時的情境下，破壞或俘虜該目標，能提供明確的軍事利益也算。以色列當局沒有公布關於標的和具體目標的充足資訊，以便對其合法性進行全面評估——這是我們一直批評的事實。儘管如此，在二〇一四年八月一日至四日的拉法敵對行動，甚至在更大的二〇一四年——以色列／加薩戰爭的背景下，我們不能因為尚未發現相關資訊，就預設以色列每次攻擊都不存在合法的軍事標的。因為，以色列軍隊在拉法攻擊時，使用了像是無人機導彈的精準彈藥（**此外，顯然也用了大量的大砲和其他範圍武器**）。而且，因為在敵對期間，巴勒斯坦戰士和軍事設施至少出現在拉法部分地區。我們必須考慮到，以色列每次攻擊是否存在合法軍事標的的可能性？我們最多可以說，經過各種研究，我們無法在特定攻擊中找到合法的軍事標的，這不意味著我們必須相信會有一個。根據現有資訊判斷特定攻擊的意圖甚至更為困難，因為，即使使用精準武器，國際人道法也允許一位「合理的指揮官」基於他／她當時可得到的資訊做出決定，導致犯錯的可能性。基本上，我們必須分析每個案例，並有意識地以小心謹慎的方式呈現我們的結論，這意味著通常只對案例做出最小限度的結論而非最大限度的。在《「黑色星期五」》報告中的案例，我們相信，我們已經提出相當強力的論證。即使從「合理指揮官」的角度來考慮，這件案子也應該單獨視為「戰爭罪」來調查，而且個人應該承擔刑事責任。換句話說，這個策略，事實上類似於你猜測的。當你寫到，「也許有人會說，國際特赦組織採納很多以色列的前提，或對以色列有利的前提，為了證明即使接受這些前提，以色列還是有罪。」我們相信，如果我們希望，以色列軍方或政治人物能夠以「戰爭罪」被起訴，採用這個策略就是正確的。

因此，我們拒絕接受此一批評，說策略「最終扭曲了發生的事實，讓以色列擺脫了更嚴重的法律指控」。

從法律上來說，不同類型的戰爭罪之間或戰爭罪，和危害人類罪之間沒有階級關係，都被認定是「整個國際社會所關注最嚴重的罪行，不該不受到懲罰」。當具有證據能力的證據充分時，准許所有國家——有時是義務——將任何犯罪或下令犯罪的人交由司法審判。無論犯下哪一種類型的戰爭罪，還是作為危害人類罪的一部分的行為。「危害人類罪」依國際刑事法院《羅馬規約》第七條的定義，包括「作為針對任何平民廣泛且系統化攻擊行動的一部分，並明知攻擊本身」的謀殺行為。

從法律上來說，「戰爭罪」的條件是：明知攻擊將會造成平民傷亡和民用目標損壞，但仍蓄意發動攻擊；針對平民或民用目標發動蓄意攻擊，並獲得超過預期的具體直接軍事利益（例如，不合比例原則的攻擊）；或不加區別攻擊軍事目標和平民或民用目標；或將平民城市或城鎮中數個軍事目標視為單一軍事目標。以上行為均為國際人道法所禁止且均為戰爭罪。

如果國際特赦組織無法確定造成平民死亡或受傷的攻擊是否針對軍事目標，我們將根據具體情況判斷：特定攻擊是不合比例的或不加區別的——如果不是直接攻擊平民或民用目標的話。想要論證本會以某種方式有意淡化以色列的罪行，或忽略這次攻擊是四天攻擊行動的一部分，且似乎出自於復仇或懲罰拉法平民的慾望，都是完全不正確的。

台端似乎將我們對以色列拉法攻擊中特定攻擊事件的分析，和我們對以色列整體攻擊的分析混淆了。我們並非「因為考慮以色列意圖殺死戈爾丁，而將『拉法屠殺』視為攻擊不合比例原則、無差別攻擊、未能採取所有可行預防的措施」。如同上述，每起攻擊都應該獨立分析，然後才能得到關於這起事件發生的四日攻擊的結論。不過，我們強烈反對將我們的分析「形同將攻擊平民以阻止未來的戰俘交換，這種完全不合法的目標合法化」的想法，使用像是「邁向比例原則」的語言，指稱「漢尼拔指令」的邏輯，和以色列軍方執行此一指令的邏輯，也不意味著我們某種程度上贊同這種邏輯。在報告中，考量了我們所知道的「漢尼拔指令」（**因為真正的指令是密件**），以及它在二〇一四年八月一日至四日拉法攻擊中執行的方式。無論如何，我們絕對不贊同該指令或其實施方式。台端的論證指出我們這麼做將會扭曲我們的報告。

對國際特赦組織的回應之答辯

本章和國際特赦組織的論點的關鍵歸結為一個問題：以色列在保護邊緣行動期間的主要行動，是否鎖定平民或合法的軍事目標？雖然國際特赦組織的事實證據肯定了前者，法律分析卻認定為後者。換句話說，報告法律分析一直和證據結果相互矛盾，並讓以色列免於最爆炸性的指控譴責。

國際特赦組織許多關於保護邊緣行動的報告，在分析上分成三個單獨的層次：個別事件（例如，一棟房屋）、主要攻擊（例如，拉法）、整場行動。在這些層面中，國際特赦組織的法律分析得出了類似的結論：以色列可能在追求合法軍事目標的過程中犯下戰爭罪，但它幾乎從未故意鎖定平民。舉例來說，在《瓦礫下的家庭》中，國際特赦組織分析了以色列鎖定加薩平民的房子，導致大量平民死亡的案件；它猜測，在每次攻擊中都有一個可能的軍事目標。在調查拉法攻擊《「黑色星期五」》的報告中，以色列「荒唐」且「瘋狂」的火力使用已經達到顛峰，國際特赦組織卻仍然猜測，在已經或正在分析的十五件獨立案例中，有十三件可能存在軍事目標。《「黑色星期五」》據此總結，以色列「可能」大多數「部分」案例在鎖定平民並犯下危害人類罪；但是國際特赦組織在《「黑色星期五」》所收集的證據，卻無可避免地指向截然不同的結論。而在微觀和巨觀層次，拉法攻擊都是對平民的預謀、蓄意攻擊。這已構成危害人類罪。

國際特赦組織並未討論本章對《「黑色星期五」》的具體批評，大部分的回應都陷入不著邊際，充其量是不相關的泛泛空談。而在實務上的處理則太過失格。因為，「魔鬼藏在細節裡」，迴避細節，這份回應就沒有說服力。這份簡短的答辯，將集中討論幾個國際特赦組織一直努力建構的實質論點。粗體字部分是從國際特赦組織的回應中挑選的文字：

一、預設特定的攻擊行動是事先預謀，或者整個漫長的軍事行動，例如，以色列的保護邊緣行動為「意圖……『懲罰、羞辱和恐嚇』平民」，並非遵守國際標準的法官或陪審團的選擇。

國際特赦組織似乎把批評的方向弄顛倒了。對照國際特赦組織在《「黑色星期五」》中蒐集的證據和法律分析的矛盾，顯示國際特赦組織本身在事件中、事件後，不斷「預設」以色列攻擊並非預謀鎖定平民——儘管它的證據明白顯示就是如此。國際特赦組織本身的「預設」和自身的證據相衝突，且偏袒以色列。最典型的例子，請參閱表十一（改編自表十）。

國際特赦組織提出的法律分析是以和實際事實脫節的假想情節為前提，使以色列免受針對平民的政治爆炸性指控。比較國際特赦組織同時期在其他地區報告的推論過程，會有一些相當具啟發性的發現。

表十一　國際特赦組織案例研究——細節

國際特赦組織的證據	國際特赦組織的法律分析	芬可斯坦的評論
八月一日，一家十九人有十五人喪生，其中有十位孩童。家中「所有」居民「都是平民」，除了一位（五十一歲的失業者）為男性，其他成人均為女性。	「國際特赦組織無法辨認任何攻擊的潛在標的或理由……即使附近有軍事目標，攻擊似乎是不合比例原則或者無差別的。」	如果沒有已知的「攻擊的潛在目標或原因」，為何國際特赦組織推測可能存在一個，就讓人感到困惑。如果是基於證據的法律評估，這就是直接攻擊平民和民用目標。

在《日夜從天而降的炸彈：北葉門戰火下的平民》（*Bombs Fall from the Sky Day and Night": Civilians under fire in northern Yemen*, 2015）中，國際特赦組織聲明：

> 從攻擊其他軍事目標……的證據來看，例如，葉門的基礎設施、政府大樓、移動中的車輛和其他標的，顯示了聯軍具有一定的精準打擊目標的能力。在調查該國其他區域的空襲時，國際特赦組織發現胡塞武裝組織／沙雷（Huthi/Saleh）效忠者控制的軍事基地，或其他軍事目標遭到聯軍反覆空襲。然而，研究員發現，薩達省（Sa'da governorate）的民用目標遭到空襲不只一次，顯示這樣的攻擊並非偶然。

舉例而言，在國際特赦組織調查的至少四次空襲中，房屋遭受不只一次的攻擊，表示它們是預定的目標。國際特赦組織還訪問了薩達市及其周圍遭到空襲的六個市場，並分析了附近其他城鎮和村莊的市場空襲後果的錄影。部分市場在不同時機遭到反覆攻擊，攻擊發生在一天之中許多平民聚集的時間……國際特赦組織並未發現任何證據顯示市場被用於軍事目的。

國際特赦組織在葉門案例中所採用的證據標準如下：如果交戰方具有「一定的精準打擊目標的能力」；如果「在不同時機遭受到反覆攻擊，攻擊發生在一天中許多平民聚集的時間」；如果國際特赦組織「並未發現任何證據顯示」民用目標「被用於軍事目的」，那就表示，平民「事實上是有意空襲的目標」。但是，難道以色列的飽和轟炸、精準導彈攻擊、密集大砲砲擊拉法平民密集社區，還連續四天不停，在幾乎沒有合法軍事目標的情況下，不能顯示平民是「意圖攻擊的目標」？為何在葉門的案例不加上狡辯的但書——「國際特赦組織」並未發現任何證據顯示市場被用於軍事目的。**即使那裡有軍事目標……？**

國際特赦組織的操作手法所造成的扭曲，在保護邊緣行動兩年後發布的文件中，明顯到令人痛苦且噁心的程度。他們譴責行動期間犯下的暴行是缺乏責任感的行為。[135]文件中重述了惡名昭彰的事件細節：有四名十至十四歲的巴勒斯坦孩童在「海邊玩捉迷藏」時遭到殺害：「攻擊過程由國際記者全程記錄……他們清楚地看到跑過去的是孩童」；以色列軍隊發言人

「公告……攻擊鎖定的是哈馬斯的海軍『基地』，而記者的描述則是一間破敗的小漁寮」；「沒有記者報導在漁寮附近有軍事活動」。國際特赦組織從這些確證的證據中得到什麼結論？「至少，攻擊未能採取必要的預防措施來保護平民，包括在進行攻擊之前確保目標具有軍事性質」。人權組織的職責是報導「至少」發生什麼事，或者基於所有證據**可能**發生什麼事嗎？國際特赦組織提到以色列的調查，替軍方的殺人罪行卸責，但「並未解釋軍隊為何沒有如實地辨識出」孩童。他們甚至沒有想過，或不允許自己想過，以色列國防軍**已經**「如實」辨識出在海邊嬉戲的四個小孩——進而去謀殺他們。[136]

國際特赦組織的回應宣稱，遵守國際法的單位，沒有總結拉法屠殺是「意圖『懲罰、羞辱和恐嚇』平民」的「選擇」。但是裡面的引文其實出自戈德史東調查鑄鉛行動（二〇〇八～二〇〇九）的報告。[137]這個評論讓人沮喪。國際特赦組織現在遠離戈德史東，儘管它之前發布了十五份聲明支持該報告。[138]舉例來說，其中一份聲明宣稱：

> 聯合國所有相關機構必須迅速一致行動，落實聯合國授權調查違反國際法的《戈德史東報告》建議……報告的調查結果和國際特赦組織自己的田野調查相符……《戈德史東報告》的關鍵調查結果：以色列部隊違反人權和國際人道法，構成戰爭罪，有些可能構成危害人類罪。值得注意的是，多起致命攻擊的調查結果顯示，這些對平民和民用目標的攻擊是有意為

之，意圖在平民中散播恐懼，而沒有合理的軍事目標。[139]

然而，更重要的是這一點：保護邊緣行動在目標和執行方式上和鑄鉛行動沒有實質區別，只是保護邊緣行動所造成的破壞程度更大。《戈德史東報告》依據所蒐集到的證據，國際特赦組織也確認了——以色列在「許多案例」中都蓄意鎖定平民。雖然國際特赦組織在保護邊緣行動報告和《「黑色星期五」》都指出了同樣的結論，國際特赦組織卻在法律分析中推斷、假設或懷疑。毫無例外，以色列幾乎都並非鎖定平民，而是鎖定合法的軍事目標。我也不明白，為何國際特赦組織在法律上沒有「選擇」，來總結以色列在保護邊緣行動中企圖「懲罰、羞辱和恐嚇」加薩平民。事實上，《「黑色星期五」》本身就發現，以色列在「加薩的屠殺」出於「復仇的慾望、教訓一頓或懲罰平民」。但在這份報告上，試圖用三言兩語將拉法屠殺和國際特赦組織所謂沒有「選擇」使用的「懲罰、羞辱和恐嚇」分別開來。真正的問題似乎是，國際特赦組織在法律結果上迴避真正發生的事實結果。國際特赦組織在回應中斥責我，宣稱我「未能考量我們已經公開的大量證據」。但是，難道不是國際特赦組織未能考量這些——亦即自身所有的——大量證據嗎？

二、我們不能因為尚未發現相關資訊存在，就預設以色列每次攻擊都不存在合法的軍事標的。因為以色列軍隊在拉法攻擊時使用像是無人機導彈的精準彈藥（此外，顯然也用了大量的

大砲和其他範圍的武器）。而且，因為在敵對期間，巴勒斯坦戰士和軍事設施可能會出現在拉**法部分地區，我們必須考慮，以色列每次攻擊是否存在合法軍事標的的可能性。我們最多可以說，經過各種研究，我們無法在特定攻擊中找到合法的軍事標的，這不意味著我們必須相信會有一個。**

這一聲明的本質是，每當以色列使用精準武器，國際特赦組織「無法預設不存在合法的軍事標的」；事實上，還應該「考慮」目標存在的「可能性」，**即使所有已知證據都指出以色列鎖定平民**。承認此事有幾點讓人玩味。**首先**，雖然國際特赦組織最先反對「假設」以色列以平民為目標，但本身主張「假設」以色列在使用精確武器時鎖定軍事目標，即使所有現有證據都證明並非如此。**第二**，國際特赦組織推翻了直觀的假設，如果攻擊所用的精準武器造成平民死亡，而且沒有證據顯示軍事目標存在，那麼——因為使用了精準武器——對平民的攻擊就是蓄意為之；相反的，國際特赦組織宣稱，如果使用了精準武器，即使所有證據指出如此，以色列也未必鎖定平民。國際特赦組織並未替其推測，以色列不會使用精準武器鎖定平民提供任何根據，儘管大量證據指出以色列一再無恥地鎖定平民，包括兒童、民用目標，許多證據還是國際特赦組織自己蒐集的。**第三**，如果國際特赦組織有義務在以色列使用精準武器的時候「考量」目標是「合法軍事標的的可能性」，那麼除非以色列自己承認，國際特赦組織根本**無法**發現以色列在使用精準武器時鎖定平民，因為目標是「合法軍事標的」的**可能性**永遠存在。換句話說，如果國際特赦組織無法發現以色列鎖定平民，並不是因為缺乏證據——事實上，儘管有大量的證據，許多還是來自以色列自己——但這是「認識論」上的不可能：一方面，它的初步假定是，以色列在使用精準武器時不會鎖定平民；另一方面，它的推理邏輯是，**沒有證據**可以說服它相信另一種結果。

這裡值得暫停一下思考國際特赦組織驚人的假設。典型的人權報告通常會有專節討論國際法，引用國際人道法和國際人權法的相關條文。舉例來說，《「黑色星期五」》的法律章節就包括以下副標題：「禁止直接攻擊平民和民用目標——區別原則」、「禁止無差別和不合比例原則的攻擊」、「攻擊的預防措施」、「防衛的預防措施」、「集體懲罰」、「調查」和「國際人權法」。所有這些段落都引自標準資料來源，像是一九四九年的《日內瓦公約》，以及第一和第二議定書（**一九七七年實行**）。但讀者不知道的是，國際特赦組織在事實結果和法律結果中間插入了虛假的特殊預設——姑且叫做 SP4I 吧——根據此一預設，每當以色列使用精準武器，運作的預設應是對準了軍事目標；即使所有證據都顯示並非如此，仍應抱持軍事目標存在的可能性。應該很明顯，SP4I 並非國際法的任何條款，這條辯解豁免條款也只適用於以色列（**國際特赦組織會對敘利亞採取相同標準嗎？**）而在國際特赦組織現存的武裝衝突行為紀錄裡也找不到根據。如果沒有其他東西能夠交換的話，讓目前國際特赦組織的法律分析中仍隱而不顯的 SP4I 浮上檯面，當然是值得的。

三、從法律上來說，不同類型的戰爭罪之間或戰爭罪和危害人類罪之間沒有階級關係，都被認定是「整個國際社會所關注最嚴重的罪行，不該不受到懲罰」……。戰爭罪的條件，從法律上來說，蓄意發動攻擊，並明知攻擊將會造成平民傷亡和民用目標損壞，同時將獲得明確超過預期的具體、直接的軍事利益（例如，不合比例原則的攻擊）；將針對平民或民用目標發動蓄意攻擊，或不加區別攻擊軍事目標和平民或民用目標，或將平民城市或城鎮中數個軍事目標視為單一軍事目標。這些行為均為國際人道法所禁止，而且都屬於戰爭罪。

如果戰爭罪並沒有階級之分，那麼國際特赦組織為何對指控以色列戰爭罪如此謹慎就讓人感到好奇了。而且，為何要從以色列「沒有鎖定平民」的預設開始？即使所有蒐集到的證據都顯示以色列是鎖定他們。從反面來說，為何在兩年後，國際特赦組織譴責保護邊緣行動的新聞稿中，又強調「許多攻擊鎖定平民，顯然違反國際人道法」。[140]如果不在嚴格的法律意義而是**政治**問題上，階級確實存在。和有意「懲罰、羞辱和恐嚇平民」的行動相較，公眾對於具有合法軍事目標的行動造成平民死亡的容忍門檻較高。國際紅十字會二〇一六年的調查顯示，在聯合國安理會五個常任理事國（**以及瑞士**）境內，只有過半民意認為，鎖定「位於人口密集區的敵方戰鬥人員……明知將造成許多平民死亡」是錯的，但認為鎖定「醫院、救護車和醫療人員以便打擊敵人」是錯的更高達八成。[141]更驚人的是，如果平民在沒有軍事目標的情況下遭到殺害，就是嚴重違反國際法，類似於強暴或者強迫使用人肉盾牌。然而，在軍事目標的脈絡下殺害平民，作為無差別和不合比例原則攻擊的先決條件，因為引入了混沌不明的因素，而且留下寬泛的判斷空間，減低了起訴的可能性。國際法院甚至對使用核武屬於無差別或不合比例原則，甚至沒有統一的共識。或換句話說，比例原則和無差別，這兩個類別彈性太大，甚至連使用核武都可以適用。[142]

國際特赦組織指控以色列在拉法攻擊中採取不合比例且無差別攻擊，但謹慎地避免指控以色列預謀攻擊平民，儘管大量的證據證明確實如此。這很清楚是「政治決定」：國際特赦組織調整法律結果，以免全面激怒以色列。然而，這項政治決定代價很高昂。藉由漂白最醜陋的拉法地獄的真相，國際特赦組織保護以色列免於面對公眾合理的憤怒：**這並非執行過當的合法軍事行動所導致的暴行，而是自始就是對平民的蓄意攻擊**。

國際特赦組織「回應」的其餘部分，則是自鳴得意的陳腔濫調或毋須辯論的反擊。

／注釋／

本章中的大多數以色列資料來自 State of Israel, *The 2014 Gaza Conflict, 7 July–26 August 2014: Factual and legal aspects* (2015).

1 請參閱第五章。

2 *Rain of Fire: Israel's unlawful use of white phosphorus in Gaza* (2009); *Precisely Wrong: Gaza civilians killed by Israeli drone-launched missiles* (2009); *Rockets from Gaza: Harm to civilians from Palestinian armed groups' rocket attacks* (2009); *White Flag Deaths: Killings of Palestinian civilians during Operation Cast Lead* (2009); *"I Lost Everything": Israel's unlaw- ful destruction of property during Operation Cast Lead* (2009). 這些報告的頁數介於二十五至一一五頁之間。

3 *In-Depth Look at Gaza School Attacks* (2014). 這份報告只有十五頁，由於聯合國祕書長潘基文和歐巴馬政府，已經對攻擊事件表示遺憾（見第十一章），因此並不特別值得注意。

4 此處哈馬斯意指加薩所有武裝團體。

5 Amnesty International, *Unlawful and Deadly: Rocket and mortar attacks by Palestinian armed groups during the 2014 Gaza/Israel conflict* (2015).

6 另一方面，以色列總死亡人數中只有八%是平民。

7 然而，國際特赦組織在自家報告《「掐住脖子」：哈馬斯武力在二〇一四年加薩／以色列衝突期間，對巴勒斯坦人綁架、酷刑、法外處決》中，的確簡要提到「以色列軍隊對加薩造成的傷亡和破壞程度，遠遠超過巴勒斯坦人對以色列的攻擊所造成的影響，除其他因素外，反應出以色列的火力更強大」。

8 Jutta Bachmann et al., *Gaza 2014: Findings of an independent medical fact-finding mission* (2015), p. 101; hereafter: Medical Fact-Finding Mission.

9 請參閱第五、九章。

10 潘基文的評論附在聯合國調查委員會最終報告摘要中，該委員會由他委託負責調查，「二〇一四年七月八日至二〇一四年八月二十六日期間，在加薩地區發生的特定事件」。關於聯合國調查報告，請參閱第十一章；hereafter: UN Board of Inquiry.

11 除了《非法且致命》和《「掐住脖子」》之外，國際特赦組織還發布《瓦礫下的家庭：以色列人攻擊住宅》（二〇一四）和《「無一倖免」：以色列對加薩地標建築的破壞》（"Nothing Is Immune": Israel's destruction of landmark buildings in Gaza）（二〇一四）。這四份報告是在關鍵的機會之窗，也就是聯合國人權理事會於二〇一五年六月發布自己的報告之前發布的。聯合國報告廣泛引用了國際特赦組織的四份出版物（請參閱第十三章）。國際特赦組織發布了另一份關於保護邊緣行動的報告（內容比目前更多），但這是在聯合國報告公布之後，所以無法影響報告內容。

12 本書第一部分廣泛引用該報告。精確的對比，將讓國際特赦組織在保護邊緣行動報告中的空間分配蒙上一層陰影：從絕對數字來說，以色列在保護邊緣行動中造成平民死亡和破壞的規模還要超過鑄鉛行動；而哈馬斯則大抵相同。

13 Gisha, "Where's the Housing Boom?" (2015).

14 可以肯定的是，《「掐住脖子」》明確地說：「以色列軍隊在保護邊緣行動期間犯下戰爭罪和其他嚴重違反國際法的行為。」

15 對於將西岸巴勒斯坦人反常地算進「恐懼圈子」，它也並未依據——他們真的害怕哈馬斯火箭砲嗎？

16 State of Israel, *2014 Gaza Conflict,* paras. 51, 54.

17 Mark Perry, "Gaza's Bottle Rockets," *Foreign Affairs* (3 August 2014). See Chapter 11 for details.

18 Louis Charbonneau, "UN Panel: Arms ship seized by IDF came from Iran, but not bound for Gaza," *Haaretz* (28 June 2014).

19 請參閱第十一章。

20 State of Israel, *2014 Gaza Conflict,* paras. 91, 109, 119 (see also paras. 56, 85, 91, 220, and p. 42n130).

21 Ibid., paras. 96, 119.

22 Amnesty International, "Israel 'Playing Games' as Human Rights Organizations Denied Access" (20 August 2014); Human Rights Watch, "Provide Rights Groups Access to Gaza" (20 August 2014).

23 「以色列當局報告的，在民用建築附近發動的數起特定攻擊事件，以及衝突期間在加薩記者的記錄，和國際特赦組織研究員所記錄的前幾輪敵對行動，都指出，加薩武裝團體從住宅區內發動的攻擊遠非孤立事件。」（《非法且致命》。

24 更多關於目前的情況：請參閱第十一章。

25 Amnesty International, *Families under the Rubble.*

26 醫療事實調查團隊，對「梅贊人權中心和巴勒斯坦人權中心等，當地民間社會團體的獨立性和可信度」表示敬意 (p. 100).

27 這裡省略了協助國際特赦組織的具體以色列組織名單。

28 Al Mezan Center for Human Rights et al., *No More Impunity: Gaza's health sector under attack* (2015).

29 請參閱第三章。

30 State of Israel, *2014 Gaza Conflict,* paras. 54, 129, 145, 151, 153, 254, 275, 277, 278, 280.

31 Amnesty International, *"Nothing Is Immune."*

32 State of Israel, *2014 Gaza Conflict,* para. 129. 順便提一下，這份報告將以色列消滅瓦法醫院，描述為「以精準且有差別的方式回擊」。(para. 285).

33 「星期四，加薩的恐怖份子在瓦法醫院向以色列國防軍發射一枚反坦克導彈。以色列在星期三對該處進行空襲、之前哈馬斯開槍並向其發射導彈。但以色列國防軍仍發動反擊，殺死兩名恐怖份子，後來空軍空襲發射導彈的大樓，以及瓦法醫院附近用來儲藏武器和指揮中心的建築。」Yaakov Lappin, "Terrorists Fire Anti-tank Missile from Al-Wafa Hospital in Gaza," *Jerusalem Post* (25 July 2014).

34 Gili Cohen et al., "Israel Bombs Empty Gaza Hospital, Calling It Hamas Command Center," *Haaretz* (23 July 2014); Medical Fact-Finding Mission, p. 50. 在《非法且致命》的另一背景下，國際特赦組織引述「哈馬斯高階官員」，大意是火箭砲在距離學校或醫院「二百或三百公尺遠」的地方發射，並且「發生一些錯誤，已被迅速處理」。當然，「高階哈馬斯官員」對自己有利的聲明和以色列外交部新聞稿的證據價值相同，也就是「零」。

35 International Federation for Human Rights (FIDH), *Trapped and Punished: The Gaza civilian population under Operation Protective Edge* (April 2015), p. 40.

36 See, e.g., B'Tselem (Israeli Information Center for Human Rights in the Occupied Territories), *Israeli Authorities Have Proven They Cannot Investigate Suspected Violations of International Humanitarian Law by Israel in the Gaza Strip* (5 September 2014), btselem.org/accountability/20140905_failure_to_investigate.

37 請參閱第三章。

38 國際特赦組織和以色列「宣傳計劃」都傾向使用《華盛頓郵報》記者威廉・布斯（William Booth）對哈馬斯更具煽動性的指控。State of Israel, *2014 Gaza Conflict,* pp. 76n234, 91n269, 214n496. 布斯的創意新聞則提早為他帶來麻煩。他因為抄襲遭到《華盛頓郵報》停職。Paul Farhi, "*Washington Post* to Suspend William Booth over Panama Canal Story," *Washington Post* (18 January 2013).

39 「我已經能在醫院裡自由漫步，拍我想要的照片，並和任何我想要的人交談。我當然不能說我曾經去過醫院的每個角落，但就我和艾瑞克．福斯博士所見，我們都不知道這是哈馬斯的指揮中心。」挪威籍醫生馬德斯．吉爾伯特（Mads Gilbert），引自 en.wikipedia.org/wiki/Al-Shifa_Hospital.

40 二〇一五年四月十五、十七日的電子郵件，轉發自羅伊博士的三封電子郵件。

41 哈馬斯宣稱，巴勒斯坦自治政府，透過派在加薩的情報人員將鎖定的資訊提供給以色列。Elhanan Miller, "Hamas: PA gave Israel nearly a third of its Gaza targets," *Times of Israel* (5 February 2015).

42 哈馬斯侵犯人權的報告共記錄十七起案件，提到有關希法醫院的案件如下：

哈馬斯官員，將沙雷．史威林（Saleh Swelim）帶到他們賈巴里亞拘留所，稱為「西西中心」（al-Sisi centre）。然後帶到加薩市希法醫院的門診，哈馬斯部隊用這些診間拘留和審訊嫌犯。M.S.，沙雷．史威林的弟弟告訴國際特赦組織，內部維安官員當天也拘留了他，他在西西中心和希法醫院看到了沙雷．史威林，並且內部維安人員對他們兩人施以酷刑。（M.S.的冗長證詞接著描述他的折磨，但它結束於這個說明：「我們都被毆打成招。我們一直待在西西營地，直到第二天，然後被轉移到希法醫院。我們在診間受到尊重，他們沒有打我們並尊重我們，特別是在他們看到我身上的燒傷和毆打的痕跡之後。他們在我的傷口塗上藥膏，幫我治療。」

三名哈馬斯男子將阿里．達爾薩（Ali Da'alsa）和M.D.用一輛黑色的汽車帶走，但大約十分鐘後，他們開始攻擊他。那三人放走M.D.，讓他在聖城開放大學（al-Quds Open University）附近下車。第二天，M.D.去內部維安部門使用的希法醫院詢問阿里．達爾薩的情況。他告訴國際特赦組織：「我去希法醫院的門診區，內部維安部門有個房間。我敲門，沒有人回答。我一直敲門，直到他們內部維安人員終於到了。他們抓住我、打我、羞辱我，對我很嚴厲，並一直毆打我。」

四十三歲的A.H.是法塔的成員，也是巴勒斯坦自治政府前高階官員。他告訴國際特赦組織，哈馬斯內部維安部隊成員在二〇一四年八月十七日，當他離開加薩市東邊一座清真寺時拘捕他，接著帶他到希法醫院的門診區。在那裡，他們折磨他約兩個小時，將他的雙手綁在背後，矇住他的眼睛，用錘子和塑膠管毆打他，使他多次失去意識，並且在詢問他和巴勒斯坦自治政府維安部隊的關連前，多次言語辱罵：「這不是真正的訊問，只是一次酷刑拷問而已。」

第二段證詞似乎沒有出現。無論如何，如同人權組織所定義的酷刑行為，每位在西岸毆打巴勒斯坦人的以色列士兵都會犯下酷刑罪——很明智的，國際特赦組織從未指控過。因此，只有第三個證詞似乎是在希法醫院實施酷刑的證據，但它來自「法塔活動份子和前巴勒斯坦自治政府高階官員」，不一定是最可靠的資料來源。

43 State of Israel, *2014 Gaza Conflict,* para. 129.

44 「如果巴勒斯坦武裝團體在醫院附近儲存彈藥違反國際人道法，而且這正好是以色列攻擊醫院、殺害平民時的目標，以色列攻擊的執行方式仍有嚴重疑慮。」

45 Medical Fact-Finding Mission, pp. 50–51; see also FIDH, *Trapped and Punished,* p. 44.

46 State of Israel, *2014 Gaza Conflict,* para. 129.

47 請參閱第三章。

48 Norman G. Finkelstein, *Beyond Chutzpah: On the misuse of anti-Semitism and the abuse of history,* expanded paperback edition (Berkeley: 2008), pp.

128–30.

49 Amnesty International, “Evidence of Medical Workers and Facilities Being Targeted by Israeli Forces in Gaza” (7 August 2014); Medical Fact-Finding Mission, pp. 44–49; FIDH, *Trapped and Punished*, pp. 32–38.

50 一份收錄以色列官方事後聲明的文件，明目張膽的宣稱，「以色列國防軍一直沒有對學校造成損害。」報告本身表示，以色列「僅在極少數情況下」才鎖定學校。State of Israel, *2014 Gaza Conflict*, p. 176, paras. 281, 404.

51 Herewith is the totality of sources cited by Amnesty: Israel Ministry of Foreign Affairs, *Hamas' Violations of the Law*, pp. 20, 23. Israel Ministry of Foreign Affairs, *Hamas' Violations of the Law*, p. 25; IDF, *Declassified Report Exposes Hamas Human Shield Policy*, slide 13. Israel Ministry of Foreign Affairs, *Hamas' Violations of the Law*, pp. 20, 22; IDF, *Declassified Report Exposes Hamas Human Shield Policy*, slide 14. Israel Ministry of Foreign Affairs, *Hamas' Violations of the Law*, pp.20–21. Israel Ministry of Foreign Affairs, *Hamas' Violations of the Law*, pp. 20–26.

52 在一份相關的說明中，國際特赦組織根據聯合國新聞稿敘述哈馬斯濫用其他未被以色列攻擊的聯合國學校：「巴勒斯坦武裝團體在聯合國學校……儲存火箭砲和其他彈藥。巴勒斯坦難民處在加薩地帶的三所閒置學校發現巴勒斯坦彈藥」，特別的是，「加薩市的小學發現二十枚火箭砲」、「火箭砲……在賈巴里亞的小學」、「另一批火箭砲……在納西拉（Nuseirat）的學校」。調查委員會後來發現，存放在這些無人的學校（在暑假時關閉）裡的武器不是火箭砲，在加薩市的小學裡是一枚迫擊砲和二十枚砲彈；在賈巴里亞的小學是「一個似乎是武器的物體」；在納西拉的學校，一次是一枚迫擊砲和三枚砲彈，一次是迫擊砲彈和二十枚砲彈（巴勒斯坦難民處承認，因為加薩當地辦公室的誤報和缺乏專業技術人員，所以誇大了案件的情況）。以色列官方對保護邊緣行動發布的事後聲明提出錯誤的說法，認為根據聯合國調查委員會的資料，「在三所學校其中之一發現武器的時候，大約三百位加薩人正在此避難」。State of Israel, *2014 Gaza Conflict*, p. 82 (caption), para. 280.

53 請參閱第三章。

54 以色列多年來為鎖定加薩清真寺辯護的案例都缺乏一貫性。請參閱第三章。

55 B'Tselem (Israeli Information Center for Human R ights in the Occupied Territories), *Act of Vengeance: Israel 's bombing of the Gaza power plant and its effects* (Jerusalem: 2006).

56 國際特赦組織在保護邊緣行動期間發布的一份新聞稿中表示，這次攻擊「極為可能」構成「戰爭罪」。“Gaza: Attacks on UN school and power plant are likely war crimes” (30 July 2014).

57 FIDH, *Trapped and Punished*, pp. 48–52.

58 在另一個不協調的說明中，國際特赦組織一再指責以色列在攻擊發生前並未發出警報。如果預定的目標是哈馬斯武裝份子，「提前警告」不就讓目的失敗了嗎？

59 相反而且同樣不合理的是，以色列聲稱，即使許多平民因為鎖定住家中的哈馬斯武裝份子而死，但這些死亡仍然是由於操作錯誤造成的——特別是，以色列國防軍沒有意識到非戰鬥人員在場。B'Tselem (Israeli Information Center for Human Rights in the Occupied Territories), *Whitewash Protocol: The so-called investigation of Operation Protective Edge* (2016), p. 21. 如果能夠即時掌握一位哈馬斯武裝份子突然進入民宅的情報，幾乎可以肯定的是，一定有加薩線人向以色列告密。難道線人沒有提到現場也有平民？還是以色列長官根本懶得問？

60 State of Israel, *2014 Gaza Conflict*, paras. 49, 317–33, 401–2, 452, 456; annex, paras. 6–8.See also B'Tselem, *Whitewash Protocol*, p. 23. 在一份相關的說明中，當哈馬斯在人口密集區發射迫擊砲時，國際特赦組織指控它採取直接的「無差別」攻擊。而當以色列在人口密集地區投下二千磅重的炸彈和發射砲彈，造成大量平民死亡時，國際特赦組織指責以色列進行「不合比例」的攻擊——還邀請以色列進行反駁的指控（「以色列有責任提供為何鎖定……的資訊」）。See *Families under the Rubble,* Al-Dali Building, Al-Louh Family Home.

61 B'Tselem (Israeli Information Center for Human Rights in the Occupied Territories), *Black Flag: The legal and moral implications of the policy of attacking residential buildings in the Gaza Strip, summer 2014* (2015), pp. 37–41.

62 Breaking the Silence, *This Is How We Fought in Gaza: Soldiers' testimonies and pho- tographs from Operation "Protective Edge"* (2014).

63 關於以色列無差別摧毀房屋，「必須得到以色列軍方和／或政府高層決策者的批准」，請參閱 Medical Fact-Finding Mission, pp. 35–37, 98.

64 在《「掐住脖子」》中，國際特赦組織也指控哈馬斯犯下「戰爭罪」，包括「酷刑」和「法外處決」、「至少二十三位」據稱是加薩的內奸。這個主題可以參閱第十三章。

65 所發射的五千枚火箭砲中的每一枚，都將自動構成戰爭罪；另外二千枚在平民集中區域發射的迫擊砲彈也是如此。

66 Action on Armed Violence, *Under Fire: Israel's artillery policies scrutinized* (2014).

67 State of Israel, *2014 Gaza Conflict,* para. 347 (see also paras. 354–57).

68 Ibid., para. 123 (see also p. 152n417).

69 國際特赦組織在《非法且致命》的國際人道法提要中指出，衝突各方：

> 當軍事目標位於住宅區內時，必須選擇適當的攻擊手段和方法。這一要求排除了某些類型武器和戰術的使用，禁止使用本質上無差別的濫殺武器，例如，非導引火箭砲；也禁止在人口密集區使用精準度不足以導引至軍事目標的非精準武器，例如，可能會造成無差別攻擊的迫擊砲。

撇開這一點，和以色列不同的是，哈馬斯並未享有「選擇」攻擊方法的奢侈。國際特赦組織提及哈馬斯使用的非導引火箭砲是「禁止武器」，在人口密集區使用迫擊砲也「受到禁止」，但是並未提及以色列在平民聚集區（以大得多的規模）非法使用大砲。也許可以推測，因為《非法且致命》集中於哈馬斯戰爭罪，因而有所遺漏。但是國際特赦組織兩份關於以色列罪行的報告，在個別國際人道法提要的補充上，以色列在平民密集區使用大砲的實質犯罪行為也未受到注意。

70 請參閱第十一章。

71 International Committee of the Red Cross (ICRC), *Commentary on the Additional Protocols of 8 June 1977 to the Geneva Conventions of 12 August 1949* (Geneva: 1987), article 51. 國際特赦組織在《非法且致命》國際人道法提要中，正確引用了此一條款。

72 依國際特赦組織說法，哈馬斯還聲稱，攻擊平民地區是「為了報復以色列的虐待或侵略行為」。關於交戰報復的法律地位，請參閱第十一章。

73 International Committee of the Red Cross, *Customary International Humanitarian Law, Volume I: Rules* (Cambridge: 2005), rules 22, 23; ICRC, *Commentary on the Additional Protocols,* article 58.

74 Human Rights Watch, *Indiscriminate Fire: Palestinian rocket attacks on Israel and Israeli artillery shelling in the Gaza Strip* (2007), p. 19.

75 持平地說，國際特赦組織還是免除了（雖然有點勉強）哈馬斯廣泛報導的「人肉盾牌」指控。以色列官方保護邊緣行動的事後聲明，宣稱哈馬斯使用「人肉盾牌」，但其根據是可疑的——「以色列國防軍軍官的目擊證詞」。State of Israel, *2014 Gaza Conflict,* paras. 161–64. 但就和鑄鉛行動相同，事實證明，不是哈馬斯而是以色列在保護邊緣行動中實行人肉盾牌。請參閱第四、十一章，以及 Medical Fact-

Finding Mission, pp. 91, 94.

76 請參閱第四章。

77 Human Rights Watch, *Indiscriminate Fire,* p. 7.

78 Amnesty International, *Operation "Cast Lead": 22 Days of death and destruction* (London: 2009), p. 75.

79 ICRC, *Commentary on the Additional Protocols,* article 58.

80 John Dugard, "Debunking Israel's Self-Defense Argument," *Al Jazeera America* (31 July 2014), america.aljazeera.com/opinions/2014/7/gaza-israel-internationalpolitics unicc.html.

81 On the illegality of the occupation, see Appendix.

82 ICRC, *Commentary on the Additional Protocols,* article 58.

83 這些例外，應該顯然也不能合理化以色列無差別且有系統地鎖定平民，更不用說宗教建築。部分清真寺也有可能設有地下隧道，並非用作儲藏武器（哈馬斯儲藏在遠離平民的空曠空間）而是在遭到以色列攻擊時作為逃生路線，並且部分喚拜塔安裝了錄影機監測以色列部隊的行動。

84 請參閱第十三章。

85 2015.

86 一份草稿曾被轉交國際特赦組織中東和北非分會主任菲利普・路德（Philip Luther），部分內容轉載於 on www.Byline.com, "Has Amnesty International Lost Its Way?" (9, 13, 17 July 2015).

87 Amnesty International, *"Black Friday,"* pp. 16–18 (684 versus 131 words).

88 Ibid., pp. 13, 22, 39, 53, 78. 國際特赦組織之前在保護邊緣行動報告的遺漏，已由作者的批評指出。

89 Ibid., p. 44.

90 《「黑色星期五」》本身提到，甚至在以色列開始攻擊拉法之前，就下令以色列國防軍在停火開始時進行無差別射擊。以「一個大爆炸」做為開始（引自一位以色列士兵），並且當它開始摧毀隧道，拆除「該地區的每棟房屋和農業設施……無目的的摧毀東西」（引自另一位以色列士兵）。而以色列國防軍在保護邊緣行動的標準作業程序就是，「在接近建築物之前先發射導彈或坦克砲彈」(ibid., pp. 23–26).

91 Ibid., pp. 19–20, 29–31, 34.

92 Ibid., p. 37.

93 Ibid., p. 27.

94 ICRC, *Customary International Humanitarian Law,* rule 12; ICRC, *Commentary on the Additional Protocols,* article 51.

95 ICRC, *Customary International Humanitarian Law,* rule 14; ICRC, *Commentary on the Additional Protocols,* article 51.

96 ICRC, *Customary International Humanitarian Law,* rule 15; ICRC, *Commentary on the Additional Protocols,* article 57.

97 ICRC, *Customary International Humanitarian Law,* rules 8, 14; ICRC, *Commentary on the Additional Protocols,* articles 51, 52, 57.

98 *Report of the Detailed Findings of the Independent Commission of Inquiry Established Pursuant to Human Rights Council Resolution S-21/1* (22 June 2015), paras. 369–70. 《「黑色星期五」》(pp. 91–92) 注意到聯合國委員會的這項發現。如果戈爾丁中尉因為握有攻擊敵人的計劃而成為攻擊目標，那問題當然就不一樣了。

99 International Court of Justice, Advisory Opinion, *Legality of the Threat or Use of Nuclear Weapons* (8 July 1996), "Dissenting Opinion of Judge Weeramantry," ch.III, "Humanitarian Law," sec. 10, "Specific rules of the humanitarian law of war," (a) "The pro- hibition against causing unnecessary suffering"。

100 Amnesty International, *"Black Friday,"* p. 91 ("Conclusion and Recommendations").

101 請參閱第十三章。

102 Amnesty International, *"Black Friday,"* p. 30. 戈爾丁在八月二日當晚被正式宣告死亡。

103 Ibid., pp. 36–37, 42–43.

104 Ibid., p. 42。

105 Ibid.

106 Ibid., pp. 43–44.

107 Ibid., p. 91.

108 案例一（「直接攻擊平民」）。案例十（「鎖定救護車和醫護人員」）。

109 Amnesty International, *"Black Friday,"* p. 91, emphases added.

110 Ibid.

111 請參見本章附錄。

112 Norman G. Finkelstein, *Knowing Too Much: Why the American Jewish romance with Israel is coming to an end* (New York: 2012), pp. 5–95.

113 請參閱第五章。

114 請參閱第六章。

115 Ibid.

116 請參閱第十三章。

117 請參閱第五章。

118 NGO Monitor, *Amnesty International: Failed methodology, corruption, and anti-Israel bias* (2015). 關於以色列遊說團體鎖定人權觀察組織，請參閱第五章。關於以色列遊說團體鎖定相關人權團體，例如，巴勒斯坦難民處。請參閱 Alex Delmar-Morgan, "Pro-Israel NGO Puts Pressure on UNRWA for Aiding Palestinian Refugees," *Middle East Eye* (7 March 2016). See also Sarah Marusek and David Miller, "How Israel Attempts to Mislead the United Nations: Deconstructing Israel's campaign against the Palestinian Return Centre," *spinwatch.org* (2015).

119 Pew Research Center, *Faith in European Project Reviving* (2015); YouGov, "Roma People and Muslims Are the Least Tolerated Minorities in Europe" (2015).

120 Finkelstein, *Beyond Chutzpah*, part 1. 在英國，他們在二〇一六年再次炮製「反猶太主義」，以詆毀在野工黨的民選領導人。儘管缺乏證據，但媒體廣泛且不加批判的報導對工黨的指控。See Jamie Stern-Weiner, "Jeremy Corbyn Hasn't Got an 'Antisemitism Problem.' His Opponents Do," *openDemocracy* (27 April 2016); Norman G. Finkelstein and Jamie Stern-Weiner, "The American Jewish Scholar behind Labour's 'Antisemitism' Scandal Breaks His Silence," *openDemocracy* (3 May 2016); Jamie Stern-Weiner, "Labour Antisemitism Witch-Hunt Turns on Leading Anti-racist Campaigner," *jamiesternweiner.wordpress.com* (9 May 2016).

121 Amnesty International, UK, Section Board Meeting, "Draft Minutes of the Meeting Held on Saturday 21 March 2015," MB 39/15, amnesty.org.

uk/webfm_send/1287; Rosa Doherty, "Amnesty Rejects Call to Campaign against Anti-Semitism," *Jewish Chronicle* (21 April 2015).

122 Finkelstein, *Beyond Chutzpah*, pp. 102–3, 155–56, 349–51. 也可參閱本書第一部分。

123 相較之下，人權觀察組織譴責敘利亞政府和俄羅斯在阿勒波（Aleppo）「蓄意攻擊平民和民間機構」，這是「公然的戰爭罪行」。為了支持這一指控，執行主任肯尼斯．羅斯援引證據，指出「阿薩德－普丁」一再使用「精準武器」攻擊「醫院或市場等場所」。當人權觀察組織有意願的時候，他們就能把分散的點連接起來。"Slaughter or Liberation? A debate on Russia's role in the Syrian war and the fall of Aleppo," *democracynow.org* (14 December 2016). 人權觀察組織可能想解釋，它沒有採取行動是因為在保護邊緣行動期間獲知後，都無法進入加薩。如果它發布了一件（即使少的可憐），其他主要人權團體，即使在同樣麻煩的條件下也會設法發布實質的報告。而且，這種理由實際上讓以色列有誘因隔離犯罪現場。人權觀察可以選擇在現有證據的基礎上得出暫時結論，或者和信譽良好的當地人權組織合作。他們並不難聯絡。

124 卜采萊姆，以色列最主要密切關注巴勒斯坦佔領區的人權組織，則是依舊履行其報導加薩的職責。幾乎無話可說，這個部分不如乾脆別說了。卜采萊姆的研究主任，雅耶．史坦（Yael Stein）在鑄鉛行動之後告訴《紐約時報》，「我不接受戈德史東攻擊民用基礎設施的結論，這沒有說服力。」Ethan Bronner, "Israel Poised to Challenge a UN Report on Gaza," *New York Times* (23 January 2010). 面對堆積如山的證據指出以色列系統性攻擊的存在，她的否認一點說服力也沒有。卜采萊姆一直小心地踩在以色列全國共識之內。由於這種共識無情地向右傾斜，如果卜采萊姆表現出替加薩的「恐怖份子辯護」的樣子，那就再也無法得到以色列公眾的重視。因此，她在近乎沉默和嚴重護航之間搖擺不定。請參閱第三章和第四章。

125 Ben Sales, "Breaking the Silence Comes under Withering Attack after Questioning Israel's Military," *Forward* (18 December 2015).

126 Paul Miller, "Controversy Erupts over Anti-Israel Group at Columbia University Hillel," *Observer* (1 April 2016).

127 UNICEF, "Escalating Violence in the Gaza Strip and Israel Threatens Devastating Harm for Children" (10 July 2014); UNICEF, "Children Are Bearing the Brunt of the Worsening Violence in Gaza and Israel" (13 July 2014); UNICEF, "Basic Services for Children under Assault in Gaza" (18 July 2014); UNICEF, "'Outrage Has Become Commonplace'" (30 July 2014); "UNICEF Statement on Latest Deaths of Children in Israel and Gaza" (23 August 2014).

128 Harriet Sherwood, "UN Officials Accused of Bowing to Israeli Pressure over Children's Rights List," *Guardian* (17 March 2015).

129 在文化大革命期間，過去曾反對毛澤東「正確政治路線」的中國人，公開承認他們的方式是錯誤的。"An Open Letter for the People in Gaza," *Lancet* (2 August 2014); "Gaza: An urgent call to protect civilian life and health," *Lancet* (9 August 2014); Judy Siegel-Itzkovich, "The Lancet Editor Relents on Medical Journal's Unbalanced Attacks on Israel," *Jerusalem Post* (2 October 2014); Andrew Tobin, "'Lancet' Editor Sees Positive Side of Israel in Visit," *Times of Israel* (13 October 2014); Ben White, "Lobbying the Lancet: How Israel's apologists smeared 'Doctors for Terrorism,'" *Middle East Monitor* (15 October 2014); Richard Horton, "Offline: People to people," *Lancet* (11 October 2014); Richard Horton, "Geopolitical Issues and Responsibilities of Medical and Scientific Journals," *Rambam Maimonides Medical Journal* (January 2015). 關於卡謝爾，請參閱第四章。

130 Jacques de Maio, opening address, Ninth Annual Minerva/ICRC International Conference on Humanitarian Law (3–4 November 2014). *Report of the Detailed Findings*, paras. 330–32, 355, 378–79, 456–65, 521.

131 請參閱第二章。

132 Anshel Pfeffer, "Israel Has Little to Fear from the International Criminal Court," *Haaretz* (20 May 2014); Yonah Jeremy Bob, "Former ICC

Prosecutor: High Court approval could save settlements from war crime label," *Jerusalem Post* (10 December 2015).

133 連人們期待較高、尊敬的國際官員也都讓人失望。這位傑出的外交官阿爾瓦羅．德索托（Álvaro de Soto），在擔任聯合國中東和平進程特使期間，寫了一份嚴厲的報告。一方面記錄以色列和美國的高壓專橫；另一方面記錄聯合國的軟弱。不過，他對哈馬斯的批評卻最嚴厲，他反覆指責哈馬斯挑起暴力導致以色列報復。事實上，德索托自己承認：「似乎已經變成反射動作，任何情境下，聯合國要採取立場的時候，都先要問以色列或美國華府將如何反應，而不是什麼立場才是正確的。我承認我沒有免除那種反射，我很後悔。」Álvaro de Soto, *End of Mission Report* (May 2007), paras. 25, 74–76, 134. 但值得讚許的是，德索托確實明確指出，哈馬斯從來沒有機會執政並演變成一個負責任的政治行動者（請參見第一章）。

134 二〇一五年九月。

135 Amnesty International, "Time to Address Impunity: Two years after the Gaza/Israel war" (8 July 2016).

136 此事件請參閱第十三章。

137 請參閱第五章。

138 NGO Monitor, "Amnesty International's Goldstone Campaign, with a Review of Statements from Other NGO's" (22 October 2009), ngo-monitor.org/article/amnesty _international_ goldstone_s_cheat_sheet_#amnesty.

139 Amnesty International, "UN Must Ensure Goldstone Inquiry Recommendations Are Implemented" (15 September 2009), 強調為筆者所加。

140 Amnesty International, "Time to Address Impunity," 強調為筆者所加。

141 International Committee of the Red Cross, *People on War: Perspectives from 16 countries* (Geneva: 2016), pp. 7, 9.

142 International Court of Justice, Advisory Opinion, *Legality of the Threat or Use of Nuclear Weapons* (8 July 1996), paras. 95–97.

第十三章

聯合國人權理事會：另一個背叛的故事

不管聯合國報告，為平衡哈馬斯和以色列違反國際法的行為而採取的修辭策略多麼巧妙，他們仍然無法彌合各方施加的破壞所產生的鴻溝。

二〇一四年八月，聯合國人權理事會任命調查團，就保護邊緣行動期間「據聞違反國際人道法和人權法的事件進行調查」[01]，並任命知名的法學家威廉．夏巴斯為調查團主席。以色列立即出手想把他趕下台，因為他曾經出言不遜，說出像是「在國際刑事法院，為何我們因為達佛（Darfur）追捕蘇丹總統，卻不因為加薩而追捕以色列總統？」外交部長阿維格多．李柏曼將任命夏巴斯一事，怪異的類比為「任命該隱去調查誰殺了亞伯」。夏巴斯無力抵擋巨人的攻勢，適時地「辭職」，並由美國紐約州的法官，瑪麗．麥高恩．戴維斯接任。[02]一如聯合國祕書長潘基文在以色列攻擊藍色馬爾瑪拉號之後，任命阿爾瓦羅．烏里韋擔任調查小組副主席一樣[03]，背叛已經開始。

另一個背叛的故事

二〇一五年六月，聯合國人權理事會（UNHRC）代表團發布了報告。[04]一如預期，他們指控哈馬斯[05]犯下戰爭罪。但是，仔細檢視聯合國報告——恐怕以色列也高興不起來。在針對攻擊期間許多事件的個別分析中，報告的事實結果一再指出，以色列也可能犯下戰爭罪。不熟悉事實的讀者可能會對報告的公平呈現印象深刻，而熟悉事實的讀者則可能會對這種虛假的平衡感到憤怒。該報告的怪異之處在於：它如果寫出真相，通常是以令人驚恐的細節記錄了以色列施予加薩的恐怖破壞。然而，報告隨後進行有條理的法律分析，並在許多案例以十分滑稽的方式減緩以色列罪行的嚴重程度。換句話說，這正好複製了國際特赦組織在保護邊緣行動為以色列辯護的手法。[06]結果是，聯合國報告傳達出在加薩發生的事件圖像充滿了誤導和扭曲。儘管報告指出，保護邊緣行動為被各種過當行為破壞的合法軍事行動；但事實上，這次攻擊是一場恐怖行動。如果不是為了即使無法擊潰，也希望儘可能削弱加薩的抵抗意志。為了有力地呈現報告的偏見，除了逐步檢視調查結果之外別無選擇。希望讀者讀完本章時會相信，如果我提出嚴厲的結論，那既非源自於惡意也不是偏見，而是只有仔細解析證據之後才能得到的結果。儘管過了這麼久，對我來說，那種絕望中混雜著義憤填膺的感覺依舊存在。在以色列鎖定加薩受難者的無數「行動」中，鮮血匯聚成一條看似沒有盡頭的河流流過橋下，一份得到人權理事會批准的文件仍然如此缺乏勇氣和正直。

聯合國的保護邊緣行動報告也並非全無作用，報告確認了之前在若干關鍵爭議點的權威法律論述。因此，報告重申，「巴勒斯坦佔領領土由西岸（包括東耶路撒冷在內）和加薩地區組成。」[07]並經過精心分析得出結論。儘管經過二〇〇五年大規模撤離，以色列仍然「牢牢地控制加薩……加薩仍持續為以色列佔領」。[08]報告繼續指出，「以色列對加薩的封鎖」持續「扼殺加薩的經濟」；加薩在保護邊緣行動結束的嚴峻情況「不能和以色列的封鎖分別看待」；且現行的國際援助「不可取代解除封鎖」。[09]通篇報告中最激動人心的聲明，呼籲以色列「立即無條件解除對加薩的封鎖」。[10]在另一個法律爭論點上，報告也反駁了以色列的論調，認為避免士兵被抓即可合法地使用不合比例的武力；以色列在比例原則檢驗中認為，「以色列的戰略考量應納入考慮。以色列不願承擔武裝團體在戰俘釋放談判上能夠取得對以色列的影響力。」該報告有力地重申，這種推理構成了「對國際人道法的錯誤解釋」：

> 武裝團體在談判中可以獲得的影響力不僅僅取決於俘虜一名士兵，而且還取決於以色列政府的後續反應與決策。因此，其所尋求的戰略軍事或政治利益，並非國際人道法所認定的具體且直接的軍事利益……事實上，前述對預期軍事利益的解讀，允許在比例原則分析中納入抽象政治或長期戰略考量，所導致的後果是：將掏空比例原則的保護要素。[11]

不過，儘管報告中許多法律判定受到人們認同及肯定，但其結論卻問題重重、甚至令人震驚。

聯合國報告的正式授權範圍只涵蓋戰爭法（jus in bello，管轄武裝衝突的規範），不包括訴諸戰爭權（jus ad bellum，管轄何種條件可訴諸武裝衝突的規範）。針對保護邊緣行動的導火線階段，這份報告實質合理化了以色列發動進攻的動機。報告相當中立地開場，「二〇一四年，敵對行動的爆發脈絡是，對西岸包括東耶路撒冷和加薩的持續佔領，以及對以色列發射的火箭砲數量增加。」[12]在進入訴諸戰爭權的司法領域之後，報告就毫無保留地引用以色列發動空襲和後續地面入侵的公開理由：[13]「二〇一四年七月七日，以色列國防軍在加薩地區展開『保護邊緣行動』，宣稱目標是阻止哈馬斯繼續發射火箭砲，並摧毀其發起行動對抗以色列的能力」、「二〇一四年七月十七日，以色列國防軍從地面入侵加薩。以色列官方資料指出，他們這麼做是為了破壞『恐怖組織』的軍事設施，並（……無效化）邊境的攻擊隧道網絡」。[14]從法律層面來看，以色列不得訴諸武裝自衛，除非它已經窮盡非暴力手段，因此迫於「需要」而發動攻擊。[15]在這次的事件中，以色列的確是握有有效的非暴力手段。即使最惡劣的以色列宣傳家也承認，哈馬斯開啟敵對行動的目標就是「重開加薩邊界」。[16]《世界銀行》報導，當時「加薩的交通仍然遭到高度管制」；國際特赦組織認為，圍困是「集體懲罰」的一種形式；聯合國報告也呼籲以色列，「立即無條件解除對加薩的封鎖」。[17]因此，如果停止哈馬斯火箭砲攻擊是以色列的目標，那麼它只需要終止其對加薩的窒息圍困——這會讓以色列在法律上居於優勢，並搶佔武裝自衛的「必要」位置，而加薩人也可免於一場殘忍的攻擊，最終得以喘息。但哈馬斯的「邊境攻擊隧道」又怎麼說？退一步說，我們先假設隧道造成致命的威脅好了。為何以色列不能像埃及一樣封鎖邊境隧道，阻隔加薩與西奈之間的交通與襲擊即可？[18]事實上，在二〇一六年中，以色列宣布將展開計劃，「建造地上地下幾十公尺的水泥牆，以抵擋哈馬斯攻擊隧道的威脅。」[19]同一年稍早，國防部長巴拉克宣布了耗資幾億美元的「隧道解決方案」，但是「這些資金尚未在未來幾年的國防預算中指定用途」——這似乎顯示，以色列領導者對這些危險並不感到特別急迫。[20]這反映了報告中對以色列根深蒂固的偏見，甚至不考慮以色列在動武之外的選擇，而只是輕率地重複了以色列「宣傳計劃」的說詞。

聯合國報告完美地平衡了它對保護邊緣行動的總體判斷：「二〇一四年，敵對行動中人員傷亡和人員傷亡的高發生率令人心碎」、「巴勒斯坦人和以色列人，深受二〇一四年夏天的事件所震撼」、「二〇一四年，敵對行動對以色列人和巴勒斯坦人生活造成巨大衝擊，破壞的規模前所未有，死亡人數和受傷受創人數表明了一切」；「委員會為受到多次暴力攻擊的巴勒斯坦和以色列受害者的巨大痛苦深深打動」。[21]一般來說，「平衡」是值得欣賞的特質，這意味著無黨無派且客觀；但是將極端不平衡的資產負債表改成平衡，則形同扭曲的黨派行為。聯合國任命的委員會，在其他情況下的調查結果確實注意到一面倒的資產負債表。[22]可以肯定的是，報告的篇幅配置並沒有平均分配。就違反國際法的行為段落來看，以色列和哈馬斯的比率是四比一[23]；而在討論人員和物質損失的章節，以色列和哈馬斯的比率是四比三。[24]雖然對加薩比較「優待」，但這個比率遠遠不能反映在保護邊緣行動期間死亡和破壞的相對程度。事實上，正如同報告記載，以色列在西岸——那裡甚至不是戰場——殺害巴勒斯坦孩童的數量，和以色列在保護邊緣行動死亡的總數一樣多；而且以色列在西岸摧毀的巴勒斯坦房屋數量，比以色列被摧毀的房屋總數還多。[25]無論聚焦在哪一個指標，就能全面觀察到巨大的不平衡（參閱

表十二），這些比率中顯示的嚴重不均衡在報告中幾乎感受不到。舉例來說，像是死亡人數的原始資料，通常都是人權文件的重點；以色列的死亡人數按例在報告一開始就出現了[26]，而巴勒斯坦人的死亡人數卻深藏在頁面之中。[27]無論它如何利用這些數據，為了維持平衡的假象，報告還是得在眾多描述以色列「令人心碎」的死亡、「破壞」和「巨大苦難」的段落中加入一些實質的內容。雖然聽起來很無情，但實際上並沒有那麼多故事可說。報告能夠花幾行來描述一個以色列孩童的死亡、一棟遭到破壞的以色列住家？

表十二　保護邊緣行動——一些關鍵的比較：

	加薩	以色列	比例
平民死亡	1,600	6	270：1
兒童死亡	550	1	550：1
住家遭到摧毀或嚴重損壞	18,000	1	18000：1
做禮拜場所遭到摧毀或嚴重損壞	203	2	100：1
幼稚園遭到摧毀或嚴重損壞	285	1	285：1
醫療設施遭到摧毀或嚴重損壞	73	0	73：1

注意：請參閱本書第四部分的引用資料。

報告為了解決此一困境，就將哈馬斯對以色列人的心理／情感壓力，實質提高到違反戰爭法，甚至準戰爭罪的層級。

在武裝衝突中，人權調查聚焦在違反戰爭法是適當的，特別是對平民和民用目標的蓄意、無差別和不合比例的攻擊。因此，聯合國報告「衝擊」一章中的加薩部分，壓倒性地記錄了以色列對加薩平民造成的大規模死亡和破壞；只在末尾三個段落表明了，加薩無處不在的「創傷」和「絕望」。[28]然而，同一章的以色列部分比例卻是顛倒的。報告跳過了以色列的傷亡人數，只在末尾三個段落提及哈馬斯造成的經濟損失[29]（作為損害的例證，報告特別關注一位奇布茲成員，她「因為實在太害怕搭乘公共交通工具，導致戰爭期間，她在貝爾謝巴的攝影工作停擺，使得她必須向其他奇布茲成員借貸」）；相反的，報告在以色列部分的開場就描述了保護邊緣行動的「心理影響」，並接著以枯燥無味的細節反覆描述這些影響，堆疊一筆又一筆的「憂慮」和「焦慮」的軼聞，彷彿企圖用這樣的敘事方式來「平衡」加薩部分的非正統標題；而即使他們這麼做了，仍然有填滿版面的壓力（參閱表十三）。而這裡的重點是：國際法禁止「主要目的是為了在平民中散播恐怖的暴力行為或威脅」。[30]

表十三　保護邊緣行動——對以色列的衝擊：

・「兒童無法說話，他們在夜裡發抖、尿濕了床。現在兒童的暴力傾向加深了，他們說這是創傷後症候群。」※1
・據許多以色列人描述，巴勒斯坦武裝團體造成他們不可磨滅的痛苦。壓力和創傷對他們的身心健康產生嚴重影響……委員會採訪了幾位證人，他們表示，火箭砲的聲音、躲避炸彈襲擊和普遍的恐懼，正在嚴重影響他們，特別是他們孩子的身心健康。※2
・衝突對以色列平民的心理影響也體現在許多焦慮失調的紀錄中，這引起委員會的注意……。例如，一位阿什杜德的居民寫信給委員會，訴說她如何害怕無差別攻擊，這大大降低了她的安全感和幸福感，讓她「失去平靜的心和人身安全」。以色列人提交的資料中提到的心理後果，包括恐懼、煩躁不安、注意力下降、創傷壓力症候群和其他與壓力有關的症狀。對兒童的影響尤其顯著，對他們而言，暑假成了每天在面對警報響起的焦慮裡掙扎。例如，在一個案例中，一位醫生報告，他十一歲的女兒因為警報聲而受到創傷，無法睡覺或一個人洗澡……在另一個案例中，一名九個月大的嬰兒（**衝突發生時他才四個月大**）的焦慮形式，在事件後幾個月，只要有警鈴聲就會讓他陷入恐慌。一位證人告訴委員會，她兩個繼女在反覆的衝突中受到很大的創傷，一個只要一聽到火箭砲就會癲癇發作；另一個則受到嚴重的焦慮困擾。※3
・面臨強迫遷徙的兒童，尤其是加薩附近地區，心理健康的影響比成人更惡化……。一位長期追蹤這些強迫遷徙兒童的社工表示，他們出現了一系列的症狀，包括焦躁不安、缺乏睡眠、在學校注意力不集中和暴力行為。證人也向委員會表示，部分社區孩童必須接受特殊治療以處理強迫遷徙的威脅。※4
・共一五九人在逃往避難所的途中因為跌倒受傷或受創。以色列當局報告海法和耶路撒冷，各有一位老婦人在躲避時因為心臟衰竭死亡……在以色列北部的老年人……在逃往避難所的過程中身心受創……一位在加薩邊緣貝林（Be'erim）奇布茲的居民告訴委員會，她的孩子必須躲在樓梯下，暴露在警報和爆炸的壓力之下，因為十五秒根本不夠他們躲到地下避難所。一個案例中，一位受害者——自稱是一位獨居的「老寡婦」——說她有一整個月都不敢離開位於斯德洛特的住家。另一個案例，一位現今居住在亞實基倫的八十九歲大屠殺倖存者。她的孫子表示，祖母在夏季每天平均聽到五次警報，並且必須在十五秒內躲到避難所還不能跌倒。一位現今居住在特拉維夫附近的巴特亞姆（Bat Yam）的九十二歲老太太，她兒子描述母親在攻擊時只能留在原地祈禱平安無事，因為她孱弱得無法躲進樓梯底下。※5

注意：引用的陳述，節錄自聯合國報告所引用的以色列人的證詞。
※1 UN Report, para. 559.
※2 Ibid., para. 560.
※3 Ibid., para. 563.
※4 Ibid., para. 564.
※5 Ibid., para. 568.

然而，戰爭法並未禁止可能在平民中引起「某種程度的恐怖」的暴力行為，這是任何採取實質訴諸武力手段不可避免的後果[31]，否則，戰爭法將實質禁止主要的武裝衝突。戰爭法的主要目的並非消除戰爭——此時此刻，這只能說是烏托邦的目標——而是儘可能減輕戰爭的破壞。以色列平民在保護邊緣行動期間所經歷的各種焦慮、恐懼、創傷，似乎落在迷失和不適的狀態中，是伴隨武裝衝突正常且無可避免的一部分。默許平民的壓力和創傷，並將之與平民的死亡、破壞相提並論，削弱了人類決心廢除（**或過制**）的那些戰爭行為，和人類至今沒有那麼急需且必定要廢除的行為之間的重要法律區別。如果加薩一次火箭砲攻擊觸發了以色列的民防警報，並造成以色列人的焦慮，這並不意味著哈馬斯違反戰爭法，藉此延伸，最終還破壞了武裝衝突法，因為報告超出其法定授權範圍。此外，透過將這些法律上努力區分的痛苦條件等同起來，也把這些一般公認和法律認定為實質有別的情況同質化。如果以色列人經歷的壓力是無法離開家門，巴勒斯坦人經歷的壓力則是不再有家可歸。報告也未能區別這些程度的根本不同，以至於性質無法比較的情況。如果以色列人在前往避難所途中經歷恐懼和受傷，那加薩人經歷的是在地獄中無處可逃，然後遭到蓄意攻擊，或者如果有幸躲進稀少的避難所，再由以色列的精準武器鎖定攻擊；如果以色列經歷了瓶子火箭砲的震盪效應，那加薩人經歷的則是一頓炸彈的震盪效應。我們不得不懷疑，報告的起草者是否認識到這些基本的區別？而他們選擇推翻這些區別，並非因為對人類痛苦的全部範圍高度敏感，或拒絕對人類痛苦進行排序的開明態度。幾乎確定的是，若不這麼做，如此的假裝平衡將無以為繼。如果報告適當地履行其基本任務，調查以色列保護邊緣行動期間違反戰爭法的行為，那麼「影響」一章中，整個以色列部分應該可以簡化成一句話：六名平民被殺，一棟房屋被毀。

聯合國報告將引發恐懼升級，至於違反戰爭法的詮釋同樣讓他們在談判哈馬斯隧道網時，顯得荒腔走板。報告確實承認，「隧道僅用於攻擊以色列國防軍在綠線附近的陣地，這是合法的軍事目標。」[32]但是，儘管如此，它仍不停抱怨，隧道在以色列人之間引起的「不安全感」、「恐慌發作」、「創傷和持續的恐懼」、「巨大的焦慮」。[33]接著繼續暗示，隧道所引起的恐懼形同違反戰爭法。在「總結觀察」部分，報告將這些關於哈馬斯的「嚴肅考慮」放在一起：「這些射向以色列，本質上無差別濫殺的彈藥……和……鎖定以色列平民，都違反戰爭法，而且可能構成戰爭罪。利用隧道導致以色列平民的恐懼升高則是顯而易見的。」[34]報告最後的「建議」對哈馬斯提出相關呼籲，「尊重區別原則、比例原則、預防措施，停止攻擊以色列平民和民用目標；停止可能在以色列平民間散播恐懼的火箭砲攻擊和其他行動。」報告中記載的唯一「其他行動」是哈馬斯的隧道挖掘／滲透。如果哈馬斯應該停止這些——針對戰鬥人員的——地下挖掘／滲透，因為造成以色列人的恐懼；難道以色列不該停止地面上——絕大多數針對平民的——炸彈、導彈、砲彈攻擊，因為它造成加薩人的恐懼？此外，國際法並不禁止爭取自決的人民訴諸武器，而是禁止國家透過使用暴力來鎮壓這種鬥爭。[35]以色列透過外部佔領剝奪了加薩人自決的權利[36]，哈馬斯無疑有權透過隧道鎖定執行佔領的以色列戰鬥人員，雖然這些隧道攻擊可能會引起以色列平民的恐懼。或者，巴勒斯坦人是否只有在沒有干擾以色列人的情況下才允許使用武力？

然而，不管聯合國報告，為平衡哈馬斯和以色列違反國際法的行為而採取的修辭策略多麼巧妙（**另外說明，可參閱表十四**），他們仍然無法彌合各方施加的破壞所產生的鴻溝。當然，即使造成較少的死亡和破壞，哈馬斯也可能犯下和以色列一樣多的戰爭罪行。這也是事實。然而，一旦比例大到某種程度，像是五五〇比一（**以色列殺害的兒童人數和哈馬斯相較**）或一萬八千比一（**以色列摧毀的住宅數量和哈馬斯相較**）。這種主張不僅不合理，還會顯得十分可笑。那麼，報告要如何解決這個難題？報告在某種程度上歪曲了相關事實，更重要的是，藉由一再援引不相關的法律來破壞相關法律，可見報告對哈馬斯和以色列戰爭罪行的論述方式簡而言之就是**不誠實**。

哈馬斯的戰爭罪行

聯合國報告藉由直接或間接引用以色列的官方資料，描繪出哈馬斯強大的「武器庫」，為指控哈馬斯而鋪路。[37]但是這些武器的實戰表現強烈顯示，大多只比強化版的煙火秀好一點而已。[38]報告還盡責地照抄了以色列關於鐵穹頂反導彈防禦系統精湛表現的說法[39]——儘管公認的專家和實際事實駁斥了他們。[40]報告不尋常地承認，根據「安全專家」表示，哈馬斯在保護邊緣期間「宣布的官方政策」是「集中在軍事或半軍事目標，並避免其他目標，特別是平民」。[41]報告接著記錄了，哈馬斯疑似鎖定以色列戰鬥人員和軍事目標的案例，而以色列本身也承認，哈馬斯迫擊砲殺死了以色列國防軍派駐邊界的十名士兵。[42]該報告還指出，哈馬斯「在少數情況下」試圖警告以色列平民即將發動攻擊。事實上，哈馬斯警報比以色列發出的警報更有效，「因為——和加薩居民不同——居民可以逃往其他地區。以色列不那麼容易就受到威脅」。[43]

表十四　「委員會注意到……」

聯合國報告四處點綴著為以色列脫罪的主張，並都以恭敬的口吻寫成，委員會注意到了。但是為何要使用「注意到」如此粗糙的宣傳呢？

1. 聯合國報告引述了以色列的聲明，但從自身調查結果來看，這聲明顯然有誤。例如，「委員會注意到以色列的說法，『在二〇一四年加薩衝突期間，只要可行，以色列國防軍會選擇可以減少潛在平民傷亡的彈藥』」；「委員會注意到，根據官方資料，『以色列國防軍在二〇一四年加薩衝突所下的指令中，對HE（高爆炸性）彈藥的使用設下嚴格的限制』」；「委員會注意到，以色列宣稱，將會就『任何可信的指控獲得合理懷疑，嚴重違反武裝衝突法的行為，展開全面的調查』。」※1如果報告本身駁斥了這些荒謬的斷言，為什麼內容中會如此恭敬地「注意」它們呢？

2. 聯合國報告使以色列的「宣傳計劃」得以設定允許批評的範圍。例如，「委員會注意到，以色列官方資料指出，都會地區只在社區居民大部分撤離且附加嚴格協議的例外情況下才會使用大砲。即使有這些嚴格的條件，在人口稠密地區使用具有廣泛影響力的砲兵，也造成大量平民傷亡和民用目標的廣泛破壞。」。※2但根據關注武裝暴力行動（Action on Armed Violence, AOAV）研究，在以色列向加薩發射的兩萬枚高爆炸性砲彈中，估計有九十五%砲彈落在人口稠密的平民區內或附近。儘管報告引用了關注武裝暴力行動的研究，卻沒有提及這一重要發現。※3

3. 聯合國報告透過重複、未經證實的指控，提供以色列的宣傳可信度。例如，「委員會注意到，以色列國防軍普遍宣稱，巴勒斯坦武裝團體使用救護車運送戰鬥人員，即用於軍事目的。由於未收到相關資訊，委員會無法證實此一說法。」如果報告「無法證實」此一說法，並非因為以色列沒有，而是以色列無法提供證據；以色列引用的唯一一件普通證據已被證明其毫無價值。※4

4. 呼應美國前國防部長唐納德·倫斯斐（Donald Rumsfeld）惡名昭彰的格言，「缺乏證據並不代表沒有證據」（The absence of evidence is not evidence of absence），如此一來，聯合國報告將缺乏證據當作以色列無罪的證明，因為他們認為這有可能是真的。例如，「委員會也注意到，以色列主張瓦法醫院及周邊區域明顯廣泛用於軍事行動。所有委員會訪談的證人，包括媒體人員，都否定醫院在撤離前用作軍事用途的看法。然而，委員會不能排除有軍事活動的可能性」。※5「可能性」永遠存在，相反的證據可能最終會浮現。依照這種證據標準，怎麼可能對以色列達成有罪的判決？報告甚至留下了未來的可能性，不僅僅是哈馬斯，而且以色列本身也將其排除在外。例如，「雖然委員會不能完全排除（在這次事件中）巴勒斯坦武裝團體誤擊的砲彈可能導致平民受傷，但目前仍未發現或收到任何資訊支持這一版本的事件。以色列軍法院（[Israeli military advocate-general], MAG）證人訪談和陳述似乎證實，這是以色列國防軍發射的兩發迫擊砲彈導致平民死亡和受傷」※6

5. 聯合國報告引用以色列操縱的證據。例如，「委員會注意到，以色列國防軍聲稱，發現一本卡桑旅的內部手冊。內容解釋了，在人口集中區發動軍事行動的優勢，並提供在建築物內藏匿武器的指示……以色列國防軍只在網站上呈現一些節錄過的頁面。委員會無法獨立證實手冊內容或具體事件。」※7 如果報告「無法獨立證實」這個主張，只因為以色列選擇公開「一些節錄過的頁面」；如果它證實了以色列的主張，為什麼以色列不公布整本手冊？※8同時，報告中最令人信服的證據是打破沉默組織整理的一系列士兵的目擊證詞，※9和以色列「宣傳計劃」相矛盾。士兵既不會得到任何好處，也不必害怕失去什麼。聯合國報告等於是為以色列的官方提供免費宣傳，且對士兵的目擊證詞不甚在意，這些證詞還被輕率地描述為「軼事」，※10並忽略了其中最具啟發性的部分。※11

※1 UN Report, paras. 225, 412, 610 (see also paras. 232, 238, 385).

※2 Ibid., para. 408 (see also para. 412).

※3 Action on Armed Violence (AOAV), *Explosive States: Monitoring explosive violence in 2014* (2015).

※4 UN Report, paras. 461, 477. 也參閱第十二章。

※5 UN Report, para. 477.

※6 Ibid., para. 385 (see also para. 376). 報告也在以色列的辯護中用以「假設」的論點 (ibid., para. 339)。即使以色列本身並未提出這項假設的託辭，而代表以色列 (ibid., para. 365) 捏造了自己承認和證據自相矛盾的論點。

※7 Ibid., para. 472.

※8 這些以色列所翻譯，據說是從哈馬斯手冊中挑選的片段，充滿偏差的詮釋和竄改。State of Israel, *The 2014 Gaza Conflict, 7 July–26 August 2014: Factual and legal aspects* (2015), paras. 125–26.

※9 Breaking the Silence, *This Is How We Fought in Gaza: Soldiers' testimonies and photographs from Operation "Protective Edge"* (2014).

※10 UN Report, para. 418.

※11 請參閱第十一、十二章。

報告發現，「絕大多數」哈馬斯的砲彈都鎖定「以色列的人口中心」。[44]雖然以色列只有六名平民被殺，財產損失也微不足道，但報告卻用了整整十五段來詳細描繪這些哈馬斯攻擊所帶來的影響。有些說法認為（**雖然並非報告的意見**），如果平民死亡人數很低是因為鐵穹頂的因素，那應該適當的估算沒有鐵穹頂的死亡人數。這項論點是錯的——鐵穹頂並未拯救很多生命，也許根本沒有。事實上，如果沒有以色列的民防／避難系統和結構完善的住宅，的確會造成更多平民的死傷；而如果他們生活在像加薩一樣的低標準生活水準的條件下，以色列人的傷亡人數是否會因此增加？如果計算的基準是「所有條件平等」，那就忽略了根本的不正義是以色列和巴勒斯坦的根本不平等。

聯合國報告發現，哈馬斯的砲彈攻擊「可能」構成「戰爭罪」：

一、哈馬斯火箭砲攻擊：「火箭砲無法導向特定的軍事目標，因此在攻擊中使用這些武器就構成無差別攻擊」；「聲明指出，（**哈馬斯**）意圖將這些攻擊對準平民」。

二、哈馬斯迫擊砲攻擊：「聲明指出，在部分案例中……（**哈馬斯**）意圖鎖定平民社區……如果這被用來鎖定平民或民用目標，這將違反區別原則」；「在攻擊位於平民或民用目標附近的軍用目標時，迫擊砲並非適當的武器。因為，迫擊砲不精準的性質，讓攻擊方在人口密集區域使用時，很難區別攻擊的軍用目標和平民、民用目標」。[45]

哈馬斯為自己辯護，「巴勒斯坦的火箭砲相當『原始』且技術也並不先進，儘管如此，派系還是企圖將火箭砲對準以色列的軍事標的。」[46]然而，聯合國報告簡短且無情地反駁：「衝突各方的軍事能力和尊重無差別攻擊禁令的義務無關。」禁止使用無差別濫殺攻擊武器的人道理則不證自明。但是「無差別」是相對的概念，可依目前用於特定武器線上最複雜的導向系統而有所不同。因此，同樣不證自明的是，禁止無差別濫殺的武器，對於那些無法負擔尖端技術的貧窮國家或非國家行為者會構成歧視。在本案中，報告實質上已將哈馬斯全部的原始武器庫視為犯罪，因此，報告剝奪了加薩武裝自衛的「固有」權利（以聯合國憲章為基礎），以及在自決鬥爭中武裝抵抗的權利（在國際法實際上認可的）。即使我們承認，基於令人信服的理由，儘管歧視效應存在，仍支持維持禁令的完整。而一份人權報告文件，仍然不該武斷地將「無關」當作完全合理（雖然有爭議）的拒絕理由。報告能夠同情以色列顧慮的程度也值得我們注意。例如，報告「認識到以色列在揭露軍事打擊目標所面臨的困境，因為在資訊中公布這些細節，可能會被分類並危及情報來源」。[47]雖然報告仍然認定「以色列……有責任提供有關目標決定的充分細節，以便能夠對其攻擊的合法性進行獨立評估」，報告不僅在高壓拒絕哈馬斯時表現得毫無同情心，也採信了以色列基於安全理由不能公開資訊的藉口，而非因為公開資訊會削弱官方的謊言。報告繼續推斷潛藏在哈馬斯火箭砲襲擊背後的險惡動機。如果這些砲彈無法準確擊中軍事目標，那報告「無法排除這些無差別濫殺火箭砲攻擊將構成暴力行動的可能性，其主要目的是在平民間散播恐懼」。[48]散播恐懼可能是哈馬斯的動機，但其他可能的動機也會浮現在腦海中。火箭砲攻擊可能是「交戰報復」（國際法並不禁止這樣做）[49]，迫使以色列停止對加薩社會的恐怖攻擊。報告本身提到，哈馬斯發表聲明，「確認其鎖定以色列平民的企圖，以回應以色列『將在住家和庇護所的巴勒斯坦平民當作目標』」。[50]但是，要不要考慮一下哈馬斯領導人哈立德·米沙爾在鑄鉛行動（二〇〇八～二〇〇九）期間宣告的動機——「我們小小的自製火箭砲，是我們向全世界抗議的呼聲。」[51]人們可能會好奇，為何報告裡並未考慮這些較為溫和的可能性？

有更「溫和」的方法嗎？

國際法要求衝突各方「在選擇攻擊手段和方法時採取一切可行的預防措施，以避免……平民受到傷害和民用目標受損」。[52]聯合國報告宣稱，儘管調查存在重大障礙，仍然能夠猜測哈馬斯的「行為模式」違反這一法律義務。[53]報告引用了哈馬斯向平民發射火箭砲的四起事件[54]，而國際特赦組織對哈馬斯的指控也提到同樣的四起事件。[55]重複這些資料意味著缺乏確切的證據。報告也引用了少數案例，比如說哈馬斯在「受國際法特別保護的地點內部或附近進行軍事行動」的情況——特別在兩、三所學校和一間教堂附近。這些事件也在之前的調查中被引用。[56]報告進一步指出，「以色列官方」資料一再指責哈馬斯違反「可行的預防措施」的義務，但「無法獨立證實」這些指控。[57]報告也坦承，「可行的預防措施」義務「不是絕對的」；「即使有些地區沒有居民，加薩的面積小，人口密度高，因此武裝團體特別難以遵守」這項義務；許多相關國際文書的締約國都約定，「對人口密集的國家而言，避免將軍事目標設在人口密集區域的要求很難適用」。[58]儘管如此，報告的結論是，鑑於哈馬斯「在民用目標內或特別保護物體附近進行軍事行動的案件數量，這種行為似乎不僅僅是正常的軍事行動」，因此，法律「並不總是得要遵守」。[59]雖然這是一個謹慎和有所保留的結果，仍然必須提出這個問題，報告是否證實了這一點？報告所記錄的實例必須證明，哈馬斯蓄意選擇不避開平民和受保護物體，並且不僅僅是在人口密集的平民地區「正常的軍事行動」中隨機發生的事件。從報告中回收的少數事件來看，在為期五十一天的武裝衝突期間，其中哈馬斯發射了七千枚砲彈和一支入侵的軍隊交戰，雙方均受到前所未有的戰鬥損失，似乎沒有達到「模式」的證據門檻。[60]報告不僅沒有證實其有所保留的斷言，而且還沉溺於毫無根據的猜測中。例如，報告宣稱，「如果確認使用……地點進行軍事行動，且武裝團體是為了利用平民或非戰鬥人員……以防止他們的軍事資產受到攻擊，這將構成違反禁止使用人肉盾牌的習慣法」和「將構成戰爭罪」。[61]這種毫無根據的猜測有什麼意義？這只是一個例子。[62]除了在讀者心中植入錯誤的形象，或安撫一再指責哈馬斯使用人肉盾牌的以色列，或兩者皆是？報告最大膽——或最無恥的——猜測，是將非暴力公民抵抗視為犯罪，因為它認為，哈馬斯可能錯誤地利用了它：

> 在委員會調查的一起住宅遭到轟炸的案件中，據所蒐集到的資訊顯示，在以色列國防軍發出特別警告說該房屋已遭到鎖定之後，有幾個人前往屋頂以「保護」房屋。如果巴勒斯坦武裝團體成員指示他們這麼做，這將形同利用平民的存在企圖保護軍事目標免受攻擊，這違反了禁止使用人肉盾牌的習慣法。關於此一事件，委員會因為這一消息感到困擾——哈馬斯發言人呼籲加薩民眾登上屋頂保護他們的房屋免於攻擊。儘管這一呼籲的對象為加薩居民，但可以視同和理解成——鼓勵巴勒斯坦武裝團體使用人肉盾牌。[63]

報告沒有表現出對加薩人的同情，因為他們冒著生命危險來保護他們及其鄰居的住家；相反的，報告把焦點放在哈馬斯上，用純粹猜測的理由，以便否認他們在毀滅性的攻擊中少數非暴力的抵抗手段之一——甚至極端到將這種自願且令人辛酸的行動——由伊斯蘭運動所鼓勵，其精神系譜上溯甘地的行為——[64]視為戰爭罪的發端。令人遺憾的是，為什麼聯合國報告中將民用住宅視為「軍事目標」——一旦以色列決定以此為目標，它就會自動失去其受保護的地位。或者報告的前提是加薩所有人和物，如果不是支持恐怖主義，就是與恐怖主義相似？

最後，聯合國報告指控哈馬斯在保護邊緣行動期間對內奸嫌疑人進行「法外處決」。報告指出，「事實上，大多數受害者在衝突前被逮捕和拘留，這讓人感到疑慮。他們被處決是為了增加對加薩人的壓力，以防止其他人從事間諜活動。」[65]大多數處決「發生在三名（**哈馬斯**）

指揮官被以色列國防軍殺害後的第二天」。報告還指出，由於通敵的「汙名」，這些處決對家庭成員產生「破壞性」的影響，他們還得處理「名聲和榮譽」上「不可磨滅的污點」。由於報告對所謂的「以色列困境」（發布機密資訊）表示同情，報告也許也曾停下來思考哈馬斯的困境——在抵抗殘酷敵人入侵的同時，還直接或間接受到敵方資助的內奸所困擾。俄羅斯革命家列夫・托洛斯基（Leon Trotsky）認為，在外國入侵中，監禁的威脅無法阻止潛在的內奸，因為，和敵人結盟的前提是它的勝利即將來臨：「他們不能被監禁的威脅所恐嚇，因為（他們）不相信那會持續。正是這個簡單但具有決定性的事實，解釋了何以『槍擊』是廣泛使用的解決方法。」[66]在此提出這個無可避免的問題絕非是為了哈馬斯說項——哈馬斯應該如何阻止內奸？禁止處決內奸和禁止使用無差別濫殺武器，似乎都落入類似的處境：這是無解的難題。這讓人想起，華沙猶太區起義的一位領導者表示，「我們最大的罪過」就是「從第一天開始，我們就沒有殺死猶太內奸」。「如果我們殺死了其中一些人，那麼其他人就會害怕加入警察那邊。應該把他們吊死，以威脅其他人……我敢肯定，每當內部有人叛國，戰爭就必須從摧毀這些人開始。」[67]報告斷定，這些哈馬斯的處決，不是「可能」，而是毫無疑問的「相當於戰爭罪」。並且叮囑，「應該將這些必須為殺戮負責的人……繩之以法。」[68]報告從未在指控以色列時使用這種明確而有力的語言。報告還呼籲哈馬斯「打擊所謂的內奸家庭所面臨的汙名」。[69]雖然承認哈馬斯已經承諾「支持被控通敵者的家屬」，但報告的結論是「汙名的深遠影響需要更強烈的回應」。[70]難道這是要哈馬斯辦一場內奸的驕傲大遊行嗎？

以色列戰爭罪 聯合國報告將以色列戰爭罪行的指控分為多個、有點武斷和經常重疊等類別。如果報告讓證據說話，那結果將會編製出起訴以色列的毀滅性檔案。但並沒有；相反的，報告在事實調查結果和其結論之間，插入了扭曲的法律分析。報告宣稱，「事實結論構成了對個別事件進行法律分析的基礎。」[71]但法律分析卻減低了事實的可怕程度。報告作為法律的仲裁者和詮釋者，其求情的結果是，雖然可能無法滿足以色列（除了全力辯護之外，還有什麼？）也未能滿足司法的最低標準。從整體與和部分來說，報告就是在掩飾。為了揭露真相，除了將每個事件中提供的事實和報告偏袒的法律解釋並列之外，別無選擇。

一、空襲　聯合國報告指出，由於以色列針對住宅和其他建築物進行空襲，至少有「一四二個巴勒斯坦家庭在同一事件中有三人或三人以上的死亡……共造成七四二人死亡」。[72]兩名攻擊倖存者分別回憶起這些場景：

> 我找到了叔叔和女兒的無頭屍體。我的堂表親還活著，但死在送往醫院的途中；另一個堂表親的身體則斷成兩截。我們在第一輛救護車上有十具屍體。沒有發現其他生還者。……在取下水泥後，我發現我堂表親迪那的屍體。我所目擊到的實在太慘了！她已懷孕九個月，到她父母的家中待產，我們實在無法相信她已經過世了。她的肚子被撕開，未出生的嬰

兒躺在那裡，頭骨被打碎。我們繼續搜尋其他屍體，發現了我的嬸嬸。我們很難從她的身體上清除所有水泥。[73]

> 我仔細看了看屍體。我九歲女兒的身體只留下上半部分；我兒子穆罕默德的腸子跑出來了；我十六歲的堂表親失去了雙腿；我的兒子穆斯塔法距離我五公尺遠，砲彈片幾乎完全切斷了他的脖子；我十六歲的侄子失去了雙腿和雙臂，他向我求救，我只希望他能死得快一點，我不願他再受這麼多的痛苦。還有我一歲大的女兒，當時被媽媽抱在懷裡，我們在樹上發現了她的身體……我自己則失去了左手臂。[74]

報告在調查的十五起空襲中，有六起未能找到「可能的軍事目標」。[75]在一次沒有軍事目標的致命攻擊中，精準導引的五百磅炸彈鎖定屋頂上「正在餵鳥」的孩童，造成三人死亡、兩人受傷。[76]報告顯示，有六十%（**十五分之九**）的事件可能有合法的軍事目標，這表示會採取比既有事實有利的態度來處理以色列的攻擊。看看這些計算所用的證據基礎。半官方的以色列情報和恐怖主義資訊中心，公布了在保護邊緣行動中被殺的加薩人姓名、日期、地點和戰鬥員（「**恐怖主義參與者**」）／平民（「**非涉及**」）身份。[77]如果這個「宣傳計劃」單位列出了一位在住家因為空襲喪生的「恐怖主義參與者」，報告就自動稱他為「可能的軍事目標」。[78]但就算不論受害者身分判定的疑點（**如何、從哪裡得到這些資料？**）以色列情報和恐怖主義資訊中心，也從未主張該建物因為「恐怖主義參與者」存在而被鎖定，或就此來說，以色列在攻擊建物時意識到他的存在。報告本身指出，哈馬斯成員的存在本身並未將住宅轉變為軍事目標：「僅僅是哈馬斯政治派別或加薩任何其他組織的成員，或為當局工作的事實……本身都並不足以使一個人成為合法的軍事目標。」[79]考慮到所有因素，報告調查的以色列空襲中，鎖定戰鬥人員或軍事目標可能只有少數幾個案件。

聯合國報告記錄，在記載的許多事件中，以色列在一天中可能有大量平民出現的時候發動空襲。例如，「在日落結束禁食時，這家人正在準備開齋飯」；「他們起床後幾分鐘，準備吃封齋飯，齋月時白天的最後一頓飯，直到晚上結束禁食」；「十二位家庭成員都在家，準備結束禁食」；「為了紀念開齋節的第二天，這家人剛剛吃完了一頓大餐，大部分家庭成員都在小睡」；「他們聚在一起準備吃開齋飯」。[80]報告也發現，以色列在十五起事件中有十一起沒有發出警告；在部分案例中，以色列確實發出警告，但在警告和正式攻擊間「只有幾分鐘（三**到五分鐘**）時間」。[81]此外，這十五起事件中，以色列所用的是精準導引的導彈或五百至二千磅炸彈。以色列在報告調查的「許多次」空襲中使用了GBU-31。以下是武器專家如何描述GBU-31炸彈的衝擊：

> 爆炸產生衝擊波，會在每平方英吋施加數千磅（磅／平方英吋〔psi〕）的壓力。比較起

來，十二磅／平方英吋的衝擊波會讓人摔倒，受傷的門檻是十五磅／平方英吋。根據外科醫師的說法，像 Mark-84 JDAM[82]炸彈爆炸產生的壓力，會使肺部破裂、竇腔破裂，並將肢體扯開爆炸地點幾百英呎。當 JDAM 炸彈擊中時，會產生八千五百度的火球，挖出二十英呎的彈坑。因為它取代了一萬磅的泥土和岩石，並產生足夠的風來擊倒牆塊，將金屬碎片投擲一英里或更遠。它的震盪效應非常之大，對附近任何人的傷害將非常大。[83]

關於以色列特別使用 GBU-31 / MK-84 二千磅重的炸彈，報告得出結論，「無論炸彈的精準程度如何，具有如此廣泛影響區域的武器，在人口密集地區使用時，是否能夠讓操作者適當地區分平民和民用目標及軍用目標，仍有極大的疑問。[84]關於最後一點，請回顧一下：報告稱哈馬斯所用，裝填十至二十磅炸藥的原始火箭砲，本質上就是無差別攻擊，因為它們「無法針對特定的軍事目標」。讓人困惑的是，以色列進行精準攻擊時，在一個人口密集的平民區中心投下一顆二千磅的炸彈，為何不是本質上的無差別攻擊？當這個炸彈「產生（**華氏**）八千五百度的火球，挖出二十英呎的彈坑，它取代了一萬磅的泥土和岩石，並產生足夠的風來擊倒牆塊，將金屬碎片投擲一英里或更遠」；相反的，報告認為，以色列在這種情況下使用這種武器有「極大的疑問」。請問，還有什麼問題？[85]

更重要的是：聯合國報告未能提供可信的證據，證明以色列主要針對這些民用建築，並將之作為進行空襲的目標。即使在少數事件中，哈馬斯武裝份子仍然存在，但仍然可以從攻擊的時間來判斷（**即可預見的大量平民聚集**）以色列或者發布無效的警告，或沒有發動警告。並在人口密集的平民區使用高爆炸精準武器，以及「大規模破壞」已經廢棄的民用建築。[86]綜合以上因素判斷，以色列的空襲，既非不合比例的攻擊，甚至也非無差別攻擊；相反的，它鎖定攻擊加薩的平民和基礎建設，偶爾出現的哈馬斯武裝份子不是它的目標，而是藉口。這些空襲的目的幾乎可以肯定的是，除了粗暴的報仇之外，並透過造成足夠的死亡和破壞以打擊加薩人的意志，或促使他們反對哈馬斯。然而，報告沒有得出這個結論。報告確實發現以色列空襲中有六次無法辨別軍事目標，以及非政府組織報告的「大多數案件」，「可能……構成對民用目標或平民的直接攻擊，犯了戰爭罪」；而其他九個事件，可能的軍事目標是可辨別的，「可能不合比例原則，因此構成了戰爭罪」。[87]雖然報告並未迴避猜測哈馬斯發射火箭砲以「散播恐怖」，但報告卻保持沉默。儘管有大量的間接證據，拒絕面對以色列空襲的首要目的是散播恐怖的可能性。報告承認，「攻擊是在大多數家庭成員在家時（**傍晚或黎明時，家庭聚集在齋月準備餐點，開齋飯和封齋飯，或人們正在睡覺的夜晚**）進行的」[88]，「大型武器顯然是用來夷平建築物」。[89]但報告小心翼翼地避免提出這個問題：為什麼以色列選擇這些時間和這些類型的武器？報告承認，在極少數情況下，以色列確實提前幾分鐘通知加薩人即將發生的空襲，「以色列國防軍藉由發出警告——接受這次攻擊並不需要出人意料；因此，似乎沒有理由不給更多的時間讓居民撤離」。[90]顯然報告也沒問的下一個問題是：為什麼以色列讓居住者離開家園的時間如此少？報告承認，關於（在保護邊緣行動的最後一週）高層建築的破壞，以色列國防軍的聲明似乎表明，這些攻擊的目的是透過摧毀高層建築，對加薩的「社會菁英」施加壓力。[91]如果試圖透過鎖定民用目標空襲來對平民施加政治壓力，以色列的目標不就是散播恐怖嗎？該報告承認，使用「精準武器……，表明針對具體目標的」空襲，[92]並殺死了在屋頂上玩耍的兒童。然後，報告繼續暗示，以色列「可能違反了採取一切可行措施，以避免或至少減少對平民附帶傷害的義務」。但是，以色列「採取一切可行措施」，以最大程度傷害包括兒童在內的平民——也就是說，它是用精準武器鎖定這些兒童的，這才是相關的法律觀點。不是嗎？報告指出，「由於大規模的破壞，以及遭受攻擊的房屋和民用建築的數量，人們開始關注。以色列對構成『軍事目標』的解釋，卻超出國際人道法提供的定義」，而且，「人們擔心，這些打擊可能反映更大的軍事戰術……將所考慮的軍事目標優先於其他考慮因素，而忽視了盡量減少對平民影響的義務。」[93]報告極力避免「考慮」大規模毀滅是以色列的「軍事目標」，以便透過恐嚇來最大化「對平民的影響」；也就是說，「軍事戰術」為此一「更大政策」的反映；而一些有預謀計劃的「軍事戰術」、「軍事目標」，並不僅僅是「超出國際人道法的定義」，而是在規劃時就驚人地有意違反「國際人道法」。

二、地面行動　聯合國報告專門討論以色列地面行動的部分，關注以色列國防軍在舒加艾耶（七月十九至二十日）、庫扎阿（七月二十至八月一日）、拉法（八月一日至三日）和舒加艾耶市場（七月三十日）的暴行。報告指出，「這些地面行動的綜合衝擊，對加薩人無論在人類痛苦或者基礎建設破壞上，都造成毀滅性的影響。至少一五〇位平民被殺，超過兩千棟房屋被完全摧毀。[94]報告個別審視這些行動，然後對它們進行了概要分析。

一、舒加艾耶

舒加艾耶位於綠線附近，是加薩人口最密集的社區之一。雖然以色列在地面行動前發出警告，但大多數居民卻選擇留下來。七月二十日，十三位以色列國防軍士兵在交火過程中遭到哈馬斯殺害。以色列隨後加強轟炸，表面上是為營救受傷的士兵。此時已約有一半的居民逃離。[95]聯合國報告指出，以色列在七月二十日，不到一個小時的時間內，向舒加艾耶發射了六百發砲彈（砲擊持續了六個多小時），並在短時間內投下了一百多枚一噸重的炸彈。報告引用的以色列國防軍目擊證詞回憶說：「砲兵部隊和空軍真的把那裡清理得很乾淨」；而另一個證詞回憶說：「以色列國防軍最高級官員之一……只在舒加艾耶的航拍照片上標出房屋，表示它將被拆除。」在行動結束時，舒加艾耶是一個「被夷平的地區」，「在以色列國防軍集中火力下和夷平了差不多」。全部一千三百多棟建築遭到摧毀或嚴重損壞，許多平民被殺或受傷。[96]報告的法律分析發現，以色列國防軍在舒加艾耶採用的方法和手段，「引發疑問」和「引發嚴重關切」以軍對戰爭法的尊重程度——也就是區別原則問題。壓倒性的火力「無法在這樣人口密集的小地區針對特定的軍事目標」，並且「違反在人口密集地區，將幾個不同的軍事目標視為單一的軍事目標的禁令」。因此，「強烈跡象」顯示，該行動「違反禁止無差別攻擊行為，可能構成戰爭罪」。「在這麼短時間內使用如此巨大的火力，以色列國防軍是否能夠……遵行採取一切可行措施確認目標是軍事目標的義務」，頗令人「值得懷疑」。事實上，以色列國防軍應該早已知道，「對平民和民用目標造成……可怕的影響……證明指揮官沒有履行其義務。應在顯然不符合比例原則時，盡一切可能暫停攻擊」，卻依舊堅持「密集砲擊」和比例原則。「砲擊和猛烈轟炸的目的似乎主要是保護部隊……是以色列國防軍在舒加艾耶使用的手段和方法。在這裡可以得到一個結論：一個合格的指揮官會意識到，這種強烈攻擊可能會導致大量平民死亡。因此，合格的指揮官極有可能因此得出結論，可預期的平民生命的附帶損失，以及民用目標的破壞損害，將超過這次攻擊的預期軍事利益。」[97]在評估報告的法律調查結果之前，先挑出問題來看是有用的。在經歷了不尋常的以色列國防軍傷亡之後，以色列發射了數千枚高爆炸彈，並在舒加艾耶上空投下數十枚一噸炸彈。以色列聲稱，使用如此巨大的火力是為了拯救受傷的戰鬥人員。[98]報告甚至沒有試圖證明，這種大規模無差別火力和救援行動之間的邏輯關連；相反的，報告充當以色列「宣傳計劃」忠實的傳聲筒——「砲擊和猛烈轟炸的目的，似乎主要是保護部隊」。但有哪一個人在救援受傷士兵的時候，是在人口密集的社區盡情發射幾千發無差別濫殺大砲，再投下數十顆一噸炸彈的？有哪一個人在救援受傷士兵的時候，是井然有序地拆除數百棟平民住宅的？報告指出，「哈馬斯指控以色列國防軍因為戰場上的軍事失利而報復平民」。[99]雖然乍看之下這個解釋很合理，不過先暫且不論。以色列國防軍的證詞本身就提到了，在一位士兵死後隨機報復平民住宅的情況。[100]報告聲稱，以色列國防軍「可能」犯下「無差別攻擊」。在沒有可信的軍事目標的情況下，向人口密集的平民社區丟下一噸炸彈，並發射高爆炸砲彈，難道以色列國防軍不是對平民進行無差別攻擊嗎？以色列的罪行本質是將「幾個不同的個別軍事目標……視為單一的軍事目標」？還是**將整個平民和基礎設施視為其軍事目標？**該報告譴責以色列沒有採取「一切可行的方法來確認這些目標是軍事目標」，並且在應該早就知道其對平民的「可怕的影響」後，依舊堅持這項行動。換句話說，以色列行動的明顯目的根本就是平民和民用目標，而非「軍事目標」；以色列堅持行動，就是要對平民要造成「可怕的影響」！報告指出，以色列沒有適當平衡「軍事利益」和「附帶的」平民喪生和民用目標破壞。以色列在人口密集的社區使用如此龐大的火力能得到什麼「軍事利益」？當「破壞」就是行動的本質時，怎麼可能是「附帶的」？報告指出，舒加艾耶「儘管有大量破壞和平民傷亡的可靠消息」，但是以色列並沒有「任何進行中的事件調查」。[101]如果行動的目的是要造成重大的平民死亡和破壞，那麼這種調查不就是畫蛇添足嗎？報告沒有藉由法律術語說明以色列在舒加艾耶罪行的本質，而是加以掩飾；法律分析的癥結——即以色列追求「軍事目標」並尋求「軍事優勢」——是一種漂白和虛假。令人無法不困惑的是，報告相當確定哈馬斯處決所謂的內奸「形同戰爭罪」，而以色列在人口密集社區進行飽和的轟炸則「可能形同戰爭罪」。

二、庫札阿　七月二十一日，位於以色列邊境附近的庫札阿村遭受到以色列空襲。七月二十二日，以色列國防軍將其和外界隔離開來，並從內部切割，切斷電力和供水。然後村莊遭到「空中和地面的猛烈火力射擊」。報告指出，庫札阿成為「戰鬥活躍區，其中的一切都是目標」。目前還不清楚，報告為何使用「戰鬥活躍區」一詞？報告和其他資料[102]都沒有記錄任何交火，或以色列國防軍的傷亡情況。行動結束時，約七十位加薩人，包括至少十四位平民已經死亡；七四〇座建築物遭到破壞或摧毀。[103]報告集中描述了庫札阿攻擊期間幾起事件，包括「持有白旗並企圖離開庫札阿的平民，遇到一群以色列國防軍士兵……向他們開火……十一人嚴重受傷」；「庫札阿唯一的診所遭到以色列一再空襲的打擊」；一輛「救護車發現一名六歲男孩……受了重傷。他被帶到以色列國防軍檢查站，以便轉移到最近的救護車。儘管受害者還是個孩子，而且受了傷，但救護車仍然等待了至少二十分鐘才到。最後那個男孩死了」；一家人「在完全恐慌的狀態下逃離……留下了其中一個家人……一位坐在輪椅上的七十歲女性……幾天後（**當有家人回家時**），他發現了她的屍體。她頭上有彈痕，臉上有血跡。之後檢查遺體的醫生說：她遭受到大約兩公尺近距離射擊……幾天或幾週後，一位以色列士兵在推特上張貼了另一位以軍士兵向她提供水的照片」。[104]聯合國報告的法律分析發現，「密集的砲擊」摧毀了庫札阿的民用基礎設施，以及「地面行動用推土機剷除建築……令人疑慮的是，以色列國防軍的砲擊和空襲，並非針對軍用目標」；「被摧毀或損壞的七四〇座建築物，幾乎不大可能全都是「對軍事行動的有效貢獻」；並且，「完全夷平了庫札阿的部分地區……顯示以色列國防軍可能將幾個分別的軍事目標視為單一的軍事目標」，也「顯示以色列國防軍的破壞缺乏軍事必要性」。報告的結論是，「強烈的跡象」顯示，這個以色列國防軍「攻擊庫札阿的事件，可能被認定是對平民或民用目標的直接攻擊，因此可能構成戰爭罪」。[105]報告繼續指出，儘管以軍「猛烈的砲擊和空中轟炸」和「充分了解平民的存在」，卻「拒絕允許他們逃離」。以色列國防軍「極有可能」犯下了「無差別或不合比例」的攻擊，並且「同樣引起的疑慮是，以色列國防軍在攻擊庫札阿村時，並未採取一切可行的預防措施，來盡量減少對平民的危害」。[106]「從破壞程度，和負責指揮庫札阿行動的旅長在行動期間的聲明來看，他要傳達給巴勒斯坦人的訊息其實是：『巴勒斯坦人必須明白這不會得到回報』，這是懲罰意圖的指標……可能構成集體懲罰」。[107]報告的法律分析沒有明說的部分和已說的部分一樣發人深省。報告表示「疑慮」，以色列的大規模砲擊和空襲，將庫札阿的民用基礎設施夷為平地，「並非針對軍事目標發動的合理攻擊」。然而，雖然這份報告針對的並不是特定的交火事件或以色列國防軍傷亡人員，也並未確認特定的軍事目標，但這份報告也從未面對以色列的火力壓倒性地針對平民和民用目標的可能性。報告認為，以色列有系統地拆除民用建築「幾乎不太可能」提供「對軍事行動的有效貢獻」。而即使報告的結論是，這次破壞「可能認定為對平民或民用目標的直接攻擊」，還是避免了以色列參與「軍事行動」，其「軍事目標」是摧毀民用建築的可能性。報告假設的情景是，從地圖中抹除庫札阿的部分區域，「以色列國防軍可能已將人口密集地區的幾個不同的個別軍事目標視為一個單一的軍事目標」，並可能「進行沒有軍事必要性的破壞」。但它並未考慮到，以色列的「目標」完全是平民（**與軍事無關**）的可能性，「軍事必要性」甚至不在其考慮之列——沒有軍事目標的時候又怎麼可能會有「必要性」？報告認為，將平民困在村莊中然後進行**轟**炸，「極有可能」構成了「無差別和不合比例」的攻擊。這似乎更有可能構成鎖定平民的攻擊，特別是因為報告裡沒有發現任何戰鬥、軍事目標、以色列國防軍傷亡或軍事價值，來衡量平民生命的損失。報告確實在一個段落中承認，此次行動背後的推動力也可能包括「懲罰」要素，因此構成「集體懲罰」。以色列進入庫札阿所造成的死亡和破壞，不僅是「軍事」行動的附帶或附屬部分，更可說這就是一個主要對象鎖定平民，且意圖懲罰和恐嚇平民的行動。有這樣的推論，是十分自然的[108]。

三、拉法[109]

哈馬斯在拉法殺死兩名以色列國防軍戰鬥人員，並似乎俘虜了第三位士兵之後，以色列在八月一日發起了一次重大軍事行動——「黑色星期五」。報告指出，以色列國防軍封鎖了拉法，「在三小時內向拉法發射了一千多發砲彈，至少投下四十顆炸彈」；對「住家和街道上的」居民發起了「猛烈攻擊」，向「試圖撤離平民的救護車和私人車輛」開火，並「拆毀了數十座房屋」。「黑色星期五」之所以做法如此兇猛，可說是以色列害怕吉拉德・

沙利特事件再度重演。[110]哈馬斯俘虜的一位以色列國防軍士兵，最終導致以色列戰俘交換中釋放了一千多名巴勒斯坦被拘留者。報告聚焦在幾起令人震驚的事件，例如，一所被兩枚導彈和「數十枚砲彈擊中」的醫院。報告引用「以色列國防軍無線電通訊被洩露出來的錄音」，顯示以色列火力使用不受限制。結論是「幾乎拉法的每個人或建築物都成為以色列潛在的軍事目標」。[111]報告的法律分析指出，「坦克砲火攻擊該地區所有車輛，包括救護車；似乎可說鎖定平民群體，引發以色列國防軍是否尊重區別原則的疑慮……這相當於蓄意攻擊平民和民用目標，可能構成戰爭罪」。該分析並指出，鑑於「在幾個小時內於人口密集和建築區域內」大規模、無限制地使用火力，這次攻擊「似乎違反了禁止無差別攻擊的禁令」。在報告描述的大屠殺中，拉法似乎是以色列具有可辨別的準軍事目標的唯一例子——也就是說，殺死被俘虜的以色列士兵，以阻止未來的戰俘交換——雖然報告明確指出，這一目標無法合理化之後的作為。[112]報告也明確指出，以色列「對所有車輛的攻擊」及鎖定「平民群體……形同蓄意襲擊平民和民用目標」。但隨後插入了但書，「可能相當於戰爭罪」。即使報告竟說出不可言說之事——以色列鎖定平民——但在法律部分又退縮了：「蓄意攻擊平民和民用目標」，有**可能**不是戰爭罪嗎？

四、舒加艾耶市場　七月三十日，以色列單方面宣布停戰四小時，但附帶條件是「停火」，「不適用於以色列國防軍士兵目前正在行動的地區」。報告聚焦在舒加艾耶社區發生了一系列血腥事件。一棟房屋的屋頂被高爆迫擊砲擊中，造成八名家庭成員死亡，其中包括七位三歲至九歲的兒童。他們在屋頂玩耍，還有一位高齡七十歲的祖父。以色列聲稱，這次攻擊事件，是為了回應從社區發射，造成一位士兵受傷的「反坦克導彈」和「一陣迫擊砲彈」。十分鐘後，「就在三輛救護車和護理人員抵達現場時」，以色列國防軍又發射「另一發砲彈」，並擊中「許多聚集在（這家庭）房子旁希望幫助倖存者的人」。報告引用一位記者的目擊證詞，對於「顯然鎖定那些趕往現場協助傷患的救護車和報導的記者」，感到十分「震驚」。並進一步指出，目擊者的說法「和兩支錄影影片相符」。其中一支顯示，「一個垂死的攝影師繼續拍攝，然後救護車被火箭砲擊中」。報告指出，「由於第二發砲擊，造成二十三人死亡，包括三位記者、一位護理人員和二位消防員。另有一七八人受傷，包括三十三位兒童、十四位婦女、一位記者和一位護理人員。據報告，有四人在攻擊受傷後傷重不治」。雖然以色列隨後聲稱，「沒有即時監視」該次致命攻擊，但報告也對這個藉口並不買帳：「委員會很難相信，以色列國防軍在第一發砲擊後不知道救護車出現在這個區域，尤其是救護人員、消防車和三輛救護車警鈴大響地進入現場。」[113]報告的法律分析指責以色列，「在一個人口和建築集中地區」使用了無差別濫殺的迫擊砲。報告因此發現，攻擊「可能」違反了「禁止無差別攻擊」，並且「採取一切可行的預防措施來選擇……保護平民的手段」的義務。[114]就算盡力嘗試，要理解這種法律分析依舊很困難。退一步說，我們姑且把在屋頂上玩耍的七個孩子和他們七十歲的祖父當成是無差別攻擊好了，雖然報告本身和其他人權報告[115]都有記錄，這並非以色列第一次鎖定在屋頂上玩耍的孩子。但十分鐘後的第二次攻擊怎麼說？攻擊「就在」鄰居、救護車、救護人員和消防車抵達該住家時開始。一位記者作證，「鎖定救護車和記者」，而影片也錄下「救護車被火箭砲擊中」。報告本身駁斥了「以色列沒有意識到血腥屠殺」的可能性，「尤其是救護人員、消防車和三輛救護車警鈴大響地進入現場。」將這種缺乏明確軍事目標，以集中大砲和火箭砲攻擊平民醫療救援行動的行為，分類為無差別攻擊，並指稱以色列沒有採取足夠的預防措施來保護平民；但在最後再添上一筆「可能可以認定為直接攻擊平民」，而不是清楚明白的直接鎖定平民攻擊——簡直可以說這是對語言、法律和人類苦難的最大嘲弄。

聯合國報告也對保護邊緣地面行動的幾個面向進行了概要分析：

一、保護平民，保護部隊。報告發現，以色列優先考慮其戰鬥人員的安全，而非加薩平民的人道問題。「保護士兵是以色列國防軍的主要考慮因素，拒絕、有時無視這個行為對平民衝擊的任何顧慮……當士兵的生命受到威脅或面臨被捕的危險時」，戰爭法的「基本原則就遭到以色列國防軍忽視」。[116]

二、警告和平民繼續受保護的狀態。報告發現，以色列的警告產生了模糊的結果。「以色列國防軍試圖透過傳單、擴音器公告、電話和簡訊，以及無線電廣播，提前向民眾發出警告，使部分地區成功撤離……雖然許多人願意聽從這些警告，似乎也拯救許多人的性命。但在其他情況下，由於種種原因，居民並沒有離開家。」關於最後一點，報告指出，加薩缺乏平民可以逃離的安全避難場所（「有四十四%……或者是禁區，或者是撤離警告的對象」）；「加薩所有區域，包括引導人口疏散的地區，都有可能被空襲擊中」，而且「全體的，通常是非特定的警告，有時會引起恐慌和大規模的逃難潮」。事實上，加薩主要難民救濟組織的發言人，巴勒斯坦難民處（UNRWA）的克里斯．貢內斯，就痛苦地在以色列攻擊中回應：「加薩是**柵欄裡的衝突**，這在當代戰爭史上是絕無僅有的。無處可逃，也無安全之地可躲。」報告進一步指出：一方面，即使以色列國防軍「本應該清楚地意識到」平民仍然落在其後，教戰守則卻視平民為敵方戰鬥人員；另一方面，對並未逃走的平民，先前的警報「可以解釋為試圖以警告來合理化對個別平民的攻擊」。117

三、在建築物區域使用火砲和其他爆炸性武器。報告發現，以色列「在人口密集地區，大量使用具有廣泛影響的爆炸性武器」、「導致大量平民傷亡和民用目標的廣泛破壞」。並進一步指出，甚至在「造成大量平民傷亡之後」，以色列仍然持續在人口密集的平民地區使用這種無差別濫殺武器。118

四、破壞。報告指出，「火力的使用，在舒加艾耶、拉法和庫札阿導致了重大破壞……一些地區實際上被『夷為平地』……完全消失了」。並引用了以色列士兵的證詞，「我們在『前往加薩地區』途中，經過的每間房屋都被一個砲彈擊中——更遠的房屋也是。過程井然有序。」

而且，「確定火力的範圍和大小時，並未考慮對巴勒斯坦財產造成的損害。」報告繼續說：「大規模的破壞可能已被採納為戰爭戰術」、「以色列國防軍依照預先計算的模式，在特定區域進行大範圍的夷平行動」，最終「夷平整個地區……可能並不符合嚴格的『軍事必要性』定義」。[119]

五、鎖定平民。報告在簡短的處理中（**只有一段**）提到，「在一些案例中，有些確定並未參與敵對行動的平民似乎在街頭遭到攻擊。」報告指出，在一些事件中，「平民，包括據稱帶著白旗的平民被士兵射殺」；三分之一的事件是「受傷的人……躺在地上，再次被槍殺兩次並被殺」。[120]報告發現，以色列在整個地面行動期間故意殺害了兩位平民。

事實上，聯合國報告提供的圖片看起來像這樣：為了實現兩個無可挑剔的軍事目標——結束哈馬斯的砲彈攻擊、拆除哈馬斯的隧道網絡，以色列發動了保護邊緣行動。在攻擊過程中，以色列採取無差別和不合比例的武力，主要是因為其更重視戰鬥人員，而非加薩平民的生命。儘管如此，一方面，以色列確實發出警告，雖然並非總是有效，但「拯救了許多人的生命」（**報告沒有提供此一計算的依據**）；[121]另一方面，雖然許多平民受傷和死亡，但以色列蓄意鎖定的平民還是少數。簡而言之，保護邊緣是一種合法的軍事行動，唉！卻經常**出錯**。但跨過鎖定加薩民用基礎設施的紅線只是一個例外，而且從未跨過針對平民的紅線。然而，報告十分自負的基調和自身調查的結果和結論，有許多矛盾之處。如果警告的意圖是為了拯救平民的生命，為何發布警告的次數這麼少？為何發布警告的預先通知也這麼少？又為何，報告中幾乎看不到以軍「敲擊屋頂」（roof-knock）的紀錄？[122]如果以色列疏散平民的區域「可能遭到空襲」，那麼那些在警報後逃離到避難地點的人，更多是由於機遇而非其他。事實上，以色列幾乎一定會發布警告，以便渲染他們的「宣傳計劃」，並在戰後的起訴中為自己提供合法的外衣——或者用報告的話說：「合理化對個別平民的攻擊」、對那些未在警報後逃走的平民的攻擊；警告還助長了報告描述為附帶影響的「恐慌和大規模逃難潮」。但從以色列之前的行動判斷，這是有預謀的目標。[123]保護邊緣行動的結局提供了最令人信服的證據：絕大多數以色列的警告都是蓄意設計的，不是為了拯救生命，而是考慮到其他目標。國際社會的譴責在八月達到高峰之後，以色列被迫終止地面入侵；但八月下旬，以色列仍然試圖透過空襲加薩菁英佔據的四棟高樓，以便影響正在進行中的談判。[124]由於害怕引起新的譴責，以色列這次竭力不殺害平民，特別是有影響力的平民。因此，它發布了有效的警告，使所有建築物的居民能夠安全撤離。[125]在這些空襲中沒有加薩人死亡的事實表明，如果以色列有意如此，本可以發出真正有效的警告。報告稱讚，八月下旬的警告是「良好做法，以色列試圖……最大限度地減少平民傷亡」。[126]當上一次對手無寸鐵的平民的恐怖攻擊，已經留下數千人死亡、數萬人無家可歸的情景，以色列還繼續夷平更多住宅之際，稱許以色列的「良好做法……最大限度地減少平民傷亡」是否有點不合時宜？尤其是這些「良好做法」，除非證明其在政治上有利，否則以色列發布警告也只是為了潤滑公關機器和播下加薩心中恐怖的種子，而非拯救生命。以色列的原始目標展現在人口密集區使用一噸炸彈上，是——在現行外交限制下所允許——最大化的平民傷亡？如果正像報告所推測，以色列訴諸無差別和不合比例的武力背後的主要動機是保護戰鬥人員，就可以解釋，為何在地面部隊行動的地區，採取有罪的「開槍射擊任何會動的東西」政策；為何以色列無差別地向人口密集地平民地區，發射上萬發無差別濫殺高爆砲彈，「造成大量平民傷亡和民用目標的廣泛破壞」。而且，為何以色列在明確「造成大量平民傷亡之後」，仍然在平民密集區持續使用這種無差別濫殺高爆砲彈武器？為什麼它會在人口密集的平民社區投下數百顆一噸炸彈？為何它會將許多社區「夷為」平地且「毀滅」如同以色列國防軍目擊記錄一再顯示的，沒有軍事活動的整座平民社區？報告確實承認，以色列可能施加「預先計算」的破壞「戰術」，並不「嚴格要求軍事必要性」。毫無疑問，這是描述破壞過程的奇怪方式。因為，在絕大多數情況下，「軍事必要性」和任何形式的軍事考慮都不是其因素。報告沒有提出問題，更不用說回答問題了。如果不是出於「軍事必要性」，那麼為何以色列以「預先計算」的方式採取將會造成加薩大規模死亡和破壞的「戰爭戰術」？事實上，如果保護邊緣行動的前提與部份目標，是不惜一切代價保護以色列戰鬥人員的生命，那麼懲罰和恐嚇加薩平民就是其總體目標。報告引述的大量記錄指出，以色列對人口密集的平民社區發射上萬發高爆炸砲彈，投下數百枚一噸炸彈，鎖定醫院、救護車、救援隊、民用車輛和「平民群體」，並且在平民已受到控制的平定地區執行「開槍射擊任何會動的東西」政策。儘管如此，這份犬儒懦弱的文件的調查結果是，在為期五十一天的恐怖攻擊中，有一千六百位加薩平民被以色列殺害，只有兩人為蓄意殺害。

聯合國報告的其他雜項部分，分析了以色列襲擊：一、平民避難所；二、加薩唯一的發電廠；三、救護車。

一、平民避難所 聯合國報告指出，以色列攻擊了許多個平民避難所，並調查了其中三起，導致約四十五人死亡，包括十四位兒童的案件——拜特哈農男女合校A和D校區（**拜特哈農學校**）、賈巴里亞女校A和B校區、拉法男子預校A校區（**拉法學校**）。

拜特哈農學校 報告指出，巴勒斯坦難民處和以色列官員「經常接觸」，曾「給予他們學校座標十二次」，並告知他們，該學校正被作為指定的緊急避難所。報告進一步指出，拜特哈農學校在事件發生時見證了「激烈的戰鬥」，包括「每天砲擊學校附近區域」。隨著戰鬥的加劇，居民被說服離開避難所，以色列國防軍和巴勒斯坦難民處同步保留撤離「時段」。一位以色列國防軍指揮官隨後表達：他打算鎖定該地區其他學校，據稱是因為「哈馬斯武器庫」隱藏在其中。「至少重新確認了兩次」，指定的緊急避難所不會成為目標。然而，七月二十四日，當許多家庭收拾行李，並在學校操場集合等待巴士時，建築「突然遭到至少兩枚一二〇公釐高爆（HE）迫擊砲彈攻擊……。第一發就擊中操場中央，第二發擊中距離學校大門口幾步路之遠處」。以色列的說詞則不同，表示哈馬斯阻止避難所的居住者在指定的時間離開，「攻擊是哈馬斯火箭砲誤射所造成」、「士兵向巴勒斯坦導彈發射的地點還擊」。報告沒有發現支持這些以色列官方藉口的證據；相反的，報告提到，證人一致肯定學校沒有火箭砲，沒有在附近作戰的武裝份子，也沒有任何「可疑活動」。報告的結論是，「從攻擊發生在實施撤離協議之前的事實表明，以色列國防軍向UNWRA發出的預警是無效的。」[127]

賈巴里亞學校　報告指出，「截至七月三十日，在十四天內已告知以色列機構二十八次，該地點被用作巴勒斯坦難民處避難所」，並且，以色列已確定收到這些訊息。此外，巴勒斯坦難民處，也透過電子郵件和電話和以色列有關機構保持穩定聯繫。但是在七月三十日，沒有事先警告，「學校遭到四枚非直線射擊的一五五公釐高爆（HE）砲彈的攻擊。」共十八人死亡，其中包括三位兒童。以色列國防軍聲稱，「哈馬斯從學校附近向以色列武裝部隊開槍。」然而，報告沒有發現任何證據證實以色列的指控。[128]

拉法學校　報告指出，八月三日，學校「前面的街道遭到精準導引導彈擊中」，造成十五人死亡，其中包括至少七位兒童。以色列聲稱，「以色列國防軍向一輛摩托車發射一枚空中發射導彈，該摩托車載有三名來自巴勒斯坦伊斯蘭聖戰組織的武裝份子。」該報告沒有提供任何支持或證明以色列官方版本的證據[129]（**梅贊人權中心隨後進行調查發現，摩托車上是兩名加薩人，並非三位，而且都是平民**[130]）。

聯合國報告對前兩起事件（**拜特哈農和賈巴里亞**）的法律分析[131]指出，以色列「應該意識到」，「採用相對無差別濫殺的武器，像是大砲和迫擊砲，攻擊位於人口密集地區，鄰近當作避難所的巴勒斯坦難民處學校的目標」，也可能擊中民用目標。報告繼續表達「嚴重關切」，即以色列「選擇攻擊手段並未考慮到……避免平民生命附帶損失的要求……並未採取一切可行的預防措施，選擇避免傷亡的手段」。因此，這些攻擊「極有可能構成無差別攻擊……且很可能……形同戰爭罪」。報告法律分析有一個明確的前提：以色列在這些攻擊中鎖定軍事目標。但報告沒有提供大量證據來維持這一前提；相反的，報告所蒐集的大量證據指出，以色列蓄意以避難的平民為目標。報告本身（**在拜特哈農事件中**）的記實摘要指出，「攻擊發生在實施撤離協議之前」，而非雙方交火期間。此外，要如何解釋，除了攻擊正好在或接近預定撤離的時間，還有目標剛好在避難所的空地？無可爭議的事實是，避難者已和以色列國防軍達成協議會和平有序地撤離，以色列國防軍指揮官也兩度承諾不會鎖定特定的避難所，這些都是加重罪行，還構成可怕的背叛行為。報告認為，這些事件構成「無差別」攻擊和自身的事實調查結果相違背，而將隨後的平民死亡描述為「附帶的」引發了一個問題——附帶於什麼？報告並未在這些事件中指出任何一個軍事目標，而其自身所記錄的以色列故事，則在藉口接連被拆穿之後不斷轉移。報告認為，以色列「預先警告無效」是一個嚴重的事實，即使警告就是證明背叛行為的最佳罪證。報告認為的法律重要發現是，以色列並未採取「所有可行的預防措施」來保護平民，卻確實採取了所有可行的預防措施來準備好要血洗平民。報告好像在玩維多利亞時代的客廳遊戲：誰可以發明一個最荒謬的明顯犯罪行為事實或法律描述？報告指出，以色列靠著其民間機構「促進國際組織和以色列軍方之間的交流，以及……似乎有人試圖通知巴勒斯坦難民處有關拜特哈農案可能發生的襲擊。事件顯示，巴勒斯坦難民處和以色列國防軍之間的溝通無效」。報告本身記錄說：儘管以色列國防軍協調了和近東救濟工程處的撤離；儘管以色列國防軍指揮官一再明確承諾不會鎖定避難所，但事實就是：以色列國防軍在協調的撤離「時間」之前就發起了對避難所的攻擊，而「許多家庭收拾行李在操場中準備等待巴士抵達」。結果不是溝通失誤，而是犯罪的**惡意**。甚至以色列在各種官方理由中，也沒有將這次攻擊歸咎於溝通失敗；這是報告憑空生出的藉口。報告的法律分析還指出，「儘管對巴勒斯坦難民處學校的攻擊可能並非出自於故意，但以色列國防軍負有必須採取預防措施和確認目標的義務，『以避免因為疏忽對平民或民用目標造成的攻擊』」。這個用語的選擇有兩個特殊之處：一方面，報告的法律調查結果，甚至沒有暗示這是蓄意攻擊——相反的，報告刻意避免此一結論；另一方面，報告中蒐集的事實證據，使人們毫不懷疑攻擊實際上是故意為之。報告還認為，以色列沒有採取足夠的預防措施「避免因為疏忽對平民或民用目標造成的攻擊」，是相關的法律爭議點。儘管從報告本身列舉的事實紀錄來看，絕非以色列疏忽，而是採取一切預防措施，全力謀劃鎖定平民和民用目標進行軍事攻擊。[132]在以色列攻擊拉法學校之後，即使是非常謹慎的聯合國祕書長潘基文，也終於脫口而出——這是第七個被鎖定的平民避難所——這是一種「道德上的暴行和犯罪行為」。[133]

二、加薩唯一的發電廠

聯合國報告指出，以色列七月底一再砲擊加薩唯一的發電廠，造成其嚴重破壞。七月二十九日的最後一次砲擊，導致電廠的燃油槽爆炸，「電廠該部分幾乎全毀，並波及其他區域。」報告也指出，「這次攻擊，廣義地說，是對電力基礎設施的破壞……結果導致加薩在敵對行動期間一天停電二十二小時」，「醫院只能維持有限度的運作；導致家家戶戶的抽水量急遽下降，並影響到海水淡化廠和汙水處理」。一年後，以色列聲稱它的砲彈「不幸未擊中他們預定的目標」。雖然報告以不可知論辯駁（「**委員會無法確認此說法**」），但也觀察到，以色列已經在二〇〇六年及鑄鉛行動中擊中發電廠。在保護邊緣行動開始時，一位以色列高階官員呼籲政府，「立即切斷加薩地區的燃料和電力供應」，並勸告政府，「盡量利用手上所有的壓力……迫使哈馬斯接受停火協議」；而在七月二十九日最高峰的砲擊之前，「電廠已經被擊中三次」。報告的法律分析重申，「就可取得的有限證據顯示……無法確定發電廠是否遭受來自其他地方的攻擊所造成的附帶損害，或者是否是故意攻擊的目標」。儘管如此，報告繼續推測，「如果以色列聲稱對電廠的攻擊是意外，那麼仍然存在一些問題：即以色列國防軍是否採取了所有適當的預防措施，以避免對民用目標造成損害？」[134]值得注意的是，它並未考慮到攻擊是故意的可能性，以及隨之而來的法律後果。更重要的是：報告公開承認的法律職權並非達成明確判斷，而是「評估調查的事件和發生的模式是採取較寬鬆的『合理的理由』」——也就是一個「合理且一般謹慎的人，有理由相信」會發生的事情。似乎可以肯定的是，一個「合理且一般謹慎的人」將會做出如下結論：鑑於過去幾年以色列攻擊發電廠的模式[135]，以及七月二十九日攻擊前幾天發生的多次砲擊事件；並根據以色列高階官員在攻擊發生前的威脅性言論，以及唯一的反證在過去很少能夠禁得起檢驗。以色列堅決否認——但鑑於令人信服且逐漸累積的間接證據，對加薩唯一發電廠的攻擊，顯然加劇了其本已嚴重的電力短缺，這很可能是故意的，相當於戰爭罪。如果報告沒有得出這個結論，那是因為它將大部分的懦弱解讀為「謹慎」。

三、救護車　聯合國報告指出，保護邊緣行動「導致十六輛救護車受損和二十三名醫護人員死亡」。報告集中討論了已經經過解析的舒加艾耶、舒加艾耶市場和拉法等三起事件，以及卡拉拉（Al Qarara）村和拜特哈農的兩起救護車遭到以色列攻擊的類似事件——三十五位醫護人員和其他平民被殺、許多人受傷。報告在前三起事件提出摘要的說明，並詳細描述另外兩起事件：

①舒加艾耶：「在試圖急救受害者時，一輛軍用救護車被直接擊中兩次。」

②舒加艾耶市場：在砲火密集的背景下，一枚砲彈擊中了三輛救護車附近的地面，他們當時正在被攻擊的房屋旁邊。

③拉法：「八人在被擊中的救護車裡活活燒死。」

④卡拉拉：「一位救護車司機——穆罕默德・哈桑・阿巴德拉（Mohammed Hassan Al Abadla）……在撤離受傷人員時遭到攻擊……當阿巴德拉的救護車抵達現場時，以色列國防軍指示救護人員離開車輛繼續步行。」穆罕默德・哈桑・阿巴德拉和兩名志工之一走出救護車，按照指示用手電筒接近病人。當他們遭到攻擊時，他們走了大約十二公尺，而穆罕默德・哈桑・阿巴德拉卻在胸部和大腿上中彈。稍後抵達救援受傷同事的兩支救護車隊也受到攻擊。儘管之前以色列國防軍告訴國際紅十字會，允許他們進入該地區。第三支隊伍終於被允許將阿巴德拉帶到汗尤尼斯的納瑟（Nasser）醫院醫治，但他卻在抵達後不久去世。救護車的行動始終透過紅十字國際委員會和以色列國防軍協調。」

⑤拜特哈農：「在拜特哈農一次救援行動中，一枚導彈似乎擊中巴勒斯坦紅新月會的救護車。結果……一位救護志工……死亡；另有兩位救護人員受傷。當派出另一輛救護車回應時，遭到一枚導彈擊中，後方起火。救護車開了紅燈和警報笛，攻擊當時的街道空無一人。」

報告在五起事件中，並未發現任何一起有「任何消息或收到任何指控，救護車被用於人道功能以外的用途」。接著指出，「有關反覆攻擊救援受傷組員的救護車的報告……表示他們可能專門鎖定救護車和人員」；「許多，如果不是大部分，救護車攻擊事件發生的地區並沒有明顯的威脅或軍事活動」；「救護車上有標誌、醫療工作者穿著制服，並一再告知以色列國防軍他們的行動」。報告的法律分析發現，「一些事件……構成以色列國防軍違反禁止攻擊醫療運輸和醫護人員的行為，這可能構成戰爭罪。特別是，受攻擊的車輛人員使用清楚的《日內瓦公約》標誌。」[136]儘管它們看起來是合理的，無論如何，根據報告設定的低標準，人們仍然可以否定這些事實陳述和法律調查結果。報告表示，舒加艾耶市場的救護車「在砲火密集的背景下」受到攻擊。但如果沒有目擊者報告巴勒斯坦人回擊，那麼是不是應該說：「在以色列砲火密集的背景下」？報告說「部分事件」違反了戰爭法。這不禁讓人好奇，這五起令人震驚的事件中有哪一個沒違反戰爭法嗎？如果報告毫無疑問，認為哈馬斯對被指控內奸的處決「相當於戰爭罪」；這也讓人好奇。即使報告中整理了大量的確切證據，卻也只認定以色列在沒有任何軍事理由的情況下，反覆鎖定攻擊明顯標記的救護車「可能構成戰爭罪」。這合理嗎？如果這份報告要提醒大家，加薩處決所謂內奸的「責任者」「應該要繩之以法」。這也讓人好奇，為何不以同等堅決要求，為鎖定醫療救護人員進行攻擊責任者應該要繩之以法。報告的法律調查結果表明，以色列可能觸犯戰爭罪，因為它違反禁止攻擊「醫療運輸和人員」的禁令。如果他們不是醫護人員而只是平民，難道就不是戰爭罪嗎？這引發了最令人困惑和嚴重的問題。報告發現了令人信服的證據，證明以色列「特別鎖定」這些醫護人員／平民，缺乏任何軍事理由，並完全了解他們正處於非戰鬥狀態。其所調查的五次救護車攻擊事件，共造成三十五人死亡。但是，為何這份報告認定以色列在保護邊緣行動期間只有兩起鎖定平民進行攻擊的案件？事實上，以色列鎖定的救護車、醫護人員和救援人員，是缺乏明顯的軍事目標，但這不算離題，而是更加突顯保護邊緣行動的實際戰略目標：懲罰、羞辱和恐嚇加薩的平民，其中不可或缺的是造成大規模平民傷亡。

另一種「戰爭罪」

最後，聯合國報告對以色列戰爭罪的清單中一個明顯遺漏值得注意。在保護邊緣行動期間，以色列摧毀了七十座、損壞了一三〇座清真寺。根據國際法，鎖定「構成人民文化或精神遺產的禮拜場所」是一種戰爭罪。[137]報告正好有四次間接提及以色列攻擊加薩清真寺，其中三次重複以色列的「宣傳計劃」所說的，哈馬斯將武器藏在其中或從中射擊；另外一次是有關清真寺被擊中的句子片段。[138]報告花了許多段落，討論以色列人在保護邊緣行動期間遭受的心理困擾，但是對以色列攻擊加薩清真寺，在一個宗教影響深刻的社會造成的心理衝擊卻不置一詞。如果哈馬斯摧毀了數十座以色列猶太會堂，那麼報告會忽略它嗎？問題不在於以色列是否在缺乏軍事理由的情況下蓄意攻擊加薩的清真寺——儘管現有的證據絕大多數顯示確實如此。[139]問題在於：報告並不認為清真寺的大規模破壞值得關注，更不用說調查。

聯合國報告的倒數第二章，分析了各方為了拘留保護邊緣行動期間，應該為違反戰爭法責任者所進行的懲處。巴勒斯坦的部分由九個段落組成，基本上辯稱「可獲得的資訊很少」，然後結論是：「巴勒斯坦當局一直未能確保將違反戰爭法的人繩之以法」。[140]這一章的核心，則是對以色列司法回應的解析。[141]聯合國報告投入大量的篇幅——這讓人覺得以色列司法體系的責任是應該調查的對象。然而，事實證明，這個司法系統根本是一場鬧劇。

聯合國報告指出，以色列過去「並未追究那些應對嚴重違反戰爭法行為負責的人」。例如，鑄鉛行動期間，一千四百位加薩人被殺，其中一千二百人是平民，而加薩的大部分民用基礎設施都成為廢墟。但只有四位以色列人被判有罪，其中只有三人被判入獄（最高刑期是因為偷竊巴勒斯坦人的信用卡而被判處七個半月徒刑）。[142]報告進一步指出，以色列沒有對雲柱行動（二〇一二年）「進行任何刑事調查」。結論是，以色列司法系統的記錄「引發關於現有機制的嚴重疑問，懷疑能否有效地追究那些對最嚴重指控罪行負有責任的人」。然後，報告接著指出，不論是許多西岸巴勒斯坦人被殺的案件（「只有……兩件起訴、一件定罪」）或者許多酷刑或虐待巴勒斯坦人的指控（「沒有一起指控進入刑事偵查」），「審查其他資料所看到的情況同樣黯淡」。儘管如此，報告中仍可看到一線希望。報告聲稱，以色列近年來大大提升了司法體系的可課責程度。在二〇一〇年，以色列突擊隊對加薩自由船隊發動攻擊，在旗艦藍色馬爾瑪拉號殺害九名乘客。[143]在這些死亡事件後，國際社會的憤怒迫使以色列組成調查委員會，由前最高法院法官雅各·圖可擔任主席。圖可委員會的調查結果共兩卷，並分別出版。第一卷

（二〇一一年）假裝檢查突擊隊攻擊船隊的相關背景，儘管充滿學術註腳且旁徵博引，但經過仔細檢查證明是漂白真相。[144]第二卷（二〇一三年）的任務，是評估以色列起訴違反戰爭法的「機制」是否符合國際標準。不意外地，圖可委員會發現，以色列機制「大致」通過了，但也建議了許多改進事項。聯合國報告對圖可委員會的建議表示讚賞，因為它們為以色列隨後制訂的「值得注意的」／「重大的」／「受支持的」改革，提供了「動力」。聯合國報告也描述了其他已經為圖可委員會所勾勒出的「程序性、結構性和實質性」缺陷，而且像唸咒語一般地再三強調：如果以色列對其進行補救，其司法系統將接近確保完全的法律課責性。而將「黯淡」過去和理想未來融合在一起的典型段落如下：

> 聯合國報告十分關切，對據稱以色列部隊觸犯國際人道法和人權法的行為，無論是在加薩的積極敵對行動或西岸的殺戮、酷刑和虐待，都普遍存在「有罪不罰」的現象。以色列應該打破過去的可悲紀錄……必須將那些在各級政治和軍事機構中，涉嫌違反國際法行為負責的人繩之以法。實現此一過程的重要因素是執行圖可委員會的建議。[145]

聯合國報告的分析，將以色列的法律「機制」視為需要修復的關鍵焦點。報告預測，只需要一點微調，一切情況就會令人滿意。但是這種波麗安娜式（Pollyannaish）樂觀的理性基礎卻讓人困惑。看看這個時間順序。報告強調，以色列在保護邊緣行動之前已經實施了部分圖可委員會建議的改革，並稱讚這些是「值得注意的」／「重大的」／「受支持的」措施。但是報告也注意到，在保護邊緣行動之後，儘管有這些被吹捧的改革，卜采萊姆和人權志工組織（Yesh Din）——以色列最主要的巴勒斯坦人權守衛者——拒絕和以色列官方合作進行行動調查。他們發表聯合聲明，「現有的調查機制阻礙了嚴肅的調查，並受到嚴重的結構性缺陷的影響，使其無法進行專業調查。」[146]這些以色列的人權組織，似乎不像報告中對所謂的以色列改革那麼樂觀。此外，如果這些確實構成了「值得注意的」／「重大的」／「受支持的」改善，那麼以色列對保護邊緣行動調查的實質結果，為何讀起來像是「鑄鉛行動」的副本一樣？報告指出，到二〇一五年為止，以色列發出三份起訴書：「兩位士兵被控告，自加薩市舒加艾耶一戶巴勒斯坦人家中搶劫二四二〇新謝克爾（**超過六百美元**）；第三位士兵被控告協助他們。」除非報告的意見是，以起訴偷錢取代偷信用卡，已經是文明飛躍的進展，否則報告洋溢的熱情和可衡量的結果之間，將存在巨大的鴻溝。聯合國報告發表一年後，卜采萊姆發布了自己的報告——《佔領的遮羞布：以色列的軍法執行系統淪為漂白機制》（*The Occupation's Fig Leaf: Israel's military law enforcement system as a whitewash mechanism*）。[147]並宣布，之後將停止和以色列的軍法執行系統合作。除此之外，卜采萊姆也評論了令聯合國報告印象深刻的圖可委員會：「委員會……建議軍事執法系統進行一些改進……這些建議已經開始執行。可能會改善系統的表面，但對修復實質缺陷沒有幫助。」卜采萊姆的報告總結：

> 目前的司法體系允許以色列官方否認（事實）。國內外聲稱，以色列並未對傷害巴勒斯坦人的士兵執法……此一表象也有助於給予……繼續佔領的合法性。軍方由於外在的偽裝，即使認為某些行為不可接受，卻更需要拒絕對佔領不正義的批評，這麼做也更不麻煩。只要說這些行動已經正在調查就可支持這種說法……卜采萊姆和軍事調查、執法系統的合作並未實現正義，而是為佔領政權的合法性背書，並幫助漂白它……如果一個司法系統是以繼續成功掩護非法行為和保護犯罪者的能力來衡量，那麼和這種系統合作追求正義和捍衛人權就不再有任何意義。

而以色列在保護邊緣行動之後進行偽調查的目的，卜采萊姆在補充的出版品——《漂白協議：所謂保護邊緣行動的調查》（*Whitewash Protocol: Th e so-called investigation of Operation Protective Edge*）中有進一步的分析，「防止海牙國際刑事法院（ＩＣＣ）親自處理這個問題。」[148] 要是聯合國報告有這種勇氣、坦白和原則該多好；相反的，它卻任由自己的工作成為漂白的工具，好把以色列佔領加薩的遮羞布漂白到發亮。

聯合國報告對以色列究責機制的評估，包括對四名被以色列導彈炸死的巴勒斯坦兒童的案例研究。[149]孩子們正在一個破舊的小漁寮周圍玩捉迷藏，「國際記者住在附近的旅館裡，沒有人描述在攻擊發生時看到當地有武裝份子」（《英國衛報》）。[150]報告指出，「這些男孩的年齡在九到十一歲之間，因此和一般成年人的人相較，身材矮小。」而國際特赦組織注意到，「在很快出現的影片片段中，可以清楚看到——被鎖定的人是孩童。」[151]以色列的官方調查得出的結論是，這些兒童被誤認為是「武裝份子」，且「攻擊過程……符合以色列國內法和國際法要求」。如果報告和以色列的法律評估有所不同也只在很小的地方——報告「發現強烈跡象顯示，以色列國防軍未能盡義務，採取一切可行的預防措施來避免或至少減低平民的附帶損害」。為何報告排除了以色列導彈攻擊故意鎖定兒童的可能性？目前並不清楚。彷彿以色列國防軍**從來都沒有**鎖定巴勒斯坦兒童，或者折磨他們[152]當作人肉盾牌[153]；或者以色列定居者，其中許多人在某些時候透過以色列國防軍，並沒有對巴勒斯坦兒童犯下最令人髮指的暴行，例如，將他們燒死。[154]報告幾乎沒有，只是間接地停下來思索以色列國防軍將四位「和成人平均身高相較顯得矮小的」兒童和哈馬斯「武裝份子」搞混的可能性。因此，依照「所有可行的預防措施」這個原則，報告批評以色列國防軍「能夠更詳細的確認，被攻擊者是否正在直接參與敵對行動」。什麼「敵對行動」？報告本身說：「該地區沒有以色列國防軍士兵，因為地面行動尚未開始，也沒有任何其他人即將面臨危險。」難道報告隱藏的前提是，以色列國防軍認為，這些兒童「正在直接參與敵對行動……」？這是令人難以置信的惡意。沒有論證、沒有根據——或許，有鑑於以色列殺害和折磨兒童的血淋淋紀錄——這並非完全毫無根據？報告接著說：這個院落位於將近五十五萬居民的城市中心，在公共海灘和漁夫經常使用的區域之間……因此，無法排除平民包括兒童可能出現。這些事實顯示，僅僅是因為他們在某一特定地點出現，以色列國防軍就可以假設這些人是武裝團體的成員，推翻了平民地位的推定？這段陳述有幾點問題：第一，報告理所當然地認為，以色列導彈襲擊的目標是哈馬斯的「院落」，儘管記者、目擊者證明，這是一個被打擊的簡陋小屋。第二，它本身承認，目標區域是人口密集的民用場所。第三，最不可能的是，「身材矮小」的孩子會和哈馬斯武裝份子混淆。那麼，為什麼報告推斷，以色列國防軍「假設這些人是武裝團體的成員」？根據報告本身蒐集的間接證據，以色列國防軍故意以無辜兒童為目標的可能性更大。除了以色列慣常的否認外，沒有任何依據可以反駁。報告得出的結論是，從假設兒童是武裝份子而不是平民（而不是相反）開始，以色列「似乎證實了對國際人道法的錯誤適用」。以色列國防軍「假設」破舊的小屋是哈馬斯的「院落」，而矮小的兒童是「武裝團體」。報告本身就證實了國際人道法的錯誤適用：適用的法律原則，並非「一切可行的預防措施」，而是顯然蓄意鎖定平民。

哪支軍隊不會犯錯？

聯合國報告對以色列法律問責性的分析最終會出錯，是由於立足在一連串虛假，但不痛不癢又方便的前提之上。也就是說，以色列定期在加薩發起軍事行動，具有合法的常規軍事目標和標的。在行動過程中，以色列國防軍，唉！執行過當——哪支軍隊不會呢？——有時還會擴及成為戰爭罪。如果以色列怠於起訴這些違反戰爭法的行為，那就是由於法律行政「機制」仍然存在缺陷。幸運的是，這只需要一點點的修補——如果以色列只要能實施更多的圖可委員會的建議——消除小故障，讓正義之輪可以順利運轉。然而，從聯合國人權理事會在鑄鉛行動後發布的《戈德史東報告》的角度來看保護邊緣行動，情況就完全不同了。[156]《戈德史東報告》發現，以色列進入加薩造成的死亡和破壞並非「附帶」，或「未能採取一切可行的預防措施」的結果；相反的，是出於計算和故意，「意圖懲罰、羞辱和恐嚇平民」。[157]驅動保護邊緣行動的軍事學說就是源自於鑄鉛行動，這次不過是上次行動的放大版。聯合國報告蒐集的事實證據，幾乎沒有空間讓人懷疑，以色列是否在保護邊緣行動期間，蓄意鎖定加薩的平民和基礎設施？如果報告的法律分析得出了不同的結論，那不是因為缺乏物證而是缺乏道德操守。報告採用的法律術語，不是為了解釋以色列的犯罪本質，而是加以消毒。的確，報告幾次在關鍵處「引發疑慮」，以色列「可能」觸犯戰爭罪。這些以色列的罪行，遠非追求真正軍事目標的附帶結果或戰術執行過當，而是「鎖定加薩平民」這個犯罪策略本質的一部分。不管原因可以歸結到為了前途著想、怯懦或是憤世嫉俗，最重要的是，報告公開且無恥地逃避，從自身事實調查結果無可避免導向的、嚴厲的結論。當以色列在光天化日、沒有任何軍事活動的情況下，導彈鎖定，並殺害四位在開放平民區玩捉迷藏的兒童，儘管眾多可信的在場目擊者和以色列慣常的否認每一點都相互矛盾，報告卻指控，以色列沒有採取「一切可行的預防措施，以避免……對平民造成的附帶傷害」。難道這不近乎荒謬嗎？難道不是以色列正好在超現實之地嗎？報告在兩個地方考慮：以色列的「大規模破壞」部隊，是否「得到政府最高層決策者至少是默許」，並小心翼翼地觸及「規劃軍事政策的高階官員的角色……個別士兵可能只是遵從通過的軍事政策」。報告也提出一個引人遐思的問題：儘管有大量加薩平民大規模死亡和基礎設施被破壞的相關資訊，為何「政治和軍事領袖……並未修正他們的政策或改變措施」？更進一步指出，以色列有關機構，尚未對「軍事和文職領袖」提起司法訴訟。儘管如此，聯合國報告在追逐的幻想是：如果以色列徹底執行了圖可委員會的建議，司法系統就能「不顧職級高低，追究個人在非法行為中的角色」。[158]如果以色列高階官員執意採取造成加薩謀殺和混亂的舉措，而沒有人日後被起訴，更別提被定罪，這原因一點也不神祕——行動依據計劃進行，而計劃獲得幾乎全面的支持。如果報告的作者沒有看到這一點，那是因為他們不想看到——並且不希望任何閱讀他們的調查結果和結論的人看到它。這份報告可說是詭辯、混淆和歪斜的紀念碑。他炮製了一帖荒謬的萬靈丹叫作「全面有效課責機制」。[159]當整個以色列（猶太）社會上下，都全面團結在雙重信念之下——阿拉伯人的生命毫無價值，而猶太人的生命可抵黃金般的珍貴。報告也假裝沒有看到，也不希望別人看到[160]，因為要承認這個骯髒的現實就必須面對它宿命的意涵——達到正義的障礙不是局部的，而是系統性的。以色列不會改革自己，因為它無能改革自己。不只是司法體系，以色列在各方面都受到汙染，受到在免疫系統已經崩潰的政治體系中四處流竄的種族主義和傲慢自大的污染。藉由培養一種幻覺，如果以色列只要接受內部行政改革就能夠自行痊癒，那報告傳達且確認的是一種完全虛假的形象——即以色列本質上是一個健康的國家。但是一個國家每幾年就發動一場——受到絕大多數支持且毫無悔意——高科技閃電戰，攻打一群手無寸鐵、身陷困境的人，這個國家顯然病得很重。如果要避免另一場保護邊緣行動，並且要免去加薩人民另一場大屠殺，就需要從內部施加壓力，而不是無意義的、無關緊要的內部補救。

　　這些載諸紙頁、人權團體背叛加薩的紀錄，構成了嚴峻的真相。儘管如此，還是應該讓真相攤在陽光下。孔子說：「智慧的開端，就是確立事情正確的名份。」（The beginning of wisdom is to call things by their proper name.）。[14]

1 "UN Rights Council Appoints Members of Commission to Investigate Purported Gaza Violations," *UN News Centre* (11 August 2014).

2 Tovah Lazaroff, "UNHRC Investigator Schabas Stays Mum on Hamas as 'Terror Group,'" *Jerusalem Post* (12 August 2014); Stuart Winer, "UN Gaza Probe Head Says He's Not Anti-Israel, Will Be Impartial," *Times of Israel* (12 August 2014); Raphael Ahren, "Watchdog Group Demands That Schabas Quit UN Gaza Inquiry over Anti-Israel Bias," *Times of Israel* (4 September 2014); "Head of UN Inquiry into Gaza Conflict to Quit," *ynetnews.com* (2 February 2015); Barak Ravid and Jack Khoury, "Netanyahu: After Gaza inquiry head quit, UN should shelve report," *Haaretz* (3 February 2015); Barak Ravid, "New Head of UN Inquiry into Gaza War Expected to Be More Balanced toward Israel," *Haaretz* (3 February 2015). 夏巴斯辭職的直接原因遭人「披露」：他曾經為巴勒斯坦解放組織提供有償的例行顧問工作，但並未在提交的資歷中提及此事。如果夏巴斯揭露這一點，他也許能活過這波獵巫風潮。

3 請參閱第九章。

4 *Report of the Detailed Findings of the Independent Commission of Inquiry Established Pursuant to Human Rights Council Resolution S-21/1* (22 June 2015); hereafter: UN Report.

5 哈馬斯在此指加薩所有武裝團體。

6 請參閱第十二章。

7 UN Report, para. 26.

8 Ibid., paras. 26–30.

9 Ibid., paras. 54, 598, 599.

10 Ibid., para. 681(d). 報告在這一點上有意和祕書長潘基文任命的聯合國調查小組的觀點保持距離。調查小組認定，封鎖加薩沿海是合法的（請參閱第九章）。

11 Ibid., paras. 369–70.

12 Ibid., para. 53.

13 報告還不加批判地重申，以色列在保護邊緣行動之前發動「兄弟的守護者行動」（Operation 'Brother's Keeper'）：「二〇一四年六月十二日，十九歲的伊亞．伊夫拉（Eyal Yifrah）和十六歲的吉拉德．沙爾（Gilad Sha'er）及納夫塔利．弗蘭可（Naftali Frenkel），遭到綁架後並殘忍的殺害……作為他們綁架的回應，二〇一四年六月十二日至三十日，以色列發動了『兄弟的守護者行動』。以色列國防軍聲稱，目標是尋找這三名年輕人，同時『削弱哈馬斯恐怖活動』。」(ibid., para. 503). 然而，這是一次明顯拙劣的行動，以色列這三名青少年立刻遭到他們的綁架者所殺害。幾乎確定在發動「兄弟的守護者行動」之前，以色列政府就知道事件的發展，卻想利用這次殺戮為更大的政治議程服務。請參閱第十一章。

14 UN Report, paras. 58, 246. 報告接著說，地面入侵，「以色列所描述，『七月十七日，從加薩內部的隧道網絡進入以色列的戰鬥攻擊，一架無人機進入以色列領空，哈馬斯突擊隊從海上滲透，火箭砲不斷從加薩發射，而哈馬斯不願意接受停火協議』。」(ibid., para. 246). 以色列決定七月十七日發動地面入侵的動機，可能是因為同一天烏克蘭擊落馬來西亞客機。請參閱第十一章。

15 Yoram Dinstein, *War, Aggression and Self-Defence,* fourth edition (Cambridge: 2005), pp. 209–10.

16 Gaza Conflict Task Force, *2014 Gaza War Assessment: The new face of conflict,* Jewish Institute for National Security Affairs (JINSA) (2015), p. 8 (see

also pp. 16, 19). 該專案小組由美國猶太國安事務研究所所委託。

17 Sara Roy, *The Gaza Strip: The political economy of de-development,* expanded third edition (Washington, DC: 2016), p. xxx; *Amnesty International Report 2015/16: The State of the World's Human Rights* (2016), p. 201.

18 請參閱第十一章。.

19 Nahum Barnea, "Israel to Build Underground Wall around Gaza Strip," *ynetnews.com* (16 June 2016).

20 Amos Harel, "Israel Doesn't Intend to Strike Gaza over Hamas Tunnels," *Haaretz* (2 February 2016). 隨後有報導指出，雖然築牆工作已經開始，「但由於二〇一七年至二〇一八年財政年度沒有分配預算給該計劃，因此將面臨資金中斷的風險」（財政部長堅持「該計劃已經編列預算」。）Matan Tzuri, "Building Starts on Underground Gaza Barrier," *ynetnews.com* (7 September 2016).

21 UN Report, paras. 16, 555, 597, 668. 這一系列中立報導中唯一的「錯誤」，是單方面承認「巴勒斯坦人近年展現了超乎尋常的韌性」(para. 54).

22 See, e.g., *Report of the International Commission of Inquiry on Darfur to the United Nations Secretary-General* (25 January 2005), paras. 190, 271, 285.

23 UN Report, paras. 110–465, 503–50 (Israel); paras. 59–109, 466–502 (Hamas).

24 Ibid., paras. 573–96 (Gaza); paras. 556–72 (Israel).

25 Ibid., paras. 526–46.

26 Ibid.,para. 66.

27 Ibid., para. 574.

28 Ibid., paras. 593–95.

29 Ibid., paras. 569–71.

30 International Committee of the Red Cross (ICRC), *Commentary on the Additional Protocols of 8 June 1977 to the Geneva Conventions of 12 August 1949* (Geneva: 1987), article 51.

31 Ibid., Commentary (para. 1940).

32 UN Report, para. 108.

33 Ibid., paras. 55, 74, 104, 106, 108, 558, 561.

34 Ibid., para. 673.

35 請參閱第七章和第十一章。

36 請參閱第十二章。

37 UN Report, paras. 63–64.

38 請參閱第十一、十二章。

39 UN Report, paras. 78, 95, 556, 565, 566.

40 請參閱第十一章。

41 UN Report, para. 60 (see also para. 89).

42 Ibid., paras. 78, 80, 91.

43 Ibid., paras. 92, 95.

44 Ibid., para. 90.

45 UN Report, paras. 97–102. 報告也提到 (ibid., paras. 484–86)，「許多案例中，巴勒斯坦武裝團體發射的火箭砲，看起來都運作不良或任意發射且射不遠，部分案例甚至在加薩人口密集區造成傷亡。」其中一件特別令人難過的事件當中，共十一位加薩兒童和兩位成人喪生。雖然它確實呼籲哈馬斯，「對案件進行徹底調查，以確定攻擊的起源和情況」。不過，報告對事件的態度要比國際特赦組織來的友善（請參閱第十二章）。

46 Ibid., para. 85.

47 Ibid., para. 669 (see also para. 215).

48 Ibid., para. 99.

49 請參閱第十一章。

50 UN Report, para. 90.

51 請參閱第二章。

52 ICRC, *Commentary on the Additional Protocols,* article 59.

53 UN Report, paras. 466–69.

54 Ibid., para. 471.

55 請參閱第十二章。

56 UN Report, para. 475.

57 Ibid., paras. 472, 476–77.

58 Ibid., para. 473.

59 Ibid., para. 478.

60 在接下來的段落中 (ibid., para. 482)，報告引用了一個可能讓人失望的證據。報告引用「許多」哈馬斯公告，在以色列威脅攻擊的前夕，勸導加薩人保持鎮定，「不要聽從以色列國防軍指示居民……撤離……這些公告顯示加薩當局並未採取所有必須預防措施來保護平民。」如果哈馬斯並未以實際行動阻止加薩人撤離；如果加薩人選擇依照他們自己的判斷並充分意識到危險；如果造成平民危險的主要一方是以色列而非哈馬斯——那麼，哈馬斯唯一有紀錄的違反「預防措施」義務是微不足道的。

61 Ibid., para. 479.

62 See also ibid., para. 480.

63 Ibid., para. 483 (see also para. 177), 強調為筆者所加。二〇〇六年，人權觀察發起幾乎相同的指控，但在公眾施加壓力之後撤回。Norman G. Finkelstein, *Knowing Too Much: Why the American Jewish romance with Israel is coming to an end* (New York: 2012), p. 126.

64 Norman G. Finkelstein, *What Gandhi Says: About nonviolence, resistance and courage* (New York: 2012), pp. 72–73.

65 UN Report, paras. 492–502.

66 Leon Trotsky, *Terrorism and Communism* (Ann Arbor: 1972), p. 58.

67 Yitzhak Zuckerman, *A Surplus of Memory: Chronicle of the Warsaw Ghetto Uprising* (Berkeley: 1993), pp. 192, 209.

68 UN Report, paras. 502, 673.

69 Ibid., para. 683(b).
70 Ibid., para. 499.
71 Ibid., para. 20.
72 Ibid., para. 111.
73 Ibid., para. 134 (Case 4, Abu Jabr).
74 Ibid., para. 190 (Case 13, Al Sayam and Abu Sanimah).
75 Ibid., para. 220.
76 Ibid., paras. 193–200 (Case 14, Shuheibar).
77 *Preliminary, Partial Examination of the Names of Palestinians Killed in Operation Protective Edge and Analysis of the Ratio between Terrorist Operatives and Noninvolved Civilians Killed in Error* (28 July 2014), terrorism-info.org.il/Data/articles/Art_20687/ E_124_14B_472268844.pdf.
78 UN Report, para. 119 (Case 1, Al Hajj), para. 160 (Case 8, Al Batsh), para. 185 (Case 12, Dheir Family), para. 191 (Case 13, Al Sayam and Abu Sanimah). 有一個例子，雖然建築物中顯然存在一名武裝份子，但以色列以完全不同的理由證明其攻擊的合理性。(ibid., paras. 178–79; Case 11, Kaware). 報告對「可能的軍事目標」的判斷，也仰賴國際特赦組織可疑的資料（請參閱第十二章）。
79 UN Report, para. 220 (see also para. 222).
80 Ibid., para. 122 (Case 2, Qassas), para. 128 (Case 3, Al-Najjar), para. 141 (Case 5, Al Hallaq and Ammar), para. 147 (Case 6, Balatah), para. 170 (Case 10, Al Salam Tower–Al Kilani and Derbass).
81 Ibid., paras. 233, 237.
82 GBU-31 跟 Mark-84 JDAM 均屬於同一武器系列。
83 UN Report, para. 225.
84 Ibid., para. 226.
85 報告關於以色列國防軍在加薩人口密集地區使用高爆炸彈的判斷，也令人困惑。除了這些砲彈的爆炸力外，報告還指出，「像一五五公釐砲等間接射擊系統……被認為是『統計武器』……砲彈的大面積擴散是預期的結果，因為這就是這些武器設計的目的。」以色列毫無節制地發射將近二萬發高爆砲彈（如同打破沉默組織整理的資料顯示），九十五%在人口密集的平民區內或附近，這構成了三重無差別攻擊——向人口密集區無節制地發射大面積擴散的高爆砲彈。報告的結論十分奇怪：「無論使用這種武器的合法性如何，在人口密集地區使用這種火砲並不恰當。」不知道該說哪一個更令人震驚——報告用了艾蜜莉．波斯特式的措辭——「不恰當」；或者它明確暗示，以色列在加薩使用這種火砲是合法的。但是六個段落之後，報告似乎推翻自己的說法：「以色列國防軍在加薩人口密集的地區使用具有廣泛影響，且很可能造成無差別效果的致命武器，很可能構成違反無差別攻擊的禁令」，而且「可能……形同戰爭罪」。(ibid., paras. 408–9, 415). 請參閱第十二章。
86 UN Report, para. 208.
87 Ibid., paras. 219–21.
88 Ibid., para. 221 (see also para. 232).
89 Ibid., para. 221.
90 Ibid., para. 237.

91 Ibid., para. 222. 關於以色列對高樓的攻擊，請參閱第十一章。
92 UN Report, paras. 227–28, 230, 241.
93 Ibid., paras. 223, 243, 強調為原文所有。
94 Ibid., paras. 248, 250.
95 Ibid., paras. 257–60.
96 Ibid., paras. 262–78, 283–85, 292–93.
97 Ibid., paras. 293–96.
98 以色列從未聲稱試圖阻止哈馬斯捕獲一名受傷的士兵，就像在拉法引用「漢尼拔指令」時一樣。
99 UN Report, para. 286.
100 請參閱例如第十二章表八證詞五十一和證詞七十一。
101 UN Report, para. 299.
102 Human Rights Watch, "Gaza: Israeli soldiers shoot and kill fleeing civilians" (4 August 2014).
103 UN Report, paras. 308–13.
104 Ibid., paras. 329–33.
105 Ibid., paras. 337, 340, 強調為原文所有。
106 Ibid., para. 339.
107 Ibid., para. 341. 報告提到，「《日內瓦第四公約》第三十三條規定，『禁止集體懲罰以及所有恐嚇或恐怖主義措施』。」但報告對以色列的指控不觸及集體懲罰。
108 請參閱第十二章。
109 關於拉法大屠殺的細節，請參閱第十二章。
110 UN Report, para. 359.
111 Ibid., paras. 352–57.
112 Ibid., paras. 365–66, 強調為筆者所加，請參閱第十二章。
113 UN Report, paras. 376–85.
114 Ibid., paras. 386–88.
115 Human Rights Watch, *Precisely Wrong: Gaza civilians killed by Israeli drone-launched missiles* (2009).
116 UN Report, para. 392.
117 Ibid., paras. 396–405; Charlotte Alfred, "'The Present Is Tragic But the Future Is Unthinkable' in Gaza," *Huffington Post* (31 July 2014) (Gunness); B'Tselem (Israeli Information Center for Human Rights in the Occupied Territories), *Whitewash Protocol: The so-called investigation of Operation Protective Edge* (2016), pp. 22–23.
118 UN Report, paras. 406–15.
119 Ibid., paras. 416–19.
120 Ibid., para. 420.

121 報告還聲稱，沒有消息來源說：「空襲了二百多棟住宅，沒有造成平民傷亡。」(ibid., para. 234).

122 Ibid., paras. 235–39; Jutta Bachmann et al., *Gaza 2014: Findings of an independent medical fact-finding mission* (2015), assembled by Physicians for Human Rights–Israel, pp. 39–44.

123 請參閱第三章。

124 See Chapter 11; UN Report, paras. 210–11, 233–34.

125 UN Report, paras. 211, 234.

126 Ibid., para. 234.

127 Ibid., paras. 425–30.

128 Ibid., paras. 433–38.

129 Ibid., paras. 439–43.

130 Al Mezan Center for Human Rights, "Israeli Military Refuses to Investigate Attack near UNRWA School in Rafah, Gaza That Killed 14 Civilians" (31 August 2016).

131 UN Report, paras. 445–49.

132 Ibid., paras. 446–48. 報告的法律分析沒有直接評估拉法學校的第三起事件。

133 請參閱第十一章。

134 UN Report, paras. 450–55, 581–83.

135 卜采萊姆（以色列佔領區人權資訊中心）認定，二〇〇六年的攻擊為「戰爭罪」（請參閱第十二章）。

136 UN Report, paras. 456–65.

137 ICRC, *Commentary on the Additional Protocols,* article 53.

138 UN Report, paras. 247, 355, 474, 476.

139 請參閱第十二章。

140 UN Report, paras. 652–61, 666.

141 Ibid., paras. 607–51 (see also ibid., para. 681[b]).

142 請參閱第四章；B'Tselem (Israeli Information Center for Human Rights in the Occupied Territories), "Israeli Authorities Have Proven They Cannot Investigate Suspected Violations of International Humanitarian Law by Israel in the Gaza Strip" (5 September 2014).

143 請參閱第七章。

144 請參閱第八章。

145 UN Report, para. 664.

146 Ibid., para. 609.

147 B'Tselem (Israeli Information Center for Human Rights in the Occupied Territories), *The Occupation's Fig Leaf: Israel's military law enforcement system as a whitewash mechanism* (2016).

148 B'Tselem, *Whitewash Protocol,* p. 25. 關於以色列未能在保護邊緣行動之後調查違反國際法的行為，請參閱 Al Mezan Center for Human Rights, *Gaza Two Years On: Impunity over accountability* (28 August 2016).

149 UN Report, paras. 630–33.

150 Tyler Hicks, "Through Lens, 4 Boys Dead by Gaza Shore," *New York Times* (16 July 2014); Peter Beaumont, "Israel Exonerates Itself over Gaza Beach Killings Last Year," *Guardian* (11 June 2015); Peter Beaumont, "Gaza Beach Killings: No justice in Israeli exoneration, says victim's father," *Guardian* (13 June 2015).

151 Amnesty International, *"Black Friday,"* p. 77. 關於這份報告，請參閱第十二章。

152 UN Committee against Torture, "Concluding Observations on the Fifth Periodic Report of Israel" (3 June 2016), para. 28; *Amnesty International Report 2015/16* (it also reported that "children……appeared to be victims of unlawful killings"), pp. 201–2; UN Report, para. 517.

153 請參閱第四章。以色列利用加薩兒童充當人肉盾牌已有久遠歷史，請參閱 Jean-Pierre Filiu, *Gaza: A history* (New York: 2014), p. 98.

154 Jodi Rudoren, "Autopsy Suggests Palestinian Teenager Was Burned to Death after Abduction," *New York Times* (5 July 2015); Jack Khoury, "Palestinian Infant Burned to Death in West Bank Arson Attack," *Haaretz* (31 July 2015).

155 令人沮喪的是，以色列最傑出的人權組織卜采萊姆，也維護以色列的官方虛構，認為以色列鎖定哈馬斯的院落，而殺害兒童是偵查裝置的失誤。 B'Tselem, *Whitewash Protocol,* pp. 17–21. 關於後者，如果以色列無法辨別——大白天在平民區玩捉迷藏的十歲兒童，和發動致命攻擊的哈馬斯武裝份子——何者為真，那以色列的一般主張，十分小心不要鎖定平民就變得很難理解。他們如何知道鎖定的是平民還是戰鬥人員？

156 請參閱第五章。

157 Ibid.

158 UN Report, paras. 243, 640–43, 671–72.

159 Ibid., paras. 667, 675.

160 相反的，報告引用以色列關懷加薩人的毫無代表性的言論。(ibid., paras. 75, 77).

結論

悲劇會有結束的一天嗎？

沒有任何記錄如此黑暗，像對這個國家所做的背信棄義一般。

二〇一二年的聯合國報告提出一個尖銳的問題，加薩在二〇二〇年將會成為「宜居地」（liveable place）嗎？這個問題的答案，據目前的趨勢可說十分渺小，需要「洪荒之力」來扭轉這些趨勢。[01]幾年後，這一預測似乎更加黯淡無光了。二〇一五年「聯合國貿易和發展會議」（United Nations Conference on Trade and Development, UNCTAD）的報告發現，「在八年的經濟封鎖之外，過去六年以來又加上三次以色列軍事行動，已經摧毀加薩早就衰弱的基礎建設、破壞其生產基地，更沒有時間進行有意義的重建或經濟復甦，使加薩的巴勒斯坦人陷入貧困。」在撰寫本文時，約有五十％的加薩人失業、七十％的人糧食不足，必須依賴人道援助；在保護邊緣行動期間，被摧毀的近兩萬棟房屋中，有七十％尚未重建；七十％的加薩人每二天到四天只有六至八小時供水，幾乎所有加薩人每天都停電十六至十八小時。一個由衛生研究人員組成的團隊，在半個世紀以來第一次發現，「加薩的巴勒斯坦難民新生兒的死亡率上升。」在回答二〇一二年聯合國報告提出的問題時，二〇一五年聯合國貿易暨發展會議報告預測，依據目前的發展軌跡，「到二〇二〇年，加薩將不適合人類居住。」[02]這個讓加薩有五年機會之窗的預測可能太過浪漫。以色列高階官員在二〇一六年已經看到惡兆，和加薩的另一場戰爭將「不可避免」。「我們不能進行持續的消耗戰，因此，下一次衝突必須是最後一次。」[03]

加薩絕望困境的直接原因是「圍困」。二〇一五年，聯合國貿易暨發展會議的報告指出，「如果加薩有機會避免進一步的破壞，並發展成一個適合居住的地方，那麼以色列的封鎖完全和立即解除，比以往任何時候都更加迫切。」一年後，在一份後續追蹤報告中，聯合國貿易暨發展會議再次敲響警鐘：「加薩人受到封鎖，被拒絕進入西岸和世界其他地區。即使是需要醫療治療的人，也不允許旅行以獲得基本的醫療照護……如果不解除封鎖，加薩地區全面恢復將是一項挑戰。封鎖對一百八十萬加薩人造成了集體的負面影響，剝奪了他們的經濟、公民、社會和文化權利，以及發展權。[04]圍困是一種集體懲罰形式，是公然違反國際法的行為。」聯合國人權理事會關於保護邊緣行動的報告，儘管充斥著漂白和虛假，但仍呼籲以色列「立即無條件地解除封鎖」。[05]以色列對加薩地區出口的嚴格限制，哈佛大學的莎拉．羅伊總結，「與安全問題關係不大或毫無關係……他們的目的顯然是為了維持加薩和約旦河西岸的分離。」[06]根據吉沙組織，以色列移動自由法律中心表示，嚴格的旅行限制「更多源自於以色列對生活在加薩地區一百八十萬巴勒斯坦人的義務採取最低介入的態度，而非保護以色列公民安全的義務……對以色列安全的好處難以辨別」。[07]甚至以色列知名的《國土報》也嘲笑封鎖是提供以色列安全的觀點，並呼籲解除封鎖：「沒有任何理由關閉加薩。這麼做既無法阻止導彈向以色列發射，也沒有如預期地引起公眾起義反對哈馬斯政府，而是構成了絕望和暴力循環的孵化器，使以色列南部居民生活在難以忍受的情境中……以色列政府必須立即停止對加薩的封鎖……必須開放這個巴勒斯坦聚集區。」[08]

幾乎可以預見，導致可長久居住的加薩正邁向衰竭的致命趨勢不會被阻擋。沒有太多政治人物願意投身扭轉以色列對加薩的政策；事實上，在新興的區域和全球政治聯盟中，以色列的星辰正在升起，因為它在主要國家取得了重大的外交進展[09]；與此同時，巴勒斯坦的星辰正在殞落。儘管過去半個世紀，它在世界舞台上獲得獨特的重要性，但巴勒斯坦的遭遇現在已經被中東無數的人道危機所掩蓋。即使塵埃落定，巴勒斯坦也不可能恢復昔日的道德地位。不可否認，由於人口和領土規模，巴勒斯坦的地緣政治份量將會降低，而更接近於東帝汶和西撒哈拉的自決鬥爭。如果以前是一場艱苦的戰鬥，那麼今後加薩的道路將變得無比陡峭。

最近一系列影響加薩的事態發展填滿了這幅令人生畏的畫面。最糟的情況是，像埃及這樣的區域參與者，對加薩的態度更為嚴厲，下手比以色列建議的還重。[10]最好的情況是，像沙烏地阿拉伯這樣的區域性參與者，藉由指定項目的加薩援助計畫，試圖贏得阿拉伯公眾輿論支持並施恩地方，但到頭來大部分都沒有實現。[11]沒有一個區域大國能夠代表加薩投入政治資本；相反的，埃及和沙烏地阿拉伯都和以色列建立長期戰略聯盟。[12]在藍色馬爾瑪拉號事件發生後，土耳其要求解除加薩的封鎖，否則拒絕和以色列恢復正常關係。[13]但在二〇一六年，總統雷傑普．塔伊普．埃爾多安屈服了。他在重建外交關係後，嘲弄以色列的讓步，讓他能夠挽回面子。[14]與此同時，中東問題的四方領袖——美國、歐盟、聯合國和俄羅斯——在二〇一六年發布了期待已久關於「和平進程」的聲明。聲明確定，「哈馬斯非法軍備建設和激進活動」是以色列—加薩關係惡化的主要罪魁禍首，並確立「防止利用領土攻擊以色列，是維持長期和平和安全十分重要的關鍵承諾」。唯一直接提到在保護邊緣行動發生的恐怖事件，是「在二〇一四年衝突過程中，以色列發現了十四條隧道穿透其領土。報告順便承認，加薩的「嚴峻的人道局勢」因為「邊境的封閉而加劇」，「以色列對外貿易和漁業、水域的限制，導致糧食不安全和依賴人道援助」。但這四方領袖並非呼籲以色列結束加薩的封鎖，只是「加速解除遷徙和進出加薩的行動限制」，然後插入逃避條款，「應該適當考慮」以色列「保護其公民免於遭到恐怖攻擊的需求」。[15]因此，只要以色列聲稱，隔絕加薩是保護自己不受哈馬斯恐怖主義攻擊的必須手段；或者換句話說，直到或除非加薩向以色列投降，放棄其命運，否則，以色列的圍困將繼續獲得四方領袖的批准。羅伊指出，有關加薩的補助性國際重建計劃，「讀起來更像是安全計劃。內容仔細闡述以色列的顧慮，以及聯合國將如何調整配合……以色列必須批准所有項目及地點，並能夠因為安全理由否決過程當中的任何異議……不僅對加薩的封鎖將繼續維持，而且將維護的責任轉移到聯合國，聯合國的任務是監管以色列擁有整個過程的完整控制權。」[16]的確，聯合國祕書長潘基文在二〇一六年訪問加薩後，在記者會上說：「封閉加薩讓當地人民窒息，扼殺經濟、阻礙重建工作。這是一項必須追究責任的集體懲罰。」[17]唉！他在十年任期的最後六個月才領悟到這一點。就這件事來說，遲到並不比沒有好；因為事實上，這並沒有改變現狀。

加薩還沒走到積重難返的地步。可以肯定的是，一個人必須比李爾王更加盲目，才會相信

「外交談判」能夠取得成果。當前階段的「和平進程」於一九九三年成立時，巴勒斯坦佔領領土上有二十五萬名非法猶太人定居；到二〇一六年，約旦河西岸（包括東耶路撒冷）已有六十萬定居者，在加薩所產生的苦果已毋庸贅言。如果掌握現象的本質不是在包裝而是在內容，那麼巴勒斯坦就已經見證這不是和平進程，而是併吞兼洗劫的進程。四方領袖的報告，呼籲「恢復有意義的談判」，但不可能恢復從未開始的事情。儘管如此，哈馬斯的武裝抵抗戰略不太可能取得實質成果。無論在法律上和道德上是否站得住腳，對世界上前幾大的軍事強權發射火箭砲都不會讓它屈服。這只是在以色列定期決定——以追求完全脫離火箭砲為目標——毀滅加薩時，提供的方便藉口。

相較之下，大規模非暴力抵抗的策略還有可能扭轉局面。加薩最富有的資源是人民、真相和輿論。加薩人民一次又一次地表現出花崗岩般的意志，天生的一種「純粹的不屈不撓的尊嚴」（巴勒斯坦難民處發言人克里斯．貢內斯語），不會受到奴役。[18]保護邊緣行動重創了這股意志，但似乎還沒有擊垮它。真相站在加薩這一邊。如果這本書能激起憤怒和憤慨的高潮，那是因為，最知道如何掩蓋真相的那些人對加薩永無休止的謊言。甘地稱他的非暴力學說為「撒雅噶拉哈」（satyagraha），他將其翻譯為「堅持真理」。如果為數眾多的加薩人民堅持真理，這是可能的——這並不是說很可能發生，更別說確定，只是可能的，而且免不了要承受巨大的個人犧牲，甚至死亡——可以迫使以色列解除令人窒息的封鎖。一位以色列觀察家反問：「有什麼鐵穹頂或什麼隧道偵測系統可以阻止他們？如果有一天上萬，或者幾十萬人，他們決定爬上柵欄，或者在旁邊絕食抗議？」[19]巴勒斯坦的志業仍然可以被激發，並汲取國際公眾支持的巨大庫存，包括近年來大量猶太人輿論疏遠了右傾而且陷入道德困境的以色列。[20]在大量同情意見的核心中，一個國際運動已經團結起來，準備、願意，且能夠在最後審判的時刻為加薩全力以赴。如果可以一邊動員、激勵和組織起加薩人民和另一邊的全球公眾輿論；如果一個由真理引導、法律所強化、公義所活化，趨向正義的志業，可以如同歷史所證明，釋放出一種不可抗拒的道德力量，能夠打敗、解除和擴散殘忍的武力；然後一個小小的奇蹟可能會成真：加薩人民至少終於可以再次呼吸；如果最終他們——如果我們全部——都堅持不懈地結束佔領。

海倫・杭特・傑克遜（Helen Hunt Jackson）寫於十九世紀末的《不光榮的世紀》（*The Century of Dishonor*），記錄了政府有意識的、故意破壞美洲原住民人口的政策。這本書在很大程度上被忽視，然後被遺忘，最後由準備好聽取並承認真相的後人重新發現。傑克遜在談到切羅基國家的命運時，他們被驅逐出一個又一個部落家園，最終被美國政府剝奪了部落的土地。她寫到，「沒有任何記錄如此黑暗，像對這個國家所做的背信棄義一般。」[21]本書正是以她激烈的安魂曲為範本而做。對於本書是否能夠在同時代人找到知音？作者只抱持著微弱的希望。然而，我們仍應保存真相，這是我們對受害者最起碼的虧欠。在遙遠的未來，也許有一天，當時代的主流更容易接受時，有人會偶然發現，這本在圖書館架上積灰塵的書，吹掉蜘蛛網，並為一個民族所有的人感到震怒。這個民族，如果沒有被上帝拋棄，那就是被貪婪和腐敗、只為前途著想，和憤世嫉俗、凡人的貪婪和怯懦所背叛。傑克遜預測，「將來總有一天」，對切羅基所做的一切，「對美國歷史的學生來說，變得幾乎令人難以置信。」我不敢肯定，有關加薩受難的黑暗記錄，是不是有一天回顧起來也一樣幾乎令人難以置信？

1 United Nations Country Team in the Occupied Palestinian Territory, "Gaza in 2020: A liveable place?" (2012), p. 16.

2 United Nations Conference on Trade and Development, "Report on UNCTAD Assistance to the Palestinian People: Developments in the economy of the Occupied Palestinian Territory" (July 2015), paras. 25, 60; United Nations Country Team in the State of Palestine, "Gaza: Two years after" (2016), pp. 4–5, 9; Maartje M. van den Berg et al. , "Increasing Neonatal Mortality among Palestine Refugees in the Gaza Strip," *PLOS ONE* (4 August 2015).

3 Amos Harel, "Israel's Defense Ministry Takes Harsher Tone, and IDF Better Prepare," *Haaretz* (15 June 2016); Nahum Barnea, "Israel to Build Underground Wall around Gaza Strip," *ynetnews.com* (16 June 2016).

4 United Nations Conference on Trade and Development, "Report on UNCTAD Assistance" (2015) para. 55; United Nations Conference on Trade and Development, "Report on UNCTAD Assistance to the Palestinian People: Developments in the economy of the Occupied Palestinian Territory" (September 2016), paras. 22, 28.

5 請參閱第十三章。

6 Sara Roy, *The Gaza Strip: The political economy of de-development,* expanded third edition (Washington, DC: 2016), p. xxxi. 一份聯合國報告出口禁令的衝擊：「在二〇〇〇年至二〇〇四年的五年期間，從加薩出口的卡車年平均數量接近一萬一千五百輛。在封鎖後的前五年，這一數字下降了七〇〇〇%，到每年一六二輛卡車。雖然最近出現了成長（二〇一五年出口了六二一輛卡車，今年到目前為止已經有近五百輛卡車），但加薩的出口規模仍然只有二〇〇七年之前的五%。」United Nations Country Team, "Gaza: Two years after," p. 11.

7 Gisha (Legal Center for Freedom of Movement), *Split Apart* (2016), p. 1. 關於以色列對加薩的旅行限制，也可參閱 Amira Hass, "Israel Clamps Down on Palestinians Seeking to Leave Gaza, Cites Security Concerns," *Haaretz* (15 July 2016).

8 "It's Been a Decade: Open Gaza, the Palestinian ghetto," *Haaretz* (17 May 2016).

9 Luke Baker, "Diplomatic Ties Help Israel Defang International Criticism," *Reuters* (5 July 2016).

10 "The Enemy of My Enemies," *Economist* (23 July 2015).

11 Association of International Development Agencies, 'Charting a New Course: Overcoming the stalemate in Gaza" (2015), p. 16, table B; Annie Slemrod, "18 Months On, Gaza Donors Still Falling Way Short," *IRIN* (18 April 2016).

12 Ben Caspit, "Is Israel Forming an Alliance with Saudi Arabia and Egypt?," *Al-Monitor* (13 April 2016); Zena Tahhan, "Egypt-Israel Relations 'at Highest Level' in History," *Al Jazeera* (20 November 2016).

13 See Part Three.

14 允許土耳其提供人道援助，並在加薩建立醫院、發電廠和海水淡化廠。總理班傑明・納坦雅胡宣稱，如果以色列做出這些「讓步」，那是因為以色列也會從中受益。Barak Ravid, "Israel and Turkey Officially Announce Rapprochement Deal, Ending Diplomatic Crisis," *Haaretz* (27 June 2016). See also Raphael Ahren, "Taking Up Post, Turkish Envoy Hails New Start with 'Friend Israel,'" *Times of Israel* (12 December 2016).

15 "Report of the Middle East Quartet" (1 July 2016). 該報告模糊地暗示保護邊緣行動造成的破壞。

16 Roy, *Gaza Strip,* pp. 407–9.

17 United Nations Relief and Works Agency (UNRWA), "Remarks by UN Secretary-General Ban Ki-moon at Press Encounter in Gaza" (28 June

2016).

18 Sara Roy, "Interview: Chris Gunness," *Middle East Policy* (Spring 2016), p. 146. 巴勒斯坦難民處是加薩主要的難民救濟組織。

19 Zvi Bar'el, "Israeli Security Assessments Are Reality Built on a Lie," *Haaretz* (19 April 2016).

20 Norman G. Finkelstein, *"This Time We Went Too Far": Truth and consequences of the Gaza invasion,* expanded paperback edition (New York: 2011), pp. 107–29; Norman G. Finkelstein, *Knowing Too Much: Why the American Jewish romance with Israel is coming to an end* (New York: 2012).

21 Helen Hunt Jackson, *A Century of Dishonor: A sketch of the United States government's dealings with some of the Indian tribes* (Boston: 1889), p. 270.

附錄

佔領合法嗎？

拒絕誠心促進達成和平解決方案努力的佔領政權，應被視為非法。事實上，這種拒絕應被視為完全兼併。

摘要

會員國代表和權威機構的廣泛共識是，根據國際法，以色列對加薩地帶的封鎖為非法的，即使在二〇〇五年重新部署之後，以色列仍然是加薩的佔領國。但以色列佔領本身的法律地位是什麼？根據國際法，佔領的本質是一種臨時狀況，不結束也不能結束的佔領是事實上不可逆轉的兼併。因為藉由戰爭獲取領土違反國際法，因此佔領變形為不可逆轉的兼併也是非法的。一方面，根據國際法院在納米比亞案中的判例，以色列始終拒絕根據國際法談判結束佔領加薩；另一方面，根據國際法，以色列佔領約旦西岸（包含東耶路撒冷）和加薩走廊已成為非法。因此，以色列喪失了作為佔領國的權利。唯一的「權利」，是完全撤出其非法佔領的巴勒斯坦領土。

1.0. 佔領的國際法

1.1. 佔領的法律地位是否取決於如何起源？

1.1.1. 目前廣泛的共識是，國際法不區分自衛戰爭造成的軍事佔領，和侵略戰爭造成的軍事佔領。不論在《海牙公約》（一九〇七年）和《日內瓦第四公約》（一九四九年），佔領國在任何一種情況下都承擔相同權利和義務。[01]因此，和戰爭法類似，這同樣適用於衝突中的雙方，無論哪一方發起衝突，哪一方採取自衛行動。

1.1.2. 根據最近國際法的最新發展，持不同意見者認為：軍事佔領本質上是非法的，因為它是非法使用武力造成的，違反了自決的習慣法。唯一的例外是合法使用武力，並且持續有時間限制的佔領。[02]

1.1.2.1. 即使有人贊同新的論點，認為軍事佔領本質上是非法的；即使以色列佔領加薩仍然不符合例外條件，仍然無法規避一項事實，聯合國安全理事會第二四二號決議，作為解決以巴衝突的公認基礎，要求以色列撤軍作為協議談判的條件。無論現狀是如何發生的，以色列的佔領不會因為已成既定事實，就順勢合法。

1.1.2.2. 一九七五年十二月大會決議的序言部分，「給予殖民地國家和人民獨立宣言的執行情況」（三四八一號），引述說：「任何軍事佔領，無論多麼短暫」，都構成「侵略行為」。因此，「譴責以色列佔領阿拉伯領土違反聯合國憲章、國際法原則和聯合國多次決議」。[03]但這一孤立的決議似乎沒有政治效果或外交共鳴。

1.1.3. 在佔領的最初幾年，以色列的支持者聲稱，在以色列進行防禦戰爭的同時管理阿拉伯領土，它是「有權佔領的合法進入者」……直到締結和平條約為止。[04]如果要將以色列的佔領視作合法的，據稱是因為源自於自衛戰爭。

1.1.3.1. 這一論點奠基在兩大主張，即以色列（相信它）在一九六七年時即將遭到埃及攻擊，隨後以色列訴諸武力的行為得到聯合國的批准。然而，仔細閱讀文件記錄顯示，埃及的攻擊並非迫在眉睫，以色列領導人並不擔心，國際社會事後也並未接受，以色列在初次攻擊達到頂點的一連串事件的「敘述」。[05]

1.1.4. 儘管國際社會沒有接受，以色列關於如何佔領阿拉伯土地的「敘述」，也沒有要求以色列單方面撤軍。但經過長時間的辯論（**首先是大會，然後是安全理事會**）[06]聯合國在二四二號決議，決定以色列人從被佔領的阿拉伯領土上撤退（依照「**不承認以戰爭方式獲取領土」的習慣法則**），以阿拉伯鄰國國家「終止所有交戰狀態或主張」為條件（**根據國際法原則，禁止「威脅或使用武力侵犯任何國家的領土完整或政治獨立」原則**）。

1.1.5. 因此，重要的是，以色列佔領的合法性並不取決於如何起源——無論佔領是源自於自衛的戰爭或侵略的戰爭都並非重點。即使以色列的自衛主張可能被證明是錯誤的，只要阿拉伯鄰近國家不承認其作為國家的對等權利，以色列在法律上也無須撤回。前以色列首席大法官梅爾．沙姆加（Meir Shamgar）推斷，以色列佔領「沒有時間限制」，並且「從法律角度來看，可以無限期地繼續下去，等待另一種政治或軍事解決方案」。[07]

1.2. 違規佔領者的法律地位

1.2.1. 但是，如果阿拉伯國家表示願意承認其作為國家的對等權利，以色列仍拒絕撤軍，以色列的佔領是否可以「從法律的角度來看……無限期延續」？沙姆加加上關鍵的但書，「等待其他政治……解決方案」。如果提出這樣的解決方案，可是以色列仍然拒絕了呢？

1.2.2. 這個問題在以色列佔領埃及西奈半島（一九六七年戰爭之後）的情況下首次出現。在聯合國授權的調解（「賈靈使團」（Jarring Mission））的過程中，埃及已同意和以色列全面簽訂和平條約，但以色列仍然拒絕從西奈半島撤出。但談判破裂，以及因為以色列的頑固態度阻礙了用外交解決方案的所有途徑。埃及一再警告：為了收復被佔領的西奈，它將發動戰爭，並在一九七三年將威脅付諸實行。08

1.2.2.1. 就在埃及發起進攻之前，聯合國安全理事會召開會議討論外交僵局。以色列聲稱，根據第二四二號決議，除非雙方商定解決衝突，否則它沒有義務撤出加薩。約旦王國中肯地反駁，但爭議不言自明的法律原則並不構成談判；相反的，無異於逃避解決：

> 雖然協議在和平努力中具有必要和適當的地位，但不應允許它被當作顛覆的策略和藉口。人們不能重新處理（聯合國）憲章的每一項既定和基本原則及其邏輯後果……在關鍵時刻，爭端的一方，只要認為可以為其非法利益服務，就否決這些原則的適用……我們希望透過協議完全撤軍。如果處於佔領狀態並且客觀反對公正解決方案的一方，堅持將不同意作為撤軍和和平的障礙，我們該怎麼做？09

1.2.2.2. 在這個理事會會議提交一份決議草案，「強烈譴責以色列繼續佔領一九六七年戰爭佔領的領土。」[10]印度起草人在決議的注釋中表示，「我們完全拒絕任何主張第二四二號決議（一九六七），或停火協議以任何形式給予以色列部隊的寬容，更不用說權力，直接或間接，默許或隱含或明示，他們繼續佔領阿拉伯領土。」[11]美國以譴責以色列佔領「和第二四二號決議（一九六七）的規定和原則無關」為由，否決了該決議。[12]除了美國代表外的共識是，一旦以色列拒絕就基於國際法的和平解決進行談判，就實質喪失其作為佔領者的權利。根據這一決定，在埃及於一九七三年十月越過蘇伊士運河，以驅逐以色列佔領者並追回西奈之後，「沒有政府指責埃及『侵略』」。阿巴．伊班後來在他的回憶錄中後悔不已，甚至美國也沒有指責。[13]

1.2.3. 關於佔領法的學術文獻很少提及違規佔領者的法律地位。迄今為止最全面的研究，新井—高橋裕（Yutaka Arai-Takahashi）的《佔領法：國際人道法的延續和變遷及其和國際人權法的互動》（*the Law of Occupation: Continuity and change of international humanitarian law, and its interaction with international human rights law*）[14]並未考慮這種情況。尤蘭．丁斯坦的《交戰佔領國際法》（*The International Law of Belligerent Occupation*）在一段簡短的、沒有啟發的段落裡，處理了佔領「在國際法本質上終究屬於非法」的「迷思」。[15]

1.2.3.1. 歐娜．班—納夫塔利（Orna Ben-Naftali）、阿耶爾．格羅斯（Aeyal Gross）和凱倫．

米雪莉（Keren Michaeli）撰寫的一篇文章〈非法佔領：框架被佔領的巴勒斯坦領土〉（*"Illegal Occupation: Framing the occupied Palestinian territory"*）[16]，經常為主張以色列非法佔領的作者所引用。文章認為，儘管語言偶有模糊難解之處，以色列在西岸建立的基礎設施（**屯墾區、分支道路、隔離牆等**）構成了「事實上的兼併」，違反了定義佔領的「臨時性的基本原則」。並且，以色列在兼併過程中也犯下了「嚴重違反人道主義和人權準則」的行為。作者總結說：以色列這些非法行為的累積效果，使佔領成為非法行為。這一論點的力量在於，以色列一直奉行的政策是，最終並且不可避免地使佔領不可逆轉。一方面違背了作為佔領者的義務；另一方面，違反了巴勒斯坦人的自決權。但由於以色列的屯墾區等尚未使佔領不可逆轉，因此，似乎在法律上更精確且與判例一致的做法，就是分別譴責以色列的非法行為且不宣布佔領為非法。

1.2.3.1.1. 聯合國安全理事會指定以色列的屯墾區政策和兼併東耶路撒冷是非法的[17]，大會則提到以色列「事實上兼併大片領土」。[18]

1.2.3.1.2. 在其二〇〇四年具有里程碑意義的諮詢意見《在巴勒斯坦被佔領土修建隔離牆的法律後果》（*Legal Consequences of the Construction of a Wall in the Occupied Palestinian Territory*）中，國際法院更為試探性地指出，「隔離牆及其相關的政權建構造成了『既成事實』，理由是這可能成為永久的。不論以色列對隔離牆的正式定調為何，但這無異於是事實上的兼併。[19]然而，在一份個別意見書中，科羅馬法官不加但書地斷定，「修建隔離牆涉及以色列兼併部分被佔領土。」[20]

1.2.3.1.3. 知名的國際法專家詹姆士・克勞佛（James Crawford）觀察到，以色列屯墾區構成「事實上兼併西岸的土地……阻止巴勒斯坦人民行使自決權」。[21]

1.2.3.1.4. 但是，無論是安全理事會和大會或是科羅馬法官，還是克勞佛，都沒有明確宣告以色列兼併巴勒斯坦領土，使佔領本身非法化。比較謹慎的說法似乎是，即使佔領者違規，隨著時間的推移導致事實上（**或者，在東耶路撒冷，法理上**）兼併，仍然沒有使佔領非法化。

1.2.3.1.5. 正式地說，以色列的官方立場是，猶太人屯墾區和沿著主要屯墾區集團周邊的隔離牆「本質上就是臨時的」（**以色列高等法院**）[22]，並且「沒有將領土合併至以色列國」。[23] 然而，在隔離牆建設過程中，包括前司法部長齊皮・利夫尼、前總理艾里爾・夏隆和前國防部長埃胡德・巴拉克在內的以色列高級政府官員，都公開承認，隔離牆標誌著以色列未來的邊界。[24]

1.2.3.2. 以色列法律學者伊亞・本韋尼斯蒂（Eyal Benvenisti），從「國際佔領法」的不同角度處理了違規佔領者所構成的法律挑戰。他起初（**像沙姆加一樣**）聲稱，國際法既沒有「限制佔領的持續時間」，也沒有要求佔領者在簽署和平條約之前要恢復領土的主權。然而，本韋尼斯蒂隨後加上但書：

拒絕誠心促進達成和平解決方案努力的佔領政權，應被視為非法。事實上，這種拒絕應被視為完全兼併。根據國際法，佔有者有義務真誠地進行談判以實現和平解決。佔領者若為了保持對被佔領土的控制，提出不合理條件或妨礙和平談判，可被視為違反國際法。

他接著指出，「佔領者若惡意拖延實現和平終結其統治的努力，將被視為侵略者，其統治將受到非法行為的污染。」[25]

1.2.4. 如果佔領者懷抱著惡意談判，那麼它就是「以非法行為玷污了佔領」。事實上，我們已經在納米比亞案中解決這個問題。在經過漫長而毫無結果的談判之後，大會在安全理事會之後通過決議，宣布南非對納米比亞的「佔領」是「非法」的，隨後國際法院也跟進批准聯合國決議。納米比亞案和以色列對巴勒斯坦領土的佔領有很大的相似之處，該案的發展和結局為國際社會提供了路徑圖，因為它正面對另一個違規佔領者。

2.0 納米比亞案

2.1 歷史脈絡

2.1.1. 雖然今天在很大程度上被遺忘，但在二十世紀中期，約翰・杜加德回憶，南非的納米比亞託管地「比聯合國機關處理的任何事物都促成更多決議、更多委員會，並產生更多司法判決」。用杜加德的話說：「國際上喧騰一時」[26]；或者如一位審理此案的國際法院法官所說：「戰後全世界最具爆炸性的國際問題。」[27]在後來的幾年裡，納米比亞在國際議程上被更大的南非種族隔離的問題所取代，成為附帶的問題；而巴勒斯坦問題成為在託管地時代另一個長期的巨大傷口。

2.1.2. 布爾什維克掌控俄羅斯後，譴責第一次世界大戰是帝國主義的惡果，並大肆宣揚他們支持被壓迫民族的自決原則。結果其泰半是為了回應美國總統伍德羅・威爾遜主張自決權，並要求協約國實行不可兼併戰敗同盟國殖民地的原則。[28]

2.1.3. 在戰爭結束時，並在國際聯盟公約第二十二條中設立了託管地制度。據稱「在現代世界的艱苦條件下還不能自立」前同盟國殖民地，就交由「先進國家」來「指導」，為其行使自決權做好準備。扮演指導角色的託管國，則「代表聯盟」促進前殖民地的「福祉和發展」，這意味著「文明的神聖信託」。

2.1.4. 前德國殖民地納米比亞（西南非洲）的託管權，則「授予英王陛下，由南非聯邦政府代表他行使」。根據該託管權的條款，並受到聯盟（最終是常設國際法院）的監督。南非有義務，「最大程度促進居民的物質和精神福祉以及社會進步」。

2.1.5. 國聯在一九四六年解散後，「明確考慮」[29]將納米比亞託管地在建國過程中轉交聯合國託管。[30]然而，南非設想的未來不同，因為它打算兼併納米比亞（或其最吸引人的部分）。[31]

2.1.6. 隨之而來的是曠日費時的政治和法律拔河。聯合國方面，由一群非洲國家領軍，要求南非承認大會的監督權力和納米比亞的獨立權。但面對普里托利亞的持續阻撓，聯合國同時繼續將納米比亞的問題提交給國際法院，以澄清和證明南非的法律義務。

2.1.7. 一連串爭議和分歧的訴訟程序就在海牙開始了。

2.1.7.1. 在一九五〇年的諮詢意見《西南非洲國際地位》（*International Status of South-West Africa*）中，國際法院的結論是：即使在國際聯盟解體後，南非仍有義務促進「居民的物質和精神福祉以及社會進步」；國聯對南非的監督權已授權移交給大會；而且——有爭議——雖然「期待託管國將遵循聯合國憲章所規定的正常程序，即『締結託管協議』」。儘管如此，南非在法律上仍沒有義務將其授權轉變為聯合國託管，但也無法單方面修改西南非洲的國際地位。

2.1.7.1.1. 關於最後一點有許多不同意見。阿爾瓦雷茲（Álvarez）法官斷言，「南非聯邦……有法律義務和聯合國談判並達成協議，將西南非洲置於託管之下」；韋雪爾（de Visscher）法官（受到葛雷羅〔Guerrero〕副總統、左里奇克〔Zoričić〕法官和巴達維巴薩（Badawi Pasha）法官支持）認為，南非「承擔了法律義務，準備參加並真誠地展開談判，以期締結託管協議」；克雷洛夫（Krylov）法官堅持，南非「有義務進行談判以達成託管協議」。[32]

2.1.7.2. 一九五五年的諮詢意見，《西南非洲—投票程序》（*South-West Africa—Voting*

Procedure）取決於關於大會監督南非納米比亞託管地的實質和程序專門要點。法院維持了大會的特權。[33]

2.1.7.3. 在一九六五年諮詢意見《西南非洲委員會請願者的申訴的可採納性》（*Admissibility of Hearings of Petitioners by the Committee on South West Africa*）中，法院支持大會利用補充程序（**如納米比亞請願人在聯合國小組委員會的口頭證詞**），面對南非的頑固態度時，促進其監督職能。[34]

2.1.8. 海牙的訴訟程序最終在兩份，互補而又相互矛盾的——一九六二年和一九六六年的法院判決中邁向風雨飄搖的結局。

2.1.8.1. 伊索比亞和賴比瑞亞都屬於前國際聯盟成員，其援引聯盟託管地條款，使當時的會員國能夠透過法院裁決，對託管國的行為提出異議。他們要求，國際法院不是發布諮詢意見，而是（**除此之外**）可強制執行的判決。[35]即南非違反了「盡最大努力促進納米比亞居民的物質和精神福祉及社會進步」的義務；相反的，「在確立居民的權利和義務時」，實行種族隔離，即在種族、膚色、民族或部落起源等方面進行區隔。

2.1.8.2. 此一（**不甚**）知名案例，分為兩個理論上分離的階段，即「管轄權」和「實體法」。在一九六二年的判決中，法院肯定地回答，它有權做出決定。[36]但在一九六六年的判決中，當要針對南非的案件實體案情做出決議時[37]，國際法院卻翻供了。[38]在「其史上最具爭議的判決」中[39]，宣稱它實際上缺乏管轄權，因為申請國無法在控告南非的訴狀的「主題」中，證明他們有「任何合法的權利或利益」。[40]

2.1.8.3. 雖然案件的兩個階段都正式揭露了專業、語言和歷史的奧妙之處——福斯特（Forster）法官在其不同意見中卻嘲笑「枯燥的審查和無情的分析」[41]——雖然後來法官和法律專家都認為，相互衝突的司法哲學（「**目的論者**」和「**實證論者**」）撕裂了法院，讓公正的觀察者只得下結論：雙方都能提供強而有力的證據[42]；雙方來海牙都各有所圖，並且是法院分裂的核心。雖然聽來粗暴和簡化，都帶有政治意味：舊世界的殖民勢力努力控制非西方新興國家。儘管聽起來有些古怪，但可以預期，舊世界由頑故而博學，坦白說是惹人厭的英國人——費茲墨利斯法官作為法庭上的代表。他在體力和智力旗鼓相當的對手——傑蘇普法官，碰巧是個美國人。[43]德卡斯楚（de Castro）法官在後來的個別意見中罕見的悖離司法禮數（**維持法律超越政治鬥爭的錯覺**），直接（**但仍然準確地**）描述了國際法院對納米比亞的訴訟程序，實質上是「殖民主義者和進步人士之間的鬥爭」。[44]

2.2. 南非未能進行善意談判：聯合國的審議

2.2.1. 出於對國際法院轉向駁回南非案件，以及對多年來法律訴訟程序中時間與資源的浪費感到震驚[45]，聯合國採取了一系列戲劇性和激烈的步驟來糾正法院的錯誤。一九六六年大會決議（二一四五號）「終止」南非對納米比亞的託管權；一九六七年的決議（二三二五號）宣布「南非當局在西南非洲繼續存在，是公然侵犯其領土完整」；一九六八年的決議（二三七二號）譴責，「南非鞏固其對納米比亞的非法控制的行動」，並呼籲「為不使南非的非法行為成為永久佔領，所有國家應停止和南非政府的往來」。

2.2.2. 大會強調，「納米比亞人民享有自由和獨立的不可剝奪的權利，以及他們反對外國佔領鬥爭的合法性」。以下三點，證明其終止南非「非法佔領」之決定（二一四五號）：

一、違反國際義務：南非在納米比亞的行政當局，違反了「聯合國憲章和世界人權宣言的要求」。

二、實行種族隔離：南非政府在西南非洲實行的「種族隔離和種族歧視政策」，構成「危害人類罪」。

三、未能善意談判：「聯合國努力促使南非政府履行其對納米比亞的義務」的努力「無濟於事」。

2.2.3. 基於討論的目的，本文中的重點將放在這些理由的最後一個。

2.2.4. 在大會決議之前，國際法院對納米比亞的審議，已經提出了南非未能善意談判的問題。

2.2.4.1. 在不同意意見書（一九五〇年）中，阿爾瓦雷茲法官說：「不可能承認……旨在確定重要國際地位的協議，不能僅僅因為其中一方的反對，就疏忽或惡意而成立」；如果「無法達成這樣的協議，那麼聯合國就必須採取適當的措施」。[46]在類似的不同意見書（一九五〇年）中，德韋雪爾法官更加克制地說：「託管國雖然可以自由地拒絕擬定協議的特定條款，但仍然有法律義務準備參與談判，並且善意地進行這些工作以達成協議。」[47]

2.2.4.2. 在個別意見書（一九六二年）中，布斯塔曼特（Bustamante）法官指出，「大量證據不僅一再顯示和重申談判進行的事實……也顯示所有追求和解的努力都失敗……這種觀點的根本對立持續了十五年。託管國無效的反對意見，面對會員國對託管國的限制和義務的真正一致意見，一直處於永久僵局的狀態。」他接著得出結論：「不可能進行談判。事實上，任何進一步的談判……都無法解決爭端。反而建議，在海牙尋求『訴諸司法判決』，以『重新建立系統的和諧運作』。」[48]

2.2.4.3. 在個別意見書（一九六二年）中，傑蘇普法官觀察到，儘管「當然沒有絕對的憑據可以讓法院在斷言：這個個案不可能透過談判解決。但從相關記錄的角度看來，顯然這種情況是確實少見的例外。他簡潔地總結道：「國家，並不是永遠如古老格言所說：『如果一開始你沒有成功，那就嘗試，再嘗試』。」[49]

2.2.5. 大會的辯論，最終達成了「一系列終止南非託管權的決議，並譴責其對納米比亞的「非法佔領」。此決議聚焦在南非在談判期間的頑固態度，同時也嘲笑南非，呼籲，「防止關閉進一步對話的大門，對於更好地理解和合作這是非常必要的。」[50]

2.2.5.1. 雖然成員國認為，談判的目的是確保納米比亞最終的獨立，但南非堅持談判沒有先決條件或預定的結果，技術上對「所有可能性」開放，但實際上不包括真正的獨立。[51]

2.2.5.2. 伊索比亞代表指出，「事實上，已經窮盡和平談判的所有途徑」；[52]而挪威代表指出，「經過二十年關於南非西南非洲政府的徒勞討論，已經達成了共識……南非已失去管理該領土的權利，其託管權已經終止。」[53]

2.2.5.3. 烏拉圭代表回憶，「面對南非政府令人難以置信的頑固態度」，

> 我們發現，二十年來，已有大量相關的大會決議，並敦促普里托利亞履行其職責，並在國際社會面前承擔責任……我們看到南非不服從、違背、無視權威、濫用權利、嘲弄和蔑視聯合國等行為不斷累積……我們等了超過二十年。我們希望溫和不會成為罪惡的弱點。我們得到法律、權利、道德、全世界意志的支持……現在是結束法律和傲慢之間鬥爭的時候了。國際社會的機關必須終止託管權，理由是：屢次，以及惡意不履行其中固有的義務和責任。[54]

2.2.5.4. 在回顧「十五年來，我們一直等待南非政府履行其明確的義務」之後，「大會一再試圖說服南非政府採取合作政策」並未成功。「英國代表——卡拉登勳爵（Lord Caradon）

——後來制定聯合國安全理事會第二四二號決議——宣稱南非「實際上已經喪失了管理託管地的權限」。[55]

2.2.5.5. 加入多數派的以色列代表注意到，大會於一九六六年向國際法院提出具有約束力的決定，只是「在和南非談判陷入僵局之後以確保執行」一九五〇年，國際法院關於納米比亞的諮詢意見；國際法院在「避免於一九六六年決定此案件之後，這個決定現在明顯落在大會的肩膀上」；且南非因為它沒有「為納米比亞的獨立做準備」、「違反主要義務」。在一篇值得引用的段落中，以色列代表總結：

在將託管地授予並由託管國接收近五十年後，西南非洲似乎沒有比以往任何時候更接近獨立。具有諷刺意味的是，幾乎所有其他非洲人民都生活在自己的國家主權之下……而在西南非洲的情況（只有這個情況），文明的神聖信託……不僅仍然沒有實現，甚至還沒有看到實現的可能。事實上，所有為達成雙方都能接受和合理解決的努力已經窮盡。由於託管國未能履行託管權所承擔的基本義務，因此聯合國可自由採取適當行動……我們認為，大會現在有權終止託管……大會應就託管領土的未來做出決定。前提是，大會可以合法和適當地終止託管權。

如果將託管地的時間範圍擴大到「近一百年」，如果將「西南非洲是獨立尚未『看到實現的可能』的『唯一』託管地」此一陳述，修改成：原先居位於巴勒斯坦託管地下的居民也持續遭到擱置。[56]然後是以色列大使直接相關——且共鳴獨特——的觀察及診斷（「**所有為達成雙方都能接受和合理解決的努力已經窮盡**」），以及提議補救措施（「**大會現在有權終止託管**」），很難不受到注意。[57]

2.2.5.5.1. 幾個月後，以色列代表告訴大會：

> 自從二十一年前的第一次會議以來，西南非洲的問題已經發展成為一種無法容忍的局面。每一種可以想像、符合聯合國憲章原則的、保證該國人民其基本權利的解決辦法都遭到了挫敗。面對南非政府完全無視聯合國明確表態的頑固立場，聯合國卻表現出耐心甚至寬容的肚量。[58]

在早些時候的談話中，以色列外交部長阿巴·伊班勸告大會，「當它公然不斷地違反託管的核心目標時，應該要堅持託管國應該放棄託管權。」[59]

2.2.5.6. 美國代表也在審議中同意大會多數宣稱，「由於違反了其義務……南非沒有權利繼續管理」納米比亞。[60]「儘管他們的政府在周圍築起了審查和宣傳的高牆」。他預測說：「南非人民必須很快地意識到，他們試圖在納米比亞鞏固的制度將無法奏效——它既不會滿足非白種人的需要和需求，也不會透過一些魔術使它們『消失』。」61

2.2.5.6.1. 美國也譴責南非「在西南非洲實施其備受譴責的種族隔離政策」，以及「明確無視大會明智的禁令，即南非限制並停止的任何行動，憲法、行政、政治或其他，以任何方式改變或企圖改變西南非洲目前的國際地位。」62

2.2.5.6.2. 更重要的是，美國認為，如果生活在佔領下的部分納米比亞人訴諸武力，那根本就是回應南非的鎮壓戰術，其結果只是帶來絕望。

而絕望中，一些人發現，除了暴力之外沒有其他選擇能夠表達自己追求自由的決心。美國不容忍暴力。美國確實譴責政府的殘暴行為，其官方政策關閉西南非洲的和平異議途徑因此孕育暴力，從而產生了它試圖懲罰的行為。63

2.2.5.6.3. 然而，美國的行動並未像其所說的一般崇高。一位加勒比代表觀察到，「美國在經濟和軍事上是我們之中最強大的，如果願意，我毫不懷疑，它單槍匹馬也能降服南非政府。事實上，即使剩下其他人都反對，它也可以做到。但即使『我們聽到美國代表表示感到遺憾、憎惡並譴責南非在此地的行為。』國內『遊說』的存在『具有足夠的影響力……甚至可能會讓最堅定的政府停下來」。[64]因為，改變的越多，就越是維持原狀（Plus ça change, plus c'est la même chose）。

2.2.6. 雖然腳步落後，但安全理事會最終還是贊同大會的決心。

2.2.6.1. 安全理事會於一九六八年初首次處理納米比亞問題，當時一項決議（二四五號）注意到大會終止託管地，並對南非在納米比亞的「非法」鎮壓表示嚴重關切。而另一項決議（二四六號），同一年又譴責「南非政府公然藐視」安全理事會。

2.2.6.2. 一九六九年的一項決議（二六四號）注意到「南非繼續佔領納米比亞的嚴重後果」，並確認「由南非主導的政治勢力繼續存在於納米比亞是非法的」，並呼籲「南非政府立即從該領土撤出其政府」。同年稍晚的後續決議（二六九號）宣布，「南非當局繼續佔領納米比亞領土，構成對聯合國權威的攻擊性侵犯」，「承認納米比亞人民反抗的合法性，反對南非當局在該領土的非法勢力」，並呼籲南非立即「從該領土撤出其政府」。

2.2.6.3. 面對普里托利亞拒絕善意談判或撤回，安全理事會在一九七〇年的一項決議（二七六號）中宣布，「聯合國決定終止西南非洲的託管權」，即「繼續盤據納米比亞的南非當局將視為非法」，因此，「南非政府在終止託管後，其代表納米比亞或和納米比亞有關的一切行為均屬非法和無效。」它還呼籲成立小組委員會，研究「鑑於南非公然拒絕從納米比亞撤出」，執行聯合國有關決議的「方法和手段」。幾個月後，小組委員會建議聯合國，尋求聲請國際法院的諮詢意見。

2.3. 南非未能進行善意談判：回到海牙

2.3.1. 根據小組委員會的建議，安全理事會（一九七〇年）通過了兩項補充決議。其中第（二八三號）決議，重申其承認「大會終止南非託管權的決定」，並「十分關切南非政府繼續公然拒絕遵守安全理事會的決定，要求……立即撤離」，並呼籲，「所有和南非保持外交或領事關係的國家發布正式聲明……表達……他們認定南非在納米比亞的存在是非法的」。隨後的決議（二八四號）將納米比亞問題提交給國際法院。

2.3.1.1. 為了替行動辯護，並對抗那些仍然對法院一九六六年的拒絕（見上文，2.1.8.2）感到不快的懷疑論者，安全理事會芬蘭代表強調，「國際法院的諮詢意見強調，南非已經喪失其對西南非洲的託管權，因為……南非的行為和國際法……相反。重要的是……揭露南非當局企圖向世人呈現合法性的虛假的一面，這將有助於……動員公眾輿論……特別是那些有能力主導南部非洲事件的國家」。65

2.3.1.2. 在安全理事會辯論期間，美國代表譴責「非法佔領當局冷酷無情的行為」。美國在另一次安全理事會會議上宣稱，雖然南非「已經披上了看似合法的外衣」——

其行為的法律依據是虛假的。這些行動不僅違反聯合國政治機關的行動，而且國際法院還明確表明了，南非對該領土的國際責任……它的權威……僅限於照顧居民福祉的義務。當然，在該領土實行種族隔離法，不僅不尊重、而且違反了這一義務。

在第三次干預中，美國譴責南非「不僅試圖兼併納米比亞，而且還試圖……擴大令人髮指的種族隔離政策……到該領土」。在第四次安全理事會會議上，美國強烈反對南非的「實質兼併政策」。這種邪惡作為，更因為在國際領土實行種族隔離的可惡做法，以及這種做法帶來的所有悲慘的人類後果，更加複雜化。儘管如此，美國反對國際制裁，據稱是因為他們「可能……證明無效……將遠遠不能改善納米比亞人的情況，只會製造出讓他們比現況更糟的風險」。[66]

2.3.2. 安全理事會要求國際法院就「南非在納米比亞（西南非洲）繼續存在狀態的法律後果」發表諮詢意見，儘管安全理事會已做出第二七六（一九七〇年）號決議。

2.3.3. 法院在一九七一年發布的意見[67]，（為了討論方便）可分成兩部分：大會終止託管權的決議和大會終止託管權的「能力」（權力）。[68]

2.3.3.1. 諮詢意見，首先敘述大會終止和宣布非法南非佔領的決定。它指出，「在二十年當中，大會……呼籲南非政府履行託管權賦予的義務」；大會於一九四六年通過了一系列決議，提醒南非履行其義務，並敦促其遵守這些決議；聯合國「毫無疑問、真誠地進行了談判」，但即使是由聯合國提出的妥協建議也「遭到南非拒絕」；並且「還有更多沒有結果的談判」。法院隨後得出結論：

> 事實上，實際談判的時間長短不能檢驗協議的可能性是否已經窮盡，但可能明顯可看出情況已經逐漸陷入僵局，並且其中一方堅決拒絕妥協。就納米比亞（西南非洲）而言，這一階段，顯然早在聯合國最後放棄達成協議之前就已經形成。即使如此，只要南非是託管國，尋求協議的管道就仍會為其開放。但隨著託管權的終止，這一階段也隨之結束。69

2.3.3.1.1. 在他的個別意見書中，迪拉德法官（**美國法官**）尖銳地指出，「如果競爭各方的核心假設無法協調，則談判將成為一種嘲弄。很明顯的，如果各方對這一進程所依據的基本基礎不一致，那麼任何談判進程都不會成功……因為談判基於……相互衝突的前提，最好充其量是空虛費時的典禮；而在最糟的情況下，則只是聾人的對話」。

2.3.3.1.1.1. 在這些言論之前的段落中，迪拉德斥責南非的談判態度並不誠實：「困境集中在國際聯盟解體後的談判進程上。雖然南非沒有義務服從託管制度或談判具體的託管協議，但作為聯合國會員國，它當然有義務進行善意談判……和聯合國商討可行的選項，不論是否為託管制度。」在相應的註腳中，迪拉德對同事法官的意見，即使聯合國會員國必須「善意地考慮」

大會決議，也不會產生「真正的法律義務」提出異議。「我不能同意這個結論。行使制度賦予的決定權和協商自由，不意味可以不受控制地自由行動，這等於在制度之外運作。」[70]

2.3.3.1.2. 葛羅斯（Gros）法官的不同意見書，雖然反對大會或安全理事會具有託管權的「撤銷權力」，但仍然同意南非有法律義務進行善意談判。相關段落值得長篇引用。因為反對派法官意外地支持多數人對善意的關鍵論點：

> 立場衝突可概括如下：聯合國的目的是達成託管協議的談判，而南非則不想將託管地轉變為託管制度。有必要確定，哪一方在爭議中濫用其在談判義務範圍內的法律地位……如果談判開始於善意，並且某一特定時刻發現無法就某些確切、客觀上有爭議的問題達成協議，那麼可能就有人爭論：一九五〇年的意見書，認為沒有義務將領土置於託管制度之下，阻擋此問題的進一步處理，因為託管國拒絕接受託管協議草案，這種情況可以被認為是合理的，原因是「任何一方都不能將條款強加於另一方。」（引自一九五〇年國際法院的諮詢意見；見上文，2.1.7.1）。但事實並非如此：締結託管協議的談判從未開始，南非負有極大的責任。在此受到破壞的法治是指善意談判的義務，主張聯合國應該接受南非提出的託管協議以外的任何其他協議的談判，並對一九五〇年的諮詢意見做出相反的解釋……南非試圖將修改和改變託管地談判目標的概念強加於聯合國，卻未能遵守一九五〇年意見中規定遵守

某一行為的義務；另一方面，聯合國在拒絕就任何其他目的進行談判，而不是締結託管協議時，絕不會濫用其法律地位，因為這確實是一九五〇年意見所承認的目標……聯合國注意到僵局，並要求南非履行其談判義務是合理的。南非對其自身權力的一貫解釋加強了這種觀點，無論是試圖收編領土的意圖——這和託管政權本質上不相容——或者，除了託管權之外其對其法定權限的爭論。一九五〇年，法院正式承認託管國的法律地位，使南非有權透過談判將託管地轉變為託管制度的條件。自一九五〇年以來，這一立場被用來阻礙這種轉變的原則。如果法院根據司法調查結果進行分析，可知：根據一九五〇年的意見規定，南非違反了透過談判改變託管的義務，並將對南非在託管領土內繼續存在產生法律後果。我認為，在這種情況下，有關的法律後果將建立在堅實的法律理由之上。[71]

但是，就葛羅斯否認聯合國可以撤銷授權而言，目前還不清楚他所考慮的「南非在託管領土內繼續存在的法律後果」。

2.3.3.2 在描述南非拒絕進行善意談判所造成的僵局之後，法院接下來審議了大會是否有權終止託管地，或者是否有越權行為（**超出其法定權力**）。最終法院裁定它屬於大會領域。

2.3.3.2.1. 作為通則，大會決議只是建議。

2.3.3.2.2. 但是，法院認為，國際聯盟和南非託管國的關係，包括條約（**契約**）成分。[72]條約協議中本有的特性是：如果一方嚴重違反其義務，另一方就有權終止該條款。因此，一旦聯盟的權力移交給大會，南非故意且堅持違反其託管權所承擔的義務，大會的權限就不限於建議，而是做出具有約束力的法律決定。

2.3.3.2.3. 總之，法院的結論是，「因為認定原則上僅賦予大會建議權，就禁止在特定情況其職權範圍內採取決定或有效意圖的決議，是不正確的。」[73]

2.3.3.2.4. 在他的個別意見書中，內爾沃（Nervo）法官擴大了大會的權限，超出了違反條約的範圍，以做出具有法律約束力的決定：

> 廣義來說，大會的角色，主要偏重在「建議性」；但並不意味著大會不能以契約關係的一方行事；也不意味著，對於屬於國際責任的領土而言，在大會和領土之間，沒有國家主權干預的情況下，大會也不應該像這樣行事……大會是聯合國的主管機關，在廣泛的事項中以後者的名義行事。在這種情況下，這正是聯合國本身正在採取的行動。但這尤其令人擔憂……託管事宜和非自治領土。
>
> 南非實際上在各方面兼併納米比亞領土……這種行為……是撤銷託管權的充分理由；在納米比亞實行種族隔離制度的種族歧視也是如此。將種族歧視作為官方政府政策則違反了國際社會的規範、規則或標準。[74]

2.3.3.3.《紐約時報》在國際法院發布《狀態的法律後果》之後的社論中，對「歷史性的十三比二判決」表示歡迎。該判決「清除了多年來掩蓋」納米比亞「地位的法律和政治迷霧」。[75]

2.3.4. 同年稍後，安全理事會接受法院的主要調查結果。[76]美國代表在安全理事會會議上表態美國支持「結論，宣布……南非有義務立即從納米比亞撤出其政府，從而結束佔領」，並且還指出，「美國的立場符合我們支持的原則，也就是以實際和和平手段實現自決和終止種族歧視」。[77]

2.4. 仍然需要考慮的是，納米比亞的先例，是否可以消除多年來籠罩以色列佔領巴勒斯坦領土的「法律和政治迷霧」？這就特別要關注「實現自決和結束種族歧視的手段」。

3.0 納米比亞和巴勒斯坦對照

3.1. 二〇〇二年，聯合國祕書長科菲・安南（Kofi Annan）向安全理事會轉達，以色列必須結束對西岸和加薩的「非法佔領」。[78]他的描述引發了以色列支持者的迅速反應。他們主張佔領是合法的，直到以色列「能夠談判成功的和平條約」。[79]

3.1.1. 祕書長的發言人在明顯的退縮態度下澄清：安南沒有指控以色列佔領，而是以色列違反其作為佔領國的各種義務。[80]

3.2. 記得迪拉德法官的明智忠告，認為類比「永遠要謹慎為之」。[81]仍認為，鑑於納米比亞的先例，以色列對巴勒斯坦領土的佔領目前是非法的，因為它一直拒絕在國際法的基礎上以善意結束佔領。

3.3. 重疊的歷史政治背景

3.3.1. 納米比亞和巴勒斯坦的問題都為同一個環境所塑造。兩者都起源於戰後的託管地制度，共同構成了那個時代的顯著遺跡，成為國際聯盟解體後倖存下來，而沒有轉成聯合國託管的唯一託管領土。

3.3.2. 大會主張有權管轄兩者的託管權，並於一九四七年通過了分治決議（一八一號），為以色列的建國鋪路，並在一九六七年戰爭之後，著手進行未完成的建立對等巴勒斯坦國的事業。就納米比亞案而言，大會之前拒絕南非的兼併要求，然後聲稱有權監督南非的管理，終止南非的託管權並宣布其佔領為非法，最後引導納米比亞獨立。

3.4. 重疊的法律背景

3.4.1. 納米比亞和巴勒斯坦具有相應的法律問題。

3.4.1.1. 如果透過託管地制度的角度來看待巴勒斯坦，那麼它的權利就可看成是託管權的延續。國際法院在其二〇〇四年隔離牆案的意見中，回顧託管地制度下巴勒斯坦問題的起源，以及因此落在國際社會上的「永久責任」（**引自大會決議**）。[82]

3.4.1.2. 如果認為，巴勒斯坦問題是在一九六七年之後重新出現，那麼巴勒斯坦的權利就來自其作為佔領下領土的地位。國際法院二〇〇四年的意見，審查了在「佔領巴勒斯坦領土」修建隔離牆的法律後果，其中提到了納米比亞的先例。[83]

3.4.2. 無論是託管地制度還是以佔領下的領土地位作為參照點，「神聖信託」和「非兼併」的原則，都同樣支配著納米比亞和巴勒斯坦的情況。

3.4.2.1. 國際法院多次強調「神聖信託」的雙重原則——即託管人口的福祉和發展至關重要——和「非兼併」——也就是說，託管國**沒有**獲得託管地的任何主權——構成了託管地制度的本質。[84]

3.4.2.1.1. 科羅馬、哈蘇奈（al-Khasawneh）、阿拉比（Elaraby）等三位法官，在隔離牆案各自提出的意見中，都確定了巴勒斯坦以前作為託管地位的「神聖信託」和「非兼併」的義務。[85]

3.4.2.2. 「神聖信託」和「非兼併」的原則，也被視為佔領領土的法律標誌。

3.4.2.2.1. 根據國際法，一段經典文本指出，「由另一國武裝部隊佔領的敵方領土構成⋯⋯一種神聖信託，必須以居民的⋯⋯利益⋯⋯來管理。」[86]在納米比亞案中，法院回顧，聯合國憲章確認了「神聖信託」的概念，並延伸到所有人民尚未實現全面自治的領土（第七十三條）。這一發展的另一個重要階段是，一九六〇年，「給予殖民地國家和人民獨立宣言」（大會第一五一四號決議）。其中包括「尚未實現獨立的所有民族和領土」。[87]這些先例，雖然為納米比亞的判例所援引，但對被佔領的巴勒斯坦領土也具有相似的效力。因為它受到「外國人的征服」（用一五一四號的語言），因此，屬於準殖民地的情況。

3.4.2.2.2. 專家還觀察到，「整部佔領法的基礎是『主權不可分割』的原則，透過實際或威脅使用武力……外國軍隊的有效控制本身永遠不會帶來有效的主權移交。」[88]科羅馬法官在隔離牆案的個別意見書中指出，「佔領的本質」（除此之外）「只是暫時的」。[89]

3.4.3. 除了「神聖信託」和「不兼併」的原則之外，納米比亞以及後來被佔領的巴勒斯坦領土的法律地位，也包括了不可廢除的自決權利。

3.4.3.1. 這項權利源自於作為前身的託管地，以及第二次世界大戰後去殖民化的規則，該規則批准了殖民地人民和受外國佔領的人民可以獨立的特權。

3.4.3.1.1. 一位知名的評論家幾十年前已經指出，「安全理事會已經開始將以色列佔領的領土視為殖民地。」而一位知名的當代評論家，將納米比亞和巴勒斯坦置於「非法（軍事）佔領」的同一標題之下。[90]

3.4.3.2. 國際法院在納米比亞案中指出，第二次世界大戰後的去殖民化進程「鮮有疑問（聯盟公約第二十二條），神聖信託的最終目標是有關人民的自決和獨立。在隔離牆案中，法院清楚分析了納米比亞先例的調查結果，「『巴勒斯坦民族』的存在不再是個議題」，而是巴勒斯坦民族的「合法權利，包括自決權」。[91]

3.5. 如果南非對納米比亞的佔領非法，那麼以色列對巴勒斯坦領土的佔領也是非法的嗎？

3.5.1. 儘管對迪拉德來說，必須謹慎對待類比。但從歷史、法律和政治的角度來看，很難想像，有什麼個案比納米比亞和巴勒斯坦更為接近：

一、兩者都來自歷史上託管地制度。

二、兩者均受「神聖信託」和「非兼併」的基本法律原則的約束。

三、兩者都屬於去殖民化和自決的整體政治和法律典範。[92]

3.5.2. 但以色列對巴勒斯坦的佔領是否達到了納米比亞的非法性門檻？

3.5.3. 大會終止了南非對納米比亞的託管權，並宣布其佔領非法的三大理由：違反國際義務、實施種族隔離以及未能善意談判。所以，也可草擬一份同樣有力的指控，反對以色列對巴勒斯坦領土的佔領。

3.5.3.1. 違反國際義務

3.5.3.1.1. 聯合國政治機關、主要人權組織和受尊敬的法律專家，一再譴責以色列在巴勒斯坦佔領領土上違反國際法，包括使用過度和不合比例的武力攻擊、故意鎖定平民和民用基礎設施、實施酷刑、建構屯墾區和進行集體懲罰。[93]其中許多違法行為構成戰爭罪和危害人類罪。

3.5.3.1.2. 這些譴責都累積在隔離牆案的意見書中。其中國際法院發現，「以色列在巴勒斯坦佔領領土（包括東耶路撒冷）的屯墾區已經違反國際法。」國際刑事法院羅馬規約定義，「佔領國直接或間接將其部分平民轉移到其佔領的領土」是戰爭罪。國際法院還在意見書中指出，「為隔離牆選擇的路線……嚴重阻礙了巴勒斯坦人民行使其自決權。因此，以色列違反尊重此一權利的義務。[94]人們普遍認為，自決權利是國際法的『強制性規範』，不可廢除。」[95]

3.5.3.2. 實行種族隔離

3.5.3.2.1. 許多擁抱權威法律、政治和道德人格者——其中包括許多以色列人——逐漸凝聚共識：以色列在巴勒斯坦被佔領土上建立了「種族隔離政權」。將以色列佔領背景類比成種族隔離的那些冗長的名單，包括前美國總統暨諾貝爾和平獎得主吉米．卡特（Jimmy Carter）；南非大主教暨諾貝爾和平獎得主德斯蒙德．屠圖（Desmond Tutu），以及傑出的南非法學家約翰．杜加德；前以色列副總理丹．梅利多（Dan Meridor，利庫德黨）、前以色列司法部長邁可・本—亞爾（Michael Ben-Yair）、前以色列教育部長蘇拉米特・阿羅尼（Shulamit Aloni）和尤希・薩里德（Yossi Sarid）、前耶路撒冷副市長梅隆・本韋尼斯蒂（Meron Benvenisti）、以色列前駐南非大使艾隆・里耶爾（Alon Liel）、資深以色列記者丹尼・魯賓斯坦（Danny Rubinstein）、以色列佔領區人權資訊中心（B'Tselem）、以色列民權協會和《國土報》編輯委員會。[96]在一位南非國際法專家在其專著中表示，「以色列在巴勒斯坦佔領領土上引入了種族隔離制度，違反了國際法的強制性規範。」發表知名的《歐洲國際法》雜誌的專文則表示，「在巴勒斯坦佔領領土上形成種族隔離制度」，「不僅讓人想起」，而且「在某些情況下還會比南非曾經存在的種族隔離……還要糟糕」。[97]

3.5.3.2.2. 種族隔離類比的參考點，通常是以色列在巴勒斯坦佔領領土內建立的雙重法律制度，該制度為猶太定居者提供特權。即使在沒有猶太人屯墾區的情況下，佔領本身也構成了對以色列本土的種族隔離政權。大約三十年前，知名的國際法專家亞當・羅伯斯推測，「以色列可能看到繼續佔領領土地位的優勢，因為這種安排為完全和以色列公民分開，對待阿拉伯居民提供了法律依據」。他繼續說，如果以色列「拒絕談判達成和平條約」的長期佔領，它將「為種族隔離鋪路」。[98]

3.5.3.2.3. 法學家理查・戈德史東在他惡名昭彰的放棄聲明和墮落之後[99]，將自己重新塑造為以色列的宣傳煽動家；他憑藉自己的地位與身份對種族隔離類比表示遺憾。理由是，以色列

「沒有意圖維持」此一政權。[100]但如果以色列堅持拒絕按照國際法終止佔領加薩；如果它佔領了半個世紀，將近自身國祚的大部分[101]；如果已經建立意圖使佔領不可逆轉的基礎設施——換句話說，以色列表明其意圖維持佔領，同時已經過了足夠的時間，以致羅伯斯預見到正在成形的種族隔離已成為全面的現實。[102]

3.5.3.3. 未能善意談判

3.5.3.3.1. 關於在國際法的基礎上解決以巴衝突；關於適用的一般法律原則和法治，例如兩國人民的自決權利。如何應用這些一般原則和規則，以具體裁定邊界、東耶路撒冷、屯墾區和（**雖然較不精確**）難民的「永久地位」？[103]在中東「和平進程」的過程中，巴勒斯坦談判者一直採用國際法作為解決衝突的框架，同時提出具體建議，保護巴勒斯坦人的法律權利；同時也考慮到政治上的權宜之計。[104]例如，土地交換將使大部分以色列定居者留在原地[105]；相反的，以色列不僅拒絕承認，為了解決衝突所提出對國際法的一致解釋，而且還拒絕以國際法本身作為談判的基準。[106]「我是司法部長，我是一名律師。」外交部長齊皮·利夫尼，在二〇〇七年的和平進程的關鍵回合中告訴她的巴勒斯坦對話者，「但我反對法律——特別是國際法。」[107]

3.5.3.3.3. 在納米比亞案中，聯合國宣布佔領非法，基於（**其中**）兩個相互關聯的理由：一、南非拒絕以「善意」——即根據聯合國決議和國際法院所界定的國際法——進行納米比亞最終獨立的談判。二、南非的談判姿態和如何解決衝突的共識意見完全不同——也就是說，普里托利亞決心兼併整個納米比亞或白人定居者佔據的主要地區。談判因此變成迪拉德法官描述的那個樣子「最好……是空虛費時的典禮，而在最糟的情況……是聾人的對話。」（見上文，2.3.3.1.1）[108]人們很難找到和以色列在「和平進程」中的違規表現接近的類比或先驅，或者修正迪拉德的用語來描述由此產生的外交僵局。

3.5.3.3.4. 國際法院在其裁決的其他案件中還強調了善意談判的關鍵作用。

3.5.3.3.4.1. 在《北海大陸棚事件》（*North Sea Continental Shelf*）上，法院在其判決中表示，「有義務進行談判以達成協議，而不僅僅是透過正式的談判進程……當事方有義務，在特定情況下並考慮到所有情況，以適用公平原則的方式採取行動。」[109]

3.5.3.3.4.2. 在《緬因灣地區海洋劃界案》（*Case Concerning Delimitation of the Maritime Boundary in the Gulf of Maine Area*）中，法院在其判決中指出，「為了達成協議而進行談判的義務，本著善意進行，真正意圖實現積極的結果。」[110]

3.5.3.3.4.3. 國際法院在《威脅或使用核武器的合法性》（*Legality of the Threat or Use of Nuclear Weapons*）的諮詢意見中強調，「善意」不僅包括談判的「行為」（過程），還包括「達成精確結果的義務」。[111]

3.5.3.3.5. 根據法院判例的範本，以色列間歇性地參與「和平進程」本身，並不表明它正在進行「善意」談判。為了透過法律審查，以色列也必須不得妨礙可見的進展，以實現法律規定的撤回義務。然而，以色列談判姿態的前提——不僅拒絕共通的適用國際法，甚至拒絕國際法本身——已經阻止並取代任何未來結束佔領的實際行動。

3.5.3.3.6.「善意」原則本質上是客觀的，因為它表現在明顯的行為或未能履行……「善意，原則在應用上基本是客觀的……善意關注國家行為的影響，而不是國家本身有何（主觀）意圖或動機」；「違反善意原則，可以藉由行為和未能履行來證明，這些行為和未能履行，不是讓完成具體的條約義務變成不可能的事，就是違背條約的目標和宗旨」。而且，「善意原則……必須適用於和條約規範具有同等地位的習慣規範……因此，各國有義務避免違反規則限定的行為，以及妨礙規則執行的任何其他行為」。[112]

3.5.3.3.6.1. 以色列正在進行的屯墾區事業，構成了關於惡意談判的案例研究。因為，這些實際上不斷增加的「客觀」事實，正在「摧毀談判的目標和宗旨」。這些條約[113]、規範[114]和國際法原則[115]，都要求以色列從巴勒斯坦佔領領土撤出。美國國務卿約翰·凱瑞（John Kerry），在關於以巴衝突的最後一次重要談話中指出，「以色列總理（**班傑明·納坦雅胡**）公開支持兩國解決方案，但他目前的聯盟是以色列歷史上最右翼的聯盟，其議程由最極端份子推動。」、「結果是，這個政府的政策——如同總理本人所說的『比以色列史上其他時期更加大力發展屯墾區』——也就是說，正朝著相反的、單一國家的方向發展。」[116]

3.6. 大會是否有資格宣布以色列的佔領是非法的？

3.6.1. 以色列違反在巴勒斯坦佔領領土上的國際義務，在當地實行種族隔離政權，未能以善意談判結束佔領。因此，它作為對巴勒斯坦的佔領國，違反了「神聖信託」和「不兼併」的原始責任，並剝奪了巴勒斯坦人民不可廢除的自決權。

3.6.2. 如果從納米比亞的角度來看，以色列的佔領已屬非法。但大會是否有權在以色列佔領的情況下做出這樣的決定？

3.6.3. 大會有權就以色列對巴勒斯坦領土的佔領，以及巴勒斯坦人民自決權的現狀和輪廓進行辯論和通過決議，這種能力來自一般和特有的三個來源：

一、聯合國憲章第十條規定：大會「可以討論屬於聯合國職權範圍的任何問題或任何事項」，並「可以就問題或事項，向聯合國會員國或安全理事會、又或兩者提出建議」。

二、大會是國際聯盟對託管地制度行使監督權的繼承者，其中有巴勒斯坦問題構成未完成的事務。國際法院在隔離牆案的意見書中，將巴勒斯坦人民的自決權置於《聯盟公約中》（《國際聯盟公約》第二十二條第一款所提到的『神聖信託』的最終目標是『有關民族……的自決權』。[117]因此，「監督巴勒斯坦尋求獨立」在大會的權限範圍內）。

三、第二次世界大戰後，大會主導、制定展開去殖民化／自決進程的原則和規則，並發揮重要的行政作用。其中包括結束「人民遭受外來征服」。[118]法院在隔離牆案的意見中，特別回顧了聯合國對巴勒斯坦問題的「責任」，「表現在許多安全理事會和大會決議，以及為協助實現巴勒斯坦人民不可剝奪的權利而設立的若干附屬機構上」。[119]

3.6.4. 仍然需要問的是，大會決議通常是建議（**大會不是立法機構**）[120]，在這種情況下，是否對所有會員國都具有法律約束力？

3.6.4.1. 在納米比亞案中，原則認為，國際聯盟對南非任務的監督權具有「條約」面向。撤銷權屬於條約，因此，繼承了聯盟監督職責的大會可以做出具有約束力的法律決定。在南非，即因違反其條款後終止其託管權。

3.6.4.2. 這種曲折的推理當時已經測試了合理性的極限。[121]而回顧意圖捍衛大會在納米比亞案中的能力的作者，則發展了其他論證。[122]

3.6.4.3. 在巴勒斯坦的情況下，這樣的理由將構成一種說服力更加薄弱的法律設計。尤其是因為，以色列從未像南非追溯到國聯一樣與大會達成條約義務。[123]

3.6.5. 但是，大會決議終止和宣布以色列非法佔領具有法律約束力的性質，可以牢固地建立在不同的基礎之上。

3.6.6. 內爾沃法官在納米比亞案的另一項意見中辯稱：大會具有法律約束力的權限，不限於「在其作為合約關係的締約方的情況下」，而且更普遍「關於對領土的國際責任，在大會和領土之間，沒有任何國家主權干預的情況下」。他繼續指出，南非「實際上在各方面」對納米比亞的兼併，及其透過「種族隔離制度」強制執行「種族歧視」政策是「撤銷託管的充分理由」（見上文，2.3.3.2.4）。而不論是個別或是一併審視這些理論基礎，大會皆有權終止以色列對巴勒斯坦領土的佔領。

3.6.7. 大會終止以色列佔領具有法律約束力的能力，也隱含或內在於大會在去殖民化／自決進程中所發揮的監督職能，而巴勒斯坦正是在該進程中作為「外國征服」下構成其領土組成部分。如果大會缺乏這種法律能力，它就無法有效達到保護擁有權利，但尚未行使自決權的人民，其權利的角色應有的作用。一個具有監督職能的機關卻喪失制裁權力，不是很矛盾嗎？

3.6.7.1. 國際法院對納米比亞案的一系列意見的累積效應，支持以下這些爭論：

一、在《西南非洲國際地位》中，法院認定，保護託管地人民的權利「需要」一個監督機關，而且大會此後成為實現這種原本由聯盟理事會執行的「監督必要性」的適當機構。[124]

二、在《請願者申訴的可採納性》方面，法院指出，大會監督職能的「最高目的」是「維護文明的神聖信託」。[125]

三、在《西南非洲案》（第一階段，初步反對意見）中，法院認為，「國際監督」構成「託管的本質」。[126]

四、在對《狀態的法律後果》中，法院認定，大會終止託管的能力來自其監督權力，否則，面對南非嚴重違反其責任的情況，大會將無能為力。「基於聯合國缺乏提出所謂的『司法判決』的能力，否認聯合國的政治機關，在某方面來說是聯盟的繼承者（**意即監督角色**），有權採取行動。這不僅不一致，而且相當於完全否認，可以對付根本違反國際承諾行為的補救措施」。[127]

3.6.7.2. 這些法院意見的結果是：一、保護尚未自治的人民的權利，需要一個監督機構。二、大會是維護這種「神聖信託」的主管機關。三、如果沒有撤銷權，大會就無法有效履行其關鍵的監督職責。四、大會撤銷的權力必定屬於授予它的監督職能。

3.6.7.3. 德卡斯楚法官在納米比亞案的另一份意見書中，強而有力地闡述了連接這一連串論點的內部邏輯。他闡明了像是「信託」這個「法律概念」：

> 基本上，考慮保護不能治理自己的人（在這種情況下，**民族**），必定的後果是對受託監護的人進行監督。「監護人的監督」，在嚴重失職的情況（fides fracta）將失去或沒收其監護權……不需要提到撤銷（在託管權）……這種（信託）概念的基本性質，明顯暗示了終止託管的可能性……在這種情況下，無法撤銷的託管就不是託管，而是領土割讓或變相的兼併。
>
> 很難相信，一方面，託管系統的運作竟要包括一個永久委員會以控制託管國政府；另一方面，託管國得自行以適合的方式行事；即使和託管性質背道而馳，也應該擁有領土而沒

有任何義務……公然違反義務的託管國，若提出任何否認終止託管可能性的解釋，將會使第二十二條變成徒具虛文（flatus vocis），或者賦予兼併託管領土一點合法色彩的「可恨嘲弄」。[128]

3.6.7.3.1. 內爾沃法官在納米比亞案的另一項意見書，也從授予大會職能中推導出大會的法律能力：

> 根據相關國際文件，大會在納米比亞事務中扮演若干角色。在這種情況下採取的行動（即終止託管），不論分別或共同，都可在其中找到根據。大會採取行動：以西南非洲託管地的監督機構的身份行事。作為國際社會上唯一負責確保對納米比亞人民和領土，承擔的義務和神聖信託得到履行的機關；作為主要關注非自治和信託領土的機關。[129]

3.6.8. 大會終止和宣布以色列佔領為非法：一方面，源自於其作為聯合國指定的執行監督職能的機關所在地；另一方面，也是其功能所固有的制裁特權。在沒有撤銷權力的情況下，大會無法對去殖民化／自決進程進行實質性監測。巴勒斯坦是一個不可分割的組成部分，無論是作為前託管地還是作為「外國征服」下的自決單位。[130]

3.6.9. 一種不可信的反駁是，終止託管的必要權力確實存在，但在於安全理事會而非大會。一方面，沒有設想監督職能的這種分工；另一方面，如果大會缺乏這種能力，那麼安全理事會也會是如此。[131]除非聯合國憲章明確賦予其終止權，否則大會就算越權——這個說法是不成立的。在《北喀麥隆案》中，國際法院認為，大會有權終止託管，但並未將這種權限明確寫入聯合國憲章「託管」章節中；相反的，法院將之作為大會在去殖民化／自決進程中，執行監督職能的基礎。[132]

3.6.10. 鑑於其過去的聲明，以色列無力抗議大會具有終止佔領法律的約束力。當大會在一九四七年就分治決議（一八一號）進行辯論時，代表新生猶太國家的政治機構認為，對於一個沒有「涉及聯合國會員國的國家主權」的領土而言，「只有大會」才有權決定該領土的未來，因此，其決定具有約束力。在成立之後，以色列將分治決議描述為「對巴勒斯坦未來政府問題唯一具有國際意義的裁決」。在安全理事會的辯論中，以色列代表阿巴·伊班，在分治決議中吹噓：以色列「在未經證實的美德世界中擁有唯一的國際出生證明」，並稱這個「司法地位……是出於大會的行動」。[133]

3.6.11. 在頒發以色列「出生證明」的同一法律基礎上，大會有權同時頒發以色列佔領死亡證書和巴勒斯坦出生證明。在納米比亞案的另一份意見書中，迪拉德法官注意到：大會「行使」終止「這種權力的先例」，並特別指出，「大會就巴勒斯坦託管採取的行動」。[134]

3.7. 如果大會要求（**根據聯合國憲章第九十六條**）國際法院的諮詢意見回答以下問題：即佔領國未能就國際法的基礎結束佔領，進行善意談判的法律後果是什麼？答案是：可以加強宣布以色列佔領非法決議的效力。

3.7.1. 這個問題是以一般非專業用語所寫，與一九九六年向法院提出的問題類似，「在何種情況下，國際法將允許藉以威脅或使用核武器」？如果大會要求法院，專門就以色列未能在國際法基礎上進行善意談判來結束佔領的法律後果來發表意見，那就可望觸及「司法適當性」的問題——如果法院做得到，換句話說，如果碰上「規避國家沒有義務允許將爭議未經其同意提交司法解決的原則」，那麼法院就不該發布諮詢意見。[135]謹慎的做法是：避免這種風險。即使法院可能因為缺少涉案方同意而一度拒絕裁決案件[136]；即使已經有令人信服的理由，支持法院就以色列問題發布意見。[137]

3.7.2 如果法院接受提交的問題，且以色列再次採取在隔離牆案件中的初步反對——意即法院的意見「可能將阻礙以政治、談判手段解決以巴衝突」[138]——這一反對意見幾乎肯定不會受到影響，尤其是因為提出問題的前提正是缺乏真正的談判。

3.8. 可能仍然有疑問。如果大會的行動只能交由安全理事會決議來執行，而且在現在即可預見的未來都躲不過美國的否決，國際法院的諮詢意見也完全無法執行，那麼大會通過宣布以色列的佔領非法，甚至加上國際法院的補充意見的決議將會有什麼用處？[139]

3.8.1. 在爭取公眾輿論的鬥爭中，法院意見結合大會決議，將成為一雙強大的武器。他們將扮演同樣的角色，但具有更大的說服力。正如同分治決議（一八一號）在猶太復國主義者的合法性，和建國鬥爭中所起的作用。[140]

3.8.2. 米奇拉．帕梅朗斯（Michla Pomerance）在納米比亞辯論的背景下指出，「軍事和政治爭端，特別是在當今世界，衝突的重要組成從未缺少合法性的面向」。[141]大會決議和國際法院的諮詢意見相結合，將是使以色列佔領非法化的重要一步。

3.8.3. 芬蘭代表勸告疲憊的聯合國，為了支持其納米比亞決議，向國際法院要求諮詢意見。他的說法極具說服力，他將「揭露南非當局，企圖向世界展示的合法性的錯誤方向」，從而有助於「動員公眾輿論……特別是那些有能力主導南部非洲事件的國家」（**見上文，2.3.1.1**）。

3.8.4. 為了強調諮詢意見的有益影響，威拉曼特里（Weeramantry）法官在其關於《威脅或使用核武器的合法性》的權威個別意見中，重申納米比亞案：法院對種族隔離政權非法性的決定，幾乎沒有讓違規政府遵守規定，但卻助長了摧毀種族隔離結構的輿論氣氛……當法律明確時，有更大的機會得到遵從。[142]事實上，聯合國政治和司法機構，在一九七〇年代初期的聯合行動，對納米比亞的自決鬥爭幾乎沒有直接影響。直到大約二十年後，納米比亞人大量死亡和長期談判之後才建國成功。但是，若結論是大會和法院的共同努力其實無關緊要，會不會有違常理？[143]

3.8.5. 法學家詹姆士・克勞佛，在《威脅或使用核武器的合法性》中，代表受核試驗破壞的幾個南太平洋國家，同樣指出國際法在實現人道結果上可以做出的貢獻：

> 沒有人天真到……認為國際法是面對威脅或使用核武器所帶來危險的主權解毒劑。但是國際法也不僅僅是一個清潔婦或女傭，在活動結束，所有參與者都回家了，才出來清理場面。它可以成為問題解決方的一部分，但也只能是一部分。如果要在它和我們都還健在的時刻解決這個問題，那麼法院宣布，在所有可能的情況下，使用或威脅使用核武器都是非法的，這將有助於解決我們最大的現代問題之一。[144]

另一個我們最大的現代問題之一是，國際法能夠成為解決方的一部分嗎？如果要在巴勒斯坦仍然健在，且尚未從世界地圖上消失之前解決這個問題，難道現在不正是國際社會採取行動的時候嗎？

4.0. 結語

4.1. 認識到承認巴勒斯坦國的時機尚不成熟。同一個詹姆士·克勞佛曾經觀察過一段時間，「關鍵是，對於已確定和可接受的目標，進行談判的過程仍然並不穩定。」他將其視為重大挑戰，「改變現狀、創造有利條件，讓有關各方接受全面解決方案——這是個似乎和以往一樣，任重而道遠」。[145]

4.2. 但是，假如「談判過程」只是一個過程，如果沒有就「目的」達成協議；如果「所有各方都接受的全面解決方案」不僅僅是「遠程」，而是無法實現——以迪拉德法官的話來說——「各方對這一進程所依據的根本從基礎就相互矛盾」，而且，如果這種持久的僵局完全來自佔領國對國際法的全面否定，那又該如何？

4.3. 碰巧克勞佛確實解決了——儘管有些含糊其辭。他認為，「一個國家，不能依靠自己的不法行為來避免其國際義務的後果。」[146]這不是對「和平進程」的精確描述嗎？以色列拒絕在國際法的基礎上進行善意談判、結束佔領，逃避自己的雙重義務：從巴勒斯坦佔領領土撤出的，以及——從法律和道德的角度來看，最重要的是——允許巴勒斯坦人民，在飽受長時間痛苦之後行使自決權利。[147]

4.4. 現在是結束所謂的「和平進程」的時候了；事實上，這是一個逃避兼併吞的過程。傑蘇普法官在納米比亞的案例中說：「國家，並不是永遠如古老格言所說：『如果一開始你沒有成功，那就嘗試，再嘗試。』」——（見上文，2.2.4.3）真相再次降臨在聯合國，以便——用烏拉圭代表的話——「結束法律和傲慢之間的鬥爭」（見上文，2.2.5.3）。

4.5. 大會能夠而且必須最終拍板宣布，以色列的佔領，不僅是這個或其中一部分，而是其本質和整體的非法。以色列的完全撤離，將不再受到永無休止的談判進程的挾持。其顯而易見的目的，經過幾十年的嘗試和再次嘗試，再也不能被懷疑（除了那些故意盲目的人）——其目的是使佔領不可逆轉，並將巴勒斯坦人民徹底遺忘。

／注釋／

1 Adam Roberts, "What Is a Military Occupation?" (1985), pp. 293–94, bybil.oxfordjournals.org/content/55/1/249.full.pdf.

2 Antonio Cassese, *Self-Determination of Peoples: A legal reappraisal* (Cambridge: 1995), pp. 55, 90–99, 335.

3 感謝約翰・奎格利（John Quigley）教授的協助。

4 Allan Gerson, *Israel, the West Bank and International Law* (London: 1978), pp. 75–76.

5 Norman G. Finkelstein, *Knowing Too Much: Why the American Jewish romance with Israel is coming to an end* (New York: 2012), pp. 170–75, 205–8. 以色列在國際法的頂尖權威尤蘭・丁斯坦始終認為，以色列的首次攻擊是合法的。但他同時也堅持，國際法允許在「自衛」中使用武力，只是為了應付「武裝攻擊」；或者在他的各種表述中——「武裝攻擊即將發生」，「（根據當時已獲證實情報）受害國發現，在另一方以顯不可逆的方式投入正在發動的攻擊」。為了使以色列在一九六七年的訴諸武力符合他提出的嚴格標準，丁斯坦主張，「以色列的戰役相當於一種攔截式的自衛，以應付埃及的初期武裝攻擊……埃及似乎一心想發動武裝攻擊，唯一的問題不是戰爭是否會發生，而是何時發生。」然而，支持丁斯坦這一關鍵論點的唯一證據則是他四十年前發表的一篇文章。他故意忽視那些顯示埃及沒有準備好進攻，而且以色列領導人不相信攻擊即將來臨的大量資料。順便說一句，如果除了武裝攻擊外，唯一允許訴諸武力進行自衛的情況是攻擊的「急迫性」。難道埃及「何時」計劃攻擊的「唯一問題」不重要嗎？關於法學界對一九六七年戰爭的扭曲，請參閱 Yoram Dinstein, *War, Aggression and Self-Defence,* fourth edition (Cambridge: 2005), pp. 182–92. For misrepresentations of the 1967 war in legal scholarship, see especially John Quigley, *The Six-Day War and Israeli Self-Defense: Questioning the legal basis for preventive war* (Cambridge: 2013).

6 Finkelstein, *Knowing Too Much,* pp. 209–16.

7 Meir Shamgar, "Legal Concepts and Problems of the Israeli Military Government— The initial stage," in Meir Shamgar, ed. , *Military Government in the Territories Administered by Israel 1967–1980: The legal aspects,* vol. 1 (Jerusalem: 1982), p. 43 (see also p. 46).

8 Norman G. Finkelstein, *Image and Reality of the Israel-Palestine Conflict,* expanded second paperback edition (New York: 2003), pp. 150–71.

9 *United Nations Security Council Official Records,* S/PV.1735 (26 July 1973), paras. 46–47; hereafter: *UNSCOR.*

10 Security Council draft res. S/10974, reproduced in M. Cherif Bassiouni, ed. , *Documents of the Arab-Israeli Conflict: Emergence of conflict in Palestine and the Arab-Israeli wars and peace process,* vol. 1 (Ardsley, NY: 2005), pp. 631–32.

11 *UNSCOR,* S/PV.1735 (26 July 1973), para. 86.

12 Ibid., para. 129.

13 Abba Eban, *Personal Witness: Israel through my eyes* (New York: 1992), p. 541; William B. Quandt, *Peace Process: American diplomacy and the Arab-Israeli conflict since 1967* (Berkeley: 1993), p. 152.

14 Leiden: 2009.

15 Cambridge: 2009, p. 2, para. 5.

16 *Berkeley Journal of International Law* (2005). See also Aeyal Gross, "A Temporary Place of Permanence," *Haaretz* (27 October 2015).

17 United Nations Security Council (UNSC) resolution 446 (22 March 1979); UNSC resolution 478 (20 August 1980).

18 United Nations General Assembly resolution ES 10/14 (8 December 2003).

19 *Legal Consequences of the Construction of a Wall in the Occupied Palestinian Territory,* Advisory Opinion, I.C.J. Reports (2004), p. 184, para. 121,

emphases added.

20 Judge Koroma, Separate Opinion, ibid., p. 204, para. 2.

21 James Crawford SC, "Third Party Obligations with Respect to Israeli Settlements in the Occupied Palestinian Territories" (July 2012); 文件來自作者的收藏。

22 HCJ 7957/04, *Zaharan Yunis Muhammad Mara'abe v. The Prime Minister of Israel* (15 September 2005), para. 100.

23 *UNSCOR,* S/PV.4841 (14 October 2003), p. 10.

24 B'Tselem (Israeli Information Center for Human R ights in the Occupied Territories), *Arrested Development: The long term impact of Israel's separation barrier in the West Bank* (October 2012), pp. 5, 75.

25 Eyal Benvenisti, *The International Law of Occupation* (Princeton: 1993), pp. 145–46, 214–16.

26 John Dugard, ed. , *The South West Africa/Namibia Dispute: Documents and scholarly writings on the controversy between South Africa and the United Nations* (Berkeley: 1973), p. xi.

27 Judge Nervo, Dissenting Opinion, *South West Africa Cases (Ethiopia v. South Africa; Liberia v. South Africa)*, Second Phase, Judgment, I.C.J. Reports (1966), p. 452.

28 蘇聯也是二戰後國際社會去殖民和民族自決的一大動力。關於威爾遜和列寧的關係，請參閱 Erez Manela, *The Wilsonian Moment: Self-determination and the international origins of anticolonial nationalism*(Oxford: 2007), p. 41. 除了搶先布爾什維克一步之外，威爾遜還強調了自決原則，以阻止日本取得太平洋戰略島嶼。

29 *Legal Consequences for States,* I.C.J. Reports (1971), p. 33, para. 56.

30 根據「聯合國憲章」第十二章至第十三章設立的託管制度，和託管地制度基本上具有相同的目標，都是支持領土準備自治。

31 Solomon Slonim, *South West Africa and the United Nations: An international mandate in dispute* (Baltimore: 1973), pp. 75–109. 一九五〇年代初，南非實際上兼併了納米比亞。五〇年代後期，南非提議分治，並兼併西南非洲部分領土，卻遭到聯合國絕大多數成員的反對（少數幾個國家，特別是美國和英國，最初支持南非的行動）。在大會後來的辯論中，加納代表如此摘要南非的目標：

非洲原住民人口將被連根拔起，以構成十二個人為的領土和種族群體或「家園」。他們將分別發展，每個群體根據自己種族的稟賦和資源。非洲西南部的大部分可居住土地及其所有鑽石礦和其他大部分礦產，將成為白人定居者——布爾人、德國人和英國人後裔的專屬囊中物。藉由巧妙的區域劃分，定居者家園的分界線被精心地圍繞著礦藏、海港、交通和通訊設施，以及城市地區。

美國代表將南非的計劃描述為「顯然意圖根據種族隔離原則劃分領土」；將「超過一半的領土，包括中心地帶的農場、礦場和城鎮分配給十六%的白人，剩下不太理想和破碎的單位，遠離海邊、沒有獨立經濟發展希望的地區，則分配給大多數非白人」；並作為「否定民族自決，永保白人至上」的手段。*General Assembly Official Records* (hereafter: *GAOR*), A/PV.1635 (16 December 1967), para. 72; *GAOR,* A/PV.1658 (20 May 1968), para. 57; *GAOR,* A/PV.1737 (10 December 1968), para. 118.

32 *International Status of South-West Africa,* Advisory Opinion, I.C.J. Reports (1950), pp. 133–45. Judge Álvarez, Dissenting Opinion, ibid., p. 184. Judge de Visscher, Dissenting Opinion, ibid., p. 188. Judge Krylov, Dissenting Opinion, ibid., p. 191.

33 *South-West Africa—Voting Procedure,* Advisory Opinion, I.C.J. Reports (1955), pp. 67–78. 這個案例最值得記上一筆的是勞特派特（Lauterpacht）法

官，對大會決議的法律地位（即使難以捉摸）優雅的個別意見書。(ibid., pp. 118–20).

34 *Admissibility of Hearings of Petitioners by the Committee on South West Africa,* Advisory Opinion, I.C.J. Reports (1956), pp. 26–32.

35 根據聯合國憲章第九十四條，「聯合國各會員國，不論是案件的哪一方，承諾遵守國際法院在案件中的決定」，並且，「如果案件任何一方未能履行法院判決所承擔的義務，另一方可以訴諸安全理事會。如果認為有必要，安全理事會可以建議或決定採取何種措施落實判決」。

36 *South West Africa Cases (Ethiopia v. South Africa; Liberia v. South Africa),* First Phase, Preliminary Objections, I.C.J. Reports (1962).

37 *South West Africa Cases,* Second Phase, Judgment, I.C.J. Reports (1966).

38 Between 1962 and 1966, the composition of the Court had changed, shifting its ideological balance to the right.

39 Dugard, *South West Africa/Namibia,* p. 292.

40 *South West Africa Cases,* Second Phase, Judgment, I.C.J. Reports (1966), p. 51. 雖然斯隆寧在一九六六的判決書中同意法庭多數派的裁決，但他承認，「儘管法院否認，但很明顯，一九六六年的決定，如果不是嚴格形式上的，就代表了一九六二年判決的逆轉。」(*South West Africa,* p. 284). 他在法院立場的大轉彎辯護，理由是在曠日費時的訴訟中，南非在納米比亞的種族隔離政策——「整個訴訟程序的『心臟』」(ibid., p. 224) ——顯然是「非司法裁決事項」，即不受司法監督 (pp. 297–98)。因此，法院不得不駁回申請人關於南非違反託管地條款的意見。論點涉及幾個方面：1.法院本身並未在一九六六年的判決中做出這樣的決定，而是藉由在委員會的裁決（爭端解決）條款中，所謂的「技術區別」。2.雖然斯隆寧有說服力地辯稱，申請人的律師提出糟糕的案件——特別是，它提出譴責南非的「標準」或「規範」是站不住腳的——似乎斯隆寧本人也隱約承認 (ibid., pp. 300–301, 305–6)：合格的律師可以在法院，即可能會在有利於申請人的基礎上提出可信的案件。3.在一九七一年的意見中，法院確實發現，基本上仰賴律師在一九六六年為申請人提出的理論，南非在納米比亞的種族隔離政策也「公然違反」聯合國憲章的「宗旨和原則」。*Legal Consequences for States,* I.C.J. Reports (1971), p. 57, paras. 129–31. 法院是否正確決定並非重點，事實上是，它沒有發現種族隔離政策本身就是非司法裁決事項。But see also Slonim, *South West Africa,* p. 338n132.

41 Judge Forster, Dissenting Opinion, *South West Africa Cases,* Second Phase, Judgment, I.C.J. Reports (1966), p. 482.

42 託管國可能從未真正承諾過非兼併條款，默認南非最終將西南非洲納入其中，但託管授權書也同樣禁止這種兼併。請參閱 Susan Pedersen, *The Guardians: The League of Nations and the crisis of empire* (Oxford: 2015).

43 在初步階段，傑蘇普法官提交一份長達五十頁的協同意見書，法官費茲墨利斯（和澳洲的史班德〔Spender〕法官一起）提交了一份長達一百頁的不同意見書。而在實體審查階段，顯然由費茲墨利斯撰寫（他的文風特殊）的主要意見，長達五十頁；而傑蘇普則有一百頁的不同意見書。

44 Judge de Castro, Separate Opinion, *Legal Consequences for States,* I.C.J. Reports (1971), p. 211.

45 訴訟的實體階段進行了三年，兩階段共花了五年，書面和口頭辯論累積紀錄將近七千頁。從法律觀點來說，國際法院決定不去衡量南非案的實體問題的真正悲劇在於，它錯過了獨特的機會以法律術語描述，究竟是什麼使得種族隔離制度受到譴責？事實上，初步看來，南非確實提出可靠的辯護理由：種族隔離（特別是其在獨立居地中完成的「分離發展」形式）只構成了對文化上不同部落實行自決原則。而困擾著非洲大陸的部落衝突，證明了在同邊界內包括異質群體的愚蠢。南非的訴訟爭論點只能以耐心和精細的鑑識分析，而非簡單的公式，更非強而有力的口號。國際法院在納米比亞案企圖將「種族隔離」定義為「邪惡」（特別參閱田中法官一九六六年的不同意見書，也參閱《狀態的法律後果》），雖然值得讚許，但並未造成司法的挑戰。費茲墨利斯法官在一九七一年的不同意見書，嚴厲批評法院未經公開辯論，就將種族隔離視為「顯然不利於託管領土居民的福利」。儘管如此，還是得說，費茲墨利斯這番近乎震怒的譴責，是由於他自己在一九六六年，阻擋法院對種族隔離進行分析中扮演了關鍵角色。 Judge Tanaka, Dissenting Opinion, *South West Africa Cases*, Second Phase, Judgment, I.C.J. Reports (1966), pp. 310–13; *Legal Consequences for States,* I.C.J. Reports (1971), p. 57, paras. 129–31; Judge Fitzmaurice, Dissenting Opinion, ibid., pp. 222–23.

46 Judge Álvarez, Dissenting Opinion, *International Status of South-West Africa,* Advisory Opinion, I.C.J. Reports (1950), pp. 183–85.

47 Judge de Visscher, Dissenting Opinion, ibid., p. 188.

48 Judge Bustamante, Separate Opinion, *South West Africa Cases*, First Phase, Preliminary Objections, I.C.J. Reports (1962), pp. 385–86.

49 Judge Jessup, Separate Opinion, ibid., p. 435.

50 *GAOR,* A/PV.1451 (26 October 1966), para. 21.

51 Slonim, *South West Africa,* p.181 也參閱 p. 134:「很明顯，任何談判成功的必要先決條件——即就談判目的達成協議——完全不存在」。

52 *GAOR,* A/PV.1414 (23 September 1966), para. 30.

53 *GAOR,* A/PV.1453 (27 October 1966), para. 40.

54 *GAOR,* A/PV.1448 (19 October 1966), paras. 126, 142. 在隨後的大會會議上，長於表達的烏拉圭代表勸告：

> 所以讓我們開始工作、開始面對困難吧！南非堅持反對聯合國的反叛態度令人遺憾，但這不能使我們的行動陷入癱瘓。警告的時刻已經過去了。在過去的二十二年裡，在聯合國如何雄辯滔滔都沒有效果——如同曠野中的呼喊（vox clamantis in deserto）。南非人對我們的警告充耳不聞。也許西班牙大劇作家貝納文特（Benavente）筆下角色的話是對的。他說：「我不相信布道有任何效果。就像是危險彎道上的路標，對小心的駕駛是沒有用處的；對決心撞上的人更沒有用處。」（GAOR, A/PV. 1515 [5 May 1967], para. 96）

55 *GAOR,* A/PV.1448 (19 October 1966), paras. 41–43. 到頭來，在南非進行大量投資的英國最終反對（通常是棄權），聯合國決議譴責它。

56 除巴勒斯坦外（可爭議），目前不存在任何託管地或託管制度下的領土。

57 *GAOR,* A/PV.1439 (12 October 1966), paras. 98, 101.

58 *GAOR,* A/PV.1515 (5 May 1967).

59 *GAOR,* A/PV.1662 (24 May 1968), para. 17（以色列代表援引伊班在大會的演講）。

60 *GAOR,* A/PV.1439 (12 October 1966), para. 73; A/PV.1453 (27 October 1966), para. 5.

61 *GAOR,* A/PV.1737 (10 December 1968), para. 122.

62 *GAOR,* A/PV.1632 (14 December 1967), para. 4.

63 *GAOR,* A/PV.1632 (14 December 1967), paras. 12–13.

64 *GAOR,* A/PV.1449 (19 October 1966), paras. 19, 22. 在本案中，代表所指的「遊說」，包括美國在「南非經濟中的商業利益」。在隨後的大會辯論中，美國堅持強調「對話」和「外交」的優點。儘管也聲稱，「沒有因此暗示或以任何方式容忍無限期延遲。」 *GAOR,* A/PV.1505 (26 April 1967), paras. 24–25.

65 *UNSCOR,* S/PV.1550 (29 July 1970), para. 41.

66 *UNSCOR,* S/PV.1391 (16 February 1968), para. 67; *UNSCOR,* S/PV.1465 (20 March 1969), paras. 10, 15; *UNSCOR,* S/PV.1496 (11 August

1969), paras. 20, 24–26.

67 在一九六六年到一九七一年的判決期間，法院的組成發生變化，在意識形態上逐漸傾向相反的、進步的一方。在一九六六年的慘敗之後，法院也面臨著巨大的國際壓力。費茲墨利斯法官提交一份長達一百頁的不同意見書，他幾乎抨擊了自一九五〇年納米比亞案開始起法院的所有判例。到目前為止，他的作為實質上已經脫下他的法袍，扮演南非的首席律師角色。在一九六六年判決時，傑蘇普法官就在他的不同意見書中指出，法院（在費茲墨利斯的知識管理下）做出決定，法院缺乏管轄權，即使是南非本身「也未提出這種理論」。Judge Jessup, Dissenting Opinion, *South West Africa Cases*, Second Phase, Judgment, I.C.J. Reports (1966), p. 328, (but see also Slonim, *South West Africa*, pp. 219n15, 291–92). 如果律師的天職是證明（或假裝）這些字，並不意味著他們重視直接含義，那麼費茲墨利斯可說是這一行的頂尖老手。他甚至在一九七一年否認了他在一九六六年提出論述的直接含義。(Dugard, *South West Africa/ Namibia*, pp. 486–87). 他在一九七一年不同意見書的大意是：任何聯合國政治機構，包括大會，甚至安全理事會，都無法對南非統治納米比亞有合法的意見。雖然南非不能合法地兼併納米比亞，如果它開始此一進程，聯合國也不能撤銷託管，「除非且直到」這項制裁以「合法手段」實施。但從最後一點來看，如果費茲墨利斯除了一九六六年否決法院管轄權之外，對納米比亞案中的整個法院判例提出異議，那麼他在一九七一年的不同意見書中表示，南非可以隨心所欲，這是衡量偏見程度的指標。費茲墨利斯指責大會：1.對南非「天生沒有同情心」，而他本人對大會、對納米比亞的態度則保持沉默，而這正是託管地制度的主要職責（「神聖的委託」）所在。2.藉由促進納米比亞的獨立來促成和南非的「永久緊張狀態」，而他甚至沒有提到南非非法兼併納米比亞的企圖所引起的「緊張局勢」，而是不論哪一方引起的緊張局勢是否同樣有罪。費茲墨利斯不同意見書的結果是，他將南非而非納米比亞視為「神聖信託」，並將保護主權當作司法關注的至高對象。這表明，他居住的道德世界，在描繪聯合國和南非對納米比亞的命運相反的司法主張時，費茲墨利斯堅持這個狡猾的比喻：「聯合國站錯邊了。」Judge Fitzmaurice, Dissenting Opinion, *Legal Consequences for States*, I.C.J. Reports (1971), pp. 226, 232–33, 252. 在對納米比亞訴訟的評論中，費茲墨利斯被證明是政治試金石。因此，在關於納米比亞案的兩位主要學者之間，同情法院進步派的杜加德嘲笑費茲墨利斯的「無政府建議，法院推翻之前所有對西南非洲的決定」；而同情法院保守派的斯隆寧，則稱讚費茲墨利斯「強而有力的不同意見」和「對多數意見的巨大挑戰」。Dugard, *South West Africa/Namibia*, p. 485; Slonim, *South West Africa*, pp.340, 342.

68 諮詢意見的重要部分，也聚焦在聯合國成員國在安全理事會承認大會行動後的法律義務。若安全理事會承認以色列佔領加薩為非法，不會馬上或在可預期的未來被美國否決的話，這部分意見將不在此進行分析。

69 *Legal Consequences for States*, I.C.J. Reports (1971), pp. 43–45, paras. 84–86.

70 Judge Dillard, Separate Opinion, *Legal Consequences for States*, I.C.J. Reports (1971), pp. 159–60, 強調為原文所有。

71 Judge Gros, Dissenting Opinion, *Legal Consequences for States*, I.C.J. Reports (1971), pp. 344–45, paras. 43–45.

72 Slonim, *South West Africa*, pp. 192–96.

73 *Legal Consequences for States*, I.C.J. Reports (1971), pp. 45–50, paras. 87–105, quote at para. 105. 值得注意的是，法院在這一點上並不清楚（或一致）。根據內爾沃法官的說法，大會決議，在安全理事會決議確認之後才具有「完全效力」，「這是聯合國兩大機關決議的共同效力」的結果。而迪拉德法官認為，大會在「特殊」（sui generis）案件中有權撤銷託管地，但作為一般原則也可和安全理事會一起進行。Judge Nervo, Separate Opinion, *Legal Consequences for States*, I.C.J. Reports (1971), p. 114; Judge Dillard, Separate Opinion, ibid., pp. 163–65.

74 Judge Nervo, Separate Opinion, *Legal Consequences for States*, I.C.J. Reports (1971), pp. 113, 123.

75 "Clear Verdict on Namibia," *New York Times* (22 June 1971).

76 UNSC resolution 301 (1971).

77 *UNSCOR*, S/PV.1598 (20 October 1971), paras. 17–18.

78 "Secretary-General Tells Security Council Middle East Crisis 'Worst in Ten Years'; Calls on Palestinians, Israelis to 'Lead Your People away from Disaster,'" un.org/press /en/2002/sgsm8159.doc.htm (12 March 2002).

79 George P. Fletcher, "Annan's Careless Language," *New York Times* (21 March 2002).

80 Frederic Eckhard, "A Delicate Word in the Mideast," *New York Times* (23 March 2002).

81 Judge Dillard, Separate Opinion, *Legal Consequences for States*, I.C.J. Reports (1971), p. 158.

82 *Legal Consequences of the Construction of a Wall*, I.C.J. Reports (2004), pp. 158–59, para. 49; p. 165, para. 70. 援用託管地背後隱藏的危機是，以色列的辯護者可以抓住它來為各種事物辯護。例如，其屯墾區政策。See Eugene Rostow, "Correspondence," *American Journal of International Law* (1990), pp. 718–20.

83 *Legal Consequences of the Construction of a Wall*, I.C.J. Reports (2004), p. 165, para. 70, pp. 171–72, para. 88; Judge Elaraby, Separate Opinion, ibid., pp. 250–52, paras. 2.2–2.3; Judge Owada, Separate Opinion, ibid., pp. 263–64, para. 10. 可以肯定的是，幾份個別意見書都認為：這種類比並不恰當。See Judge Kooijmans, Separate Opinion, ibid., p. 219, para. I.1, p. 226, paras. IV.23, IV.25, p. 229, para. V.33, p. 231, para. VI.39; Judge Higgins, Separate Opinion, ibid., pp. 207–8, paras. 2, 3, 5.

84 *International Status of South-West Africa*, I.C.J. Reports (1950), p. 131; *Legal Consequences for States*, I.C.J. Reports (1971), pp. 28, 43; *Legal Consequences of the Construction of a Wall*, I.C.J. Reports (2004), p. 165, para. 70.

85 Judge Koroma, Separate Opinion, *Legal Consequences of the Construction of a Wall*, I.C.J. Reports (2004), p. 205, para. 7; Judge al-Khasawneh, Separate Opinion, ibid., p. 237, para. 9; Judge Elaraby, Separate Opinion, ibid., pp. 250–51, para. 2.2.

86 Arnold Wilson, "The Laws of War in Occupied Territory," *Transactions of the Grotius Society* (1932), p. 38 (see also p. 29).

87 *Legal Consequences for States*, I.C.J. Reports (1971), p. 31, para. 52.

88 Benvenisti, *International Law*, p. 5. See also Ben-Naftali et al. , "Illegal Occupation," pp. 592–97.

89 Judge Koroma, Separate Opinion, *Legal Consequences of the Construction of a Wall*, I.C.J. Reports (2004), p. 204, para. 2.

90 A. Rigo Sureda, *The Evolution of the Right of Self-Determination: A study of United Nations practice* (Leiden: 1973), pp. 260–61; Cassese, *Self-Determination*, pp. 90, 94–95, 230, 240. See also Judge Higgins, Separate Opinion, *Legal Consequences of the Construction of a Wall*, I.C.J. Reports (2004), p. 214, para. 29.

91 *Legal Consequences for States*, I.C.J. Reports (1971), p. 31, para. 53; *Legal Consequences of the Construction of a Wall*, I.C.J. Reports (2004), pp. 171–72, para. 88, pp. 182–83, para. 118.

92 知名的法學家安東尼奧．卡塞斯（Antonio Cassese）不贊同這個類比。他堅持認為，儘管有關南非從納米比亞撤軍的法律問題早已得到解決，但以色列撤軍的因素仍然存在爭議。例如，「誰是領土主權所有人在法律上仍不確定」。退一步說，就算卡塞斯的意見在他寫作的當時（一九九五年）有某種程度的真實性，從獲得大多數贊成的眾多大會決議，和國際法院二〇〇四年的諮詢意見——將西岸、東耶路撒冷和加薩視為「被佔領的巴勒斯坦領土」——來看，這顯然已不再成立。希金斯法官在她對隔離牆案的個別意見書中也反對這項類比。她認為，在納米比亞案中，國際法院裁定的所有法律義務都落在南非，而在以巴衝突中，「這個更難解的問題……不能被法院認定為其中一方已經被分類成法律上的犯罪者。而從法律義務的角度來看，另一方沒有責任需要承擔。」但是，就巴勒斯坦對話者，長期表示願意按照國際法規定，和大會大多數成員國贊同的條件進行和談，「沒有責任」需要巴勒斯坦承擔，全部責任確實都落在以色列人身上。Cassese, *Self-Determination,* pp. 130–31, 147–50, 240–42; Judge Higgins, Separate Opinion, *Legal Consequences of the Construction of a Wall,* I.C.J. Reports (2004), pp. 207–8, paras. 2–3 (see also p. 211, para. 18; pp. 214–15, paras. 30, 31).

93 請參閱本書正文。

94 *Legal Consequences of the Construction of a Wall,* I.C.J. Reports (2004), pp. 183–84, paras. 120–22.

95 Dugard, *Recognition,* pp. 158–61.

96 Jimmy Carter, *Palestine Peace Not Apartheid* (New York: 2006); Chris McGreal, "Worlds Apart: Israel, Palestine and apartheid" and "Brothers in Arms: Israel's secret pact with Pretoria," *Guardian* (6 February 2006, 7 February 2006) (Tutu); John Dugard, "Apartheid and Occupation under International Law," Hisham B. Sharabi Memorial Lecture (30 March 2009); Michael Ben-Yair, "The War's Seventh Day," *Haaretz* (2 March 2002); Shulamit Aloni, "Indeed, There Is Apartheid in Israel," *ynet.co.il* (5 January 2006); Roee Nahmias, "'Israeli Terror Is Worse,'" *Yediot Ahronot* (29 July 2005) (Aloni); Yossi Sarid, "Yes, It Is Apartheid," *Haaretz* (24 April 2008); Meron Benvenisti, "Founding a Binational State," *Haaretz* (22 April 2004); Dinah A. Spritzer, "British Zionists Drop Haaretz Columnist," *Jewish Telegraphic Agency* (8 August 2007) (Rubinstein); Ezra HaLevi, "Haaretz Editor Refuses to Retract Israel Apartheid Statements," *israelnationalnews.com* (30 July 2008) (Rubinstein); B'Tselem (Israeli Information Center for Human Rights in the Occupied Territories), *Forbidden Roads: Israel's discriminatory road regime in the West Bank* (August 2004), p. 3; Association for Civil Rights in Israel, *The State of Human Rights in Israel and the Occupied Territories, 2008 Report,* p. 17; "The Problem That Disappeared," *Haaretz* (11 September 2006); "Where Is the Occupation?," *Haaretz* (7 October 2007); "Our Debt to Jimmy Carter," *Haaretz* (15 April 2008); Amos Schocken, "Citizenship Law Makes Israel an Apartheid State," *Haaretz* (28 June 2008); "The Price of Deception and Apartheid," *Haaretz* (27 November 2013); "Meridor Compares Likud Policies to Apartheid," *Times of Israel* (19 November 2013).

97 Virginia Tilley, ed. , *Beyond Occupation: Apartheid, colonialism and international law in the occupied Palestinian territories* (London: 2012), p. 215; John Dugard and John Reynolds, "Apartheid, International Law, and the Occupied Palestinian Territory," *European Journal of International Law* 24 (2013), p. 912.

98 Roberts, *What Is?* , pp. 272–73.

99 請參閱第六章。

100 Richard J. Goldstone, "Israel and the Apartheid Slander," *New York Times* (31 October 2011).

101 這個簡單的事實本身就指出，以色列吹噓它是「中東唯一的民主國家」的愚鈍。然而，人們評估綠線內的情況，估總體最多部分的以色列，掌管被佔領的巴勒斯坦領土上一大群人口，佔綠線兩邊的總人口的四十%，而仍然沒有公民權。

102 還可以注意的是，當聯合國譴責在納米比亞實行種族隔離統治，無論南非提出「只」兼併納米比亞白人定居者較多的區域。關於這一點，請參閱 Dugard and Reynolds, "Apartheid," p. 910.

103 請參閱第二章。

104 在一九六六年的不同意見書中，田中法官有效地闡明了法律和政治之間的區別：

> 法律和政治或行政之間的本質區別在於，法律以一種絕對的方式區分什麼是正確的，什麼是錯誤的和不公正的；而政治和行政，是實現特定目的的手段，並主要考慮權宜應變，對實用和不實用、有效率和沒效率做出區別。因此，在法律的判斷中，除了公正或不公正之外，沒有其他可能性（排中律〔tertium non datur〕）。在政治和行政方面，從權宜應變和效率的角度來看，存在許多可能性或選擇。和

法律相比，政治容易受到漸變的影響，而法律是明確且絕對的。（Judge Tanaka, Dissenting Opinion, *South West Africa Cases*, Second Phase, Judgment, I.C.J. Reports [1966], p. 282).

105 請參閱，例如，收錄在《巴勒斯坦文件》（Palestine Papers）中的安納波利斯談判逐字稿。http://transparency.aljazeera.net/Services/Search/default.aspx, esp. "Preliminary Assessment of the Israeli Proposal on Territory" (15 August 2008); "Meeting Minutes on Borders" (4 May 2008).

106 See Finkelstein, *Knowing Too Much*, pp. 203–48.

107 *Palestine Papers*, "Minutes from 8th Negotiation Team Meeting" (13 November 2007).

108 在贊同「奧斯陸協議」的描述時，卡塞斯觀察到，巴勒斯坦人的自決「將成為民主選舉的巴勒斯坦人和以色列當局之間談判的主題……一切都由這兩個締約方達成協議」。強調為筆者所加。但正如同迪拉德在納米比亞案中敏銳地指出，如果一切都要經過談判，包括「這個過程所依據的基本依據」（見上文，2.3.3.1.1），談判就注定會失敗。

109 Majority Judgment, *North Sea Continental Shelf*, I.C.J. Reports (1969), pp. 45–47.

110 Majority Opinion, *Case Concerning Delimitation of the Maritime Boundary in the Gulf of Maine Area*, I.C.J. Reports (1984), p. 299.

111 Main Opinion, *Legality of the Threat or Use of Nuclear Weapons*, I.C.J. Reports (1996), pp. 263–64. 也參閱哈蘇奈法官對隔離牆案的個別意見書：

雖然呼籲主角真誠地談判以執行安全理事會決議是沒有錯的，但沒有人應該忘了，「談判」是達到目的的手段而不能取代目標……最重要的是，如果這些談判是為了產生原則性的解決方案，是以法律為基礎，並且藉由避免在必定會傷害談判結果的基礎上……製造既成事實，而將善意的要求轉化為具體步驟。（Judge al-Khasawneh, Separate Opinion, Legal Consequences of the Construction of a Wall, I.C.J. Reports [2004], pp. 238–39, para. 13, emphases added）

112 Guy S. Goodwin-Gill, "State Responsibility and the 'Good Faith' Obligation in International Law," in Malgosia Fitzmaurice and Dan Sarooshi, eds., *Issues of State Responsibility before International Judicial Institutions* (Oxford: 2004), pp. 84, 89, 95, 強調為原文所有。

113 舉例來說，《日內瓦第四公約》禁止轉移佔領國人口到佔領領土。

114 舉例來說，不承認透過戰爭獲得的領土。

115 舉例來說，民族自決權。

116 US Department of State, "Remarks on Middle East Peace" (28 December 2016).

117 *Legal Consequences of the Construction of a Wall*, I.C.J. Reports (2004), pp. 171–72, para. 88 (the second internal quote is from *Legal Consequences for States*).

118 確定「託管和非自治領土」和「尚未實現獨立的所有其他領土」的原始大會決議，是一五一四號「給予殖民地國家和人民獨立宣言」（一九六〇）。決議指出，「臣服於異族的征服、統治和剝削，構成對基本人權的否定。違反聯合國憲章，是促進世界和平和合作的障礙。」

119 *Legal Consequences of the Construction of a Wall*, I.C.J. Reports (2004), pp. 158–59, para. 49.

120 主要例外涉及內部管理事項。例如，預算評估，大會決議具有約束力。但是，大會還承認新成員，從而約束現有成員將新接納的實體視為國家。而在去殖民化／自決進程中，大會決定哪些符合非自治領土資格，從而決定哪些人有自決權。See Rosalyn Higgins, *The Development of International Law through the Political Organs of the United Nations* (New York: 1963), pp. 112–13; Sureda, *Evolution*, pp. 65–66; Crawford, *Creation*, pp. 607–8.

121 Judge Fitzmaurice, Dissenting Opinion, *Legal Consequences for States*, I.C.J. Reports (1971), p. 267, para. 69.

122 克勞佛聲稱，大會並非具有撤銷南非的託管權限的政治機構，而是以「宣告模式」簡單地說明或確認南非非法行為的法律後果。內爾沃法官在納米比亞案的個別意見書同樣也主張大會終止託管屬於「宣告性質」，藉此「宣告顯而易見的法律和事實」。Crawford, *Creation*, pp. 441, 588, 593–95; Judge Nervo, Separate Opinion, *Legal Consequences for States*, I.C.J. Reports (1971), p. 113.

123 阿拉比法官在他對隔離牆案的個別意見書，援引可疑的巴勒斯坦託管地，以證明他所宣稱存在的「法律關係」，讓大會有關巴勒斯坦的決議「對所有成員國都具有法律約束力和法律效果」，並給予大會「特殊的法律責任……直到目標達成之前」。Judge Elaraby, Separate Opinion, *Legal Consequences of the Construction of a Wall*, I.C.J. Reports (2004), pp. 251–52, para. 2.3.

124 *International Status of South-West Africa*, I.C.J. Reports (1950), pp. 136–37. See also *Voting Procedure*, I.C.J. Reports (1955), p. 76.

125 *Admissibility of Hearings of Petitioners*, I.C.J. Reports (1956), p. 28.

126 *South West Africa Cases*, First Phase, Preliminary Objections, I.C.J. Reports (1962), p. 334.

127 *Legal Consequences for States*, I.C.J. Reports (1971), p. 49, para. 102.

128 Judge de Castro, Separate Opinion, *Legal Consequences for States*, I.C.J. Reports (1971), pp. 214–15.

129 Judge Nervo, Separate Opinion, *Legal Consequences for States*, I.C.J. Reports (1971), p. 112.

130 關於國際法院納米比亞案脈絡下的「有效性」原則，請參閱 Slonim, *South West Africa*, pp. 162, 210.

131 Judge Fitzmaurice, Dissenting Opinion, *Legal Consequences for States*, I.C.J. Reports (1971), pp. 291–94.

132 在發現大會第一六〇八號決議終止「英國喀麥隆託管協定」具有「明確的法律效力」時，法院明確指出，一六〇八號決議的「結論第二、三段的法律效果……是終止」。結論並贊同聯合國監督的公民投票結果，並呼籲立即實施。*Case Concerning the Northern Cameroons (Cameroon v. the United Kingdom)*, First Phase, Preliminary Objections, I.C.J. Reports (1963), p. 32. 但書則參閱 Crawford, Creation, p. 614.

133 Sureda, *Evolution*, pp. 39–40, 45, 47–48; *GAOR*, A/648 (part 1), p. 46, para. 4.1 ("Letter, dated 5 July 1948, addressed to the United Nations Mediator by the Minister for Foreign Affairs of the Provisional Government of Israel"); *UNSCOR*, 3rd Meeting, 27 July 1948, pp. 27–33, 伊班宣布的脈絡是，敘利亞政府提案將巴勒斯坦問題提交海牙聽取諮詢意見。伊班斷然拒絕此一提議，主張以色列作為國家的存在，「不是法律問題，而是事實問題。這個問題不是透過判斷而是透過觀察確定的。」但他繼續觀察，「如果合法的起源和確定國家地位——並不是——相關」，那麼以色列的獨特地位已由大會「確認其合法性」。

134 Judge Dillard, Separate Opinion, *Legal Consequences for States*, I.C.J. Reports (1971), p. 163.

135 *Western Sahara*, Advisory Opinion, I.C.J. Reports (1975), p. 12.

136 *Eastern Carelia* Opinion, 1923.

137 關於相關的法院判例，也參閱 *Legal Consequences for States*, I.C.J. Reports (1971), pp. 23–24, para. 31; *Legal Consequences of the Construction of a Wall*, I.C.J. Reports (2004), pp. 157–59, paras. 46–50; Judge Owada, Separate Opinion, ibid., p. 265, paras. 13–14; Judge Koroma, Separate Opinion, ibid., pp. 204–5, para. 3; Judge Kooijmans, Separate Opinion, ibid., p. 227, para. IV.27; Judge Higgins, Separate Opinion, ibid., pp. 209–10, paras. 10–11.

138 *Legal Consequences of the Construction of a Wall,* I.C.J. Reports (2004), pp. 159–60, para. 51.
139 根據聯合國憲章第九十四條，安全理事會只能在有爭議決定的情形下強制執行法院的判決。
140 Norman G. Finkelstein and Mouin Rabbani, with the assistance of Jamie Stern-Weiner, *How to Solve the Israel-Palestine Conflict* (forthcoming).
141 Michla Pomerance, "The ICJ and South West Africa (Namibia): A retrospective legal/political assessment," *Leiden Journal of International Law* (1999), p. 432.
142 Judge Weeramantry, Dissenting Opinion, *Legality of the Threat or Use of Nuclear Weapons,* I.C.J. Reports (1996), p. 550.
143 也參閱南非法學家約翰．杜加德，對導致南非種族隔離消亡的因素的明智衡量：

> 將國民黨帶到談判桌上的，並不是理想主義和利他主義，而是國際壓力和內部動盪的結合。雖然經濟制裁是反對種族隔離最重要的國際武器，但其他武器的效用也不應打折扣。政治和道德上的孤立也發揮部分作用……不承認班圖斯坦國家，已經摧毀了將南非領土分裂為一系列種族「國家」和作為可容許政治解決方案的可行性。而反覆譴責種族隔離為國際社會道德所不容許，這削弱了過去意識形態建築師努力建立的種族隔離的道德基礎。(John Dugard, "The Role of International Law in the Struggle for Liberation in South Africa," Social Justice [1991], p. 91)

關於其他相關評論，請參閱 K. Srimad Bhagavad Geeta, "Role of the United Nations in Namibian Independence," *International Studies* (1993), pp. 33–34; and Julio Faundez, "Namibia: The relevance of international law," *Third World Quarterly* (1986), pp. 540–41, 557.
144 James Crawford, representing Samoa, the Marshall Islands, and Solomon Islands, public sitting held on Tuesday 14 November 1995, in *Legality of the Use by a State of Nuclear Weapons in Armed Conflict.*
145 Crawford, *Creation,* pp. 446, 447.
146 Ibid., p. 448.
147 關於以色列佔領造成巴勒斯坦人民的驚人經濟代價，請參閱 United Nations Conference on Trade and Development, "Report on UNCTAD Assistance to the Palestinian People: Developments in the economy of the Occupied Palestinian Territory" (1 September 2016), paras. 29–53.

Speculari 36

加薩戰火

以色列的侵略，與巴勒斯坦無解的悲劇

GAZA: An Inquest into Its Martyrdom

作者　諾曼・芬克斯坦 Norman G. Finkelstein
譯者　吳鴻誼
企畫選書　張維君
責任編輯　梁育慈
特約編輯　謝佳穎、黃惠娟
裝幀設計　萬勝安
內頁排版　簡單瑛設

總編輯　張維君
行銷主任　康耿銘

出版　光現出版
網址　http://bookrep.com.tw
電子信箱　service@bookrep.com.tw

發行　遠足文化事業股份有限公司
地址　231 新北市新店區民權路 108-2 號 9 樓
電話　(02) 2218-1417
傳真　(02) 2218-8057
客服專線　0800-221-029
法律顧問　華洋國際專利商標事務所／蘇文生律師
印刷　成陽印刷股份有限公司

初版　2019 年 6 月 12 日
初版二刷　2024 年 2 月
定價　600 元
ISBN　9789869742771

版權所有　翻印必究
Printed in Taiwan

特別聲明：有關本書中的言論內容，
不代表本公司／出版集團之立場與意見，文責由作者自行承擔

Published by arrangement with Frances Goldin Literary Agency, through The Grayhawk Agency.
Copyright © 2018 by Norman G. Finkelstein